금융감독원의
재무공시
선진화
로드맵에 따른

XBRL

비금융업 주석 작성

한 권으로 끝내기

김현웅 · 여준우 · 권형준 공저

제2판

책을 따라 클릭만 하다보면 어느새 XBRL 주석 완성!

금융감독원 XBRL 편집기를 활용한 재무정보 공시, 여러분도 할 수 있습니다!

한국상장회사협의회
강의만족도
100%

금융감독원
재무공시 선진화 TF
자문위원

「금융감독원 XBRL 재무제표 본문·주석 작성 가이드」 마련 사업 참여 및
국내외 XBRL 재무공시 컨설팅 경험을 바탕으로 한 실무가이드

조세통람

추천사

XBRL은 이제 피할 수 없는 흐름입니다. 2007년 처음 국내 도입된 후 다소 느리게 진전이 됐지만 최근 몇 년 사이 금융당국 주도로 빠르게 구축 체계가 잡혀가고 있습니다.

공시 환경에 있어 XBRL 전과 후는 완전히 다른 세상입니다. 기업별 재무 상태를 비교하려면 수많은 인력이 수작업에 동원돼야 했으나, XBRL은 이 절차를 생략하고 원하는 정보를 일렬로 줄 세우는 기능을 제공합니다.

하지만 정보를 채워 넣어야 하는 기업 입장에서 XBRL 작성은 막막한 게 사실입니다. 편집기를 켜 나오는 하얀 바탕은 초면엔 마치 광야 같습니다. 어디서부터 손대야 할지, 표에는 무엇을 채워 넣어야 할지 머리가 아픕니다. 회계 · 공시 전문가라도 XBRL 작성 '기술'은 낯선 영역입니다.

그래서 딜로이트 안진 출신 XBRL 전문가 3명이 그간의 지식과 노하우를 쏟아 부어 '지도'를 만들었습니다. 방향성을 알려줄 뿐 아니라 지형지물, 장애물과 이를 극복하는 방법 등을 자세하게 담았습니다. 전문 서적이 아닙니다. 오히려 XBRL을 처음 접하는 이들을 염두에 두고 한땀 한땀 설명을 써넣었습니다.

XBRL은 자전거 타기와 비슷합니다. 처음에는 비뚤배뚤 흔들리고, 넘어져 무릎이 까질 수도 있습니다. 하지만 한번 익혀두면 잊으려야 잊을 수 없습니다. 물론 주기적으로 바뀐 환경에 적응하는 연습은 해야겠지만, 이미 체득한 기본 틀은 변할 일이 없습니다.

이 책의 마지막 장을 덮는 순간 XBRL은 내 손 안에 있을 것으로 믿습니다. 재무제표 본문뿐 아니라 주석 작성까지 포섭할 수 있는 지침서, 이 한 권으로 XBRL을 내 것으로 만드시길 바랍니다.

2025. 4. 9.

김 태 일 파이낸셜뉴스 기자

추천사

지난 2007년 국내 비금융 상장회사를 중심으로 첫걸음을 내디딘 XBRL 재무공시가 2011년 K-IFRS의 전면 도입에 이어, 금년도 사업보고서부터 주석까지 확대되는 또 하나의 변곡점을 맞이하게 되었습니다.

주석 작성기능이 탑재된 "IFRS XBRL 재무제표 작성기" 테스트 버전이 처음 배포되었을 때, 저를 비롯한 많은 분들이 어디서부터 시작해야 할지 막막한 심정이었을 것입니다. 더욱이 참고할 만한 실무자료가 많지 않아, XBRL 관련 전문용어가 더욱 낯설고 어렵게 느껴졌을 것입니다.

이러한 상황에서 선솔루션의 김현웅 대표이사님, 여준우 팀장님 그리고 권형준 팀장님은 다양한 실무경력과 전문성을 바탕으로, 금년 한 해 상장회사의 실무관계자분들과 함께 현장 교육을 통해 소통하고 부대끼며 실질적인 해결 방안을 찾고자 노력하였습니다. 그간의 고민과 축적된 결과가 이 한 권에 충실히 담겨 있다고 생각됩니다.

물론 K-IFRS의 특성상 모든 주석 사항을 완벽하게 다루기는 쉽지 않겠지만, 본서를 처음부터 마지막까지 따라가다 보면 어느새 Taxonomy, Dimension Table, 그리고 XBRL의 기본 원칙 등 XBRL 주석 작성을 위해 필요한 개념들이 친근하게 다가올 것입니다.

본서는 현장에서 XBRL 재무공시를 수행하는 실무관계자분들이 지근거리에서 수시로 참고하는 실무서뿐만 아니라, 향후 상장회사 등에서 회계, 재무 또는 자본시장 관련 업무를 희망하는 학생분들에게 좋은 참고서가 될 수 있을 것입니다.

2023.11.30.

문 종 열

문 종 열

한국상장회사협의회 경제조사팀장
금융감독원 재무공시 선진화 추진 T/F 참여

- 경희대학교 경영학 박사(회계학 전공)
- 금융감독원 포상(2015년, 2023년)
- 한국거래소 포상(2013년)

PREFACE

세계적인 디지털化, 데이터化 흐름에 맞추어 기업의 재무정보 공시제도도 급격히 변화하고 있습니다.

이러한 변화의 흐름의 중심에 XBRL(eXtensible Business Reporting Language)이 있으며, 국내의 경우에도 금융감독원의 재무공시 선진화 로드맵에 따라 XBRL 기반의 재무정보 공시제도가 전면 도입되었습니다.

이에 이 책은 기업 공시 실무자의 『비금융업 주석의 금융감독원 XBRL 편집기를 활용한 작성』을 위한 실무가이드 제공을 목적으로 하며, XBRL의 기본적인 소개와 함께 최근 발간된 금융감독원의 XBRL 작성가이드 내용을 충실하게 반영한 기업의 세부 주석 작성 방법을 상세히 기술하였습니다.

저자는 최근 「금융감독원 XBRL 재무제표 본문 · 주석 작성 가이드」 마련 사업 참여 및 국내외 XBRL 공시 컨설팅 경험을 바탕으로 발간하게 된 이 책이 국내 기업의 XBRL 재무정보 공시 정착의 마중물이 될 것이라 확신합니다.

XBRL 편집기를 통한 재무정보 공시. 여러분도 할 수 있습니다.

대표저자 **김 현 웅**

* 이 책은 '25.04.29 기준 업데이트 된 XBRL 작성기 8.62 버전을 기반으로 작성되었습니다.

XBRL 편집기를 활용한 주석 작성 실무가이드

XBRL 편집기를 통한 재무정보 공시

여러분도 할 수 있습니다.

CONTENTS

XBRL
비금융업 주석 작성
한 권으로 끝내기

PART 01

XBRL 및 국내 공시 제도의 이해

CHAPTER 01 XBRL의 이해

1.1 XBRL이란?

XBRL은 eXtensible Business Reporting Language의 약자로 기업 재무정보의 효율적인 작성 · 유통 · 활용을 위하여 1999년 XBRL International이 제정한 XML (eXtensible Markup Language) 기반 재무보고용 국제 표준 전산언어로 정의됩니다.

XBRL은 기존 사람이 읽기 위해 만들어진 human readable 개념의 '문서'를 기계가 읽을 수 있는 machine readable 개념의 '데이터'로 변환하는 것이라고 할 수 있습니다.

이러한 과정에서 '표준화'는 필수적인 요소이며, 이를 위해 기업의 각각의 재무정보에 표준화된 이름표 tag를 붙이게 됩니다. 표준화된 tag를 부여함에 따라 각각의 재무정보는 우리가 흔히 접할 수 있는 바코드를 붙인 것과 유사한 효과를 얻을 수 있으며, 정보이용자는 손쉽게 데이터를 활용할 수 있게 됩니다.

XBRL은 그 이름에서 알 수 있듯이 다양한 기업 재무정보의 데이터화를 위해 개발되었으며 여러 분야에서 도입되고 있으나 가장 활발하게 활용되고 있는 분야는 재무제표(주석 포함)에 대한 공시이며, 이 책 역시 이에 대해 다루고자 합니다.

1.2 XBRL의 구성요소

XBRL은 재무제표에서 나타내고자 하는 사실(일반적으로는 금액 정보)을 표준화된 세부항목으로 분해하여 데이터로 재생성합니다. 예를 들어 재무상태표가 담고 있는 정보는 〈그림 1〉과 같이 세부항목으로 분해할 수 있습니다.

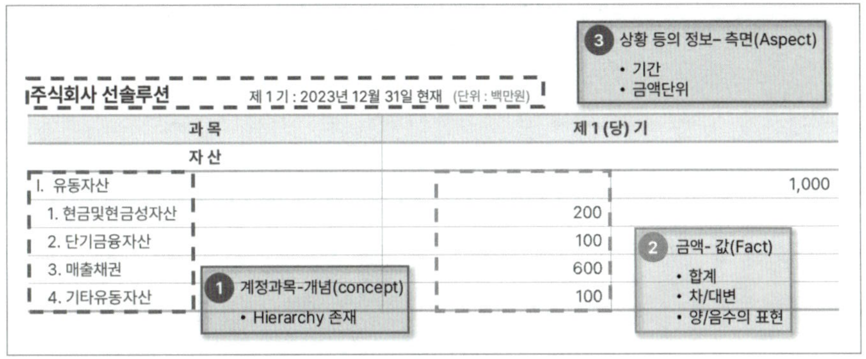

그림 1 재무정보의 세부항목 분해

재무상태표에서 나타내고자 하는 사실은 '금액'이 될 것이며, 이 '값 fact'에 대하여 계정과목, 계정과목의 정의, 계정과목 간의 상하관계 등의 정보를 부여하는 것이 '개념 concept'이 됩니다. 또한 데이터의 활용과 비교가능성을 높이기 위하여 보고기업, 회계기간, 금액단위, 통화 등의 정보를 부여하는 것을 '측면 aspect'이라고 정의합니다. 이렇게 분해된 세부항목을 XML구문으로 구조화하면 〈그림 2〉와 같이 표현됩니다. 즉, 주식회사 선솔루션의 '2023년 말' '현금및현금성자산'의 금액은 '백만원' 단위로 '200'이라는 표준화된 데이터가 생성된 것입니다.

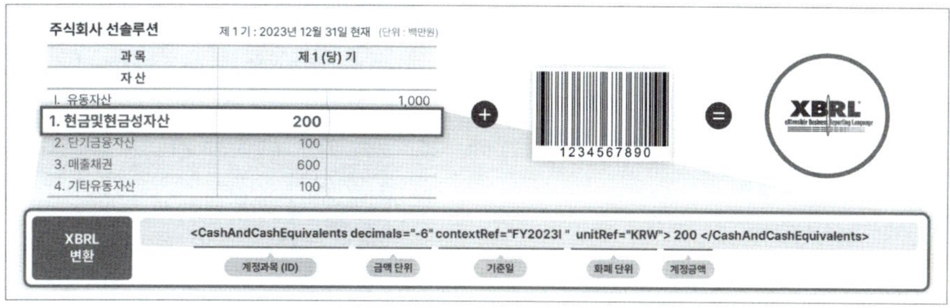

그림 2 재무정보 XML 구문 작성의 예

기업이 각각의 재무정보에 〈그림 2〉와 같이 XBRL의 구성요소를 정의하고 관계를 설정하여 XML 구문으로 작성한 문서를 인스턴스 문서라 하며, 인스턴스 문서는 기계가 읽을 수 있으므로 기업의 재무정보 데이터를 빠르고 쉽게 활용할 수 있게 됩니다. **그렇다면 여러 기업들이 XML 구문으로 작성한 데이터만 공유된다면 바로 기업 간 데이터의 분석이 가능해질까요?**

정답은, 그렇지 않습니다. 기업들이 인스턴스 문서 작성 시 자신들만의 방식으로 구성요소를 정의하고 정보를 부여한다면, 한 기업의 시계열 데이터는 분석이 가능할지라도 기업 간의 비교분석은 불가능하기 때문입니다.

최초에 언급하였던 것처럼 데이터 활용을 위해서는 표준화가 필수적이며 따라서 기업들은 동일한 개념체계를 적용하여야 하고, 또한 동일한 구조로 XBRL 데이터를 작성하여야 합니다.

동일한 개념체계를 적용하기 위해 따라야 하는 표준 분류체계를 '택사노미 Taxonomy'라고 하며, 동일한 구조로 작성을 하기 위해서 이해해야 하는 개념이 '디멘전 Dimension' 구조입니다. 이 두 가지는 XBRL의 핵심이라고 볼 수 있으며, 자세한 내용은 2장과 3장에서 각각 설명하겠습니다.

MEMO

심화 ★★★

XML과 HTML의 차이

구분	HTML (Hyper-Text Markup Language)	XML (eXtensible Markup Language)
기본개념	사람이 읽을 수 있도록 웹 브라우저가 이미지, 텍스트, 하이퍼링크 등의 항목에 대해 문서가 보여질 형식을 정의하는 마크업 언어	사람과 기계가 읽을 수 있도록 웹 문서를 구조화하기 위한 규칙을 정의하는 마크업 언어
목적	이미지, 텍스트, 하이퍼링크 등의 데이터 표시 방법을 단순 정의	DB, 프로그램 등에서 다른 플랫폼 간의 데이터를 교환, 저장, 전달하기 위함
태그의 종류	한정적(Text, Link 등)	확장가능
특징	구조가 단순하고 문법이 간단하여 편집이 용이함	플랫폼과 프로그램으로부터 독립적으로 내용과 구조, 서식 등의 분리 가능. 사람과 기계 모두 읽을 수 있으나 Machine readable이 주 목적
기타	대소문자를 구분하지 않음	대소문자를 구분함

XBRL은 복잡한 기업정보가 효율적으로 생성/교환/비교될 수 있도록 기업보고(Business Reporting)영역에 XML을 적용한 표준 포맷

CHAPTER
02 택사노미(Taxonomy)의 이해

2.1 택사노미란?

택사노미는 사전적으로 '분류체계'를 뜻하는 단어로, XBRL에서의 택사노미 역시 표준화되고 체계적인 분류체계를 의미합니다.
기업들이 동일한 택사노미를 사용하여 XML 구문으로 재무정보를 작성하게 되면 동일한 분류체계에 따라 표준화된 재무정보를 작성하는 효과를 누릴 수 있으므로 비로소 기업 간의 비교가 가능해지며 데이터의 가치가 높아지게 됩니다.
즉, 택사노미는 정보생산자인 기업들이 지켜야 할 '약속'이라 할 수 있으며, 정보생산자들이 이 약속을 정확하게 준수할수록 데이터 분석의 정확성은 높아질 것입니다.
택사노미가 포함하고 있는 정보를 직관적으로 표현하면 〈그림 3〉과 같이 구성해 볼 수 있습니다. 아래와 같이 다양한 정보를 유기적으로 결합하여 표준화된 체계를 구성한 것이 바로 택사노미인 것입니다.

그림 3 택사노미가 포함하고 있는 정보의 예

기존의 HTML 형태의 재무정보와 XBRL 재무정보의 차이는 다음과 같이 이해할 수 있습니다. 전자인 HTML 형태의 재무정보는 사람의 눈으로 계정과목명과 금액만을 정보로 인식할 수 있는 반면에, 후자인 XBRL 재무정보는 값fact에 택사노미를 붙여줌으로써 표준화된 다양한 정보꾸러미를 부여하게 되며, 기계를 통해 이를 인식 및 활용할 수 있게 됩니다. 여기서 택사노미라는 '택tag'을 다는 과정을 '태깅tagging'이라고 정의합니다.

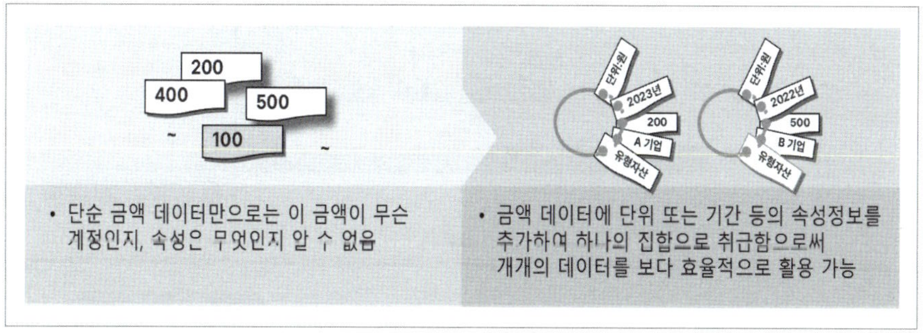

그림 4 표준 택사노미 태깅의 효과

기업이 표준화된 택사노미를 재무정보에 태깅하여 제공하게 되면 각각의 개별 재무정보를 실시간으로 데이터화할 수 있으므로, 동일한 택사노미를 사용하는 기업들의 데이터는 추가적인 가공 없이 실시간으로 비교 및 분석이 가능해지는 것입니다.

실제 택사노미는 다소 복잡한 유기적인 구조로 구성되어 있으므로 이에 대한 기술적인 내용은 다음 단락에서 간략히 서술한 후, 마지막으로 국내 공시에 실제 사용하게 될 표준 택사노미에 대하여 설명하겠습니다.

2.2 택사노미의 구조

택사노미는 단순한 하나의 문서가 아니라 스키마 schema 문서와 다섯 개의 링크베이스 linkbase 문서로 유기적으로 구성되어 있습니다.

- **스키마 문서** : 재무정보를 식별하는 구성요소 Element를 정의하는 문서로 구성요소(계정과목 등)의 이름, 타입(금액, 문장, 날짜 등), 차변/대변, 기간(특정시점, 일정기간) 등의 다양한 속성을 정의하고 있습니다. 또한 롤타입 Role type을 통하여 재무정보를 그룹핑하고 링크베이스와의 관계 또한 정의하고 있는 문서입니다.
- Reference linkbase : 스키마 문서의 구성요소에 근거가 되는 회계기준서 및 문단 등을 연결하여 구성요소가 의미하는 바를 명확하게 이해할 수 있도록 도와주는 문서입니다.
- Presentation linkbase : 구성요소의 계층적 관계를 정의하는 문서로 재무정보에서 표시하고자 하는 Parent-Child 관계를 표현하는 문서입니다. 예를 들어 재무상태표를 표시하는 경우 Presentation linkbase 문서에서 자산의 하위항목에 유동자산과 비유동자산이 위치하고, 유동자산의 하위항목으로 매출채권이 위치하도록 관계를 표현할 수 있을 것입니다.
- Calculation linkbase : 재무정보의 값 fact 중 금액을 나타내는 항목에 대한 계산 검증을 통해 재무정보의 유효성을 검증하기 위한 문서입니다. 예를 들어 자산의 하위항목인 유동자산과 비유동자산의 합계가 자산의 금액과 일치하는지 여부를 검증할 수 있도록 속성을 부여합니다.
- Label linkbase : 구성요소에 대하여 스키마 문서에서 표준 이름(레이블)을 부여하고 있으나, 정보생산자가 자신이 표현하고자 하는 구성요소의 의미를 명확히 하고 정보이용자 또한 효과적으로 이해할 수 있도록 구성요소의 이름을 지정할 때 사용되는 문서입니다. 정보생산자는 표준 이름(레이블) 외에 두 종류의 별칭과 음수로 표시 레이블, 기초와 기말을 의미하는 레이블을 추가로 지정할 수 있습니다.
- Definition linkbase : 정보생산자가 구성요소 간의 관계를 정의하는 문서로 해당 관계가 유효하게 설정되었는지 확인하는 목적으로 작성됩니다. 다양한 구성요소 간의 관계유형이 있으며, 세부 내용은 이 책의 목적을 벗어나므로 생략하고자 합니다.

위에서 설명한 택사노미의 구조를 '현금및현금성자산' 구성요소를 예로 들면 다음과 같습니다.

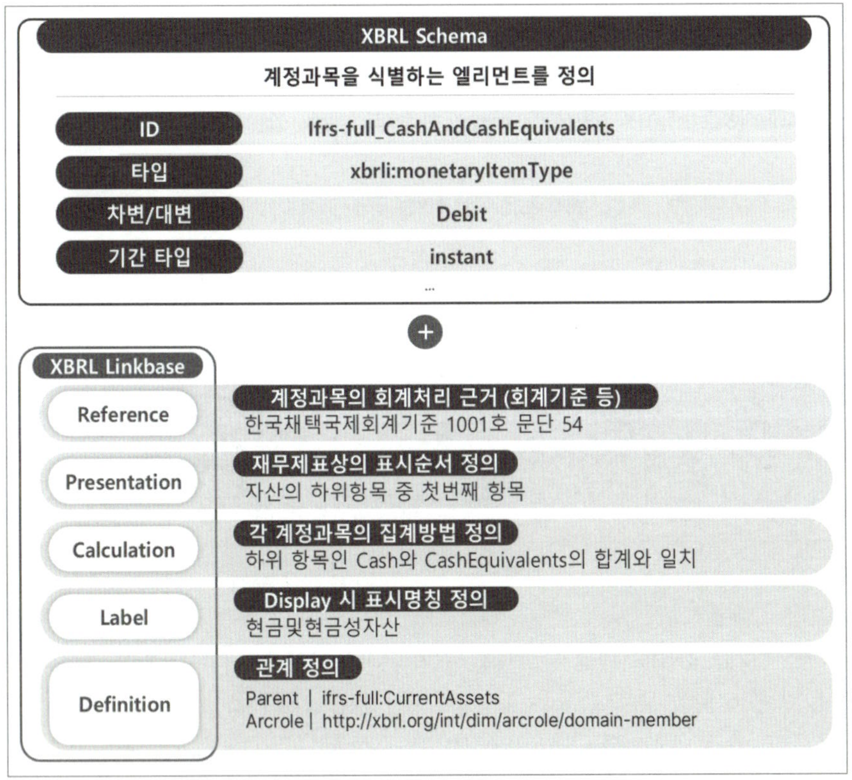

그림 5 XBRL 택사노미의 유기적 구조 '현금및현금성자산'

2.3 표준 택사노미

기업이 재무제표 및 주석사항(이하 '재무제표')에 대하여 XBRL 공시를 수행하기 위해서는 표준 택사노미가 제공되어야 합니다. 표준 택사노미는 기본적으로 XBRL 공시를 위한 구조적인 특성을 갖추어야 함은 물론이고, 재무제표를 작성하는 회계기준에 근거하여 구성되어야 할 것입니다.

따라서 표준 택사노미는 공신력 있는 기관에서 작성 및 배포하고 있으며, 국제회계기준에 근거한 택사노미는 IFRS재단에서 2014년부터 홈페이지(ifrs.org/issued-standards/ifrs-taxonomy/)에 게시하고 있습니다. IFRS 택사노미는 국제회계기준을 도입한 유럽 및 미국 SEC 상장 외국법인의 XBRL 공시에 활용되고 있습니다.
우리나라도 국제회계기준을 도입하였으므로 IFRS 택사노미를 근간으로 한 표준 택사노미(DART 택사노미)를 금융감독원에서 개발하였으며, 2023년부터 홈페이지(xbrlfiler.fss.or.kr/raaf001/select.do)에 게시하고 있습니다.

DART 택사노미

DART 택사노미는 금융감독원이 국내 XBRL 공시제도 도입을 위하여 2020년부터 재무공시 선진화 로드맵의 일환으로 순차적으로 개발하였으며, 기업의 업종별 특성을 고려하여 비금융업, 금융업(은행, 보험, 증권, 기타) 총 5개의 세부 택사노미를 마련하였습니다.

DART 택사노미는 IFRS재단이 배포하는 국제 표준 택사노미를 기본으로 하되 국내 기업들의 주석 공시 사례와 관련 법령 등을 분석하여 활용도가 높을 것으로 예상되는 구성요소를 추가로 반영하는 방식으로 개발되었습니다. 이에 단순히 국제 표준 택사노미를 사용하는 것보다 국내 기업 공시 실정에 더 부합하는 표준 택사노미를 마련하게 되었습니다.

택사노미는 앞서 설명한 것처럼 복수의 문서의 유기적인 결합체이므로 XBRL 전문 tool을 사용하여야 정확한 내용을 확인할 수 있으므로, 금융감독원에서는 DART 택사노미를 엑셀 문서로 추출하여 사용자들이 관련 홈페이지에서 다운로드 받을 수 있도록 제공하고 있습니다. 해당 엑셀 문서는 택사노미의 주요 내용인 전체 구성요소의 목록과 속성, 이름과 관련 근거, 순서체계와 구성요소 간의 관계 정의 등의 정보를 제공하고 있으며, 이에 기업은 동 문서를 재무제표 XBRL 공시 파일 작성 시 활용하여야 합니다. 엑셀 문서는 기준서 및 주요 주석사항에 따라 목차role-type가 구분되어 있어, 실제 XBRL 공시 파일 작성 시 유용하게 활용할 수 있습니다.

참고로 택사노미의 구성요소 목록 중 국제 표준 택사노미의 경우 개별 아이디는 'ifrs_full' 전치사prefix로 시작하게 되며, 국내 공시를 위하여 추가로 반영된 아이디는 'dart' 전치사로 시작되어 구분이 가능합니다. 국내 XBRL 공시제도의 가장 큰 기대효과 중 하나는 외국인 투자자에 대한 정보공개이므로 기업이 택사노미 선택 시, 두 유형의 아이디가 모두 적용이 가능한 항목이 있을 경우 ifrs 아이디의 우선적인 사용을 권장합니다.

확장 항목 Extensions

기업이 재무제표를 XBRL로 변환할 때 표준 택사노미인 DART 택사노미가 제공되었으니 DART택사노미'만'을 활용하여 작성할 수 있을까요?
그렇지 않습니다.
DART 택사노미는 IFRS 기준서와 국내 공시 실정을 반영하여 개발되었으나 수많은 기업들의 '모든' 공시 항목을 포괄할 수는 없기 때문입니다.

예를 들어 각 기업의 중요성과 영업활동에 따른 A기업은 '공구및기구'의 증감내역을 공시하고 있을 수 있고, B기업은 '반품된 재고자산'을 공시하고 있을 수도 있습니다. 또한 기업의 영업활동 지역을 구분할 때 '국내'와 '해외'로만 나누는 기업이 존재하며, '국내', '아시아', '유럽' 등으로 구분하는 기업도 존재합니다. 단적인 예로는 각 기업의 특수관계자에 해당하는 기업은 고유명사로 모두 제각각일 것입니다. 따라서 기업들은 재무제표를 XBRL로 변환할 때 다양한 항목들을 생성하여 작성하여야 하며, 이렇게 기업이 생성한 항목을 확장 항목Extensions이라고 합니다.

기업이 재무제표에 대한 완전한 XBRL 공시 파일을 작성하기 위해서 일부의 확장 항목 택사노미를 생성하는 것은 필연적입니다. 하지만 데이터의 품질을 위해 반드시 숙지해야 하는 사항은 DART 택사노미에 존재하는 항목은 절대로 확장하면 안 된다는 점입니다.

XBRL 데이터 활용의 핵심은 표준화에 있으며 사람 눈으로 볼 때에는 기업들이 각기 다른 형태의 표를 공시하였더라도 동일한 의미를 지닌 값fact에는 동일한 표준 택사노미를 태깅하게 되면, 이를 동질적인 정보로 인식하여 비교 및 분석이 가능해지기 때문입니다.

이번 장에서는 XBRL의 핵심이라 할 수 있는 택사노미의 정의 및 구조와 국내 XBRL 공시를 수행하기 위해 적용해야 하는 표준 택사노미, 즉 DART 택사노미에 대해 이해해 보았으며, 다음 장에서는 동질적인 형태의 XBRL 데이터 작성을 가능하게 하는 다차원Dimension구조에 대하여 알아보겠습니다.

MEMO

XBRL
비금융업 주석 작성
한 권으로
끝내기

참고

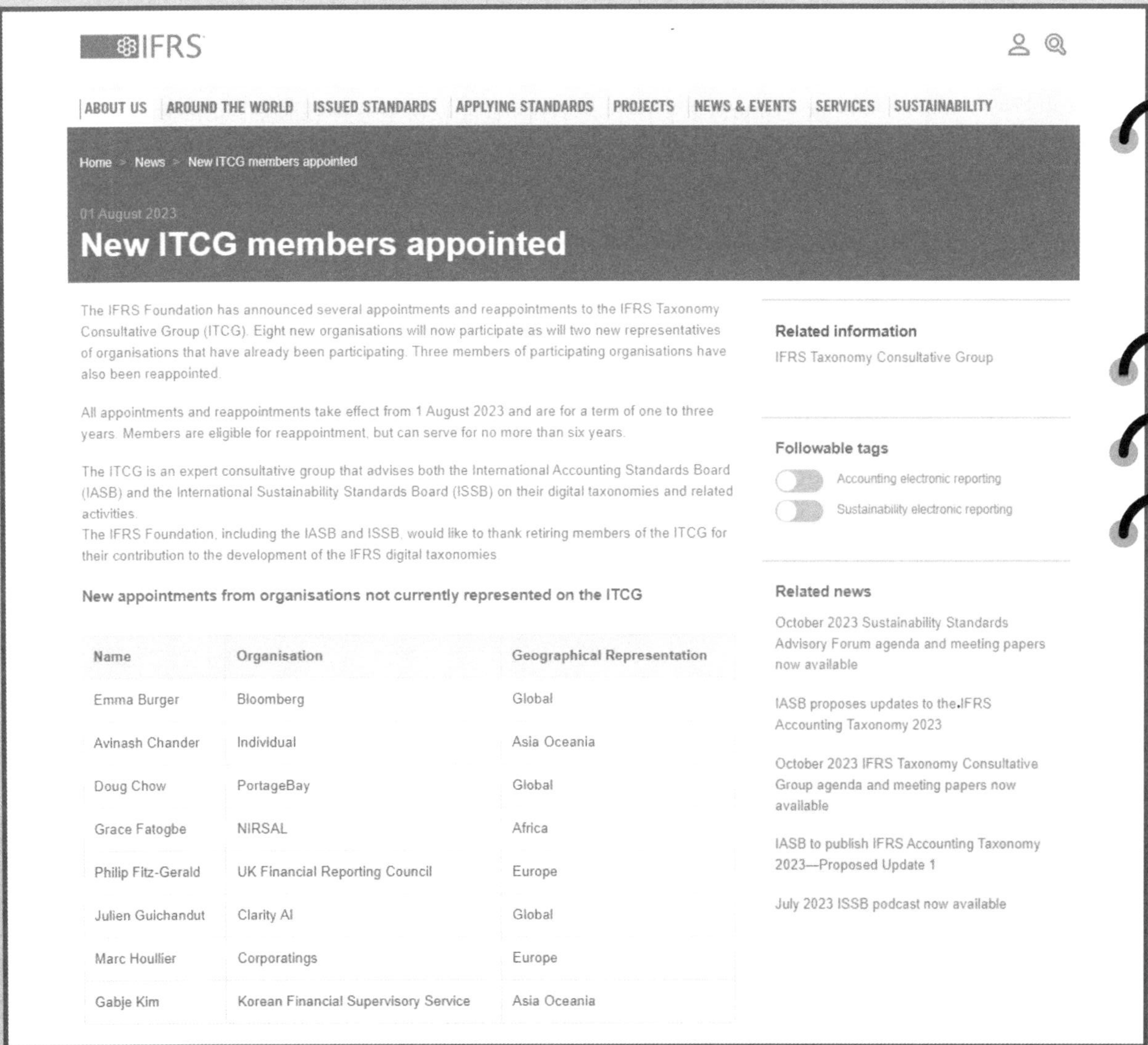

IFRS

ABOUT US | AROUND THE WORLD | ISSUED STANDARDS | APPLYING STANDARDS | PROJECTS | NEWS & EVENTS | SERVICES | SUSTAINABILITY

Home > News > New ITCG members appointed

01 August 2023

New ITCG members appointed

The IFRS Foundation has announced several appointments and reappointments to the IFRS Taxonomy Consultative Group (ITCG). Eight new organisations will now participate as will two new representatives of organisations that have already been participating. Three members of participating organisations have also been reappointed.

All appointments and reappointments take effect from 1 August 2023 and are for a term of one to three years. Members are eligible for reappointment, but can serve for no more than six years.

The ITCG is an expert consultative group that advises both the International Accounting Standards Board (IASB) and the International Sustainability Standards Board (ISSB) on their digital taxonomies and related activities.

The IFRS Foundation, including the IASB and ISSB, would like to thank retiring members of the ITCG for their contribution to the development of the IFRS digital taxonomies

New appointments from organisations not currently represented on the ITCG

Name	Organisation	Geographical Representation
Emma Burger	Bloomberg	Global
Avinash Chander	Individual	Asia Oceania
Doug Chow	PortageBay	Global
Grace Fatogbe	NIRSAL	Africa
Philip Fitz-Gerald	UK Financial Reporting Council	Europe
Julien Guichandut	Clarity AI	Global
Marc Houllier	Corporatings	Europe
Gabje Kim	Korean Financial Supervisory Service	Asia Oceania

Related information

IFRS Taxonomy Consultative Group

Followable tags

Accounting electronic reporting

Sustainability electronic reporting

Related news

October 2023 Sustainability Standards Advisory Forum agenda and meeting papers now available

IASB proposes updates to the IFRS Accounting Taxonomy 2023

October 2023 IFRS Taxonomy Consultative Group agenda and meeting papers now available

IASB to publish IFRS Accounting Taxonomy 2023—Proposed Update 1

July 2023 ISSB podcast now available

〈출처〉 IFRS재단 홈페이지

IFRS재단의 택사노미 자문그룹(IFRS Taxonomy Consultative Group - ITCG)에 금융감독원 김갑제 수석조사역이 2023년 8월 자문위원으로 선임되었습니다.

IFRS재단에 국내 인사가 참여하는 것은 역대 6번째 사례로, 향후 국제 표준 택사노미의 신설 및 업데이트 시 국내 공시 현실을 반영하고 고려할 수 있는 가능성이 증가할 것으로 기대됩니다.

CHAPTER
03 다차원(Dimension)구조의 이해

3.1 다차원(Dimension)구조란?

기업이 공시하는 재무제표를 분석해 보면 재무상태표, 손익계산서 등과 같이 하나의 값에 하나의 id가 1:1로 태깅이 되는 형태와 유형자산, 종업원급여 주석처럼 행과 열이 존재하여 하나의 값에 복수의 id가 매칭이 되는 형태 크게 두 가지 유형으로 구분할 수 있습니다.
전자의 경우 행에 해당하는 id만 정확하게 태깅하면 되므로 기존의 기업이 관리하고 있는 정산표의 CoA(Code of Account) 분류와 유사하여 비교적 XBRL 작성이 쉬운 형태라 볼 수 있습니다.
하지만 후자의 경우 두 가지 이상의 정보를 매칭하여 값에 의미를 부여하여야 하며, 기업별로 공시하는 표의 양식이 상이하므로 XBRL 작성 시에는 이러한 형태의 값을 표준화하는 규칙의 마련이 필요하게 되었습니다. 이러한 필요성에 따라 탄생한 것이 다차원 Dimension구조(이하 '디멘전')입니다.

디멘전구조는 하나의 값을 세부 항목으로 '구분'하여 데이터化하는 방식을 규정하며, 행 lineitems과 열 member 아이템을 조합하여 기업이 공시한 정보를 데이터化하게 됩니다. 앞 장에서 설명한 것처럼 XBRL의 핵심은 표준화된 데이터 생산이므로 이를 위해 행과 열에 들어갈 수 있는 택사노미를 사전에 표준 택사노미에서 정의하고 있으며, 이를 통해 기업이 동일한 내용을 각기 다른 양식으로 공시하고 있더라도 XBRL 작성 시에는 표준화된 디멘전구조를 구성하게 됩니다.

이해를 돕기 위해 유형자산의 변동내역을 나타내는 주석을 살펴보겠습니다.
A기업의 경우 기존 감사보고서에서 아래와 같이 행에 유형자산의 세부 구분항목인 토지, 건물, 기계장치 등을 배치하였고, 열에 기초의 유형자산 금액부터 기말의 유형자산 금액까지의 변동사항을 배치하여 공시하였습니다.

구 분	기 초	취 득	처 분	감가상각	기 말
토 지	1,000	200	(100)	–	1,100
건 물	2,000	400	–	(200)	2,200
기계장치	500	–	(50)	(50)	400
합 계	3,500	600	(150)	(250)	3,700

B기업의 경우 기존 감사보고서에서 아래와 같이 행에 기초의 유형자산 금액부터 기말의 유형자산 금액까지의 변동사항을 배치하고, 유형자산의 세부 구분항목인 토지, 건물, 기계장치 등을 열에 배치하여 공시하였습니다.

구 분	토 지	건 물	기계장치	합 계
기 초	1,000	2,000	500	3,500
취 득	200	400	–	600
처 분	(100)	–	(50)	(150)
감가상각	–	(200)	(50)	(250)
기 말	1,100	2,200	400	3,700

두 기업이 각자 현재의 양식을 그대로 유지하여 XBRL 작성을 한다면 행과 열에 들어가는 항목이 다르게 설정되어 두 기업의 건물 취득금액을 비교하기 위해서는 추가적인 데이터의 가공이 필요하게 될 것입니다. 하지만 DART택사노미에서 행과 열에 들어갈 수 있는 항목을 다음과 같이 사전에 정의하고 있으므로 두 기업 모두 동일한 id를 매칭할 수 있게 됩니다.

행(lineitems)에 들어가는 항목	
기초 유형자산*	ifrs－full_PropertyPlantAndEquipment
사업결합을 통한 취득 이외의 증가	ifrs－full_AdditionsOtherThanThroughBusinessCombinationsPropertyPlantAndEquipment
처 분	ifrs－full_DisposalsPropertyPlantAndEquipment
감가상각비	ifrs－full_DepreciationPropertyPlantAndEquipment
기말 유형자산*	ifrs－full_PropertyPlantAndEquipment

* 기초와 기말의 금액은 동일한 id를 사용하고 레이블 설정으로 구분합니다.

열(member)에 들어가는 항목	
유형자산의 분류 [축]**	ifrs－full_ClassesOfPropertyPlantAndEquipmentAxis
유형자산 [구성요소]**	ifrs－full_PropertyPlantAndEquipmentMember
토지 [구성요소]	ifrs－full_LandMember
건물 [구성요소]	ifrs－full_BuildingsMember
기계장치 [구성요소]	ifrs－full_MachineryMember

** 디멘전구조를 설정하기 위한 필수 요소로 세부 항목의 상위에 축(유형자산의 분류)과 도메인(유형자산)이 항상 위치하게 됩니다.

이렇듯 디멘전구조와 DART택사노미를 통하여 기업들은 다차원의 표의 경우에도 표준화된 XBRL 정보 생산이 가능해지게 됩니다. 위에 언급한 내용 외에 XBRL 작성 시 디멘전구조를 구성하기 위해서는 테크니컬한 필수 요소들이 존재하나 금융감독원의 XBRL 편집기를 사용하는 경우에 유의적이지 않으므로 이 책에서는 다루지 않습니다.

3.2 멀티 디멘전구조

기업이 공시하는 주석을 보면 위의 유형자산 주석 예시처럼, 하나의 행 항목 '취득'을 하나의 열 항목 '건물'로 구분하여 값 '400'에 두 개의 id가 매칭되어 '건물의 취득금액은 400원'이 되는 기본 디멘전구조도 존재하지만 여러 단계의 항목으로 구분하여 공시하는 주석 역시 다수 존재합니다.

이해를 돕기 위해 수익의 분류와 지역에 대한 주석을 살펴보겠습니다.

A기업은 고객과 계약에서 생기는 수익에 대해 아래와 같이 공시하고 있습니다.

구 분	지 역	당 기	전 기
일시에 인식	국내	1,500	1,350
	해외	450	400
기간에 걸쳐 인식	국내	1,250	1,400
	해외	300	250
합 계		3,500	3,400

기업은 고객과 계약에서 발생한 수익 금액을 유형에 따라 '일시에 인식'하는 수익과 '기간에 걸쳐 인식'하는 수익으로 구분하였고, 다시 한 번 발생 지역에 따라 '국내'와 '해외'로 구분하고 있습니다.

이를 XBRL 구조로 표현하면 아래와 같이 구성할 수 있습니다.

	재화나 용역의 이전 시기 [구성요소]				
	기간에 걸쳐 이전하는 재화나 서비스 [구성요소]		한 시점에 이전하는 재화나 서비스 [구성요소]		합 계
	지역 [구성요소]		지역 [구성요소]		
	국내 [구성요소]	해외 [구성요소]	국내 [구성요소]	해외 [구성요소]	
수익	1,250	300	1,500	450	3,500

이렇게 값을 복수의 속성으로 구분하는 것을 멀티 디멘전구조라고 하며, 이러한 주석의 경우 XBRL 작성 시 기본 디멘전구조보다 주의를 기울여야 합니다.

이것만은 기억해 주세요!

지금까지 알아본 XBRL 기본개념과 두 가지 핵심 요소인 택사노미와 디멘전구조에 대하여 반드시 기억할 키워드는 표준化, 데이터化 그리고 약속입니다.

Keyword	기존 공시제도	XBRL 공시제도
하나. **표준化**	동일한 의미를 갖고 있는 항목에 대해 기업별로 명칭을 상이하게 공시함에 따라 정보이용자의 재무정보 활용 효율성 하락 예 '기타채권', '기타수취채권', '단기금융자산', '기타금융자산'	동일한 항목은 동일한 표준 taxonomy로 tagging 되어 기업이 기재한 명칭과는 별개로 표준화되므로 정보이용자의 재무정보 활용성 증가 예 ifrs–full_OtherCurrentReceivables, ifrs–full_CurrentFinancialAssets
둘. **데이터化**	기존 pdf 또는 HTML 기반의 공시 문서의 경우 다수의 기업의 재무정보의 활용을 위해서는 다운로드 및 data cleansing 등의 사전 수기 작업이 필수적으로 요구됨	표준 taxonomy와 XBRL 작성 규칙에 의해 모든 기업의 재무정보가 정제되어 있으므로 추가적인 수기 작업 없이 손쉽게 데이터 활용이 가능
셋. **약속**	–	Taxonomy는 XBRL의 핵심사항인 '표준화'를 달성하기 위하여 정보를 분류하는 방식을 '약속'한 것임 Dimension구조는 '행'과 '열'로 구성되어 있으며, 각각의 항목에 들어갈 수 있는 taxonomy가 사전에 정의되어 있으므로 이러한 규칙을 준수해야 함

태그를 달아준다는 개념에서 바라보면 우리가 많이 사용하는 SNS의 #hashtag와 유사하다고 생각할 수 있습니다. 그러나 중요한 차이점은 SNS의 hashtag는 사용자 간의 표준이나 규칙을 정하지 않았기 때문에, 게시 내용과 전혀 상관없는 어떠한 단어도 태그를 달 수 있으므로 데이터로서의 가치가 떨어지게 됩니다. 예를 들어 제가 강아지 사진을 올리고 '#고양이'라고 태그를 단다면, 사람들이 '고양이'를 검색할 때 제가 올린 강아지 사진이 함께 검색될 것입니다. 하지만 XBRL 데이터는 모든 생산자가 약속을 통해 표준화된 태그를 달기 때문에 강력한 데이터로서의 힘을 갖게 되는 것입니다.

CHAPTER

04 국내 XBRL 공시 제도의 특징

4.1 금융감독원 로드맵

금융감독원은 정부의 공공데이터 개방 정책 부응 및 회계투명성 제고 등을 위해 2020년 3월 국제 추세에 부합하는 '재무공시 선진화 로드맵'을 수립하고 단계적으로 〈그림 6〉과 같이 추진하여 왔습니다.

그림 6 금융감독원 재무공시 선진화 로드맵

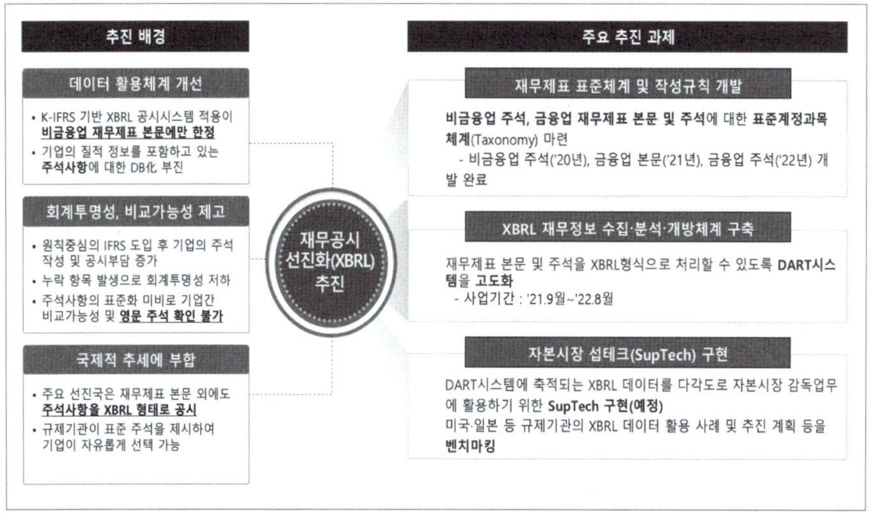

〈출처〉 금융감독원 보도자료 및 설명자료

국내 XBRL 공시 제도 도입을 위하여 2020년부터 생태계 구축을 위한 DART택사노미 개발을 3년에 걸쳐 완료하였고, 기업의 업무 부담을 줄이기 위하여 세계최초로 XBRL 공시를 위한 공용 XBRL 편집기를 개발하여 배포하였습니다.

또한 유관기관 및 협회, 학계, 민간 전문가로 구성된 '재무공시 선진화 TF'를 발족하여 XBRL 공시 제도의 단계적 도입 및 확대 방안을 마련하고, 아래와 같이 단계적 도입시기를 확정하였습니다.

구 분	개별자산총액(직전 사업연도 기준)	순차적 시행시기
비금융업 XBRL주석	(그룹1) 2조원 이상	'23년도 사업보고서
	(그룹2) 5천억원 이상~2조원 미만	'24년도 사업보고서
	(그룹3) 2천억원 이상~5천억원 미만	'25년도 사업보고서
	(그룹4) 1천억원 이상~2천억원 미만	'26년도 사업보고서
	(그룹5) 2천억원 미만	'27년도 사업보고서
금융업 XBRL주석	(그룹1) 10조원 이상	'25년도 반기보고서
	(그룹2) 2조원 이상~10조원 미만	'26년도 반기보고서
	(그룹3) 2조원 미만	'27년도 반기보고서

〈출처〉 금융감독원 보도자료

4.2 금융감독원 XBRL 편집기

금융감독원이 XBRL 공시 제도를 위해 구축한 DART택사노미에 대해서는 2장에서 자세히 설명하였으므로 이번에는 금융감독원 XBRL 편집기에 대하여 알아보도록 하겠습니다.

재무제표 본문과 주석에 대하여 XBRL 공시 제도를 먼저 도입한 해외의 경우 규제감독기관이 표준 택사노미만을 제공함에 따라 기업들은 상용 XBRL 편집기를 구매하거나 전문업체를 활용하여 XBRL 공시 파일을 작성하고 있습니다. 상용 편집기의 경우 XBRL의 구조와 기술에 대하여 완전히 이해를 하고 있어야 작성이 가능하기 때문에 이로 인한 비용 및 인력에 대한 부담이 존재합니다.

금융감독원은 국내 XBRL 공시 제도 도입을 검토할 때 이러한 기업의 부담과 함께 한글화된 상용편집기는 존재하지 않는 한계점 등을 고려하여 세계 최초로 공용 편집기를 개발하여 배포하였습니다.

금융감독원 XBRL 편집기는 XBRL의 기술적인 부분에 대한 이해도가 높지 않아도 직관적으로 재무정보에 대한 XBRL 작성이 가능한 것이 가장 큰 특징입니다.

금융감독원 XBRL 편집기와 상용편집기의 장단점을 정리하면 아래와 같습니다.

	금융감독원 편집기	상용편집기
장 점	• 국내 공시 환경에 맞게 커스터마이징 용이 −감사보고서, ESG 공시, 실적 공시 등 DART 편집기 양식에 맞게 쉽게 작성 및 제출 가능 • 사용자가 XBRL기술에 대한 깊은 지식이 없어도 재무제표 및 주석 작성 용이 • 이용자 라이선스료 부담 없음	• XBRL 표준이 요구하는 모든 사항에 대한 세부 정의 가능 • 상용프로그램의 고급 기능 활용 가능 • 타 프로그램 등과 연동 가능
단 점	• XBRL 표준이 요구하는 모든 상세 속성 등에 대한 정의 불가 • 외부 프로그램 작성 데이터와 연동 불가 • 기타 고급 기능 구현 불가	• XBRL기술에 대한 고난도 지식 요구 −전문업체 등의 외주 수수료 발생 • 국내 DART 공시 환경에서 사업보고서 디스플레이가 어려움 • 라이선스료 부담 존재

금융감독원 XBRL 편집기도 외부 작성 데이터와의 연동이 되지 않고 상세 속성에 대한 정의가 불가한 한계점은 존재하나 기업의 입장에서는 XBRL 작성 업무 및 비용에 대한 부담은 상당히 감소하는 효과가 있습니다.

지금까지 1부에서 XBRL의 기본적인 개념과 국내 공시 제도의 특징에 대하여 설명하였으며, 2부에서는 XBRL 작성의 기본 원칙과 실제 금융감독원 XBRL 편집기를 사용한 다양한 작성 사례를 자세히 설명하도록 하겠습니다.

현재 모든 기업은 금융감독원 XBRL 편집기로만 데이터를 작성하여 공시해야 하므로 편집기 사용법에 대한 이해와 숙지가 필요하며, 이 책은 기업의 다양한 주석을 사례로 편집기를 활용한 작성법을 상세히 제시함으로써 기업의 공시 담당자의 업무 길잡이가 될 것입니다.

PART 02

금융감독원 XBRL 편집기를 활용한 주석 작성 실무

CHAPTER

01 XBRL 작성 원칙 및 편집기 설정

1.1 XBRL 작성 원칙

기업의 주석을 XBRL로 변환하기 위한 과정은 다음과 같이 크게 4단계로 구분해 볼 수 있습니다.

Step1	Mapping	표준 taxonomy(예 Ifrs taxonomy, Dart taxonomy, us taxonomy 등)를 활용하여 재무제표 및 주석항목 등에 대하여 XBRL 작성이 가능하도록 기본 틀을 구성하는 절차
Step2	Extensions	표준 taxonomy가 존재하지 않거나 기업이 보다 세부적인 사항을 공시하고자 하는 경우 XBRL rule에 맞게 해당 기업만을 위한 taxonomy를 확장하는 절차
Step3	Tagging	Mapping과 Extensions을 통해 구성된 기본 틀에 재무제표 및 주석의 data요소를 입력하는 절차 (Data 요소 : 금액, 회계기간, 단위, 차변/대변 구분, 부호 등을 의미)
Step4	Creating & Validation	Tagging까지 완료된 XBRL data를 실제 XBRL file로 생성하고, XBRL rule을 준수하였는지 등을 검증하는 절차

〈출처〉 Bartley, Chen, & Taylor, 2010

Mapping과 Extensions 작업을 통해 기업의 주석을 XBRL로 변환하기 위한 설계도를 작성하게 되며, Tagging을 통해 값과 택사노미를 연결시켜주고 Creating & Validation을 통해 XBRL 파일을 검증하고 생성하게 됩니다.

Mapping과 Extensions은 일반적으로 엑셀 문서를 활용하여 작업을 하고, Tagging과 Creating & Validation은 XBRL 편집기를 사용하여 작업을 하게 됩니다. 해외의 경우 상용편집기를 사용해야 하므로 설계도 작성 이후인 Tagging과 Creating & Validation 작업에 전문적인 지식과 상당한 시간이 소요되지만, 국내의 경우 공용편집기를 사용함에 따라 보다 직관적이고 단순한 작성이 가능합니다. 따라서 엑셀 기반의 설계도를 정확하게 작성하는 것이 중요하며, 이때 XBRL 작성의 기본 원칙과 Extensions 작업 시 주의할 사항을 숙지하여 준수하여야 합니다.

XBRL 주석 작성 시 주의해야 할 주요 기본 원칙은 다음과 같습니다.

▶ 주석의 모든 정보를 태깅하여야 합니다.

⇒ 따라서 서술형으로 기술되어 있거나 주기로 기재된 내용도 값fact이 존재하는 경우 모두 태깅을 해주어야 합니다.

⇒ 단, 감독원에서 대부분 문장영역 및 사용자 확장항목으로 구성된 ① 회계정책 목록 ② 기업정보와 한국채택국제회계기준 준수 사실 기재, ③ 회계정책, 회계추정의 변경 및 오류에 대한 공시, ④ 중간재무보고, ⑤ 타기업에 대한 지분의 공시 주석의 경우 예외적으로 블록태깅Block Tagging으로 하나의 영역으로 처리가 가능하도록 작성 편의를 제공하였습니다.

▶ 유동과 비유동항목을 구분하는 것은 열member로 넣을 수 없으므로 반드시 행lineitem으로 구성하여야 합니다.

⇒ '생물자산의 변동에 대한 조정 공시' 표에서만 유동과 비유동항목을 열로 사용할 수 있으므로 XBRL 주석 작성 시 각별한 주의가 필요합니다.

⇒ 단, 감독원에서 작성 편의를 위해 기초부터 기말까지의 변동을 나타내는 주석이 유동과 비유동 항목을 구분하고 있을 경우, 이에 한정하여 '열'에서 구분이 가능합니다. 이 경우 '자산부채변동의 유동비유동 분류 [축]'을 사용하여야 합니다.

▶ 축axis과 그에 대응하는 첫 번째 하위 항목domain member은 임의로 변경하여서는 안됩니다.

⇒ 금융감독원 XBRL 편집기는 축을 선택하면 하위 항목이 함께 구성되도록 설정되어 있으므로 오류 발생 가능성은 낮습니다.

- ▶ 기초부터 기말까지의 변동을 나타내는 주석의 경우(예 유형자산의 변동, 대손충당금의 변동 등)에는 기초와 기말정보를 시점 Context으로만 구분해야 합니다.
  ⇒ 기초와 기말은 동일한 개념을 나타내지만 시점만 다른 것으로 id 속성의 기초/기말로만 구분해야 합니다. 금융감독원 XBRL 편집기에서 제공하는 표준표에서는 반영이 되어 있으나 이러한 형식의 '행 lineitem'을 확장해야 하는 경우 정확한 속성의 선택이 필요합니다.

다음으로 확장 항목 Extensions 생성 시 주의해야 할 사항은 다음과 같습니다.

- ▶ 표준 택사노미 DART taxonomy에 존재하는 항목은 절대로 확장해서는 안 됩니다.
  ⇒ 표준항목이 있다면 반드시 표준항목을 사용해야 하며, 표준과 동일한 id나 레이블로 확장 항목을 생성하지 않아야 합니다.
- ▶ 확장 항목 사용 시 '속성'을 적절하게 선택하여 적용해야 합니다.
  ⇒ 택사노미에는 여러 가지 속성이 존재하며, 특히 Type(문자, 숫자, 비율 등의 입력할 수 있는 속성에 대한 선택), Balance(차변, 대변 구분), Periodtype(특정 시점의 값인지－instant, 일정 기간 중 발생한 값인지－duration) 등의 설정을 정확하게 해주어야 합니다.
- ▶ 확장 항목 생성 시 레이블과 id를 정확하게 설정해야 합니다.
  ⇒ 확장 항목은 기본 레이블과 표준 id가 존재하지 않으므로, 정확한 영문 및 국문 레이블을 설정해주어야 합니다. 금융감독원 XBRL 편집기는 영문 레이블을 입력하면 id는 자동으로 생성되도록 세팅되어 있습니다.
  ⇒ id는 아라비아 숫자로 시작할 수 없으므로 이러한 경우 영문숫자를 사용하여야 합니다. 예 id_123Company(X), id_OneTwoThreeCompany(O)

지금까지 중요한 XBRL 작성 원칙에 대하여 알아보았으며, 이어서 금융감독원 XBRL 편집기의 기본 설정 방법에 대하여 간략히 알아보겠습니다.

MEMO

1.2 XBRL 편집기 설정

01 [IFRS XBRL 작성기] 프로그램을 실행시키고 [보고서(F)]의 [새로 만들기]를 클릭합니다.

02 [문서정보]에서 보고서 유형을 선택하고 '기수' 및 '회계기간'을 선택합니다. [회사정보]에서 '회사고유번호' 및 '회사명'을 입력하면 [보고서명]이 자동으로 생성됩니다.

[확인]을 클릭하여 보고서를 생성합니다.

03 좌측 [기본정보]에서 [문서정보]를 더블클릭합니다.

04 [보고서 유형] 및 [기간정보] – 보고서 생성 시 선택한 항목으로 설정되어 있습니다.
[최초적용] – IFRS 최초 적용이 아닌 경우 '아니오'로 선택합니다.
[감사정보] – 연결 및 별도 감사정보를 회사에 맞게 입력합니다. 영문 감사인명과 감사인고유번호도 정확하게 입력합니다.

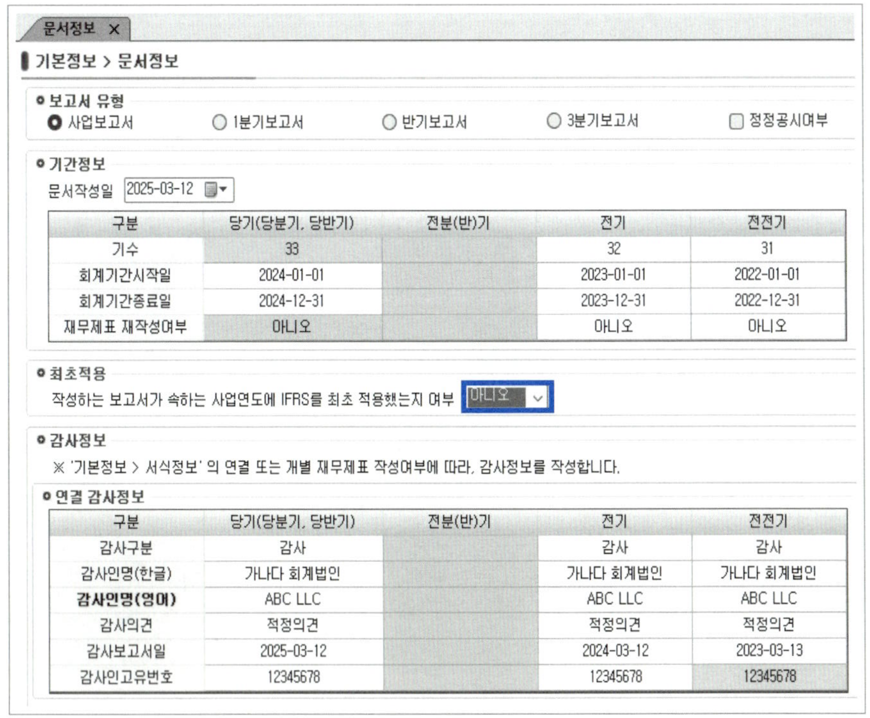

05 좌측 [기본정보]에서 [회사정보]를 더블클릭합니다.

06 [회사정보], [상장정보], [통화] 및 [문서 작성자 정보]를 회사에 맞게 입력합니다. 이때 각 항목별 영문정보 및 XBRL 자문법인도 누락없이 입력하여야 합니다.

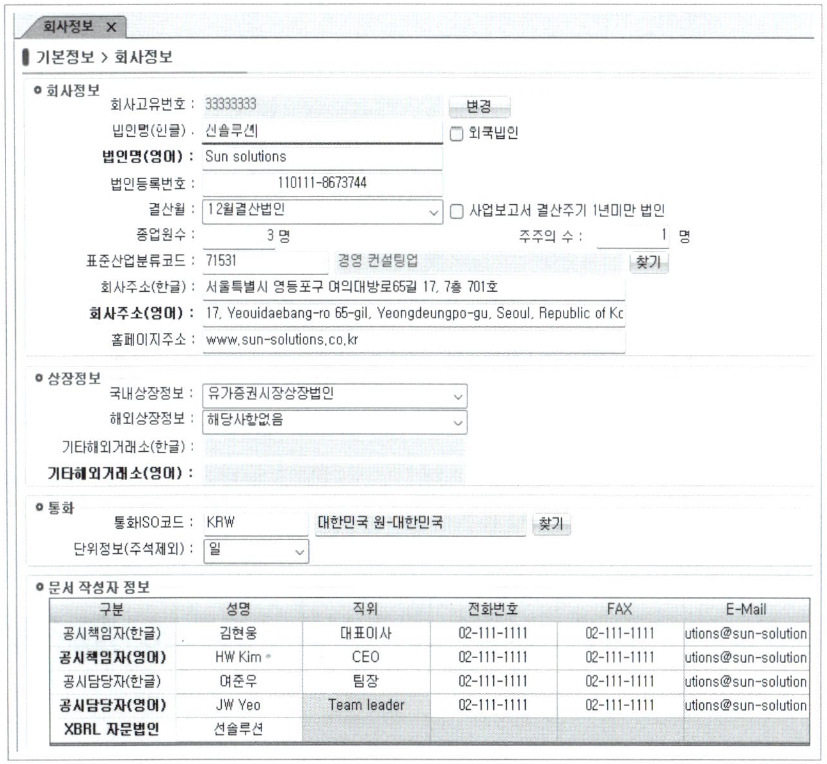

구분	성명	직위	전화번호	FAX	E-Mail
공시책임자(한글)	김현웅	대표이사	02-111-1111	02-111-1111	utions@sun-solution
공시책임자(영어)	HW Kim	CEO	02-111-1111	02-111-1111	utions@sun-solution
공시담당자(한글)	여준우	팀장	02-111-1111	02-111-1111	utions@sun-solution
공시담당자(영어)	JW Yeo	Team leader	02-111-1111	02-111-1111	utions@sun-solution
XBRL 자문법인	선솔루션				

07 좌측 [기본정보]에서 [서식정보]를 더블클릭합니다.

08 [연결 재무제표] 및 [재무제표]를 회사에 맞게 선택합니다.

※ 개별재무제표만 존재하는 경우 [연결 재무제표] 좌측 [작성]란 체크 해제

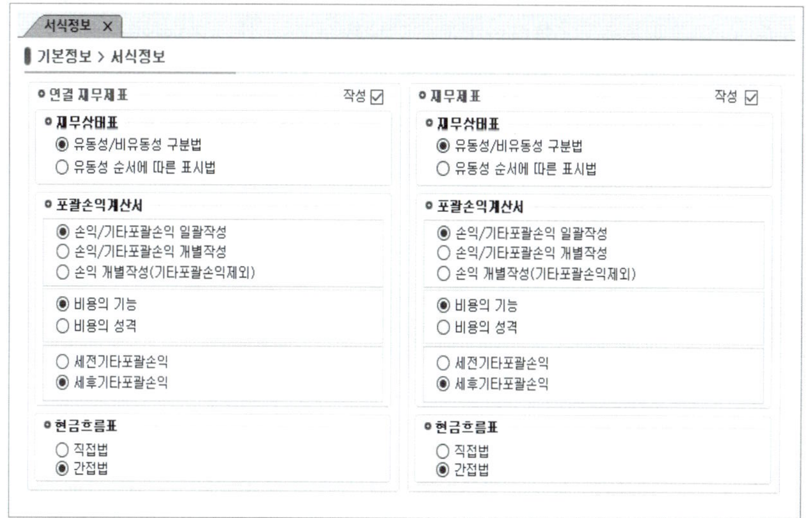

CHAPTER 02 금융감독원 XBRL 작성 가이드 핵심 요약

2.1 금융감독원 XBRL 작성 가이드 개요

금융감독원은 기업이 XBRL 재무제표 본문 및 주석을 작성할 시 일관된 지침을 제공하기 위하여, 2025년 1월 20일자로 『금융감독원 DART XBRL 재무제표 본문 · 주석 작성 가이드』를 배포하였습니다.

동 가이드는 XBRL 재무공시와 관련한 국제적 표준과 지침을 참고하고, 실제 국내 기업의 공시 사례를 반영하여 제정하였으므로 국내 공시 기업이 **반드시** 준수해야 하는 지침서의 역할을 하게 됩니다.

또한 금융감독원은 동 가이드를 기준으로 기업이 제출한 XBRL 재무공시에 대한 품질 점검을 실시할 예정이므로 정정공시 등이 발생하지 않도록 숙지가 필요합니다.

이 책에서는 동 가이드의 방대한 내용 중 주석 작성과 관련한 핵심적인 사항에 대해서만 요약하고자 하며, 상세 내용은 DART접수시스템(https://filer.fss.or.kr/) 자료실의 가이드 원문을 함께 참고할 것을 권장드립니다.

2.2 감사(검토)보고서 VS 정기보고서(분반기 및 사업보고서)

정기보고서에 XBRL 재무공시가 도입된 이후 공시 사례를 살펴보면 기존의 감사(검토)보고서와 형식적으로 많은 차이가 존재하는 것을 확인할 수 있습니다. 이는 XBRL 작성 원칙을 준수하기 위한 과정에서 발생하는 자연스러운 현상이며, 특히 앞에서 설명한 표준 택사노미의 사용과 디멘전구조를 적용함에 따라 다수의 주석에서 발생하게 됩니다.

따라서 기존의 감사(검토)보고서와 형식을 일치하기 위해서 XBRL 작성 원칙을 위배하는 경우 정정공시 등의 제재가 발생할 수 있으므로 각별한 주의가 필요하며 특히 주의가 필요한 사항은 다음과 같습니다.

감사(검토)보고서의 주석을 분할 또는 병합 공시

기업들은 경영진 및 감사인의 관점 또는 기존의 공시 관행 등에 따라 다양한 구분과 순서로 감사(검토)보고서의 주석을 공시하고 있습니다. 예를 들어 동일한 주석 내용의 경우에도 A기업은 '6. 유형자산', '7. 무형자산'으로 각각 주석을 구성하고, B기업은 '6. 유형자산 및 무형자산'으로 주석을 통합하여 공시할 수 있습니다. 기존 감사(검토)보고서는 사람의 눈으로 정보를 인지한다는 목적에서 보았을 때 이러한 차이가 유의적인 문제가 되지 않았습니다.

하지만 XBRL 재무공시는 앞서 언급한 바와 같이 machine readable을 위한 표준화가 중요하므로 표준주석목차(Link role)가 제공되며, 이를 우선적으로 준수하는 것이 권고됩니다. 또한 동 표준주석목차는 IFRS 기준서를 기반으로 구성되어 있으며, 국내 기업의 공시 형태도 반영되어 있으므로 금융감독원은 예외적인 경우를 제외하고 80% 이상의 표준주석목차 사용률(= 표준주석목차 사용 주석 수 ÷ 기업의 전체 주석 수)을 달성하는 것을 원칙으로 하고 있습니다.

따라서 위 예시의 B기업의 경우 감사(검토)보고서에서 '6. 유형자산 및 무형자산'으로 공시하더라도 XBRL 재무공시에서는 유형자산은 '[D822100] 주석 – 유형자산' 표준주석목차를 활용하여 작성하고, 무형자산은 '[D823180] 주석 – 무형자산' 표준주석목차를 활용하여 분리 작성해야 합니다.

이와 반대의 경우로 C기업이 감사(검토)보고서에서 '24. 금융수익', '25. 금융비용'으로 금융수익과 금융비용을 각각 분리하여 공시하고 있는 경우, XBRL 재무공시에서는 '[D834330] 주석 – 금융수익과 금융비용' 하나의 표준주석목차를 활용하여 병합 공시하는 것이 권장됩니다.

이러한 표준항목 사용 원칙은 개별 주석의 표에서도 동일하게 적용될 수 있습니다. XBRL 작성기에서는 표준주석목차를 사용할 경우 각 기준서의 공시 요구사항에 따라 표준 표를 제공하고 있습니다. 기업은 XBRL 재무공시 작성 시 동 표준 표를 우선적으로 활용하여야 하며 이에 따라 기존 감사(검토)보고서의 표의 형태와 다르게 분리 또는 병합 공시가 발생하게 됩니다. 예를 들어 D기업은 기존 감사(검토)보고서에서 비파생금융부채와 파생금융부채의 만기분석을 하나의 표로 공시하고 있으나 XBRL 작성기의 표준 표는 아래와 같이 비파생금융부채와 파생금융부채를 각각의 표준 표로 제공하고 있습니다. 따라서 이러한 경우에도 기업은 표준 표를 활용하여 각각의 표로 나누어 XBRL 재무공시를 수행하여야 합니다.

그렇다면 앞서 설명한 바와 같이 감사(검토)보고서의 주석 형태와 XBRL 재무공시에 따른 사업보고서의 공시 형태가 상이한 경우 이를 일치시켜야 하는지에 대한 의문이 존재할 수 있습니다. 이와 관련하여 금융감독원은 정보이용자의 혼란을 줄이기 위해서는 감사(검토)보고서의 형태를 XBRL 재무공시와 유사하게 변경하는 것을 권고하고 있습니다.

실무적으로는 각각의 주석 표는 XBRL 재무공시 형태의 가독성이 떨어질 수 있어 감사(검토)보고서의 형태 유지를 고려할 수 있으나, 주석 번호의 경우 일치시키는 것을 적극 권장드립니다.

합계(소계)를 표현하기 위한 열(member) 항목의 확장 금지

기업의 감사(검토)보고서의 주석에서는 해당 표 일부 항목의 소계나 전체의 합계가 표현되는 경우가 다수 존재합니다. 이러한 주석을 XBRL 구조로 표현할 때 열 항목의 합계(소계)는 반드시 도메인(열 항목의 축 바로 하위의 구성요소)에서 합계열 사용 여부를 통해서만 설정해 주어야 합니다. 이러한 원칙에 따라 표준 택사노미에는 합계를 의미하는 열(member) 항목은 존재하지 않으며, 이를 임의로 확장하는 경우 중요한 오류사항이 됩니다.

XBRL의 디멘전 구조에서 열(member) 항목은 행(lineitems) 항목을 세부적으로 구분하는 역할을 수행하므로 만약 임의로 합계를 열(member) 항목에 확장할 경우, 데이터 관점에서 해당 행(lineitems) 항목의 총금액은 두 배로 double counting이 되어 왜곡될 수 있습니다.

따라서 열(member) 항목에서의 합계를 의미하는 항목의 확장은 엄격하게 금지되어 있으므로 유의하시기 바랍니다.

(합계열을 사용한 올바른 구성 예시)

유형자산의 세부 구분인 건물, 토지 등보다 상위 수준으로 위치

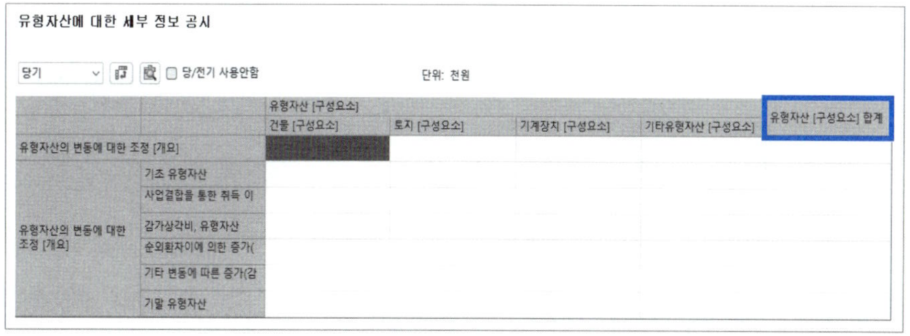

(합계 열(member) 항목을 확장한 구성 오류 예시)

유형자산의 세부 구분인 건물, 토지 등과 동일한 수준에 위치

서술로 기재된 항목의 XBRL 재무공시

기업의 감사(검토)보고서의 주석은 표와 금액으로 구성된 주석 사항 외에도 다양한 서술형 문장으로 이루어져 있습니다. 이러한 서술형 문장은 공시정보로써 데이터의 가치가 있는 것과 그렇지 않은 단순 설명 문구로 구분할 수 있습니다. 전자의 경우 XBRL 재무공시의 대상이 되므로 표를 구성하여 작성하여야 하며, 후자의 경우 XBRL 재무공시에서는 생략이 가능합니다. 간단한 예시를 통해 알아보도록 하겠습니다.

A기업은 우발 및 약정사항 주석에서 '보고기간말 현재 연결실체는 가나다은행과 3,500천원을 한도로 차입 약정을 맺고 있습니다.'라고 서술하고 있습니다.
B기업은 유형자산 주석에서 주기로 '유형자산 중 담보제공자산 세부내역은 주석 27번 참조'라고 서술하고 있습니다.

A기업의 경우 차입 약정이 존재한다는 내용과 한도 금액이 재무공시의 대상이 되므로 아래와 같이 표를 구성하여 공시하여야 합니다.

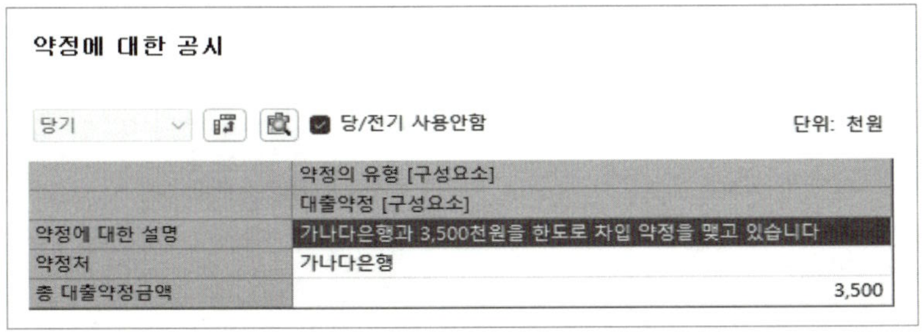

B기업의 경우 해당 유형자산 주석에 기재된 내용은 단순히 다른 주석을 참조하는 문구이므로 재무공시의 대상이 존재하지 않습니다. 따라서 유형자산 주석에서 동 서술은 생략하여도 무방하나, 실제 27번 주석에서는 담보제공자산에 대한 세부 정보를 공시하고 있을 것이므로 해당 주석에서는 표를 구성하여 XBRL 재무공시를 수행하여야 합니다.
따라서 기업의 감사(검토)보고서에 각 주석마다 기재되어 있는 '당기말과 전기말 현재 XX의 내역은 다음과 같습니다.' 등의 형식적인 문장은 XBRL 재무공시에서는 모두 생략하시는 것을 권장드립니다.

2.3 주석 작성 시 핵심 유의사항

금융감독원 XBRL 작성 가이드에서 언급하고 있는 주석 작성 시 유의사항 중 숙지가 필요한 핵심사항에 대해 알아보겠습니다.

외화로 표시된 금액 입력 시 유의사항

기업은 영업환경에 따라 주석에서 다양한 외화금액을 공시하고 있습니다. 여기서 말하는 외화금액이란 원화로 환산된 금액이 아닌 기초통화로 표시된 금액을 의미합니다. XBRL 작성기의 회사정보에서 통화를 'KRW'로 설정하게 되면 모든 표의 숫자 속성의 행(lineitems) 항목은 원화를 의미하게 됩니다. 따라서 외화로 표시된 금액을

입력하기 위해서는 반드시 행(lineitems) 항목을 확장하여 '숫자' 속성을 적용한 후, '외화속성'과 '외화단위'를 주석에 맞게 선택하여야 합니다.

자세한 외화 입력 예시는 이 책의 주석 작성 실무 13번 금융상품의 '환위험'에서 상세하게 설명하고 있으니 참고 바랍니다.

공시 정보 입력 시 유의사항

1장의 택사노미에 대한 설명에서 기술한 것처럼 XBRL 주석 작성 시 사용하는 행(lineitems) 항목은 다양한 데이터 타입이 존재합니다. 따라서 표준 아이디를 선택할 때에는 공시하고자 하는 정보와 데이터 타입이 일치하는 표준 항목인지에 대한 확인이 필요하며, 선택된 항목에 공시 정보를 입력할 때에는 해당 데이터 타입에 알맞게 입력해야 합니다.

주요 데이터 타입에 대한 공시 정보 입력 시 유의사항은 다음과 같습니다.

데이터 타입	입력 시 유의사항
비율 (Percent)	지분율, 이자율, 변동률 등에서 자주 사용되는 데이터 타입으로 공시 정보 입력 시 반드시 소수점으로 입력해야 함 예 10.45%(×) → 0.1045(○)
주식수 (Shares)	유통주식 수 산정, 신주 발행 관련 주석 등에서 자주 사용되는 데이터 타입으로 표에 설정된 단위의 영향을 받지 않으므로 공시 정보 입력 시 주식 수 전체를 입력해야 함 예 유통보통주식 수가 1,000,000주인 경우 표의 단위가 '천원'으로 설정되어 있어도 '1,000,000'을 입력
주당금액 (PerShare)	주당 액면가액, 주당 순이익 등에서 자주 사용되는 데이터 타입으로 표에 설정된 단위의 영향을 받지 않으므로 공시 정보 입력 시 '원' 단위로 입력해야 함 예 주당 액면가액이 5,000원이고 표의 단위가 '천원'으로 설정되어 있는 경우, '5,000'을 입력해야 함. 만약, 공시 정보를 '5'로 입력하는 경우 주당 액면가액은 5원으로 인식됨.

데이터타입 외에도 행(lineitems) 항목에는 '차변/대변' 속성과 '기간속성'이 존재하므로 공시 정보 입력 시 주의가 필요하며, 행(lineitems) 항목을 확장하여 공시하는 경우 잘못된 속성을 선택하지 않도록 점검이 필요합니다.

또한 '차변/대변' 속성이 정의되어 있기 때문에 금액 정보 입력 시 '양수'입력이 원칙이며, '양수'와 '음수'를 모두 입력할 수 있는 항목의 경우에는 해당 항목이 의미하는 바에 따른 공시 정보 입력이 요구됩니다.

예를 들어 '법인세비용(수익) Tax expense(income)'의 경우 차변 속성으로 정의되어 있으므로 비용일 경우 '양수', 수익일 경우 '음수'를 입력하여야 합니다. 하지만 '이연법인세부채(자산) Deferred tax liability(asset)'의 경우 대변 속성이므로 이연법인세부채일 경우 '양수', 이연법인세자산일 경우 '음수'를 입력하여야 합니다. 따라서 기업이 기존 감사(검토)보고서에서 이연법인세자산을 '양수'로 이연법인세부채를 '음수'로 표현하고 있더라도, XBRL 재무공시에서 '이연법인세부채(자산)' 항목을 사용한다면 감사(검토)보고서와는 부호를 반대로 입력하는 것이 올바른 공시 정보 입력인 것입니다.

이번 챕터에서는 금융감독원에서 2025년 1월에 배포한 XBRL 작성 가이드의 핵심 사항을 알아보았으며, 다음 챕터에서는 블록태깅 방법부터 자산, 부채, 자본, 손익에 해당하는 다양한 주석을 금융감독원 XBRL 작성 가이드를 준수하여 작성하는 방법을 실제 편집기 캡쳐화면과 함께 상세히 설명하도록 하겠습니다.
이 책의 주석 작성 사례는 교육 목적으로 작성된 것이므로 실제 XBRL 주석 작성 시에는 각 기업의 공시 형태에 따른 일부 수정이 필요할 수 있습니다.

CHAPTER

03 XBRL 주석 작성 실무

1 Block tagging-실습을 위한 예시 주석

1. 일반적인 사항

기준서 제1110호 '연결재무제표'에 의한 지배기업인 주식회사 선솔루션(이하 "지배기업")은 주식회사 넘버스 등 3개의 종속기업(이하 주식회사 선솔루션 및 종속기업을 일괄하여 "연결회사")을 연결대상으로 하여 연결재무제표를 작성하였습니다.

1.1 회사의 개요

연결회사의 지배기업은 기업 경영 자문 서비스 및 부대사업을 목적으로 설립되었으며, 본사는 서울특별시 영등포구 여의대방로 65길 17에 위치하고 있습니다.
수차례의 주식선택권의 행사 및 유상증자 등을 통하여 당기말 현재 지배기업의 자본금은 보통주 10백만원이며, 주요 주주현황은 다음과 같습니다.

주주명	지분율
김현웅	100%

1.2 종속기업의 현황

보고기간종료일 현재 연결재무제표 작성대상에 포함된 종속기업의 현황은 다음과 같습니다.

종속기업	소재지	지분율	결산월
주식회사 넘버스	대한민국	100%	12월
주식회사 선	대한민국	100%	12월
주식회사 솔루션	대한민국	100%	12월

1.3 종속기업의 재무정보

보고기간종료일 현재 연결대상 종속기업의 요약재무현황은 다음과 같습니다.

(단위 : 천원)

종속기업	자 산	부 채	당기순이익	총포괄손익
주식회사 넘버스	2,110	1,350	820	750
주식회사 선	1,505	875	95	105
주식회사 솔루션	965	360	42	42

1.4 연결범위의 변동

당기 중 연결재무제표의 작성대상 종속기업의 변동은 다음과 같습니다.

구 분	종속기업	사 유
추 가	주식회사 넘버스	신규설립
추 가	주식회사 선	신규설립

2. 중요한 회계처리방침

다음은 연결재무제표의 작성에 적용된 주요한 회계정책입니다. 이러한 정책은 별도의 언급이 없다면, 표시된 회계기간에 계속적으로 적용됩니다.

2.1 재무제표 작성기준

연결회사의 연결재무제표는 한국채택국제회계기준에 따라 작성되었습니다. 한국채택국제회계기준은 국제회계기준위원회("IASB")가 발표한 기준서와 해석서 중 대한민국이 채택한 내용을 의미합니다.
한국채택국제회계기준은 재무제표 작성 시 중요한 회계추정의 사용을 허용하고 있으며, 회계정책을 적용함에 있어 경영진의 판단을 요구하고 있습니다. 보다 복잡하고 높은 수준의 판단이 요구되는 부분이나 중요한 가정 및 추정이 요구되는 부분은 주석 3에서 설명하고 있습니다.

2.2 외화환산

가. 기능통화와 표시통화

회사는 재무제표에 포함되는 항목들을 회사의 영업활동이 이루어지는 주된 경제 환경에서의 통화("기능통화")인 대한민국 원화(KRW)를 적용하여 측정하고 있으며, 재무제표는 대한민국 원화(KRW)로 표시되어 있습니다.

2.3 현금및현금성자산

현금및현금성자산은 보유중인 현금, 요구불예금 및 취득일 현재 확정된 금액의 현금으로 전환이 용이하고, 가치변동의 위험이 경미한 매우 유동적인 단기투자자산으로 구성되어 있습니다.

2.4 재고자산

재고자산은 원가와 순실현가능가치 중 작은 금액으로 표시되고, 재고자산의 원가는 선입선출법에 따라 결정됩니다.

3. 중요한 회계적 추정과 가정

연결재무제표 작성에는 미래에 대한 가정 및 추정이 요구되며 경영진은 연결회사의 회계정책을 적용하기 위해 판단이 요구됩니다. 추정 및 가정은 지속적으로 평가되며, 과거 경험과 현재의 상황에 비추어 합리적으로 예측 가능한 미래의 사건을 고려하여 이루어집니다. 회계추정의 결과가 실제 결과와 동일한 경우는 드물 것이므로 중요한 조정을 유발할 수 있는 유의적인 위험을 내포하고 있습니다.

다음 회계연도에 자산 및 부채 장부금액의 조정에 영향을 미칠 수 있는 경영진 판단과 유의적 위험에 대한 추정 및 가정은 다음과 같습니다. 일부 항목에 대한 유의적인 판단 및 추정에 대한 추가적인 정보는 개별 주석에 포함되어 있습니다.

MEMO

≪ XBRL 편집기 작성 따라하기 ≫

01 [연결 재무제표 주석]에 우클릭하여 [주석항목 리스트에서 가져오기]를 선택합니다.

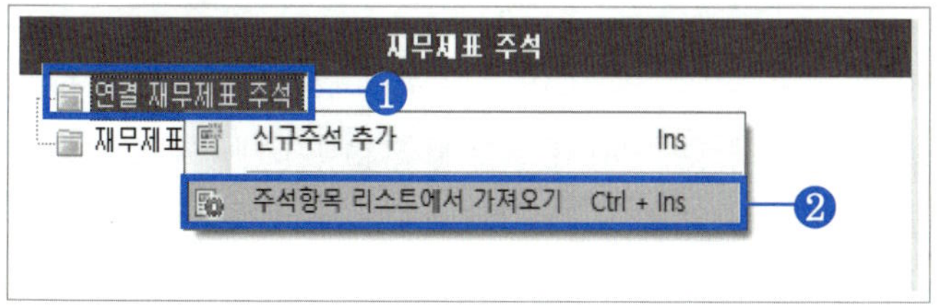

02 [[D810000] 주석-기업정보와 한국채택국제회계기준 준수 사실 기재-연결]을 선택(체크박스 클릭)하고 [확인]을 클릭합니다.

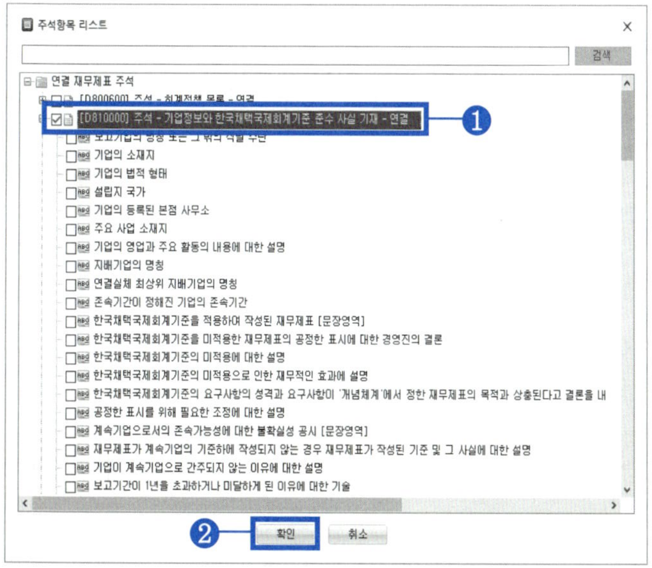

03 생성된 [[D810000] 주석-기업정보와 한국채택국제회계기준 준수 사실 기재-연결]에 우클릭하여 [주석이름변경]을 선택합니다.

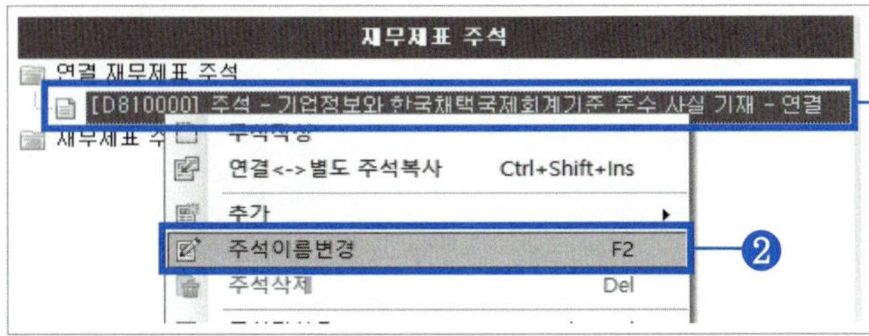

04 [한글명] 및 [영문명]을 회사에 맞게 수정하고 [확인]을 클릭합니다.

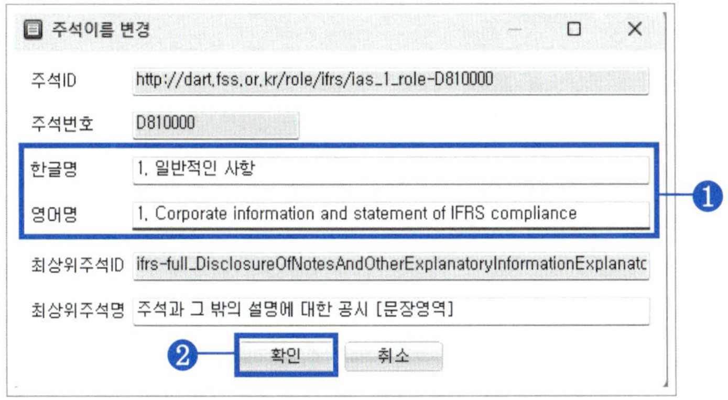

05 [연결 재무제표 주석]에 우클릭하여 [주석항목 리스트에서 가져오기]를 선택합니다.

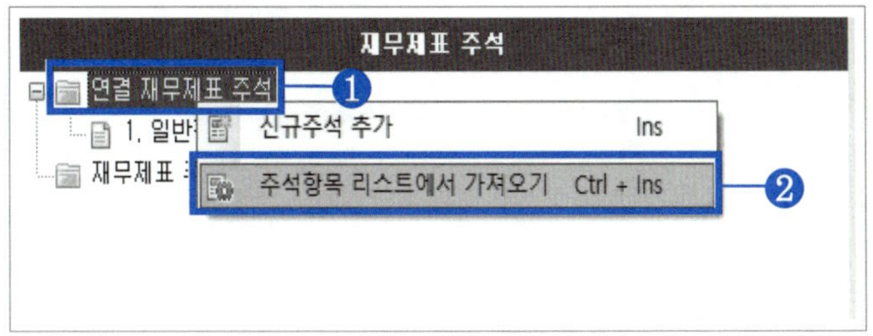

06 [[D800600] 주석-회계정책 목록-연결]을 선택(체크박스 클릭)하고 [확인]을 클릭합니다.

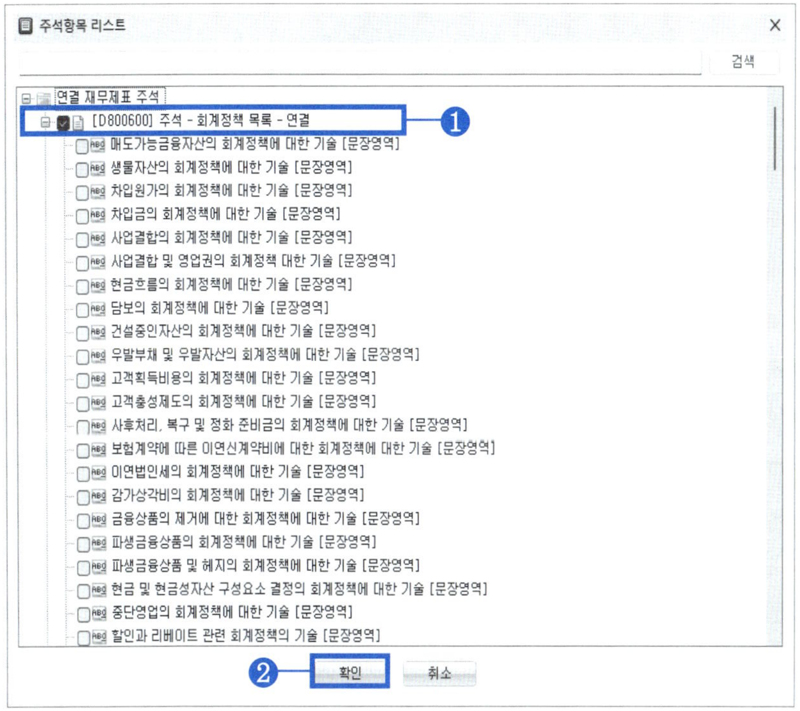

07 생성된 [[D800600] 주석-회계정책 목록-연결]에 우클릭하여 [주석이름변경]을 선택합니다.

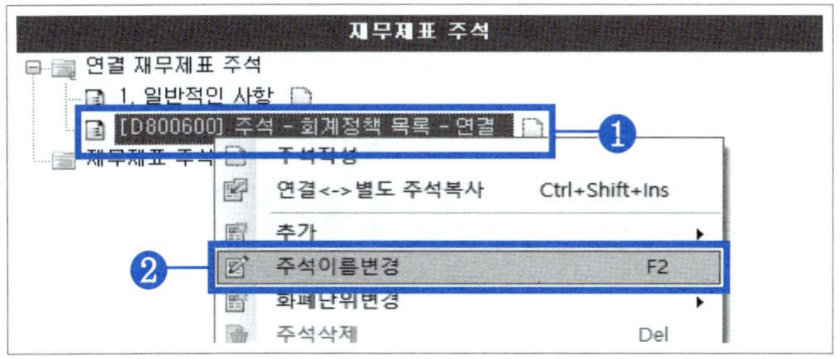

08 [한글명] 및 [영문명]을 회사에 맞게 수정하고 [확인]을 클릭합니다.

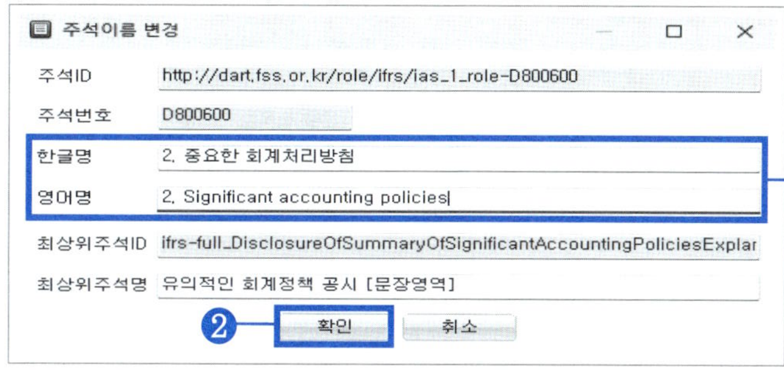

09 [연결 재무제표 주석]에 우클릭하여 [주석항목 리스트에서 가져오기]를 선택합니다.

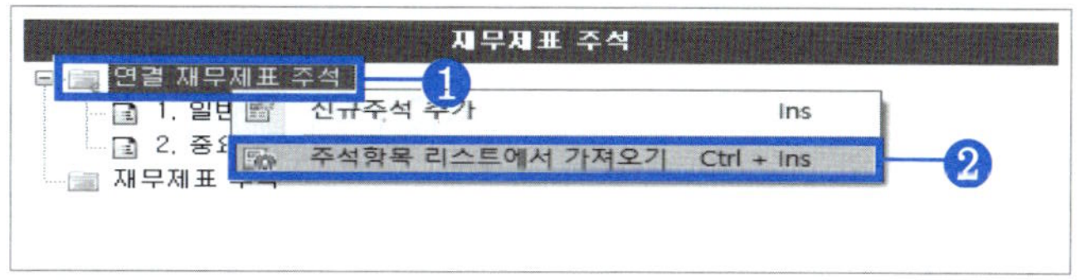

10 [[D810010] 주석-중요한 판단과 추정불확실성의 주요 원천-연결]을 선택(체크박스 클릭)하고 [확인]을 클릭합니다.

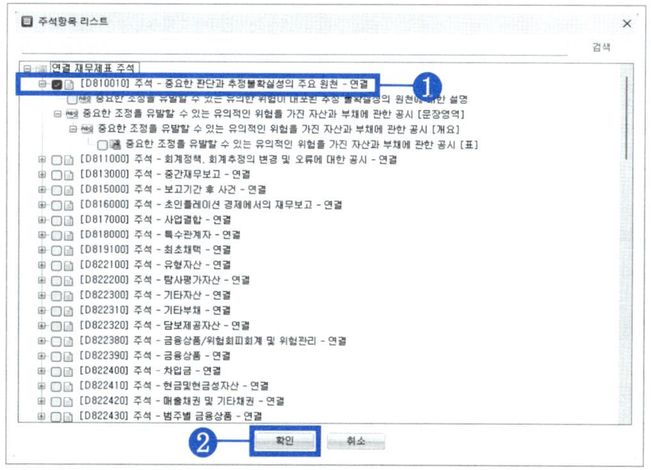

11 생성된 [[D810010] 주석-중요한 판단과 추정불확실성의 주요 원천-연결]에 우클릭하여 [주석이름변경]을 선택합니다.

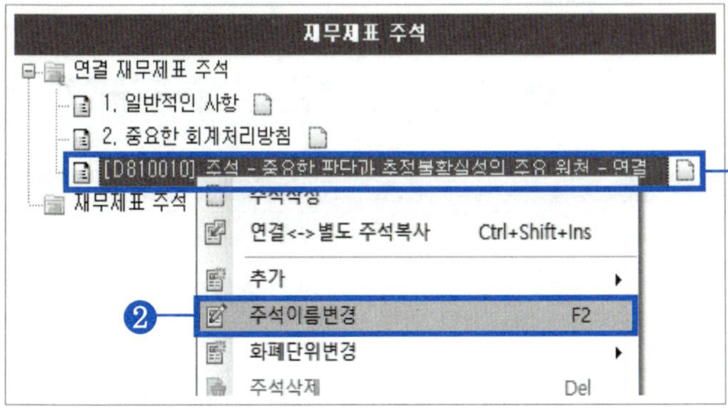

12 [한글명] 및 [영문명]을 회사에 맞게 입력하고 [확인]을 클릭합니다.

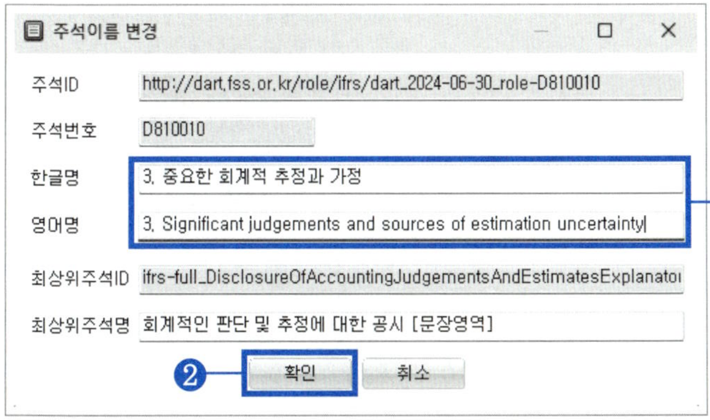

13 [다트편집기]를 실행하여 [정기공시]-[사업보고서(일반법인)] 및 [선택]을 클릭합니다.

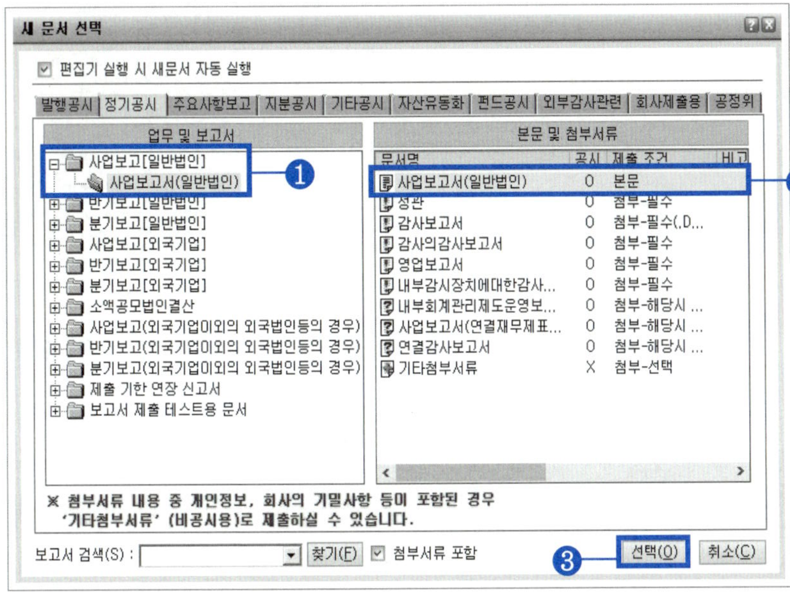

14 [Ⅲ. 재무에 관한 사항]-[1. 요약재무정보]를 클릭하고 [◆click◆ 『재무제표』 삽입]을 클릭합니다.

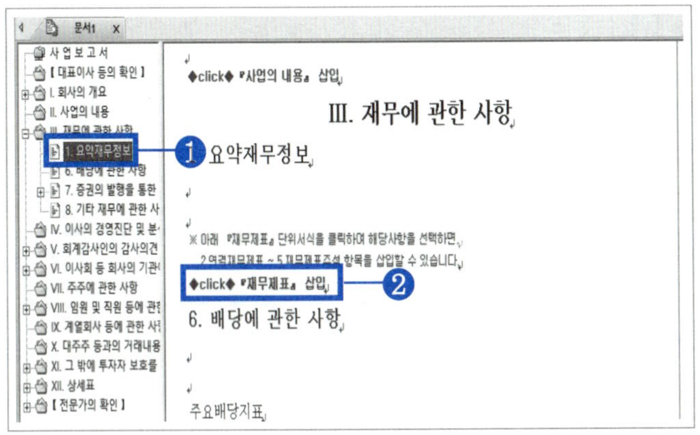

15 [재무제표_IFRS XBRL재무제표 가져오기]를 선택하고 [삽입]을 클릭합니다.

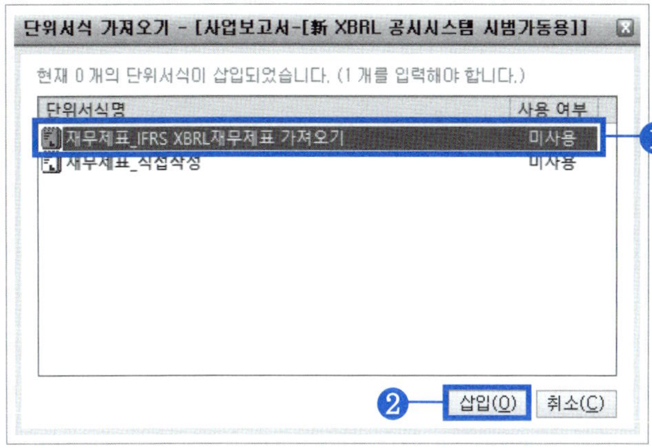

16 작업된 ixd파일을 선택하고 [확인]을 클릭합니다.

※ 현재 경로가 [C : ₩DART10₩XBRLDoc₩]으로 되어 있으나 이는 테스트버전이며 정식배포된 이후의 경로는 [C : ₩DART₩XBRLDoc₩]입니다.
또한 XBRL 편집기에서 "재무제표 검사"가 완료되어야 DART편집기에서 동 파일이 열리므로 주의 바랍니다.

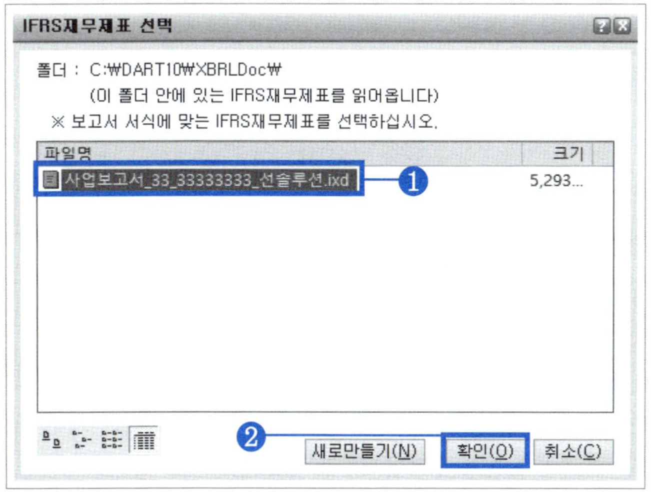

17 좌측 [3. 연결재무제표 주석]을 클릭하면 [1. 일반적인 사항]부터 [3. 중요한 회계적 추정과 가정]을 볼 수 있습니다.

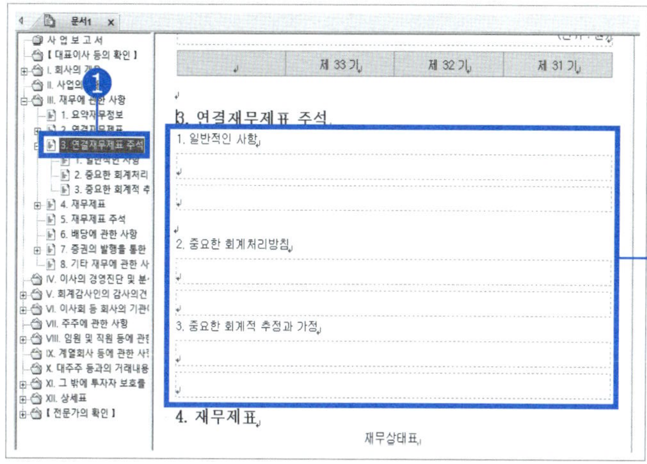

18 [1. 일반적인 사항]에 내용을 복사하여 붙여넣기 합니다.

※ 주주현황, 종속기업현황, 내용연수 등의 표도 넣을 수 있습니다.

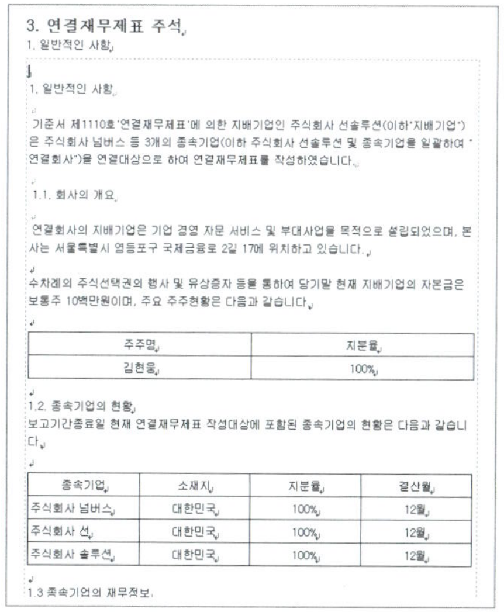

19 [2. 중요한 회계처리방침] 및 [3. 중요한 회계적 추정과 가정]도 내용을 복사하여 붙여넣기 합니다.

2. 중요한 회계처리방침

2. 중요한 회계처리방침

다음은 연결재무제표의 작성에 적용된 주요한 회계정책입니다. 이러한 정책은 별도의 언급이 없다면, 표시된 회계기간에 계속적으로 적용됩니다.

2.1 재무제표 작성기준

연결회사의 연결재무제표는 한국채택국제회계기준에 따라 작성되었습니다. 한국채택국제회계기준은 국제회계기준위원회("IASB")가 발표한 기준서와 해석서 중 대한민국이 채택한 내용을 의미합니다.

한국채택국제회계기준은 재무제표 작성 시 중요한 회계추정의 사용을 허용하고 있으며, 회계정책을 적용함에 있어 경영진의 판단을 요구하고 있습니다. 보다 복잡하고 높은 수준의 판단이 요구되는 부분이나 중요한 가정 및 추정이 요구되는 부분은 주석3에서 설명하고 있습니다.

(이하생략)

3. 중요한 회계적 추정과 가정

연결재무제표 작성에는 미래에 대한 가정 및 추정이 요구되며 경영진은 연결회사의 회계정책을 적용하기 위해 판단이 요구됩니다. 추정 및 가정은 지속적으로 평가되며, 과거 경험과 현재의 상황에 비추어 합리적으로 예측가능한 미래의 사건을 고려하여 이루어집니다. 회계추정의 결과가 실제 결과와 동일한 경우는 드물 것이므로 중요한 조정을 유발할 수 있는 유의적인 위험을 내포하고 있습니다.

다음 회계연도에 자산 및 부채 장부금액의 조정에 영향을 미칠 수 있는 경영진 판단과 유의적 위험에 대한 추정 및 가정은 다음과 같습니다. 일부 항목에 대한 유의적인 판단 및 추정에 대한 추가적인 정보는 개별 주석에 포함되어 있습니다.

(이하생략)

MEMO

2 영업부문-실습을 위한 예시 주석

2. 영업부문

가. 부문별 손익 및 자산, 부채에 대한 정보

부문별로 세분화된 손익 및 자산, 부채에 대한 정보는 다음과 같습니다.

(단위 : 백만원)

구 분	A부문	B부문	C부문	내부거래 조정	합 계
매출액	134,000	93,000	34,000	(61,000)	200,000
이자비용	18,400	850	550	–	19,800
감가상각비와 상각비	9,200	425	275	–	9,900
영업이익	31,920	27,518	9,953	–	69,390
자 산	184,000	8,500	5,500	–	198,000
부 채	55,200	2,120	2,200	–	59,520

나. 지역에 대한 정보

지역별로 세분화된 매출액 및 주요 비유동자산에 대한 정보는 다음과 같습니다.

(단위 : 백만원)

구 분	매출액	비유동자산*
대한민국	87,000	37,000
북 미	34,000	42,000
아시아	42,000	31,800
유 럽	37,000	6,200
합 계	200,000	117,000

* 유형자산, 무형자산, 투자부동산의 합계액임

(1) 부문별 손익 및 자산, 부채에 대한 정보 주석 작성

가. 부문별 손익 및 자산, 부채에 대한 정보

부문별로 세분화된 손익 및 자산, 부채에 대한 정보는 다음과 같습니다.

(단위 : 백만원)

구 분	A부문	B부문	C부문	내부거래 조정	합 계
매출액	134,000	93,000	34,000	(61,000)	200,000
이자비용	18,400	850	550	–	19,800
감가상각비와 상각비	9,200	425	275	–	9,900
영업이익	31,920	27,518	9,953	–	69,390
자 산	184,000	8,500	5,500	–	198,000
부 채	55,200	2,120	2,200	–	59,520

≪ XBRL 편집기 작성 따라하기 ≫

01 [연결 또는 별도 재무제표 주석]에 마우스 우클릭하고, [주석항목 리스트에서 가져오기]를 선택합니다.

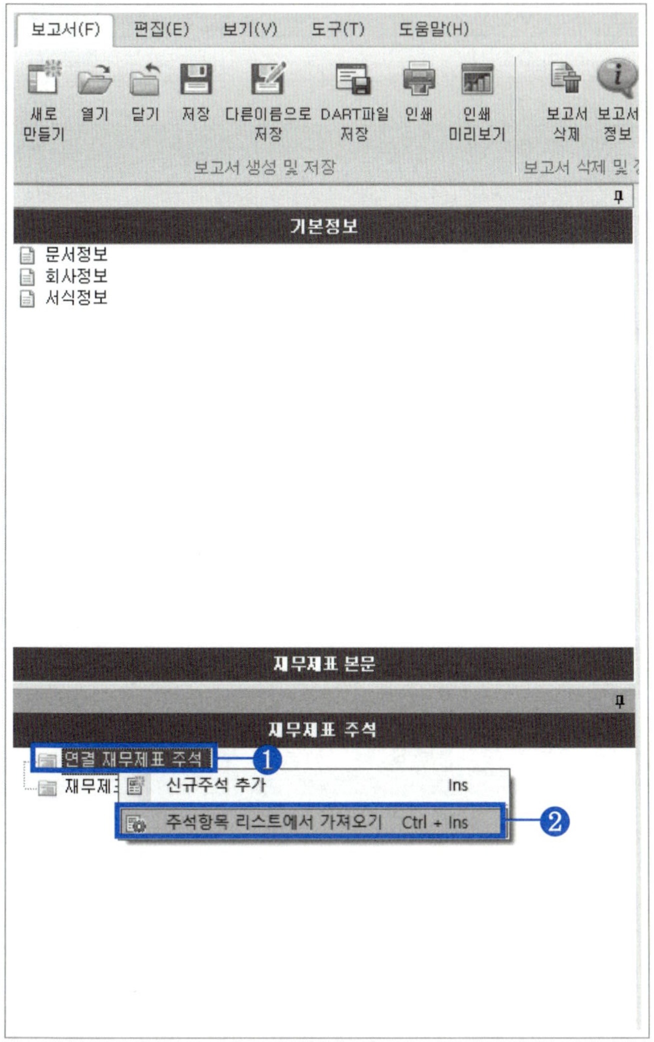

02 스크롤 또는 영업부문을 검색하여 [[D871100] 주석-영업부문-연결]에서 영업부문에 대한 공시 [표]의 체크박스 선택하고 [확인]을 클릭합니다.

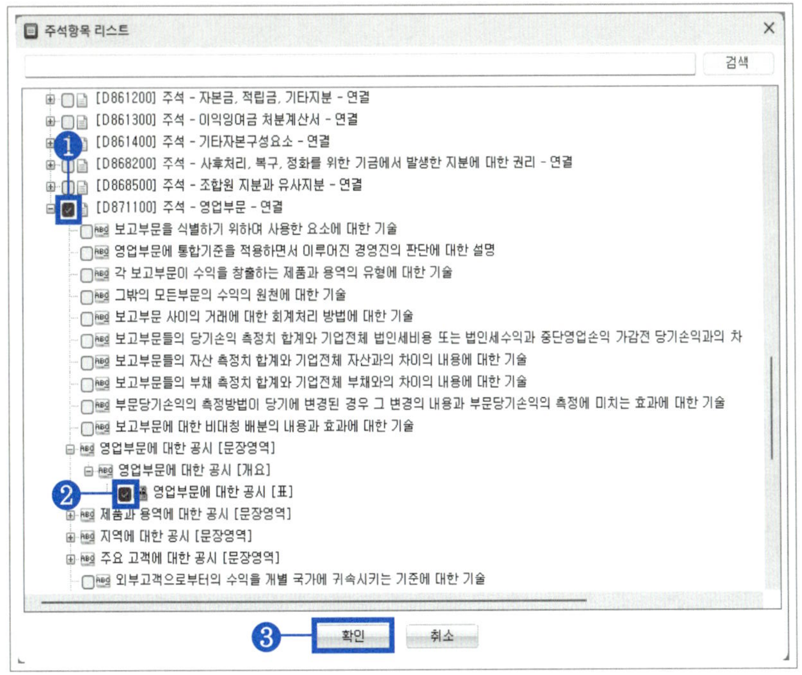

03 좌측 창에 [[D871100] 주석-영업부문-연결] 우측의 아이콘을 클릭하여, 기본으로 설정된 Taxonomy를 확인하고, 아이콘을 클릭합니다.

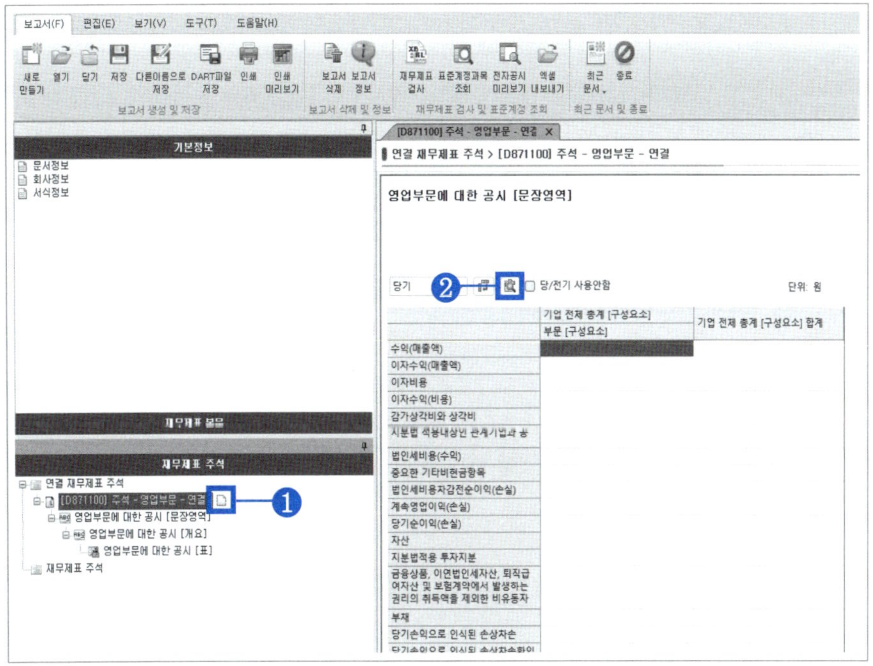

04 [항목 상세 속성]에서 단위설정을 예시에 따라 [백만원] 단위로 변경합니다.

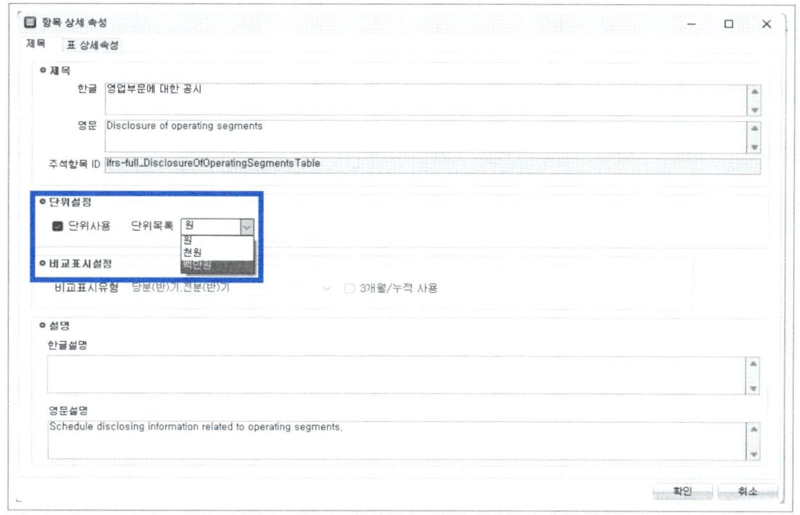

05 [표 상세속성] 탭을 선택하여, [행]에서 사용하지 않는 Taxonomy ID에 체크박스를 선택하고, 우클릭하여 [선택된노드삭제]를 선택하여 일괄로 삭제합니다.

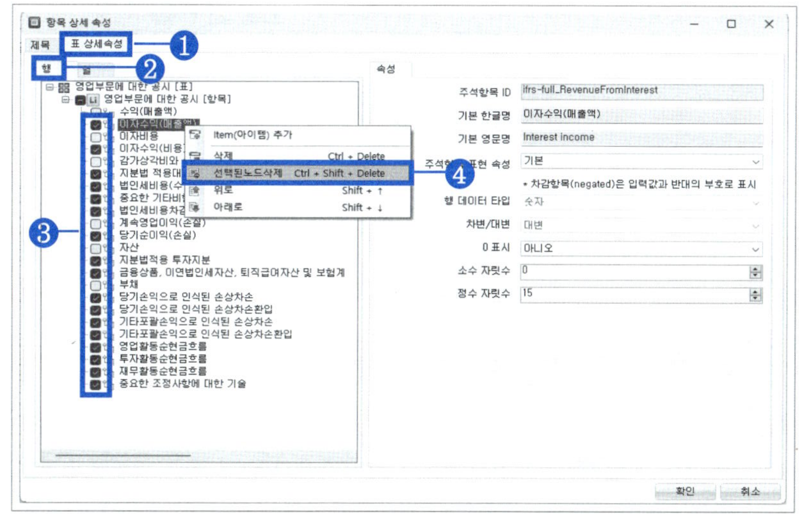

06 [열] 탭을 선택하여, [열]에서 사용하지 않는 Taxonomy ID에 체크박스를 선택하고, 우클릭하여 [삭제]를 선택합니다.

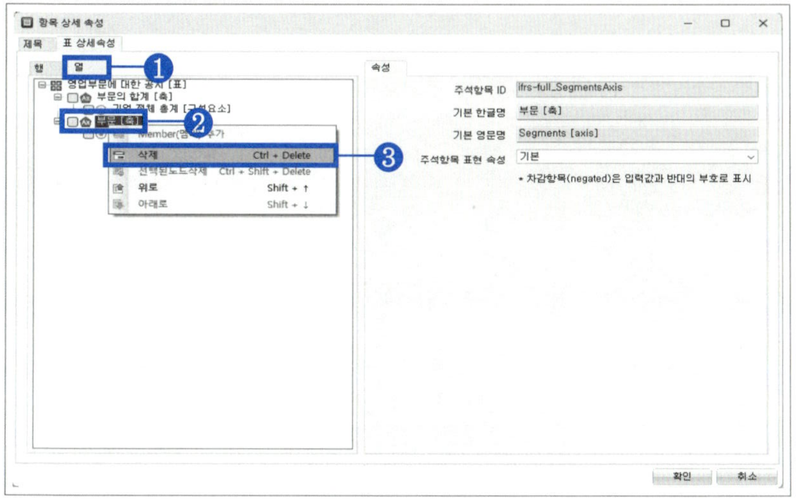

07 부문의 합계 [축]의 하위 항목인 '기업 전체 총계 [구성요소]'를 선택하여, 우클릭하여 [Member(멤버) 추가]를 선택합니다.

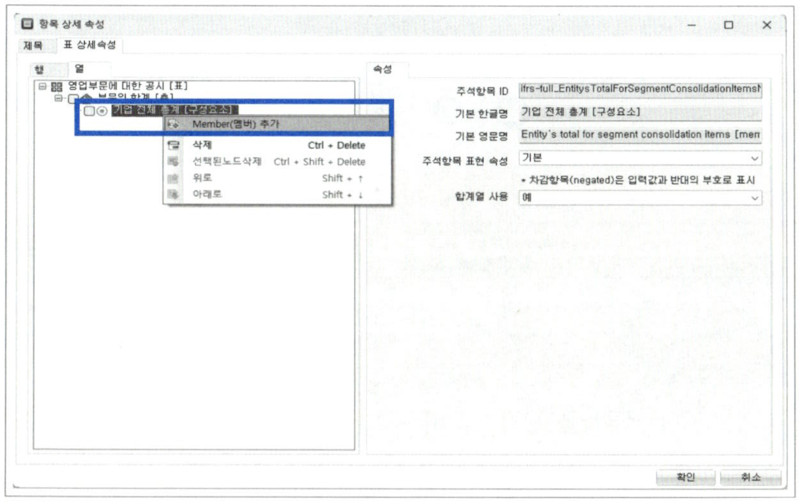

08 [주석항목 레퍼런스]에서 '영업부문 [구성요소]', '중요한 조정사항 [구성요소]', '부문간 제거한 금액 [구성요소]'의 체크박스 선택하고 [확인]을 클릭합니다.

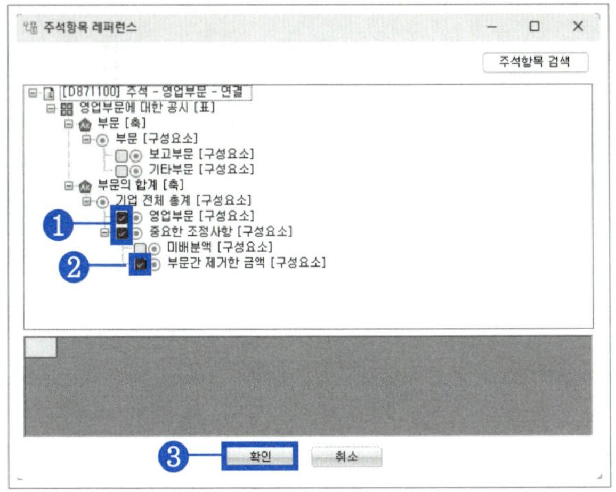

09 기업 전체 총계 [구성요소]의 하위 항목인 '영업부문 [구성요소]'를 선택하고, 우클릭하여 [Member(멤버) 추가]를 선택합니다.

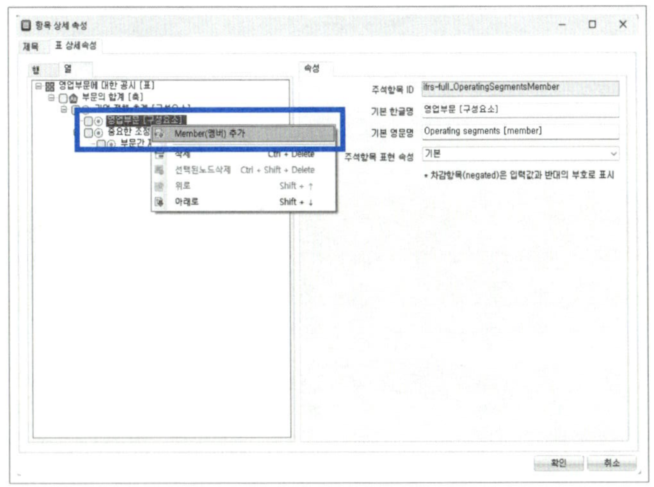

10 [주석항목 레퍼런스]에서 [주석항목 검색]을 클릭합니다.

11 [주석항목 검색]에서 A부문, B부문, C부문은 검색되지 않으므로, [신규생성]을 클릭합니다.

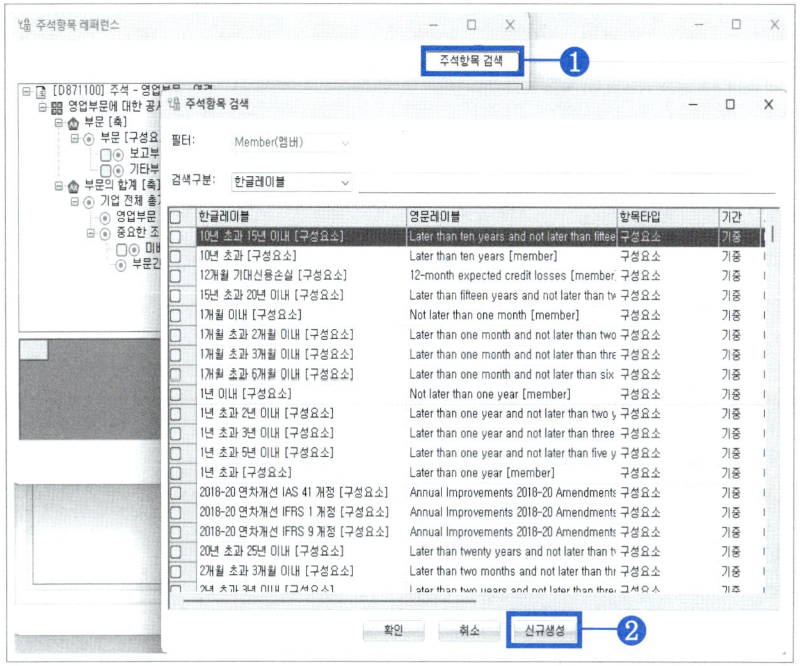

12 신규생성을 통해 A부문 [구성요소](A segment), B부문 [구성요소](B segment), C부문 [구성요소](C segment)를 확장(Extention)하고, [확인]을 클릭합니다.

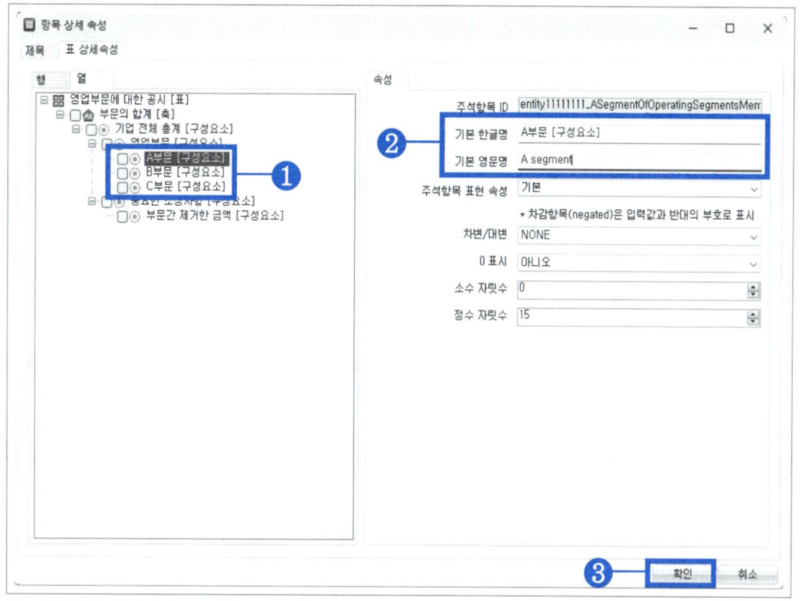

13 주석 작성 탭에서 완성된 표를 확인하고, 금액을 입력합니다.

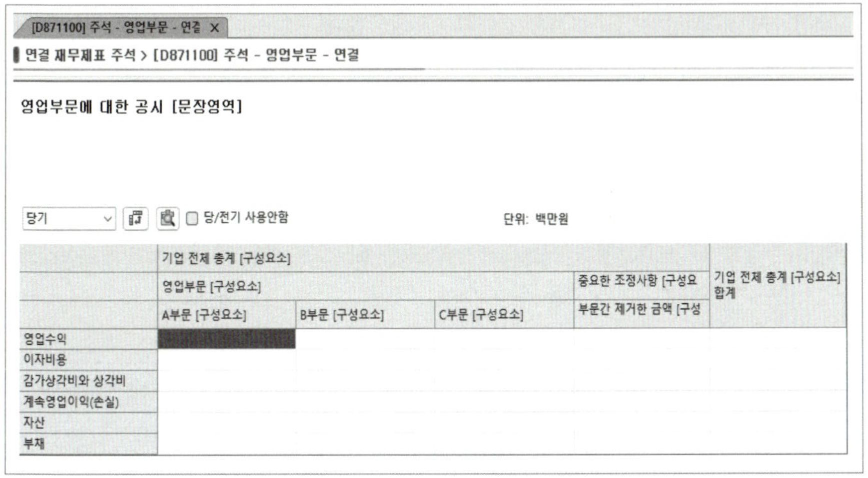
[D871100] 주석 - 영업부문 - 연결 ×
연결 재무제표 주석 > [D871100] 주석 - 영업부문 - 연결

영업부문에 대한 공시 [문장영역]

당기 ☐ 당/전기 사용안함 단위: 백만원

	기업 전체 총계 [구성요소]				기업 전체 총계 [구성요소] 합계
	영업부문 [구성요소]			중요한 조정사항 [구성요	
	A부문 [구성요소]	B부문 [구성요소]	C부문 [구성요소]	부문간 제거한 금액 [구성	
영업수익					
이자비용					
감가상각비와 상각비					
계속영업이익(손실)					
자산					
부채					

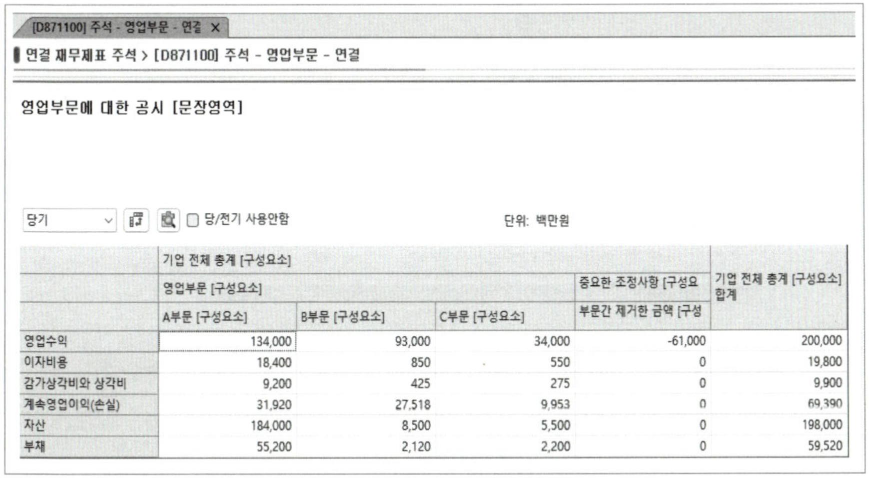
[D871100] 주석 - 영업부문 - 연결 ×
연결 재무제표 주석 > [D871100] 주석 - 영업부문 - 연결

영업부문에 대한 공시 [문장영역]

당기 ☐ 당/전기 사용안함 단위: 백만원

	기업 전체 총계 [구성요소]				기업 전체 총계 [구성요소] 합계
	영업부문 [구성요소]			중요한 조정사항 [구성요	
	A부문 [구성요소]	B부문 [구성요소]	C부문 [구성요소]	부문간 제거한 금액 [구성	
영업수익	134,000	93,000	34,000	-61,000	200,000
이자비용	18,400	850	550	0	19,800
감가상각비와 상각비	9,200	425	275	0	9,900
계속영업이익(손실)	31,920	27,518	9,953	0	69,390
자산	184,000	8,500	5,500	0	198,000
부채	55,200	2,120	2,200	0	59,520

14 미리보기(한글) 탭에서 공시될 표의 형태를 미리 확인합니다.

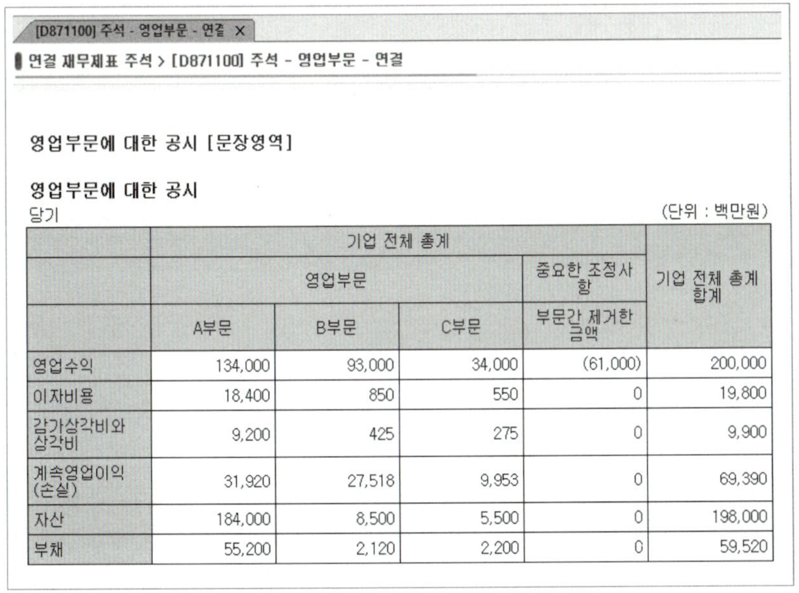
[D871100] 주석 - 영업부문 - 연결 ×
연결 재무제표 주석 > [D871100] 주석 - 영업부문 - 연결

영업부문에 대한 공시 [문장영역]

영업부문에 대한 공시

당기 (단위 : 백만원)

	기업 전체 총계				기업 전체 총계 합계
	영업부문			중요한 조정사항	
	A부문	B부문	C부문	부문간 제거한 금액	
영업수익	134,000	93,000	34,000	(61,000)	200,000
이자비용	18,400	850	550	0	19,800
감가상각비와 상각비	9,200	425	275	0	9,900
계속영업이익(손실)	31,920	27,518	9,953	0	69,390
자산	184,000	8,500	5,500	0	198,000
부채	55,200	2,120	2,200	0	59,520

(2) 지역에 대한 정보 주석 작성

나. 지역에 대한 정보

지역별로 세분화된 매출액 및 주요 비유동자산에 대한 정보는 다음과 같습니다.

(단위 : 백만원)

구 분	매출액	비유동자산*
대한민국	87,000	37,000
북 미	34,000	42,000
아시아	42,000	31,800
유 럽	37,000	6,200
합 계	200,000	117,000

* 유형자산, 무형자산, 투자부동산의 합계액임

MEMO

XBRL 비금융업 주석 작성 한 권으로 끝내기

≪ XBRL 편집기 작성 따라하기 ≫

01 [[D871100] 주석 - 영업부문 - 연결]에 마우스 우클릭하고, [주석항목 리스트에서 가져오기]를 선택합니다.

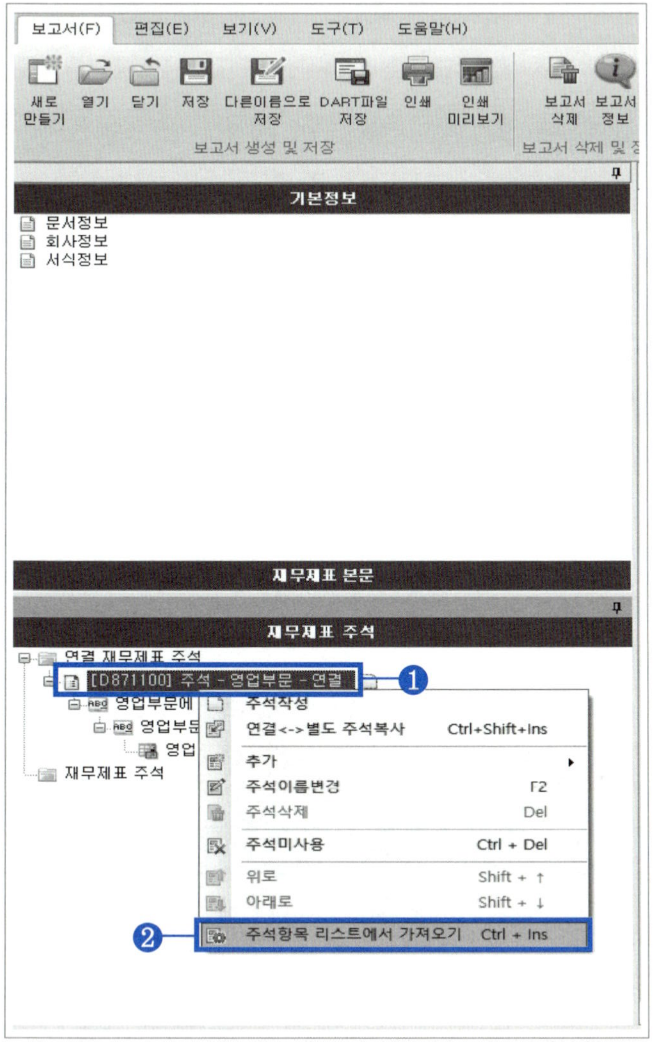

02 스크롤 또는 지역을 검색하여 "[D871100] 주석 - 지역에 대한 공시 [표]"의 체크박스를 선택하고 [확인]을 클릭합니다.

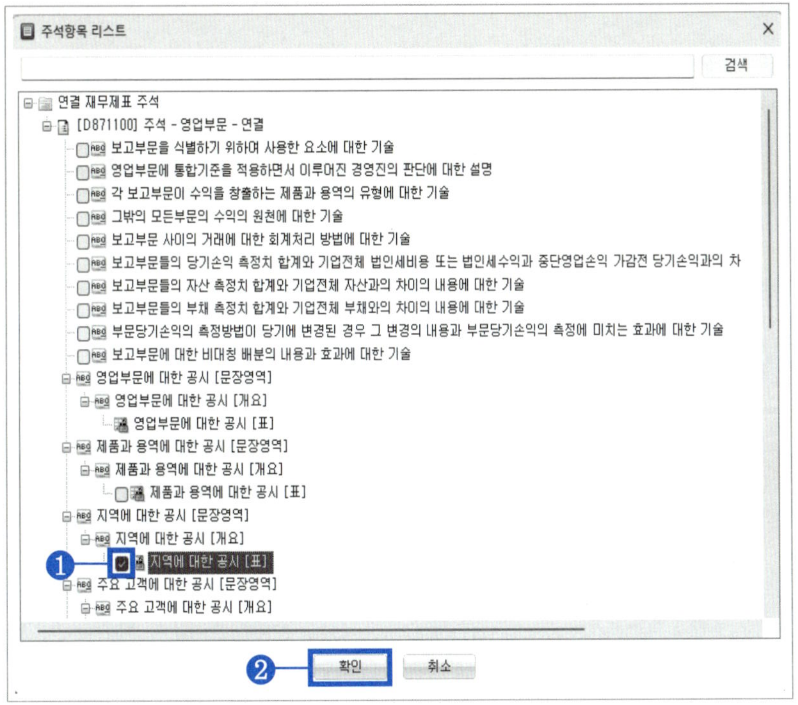

03 좌측 창에 **[[D871100] 주석-영업부문-연결]** 우측의 아이콘을 클릭하여, 기본으로 설정된 Taxonomy를 확인하고, 아이콘 을 클릭합니다.

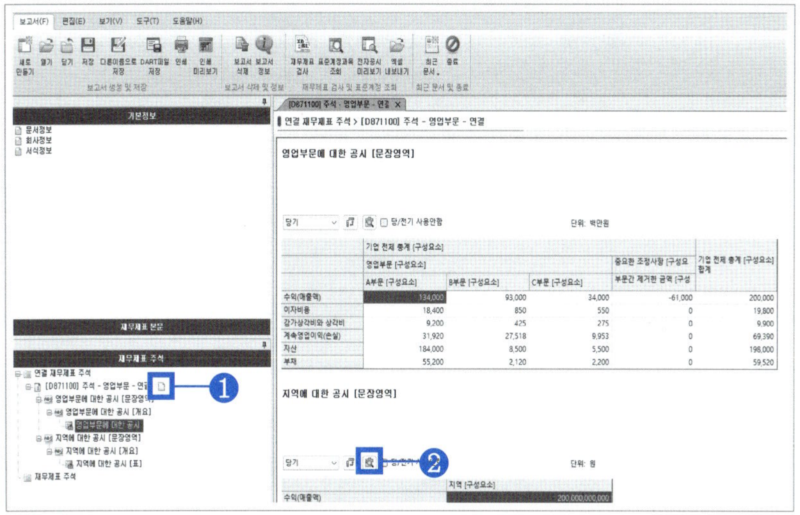

04 **[항목 상세 속성]**에서 단위설정을 예시에 따라 **[백만원]** 단위로 변경합니다.

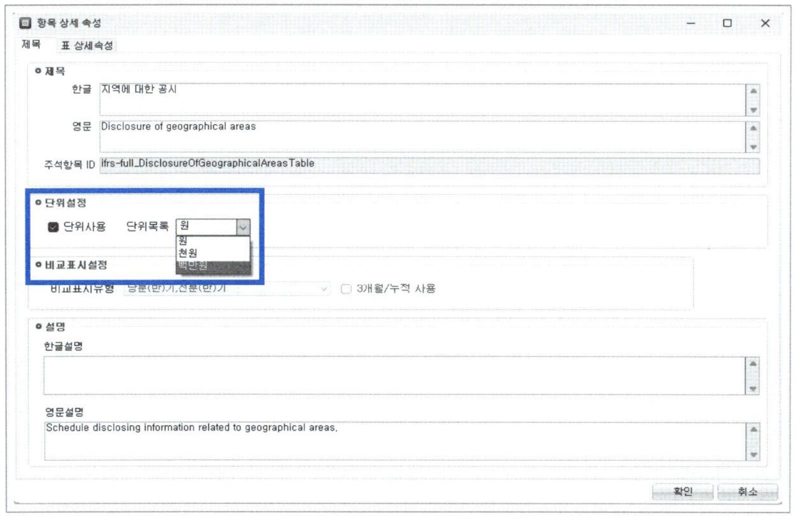

05 주석 예시에 있는 비유동자산은 일반적으로 재무제표상 비유동자산과 다르며, 이는 기준서 제1108호(영업부문) 문단 33의 지역에 대한 정보를 보면, 금융상품, 이연법인세자산, 퇴직급여자산 및 보험계약에서 발생하는 권리의 취득액을 제외한 비유동자산이라고 언급하고 있습니다.

06 따라서, 재무제표 본문에서 사용하는 비유동자산 Taxonomy가 아닌 영업부문의 **"금융상품, 이연법인세자산, 퇴직급여자산 및 보험계약에서 발생하는 권리의 취득액을 제외한 비유동자산"** Taxonomy를 사용해야 적합합니다.

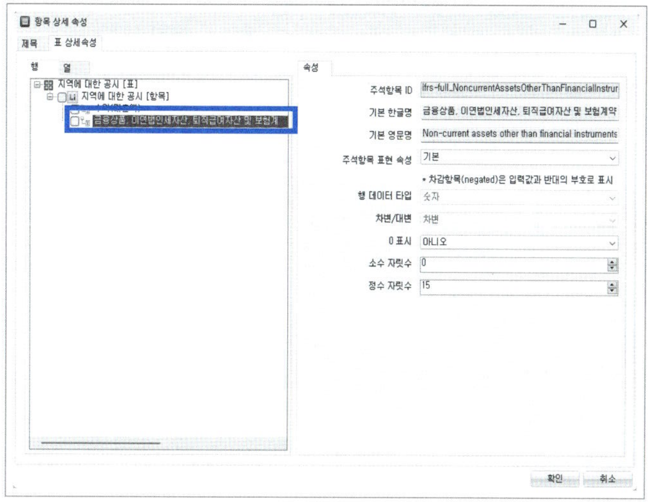

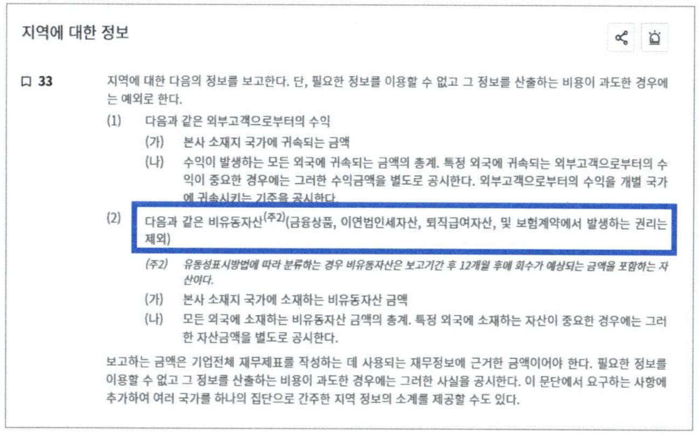

지역에 대한 정보

33 지역에 대한 다음의 정보를 보고한다. 단, 필요한 정보를 이용할 수 없고 그 정보를 산출하는 비용이 과도한 경우에는 예외로 한다.

(1) 다음과 같은 외부고객으로부터의 수익
(가) 본사 소재지 국가에 귀속되는 금액
(나) 수익이 발생하는 모든 외국에 귀속되는 금액의 총계. 특정 외국에 귀속되는 외부고객으로부터의 수익이 중요한 경우에는 그러한 수익금액을 별도로 공시한다. 외부고객으로부터의 수익을 개별 국가에 귀속시키는 기준을 공시한다.

(2) 다음과 같은 비유동자산(주2)(금융상품, 이연법인세자산, 퇴직급여자산, 및 보험계약에서 발생하는 권리는 제외)

(주2) 유동성표시방법에 따라 분류하는 경우 비유동자산은 보고기간 후 12개월 후에 회수가 예상되는 금액을 포함하는 자산이다.

(가) 본사 소재지 국가에 소재하는 비유동자산 금액
(나) 모든 외국에 소재하는 비유동자산 금액의 총계. 특정 외국에 소재하는 자산이 중요한 경우에는 그러한 자산금액을 별도로 공시한다.

보고하는 금액은 기업전체 재무제표를 작성하는 데 사용되는 재무정보에 근거한 금액이어야 한다. 필요한 정보를 이용할 수 없고 그 정보를 산출하는 비용이 과도한 경우에는 그러한 사실을 공시한다. 이 문단에서 요구하는 사항에 추가하여 여러 국가를 하나의 집단으로 간주한 지역 정보의 소계를 제공할 수도 있다.

07 [열]에서 **지역 [축]**의 하위항목인 **지역 [구성요소]**를 선택하여, 우클릭하여 **[Member(멤버) 추가]**를 선택합니다.

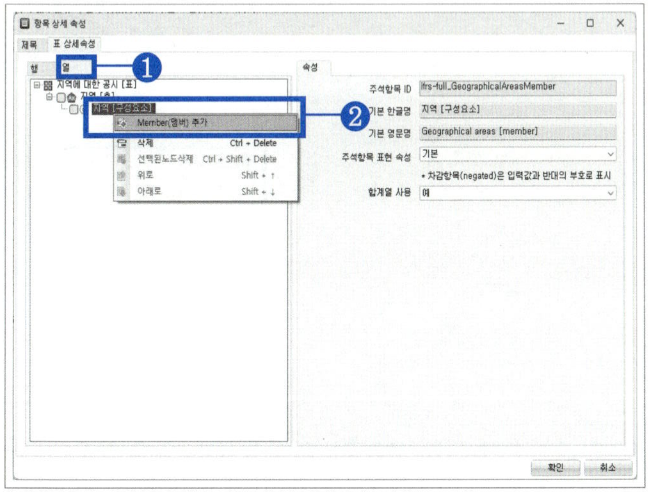

08 **[주석항목 레퍼런스]**에서 **본사 소재지 국가 [구성요소]**, **외국 [구성요소]** 체크박스를 선택하고 **[확인]**을 클릭합니다.

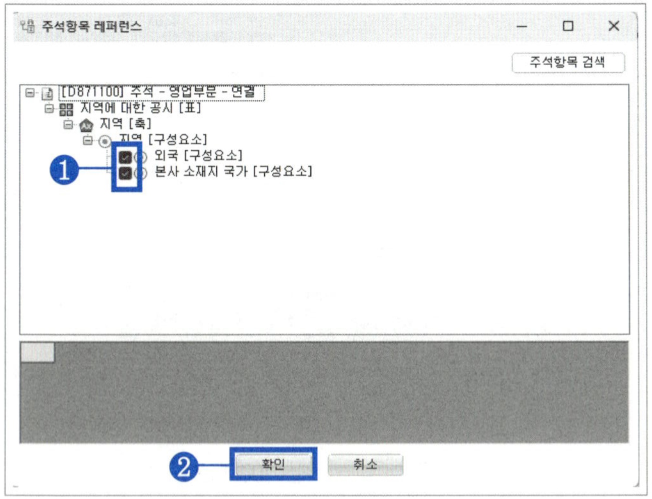

09 주석 예시의 순서 맞추기 위해, 추가된 Member를 선택하여 우클릭한 다음 **[위로]**, **[아래로]**를 활용하여 순서를 일치시켜 줍니다.

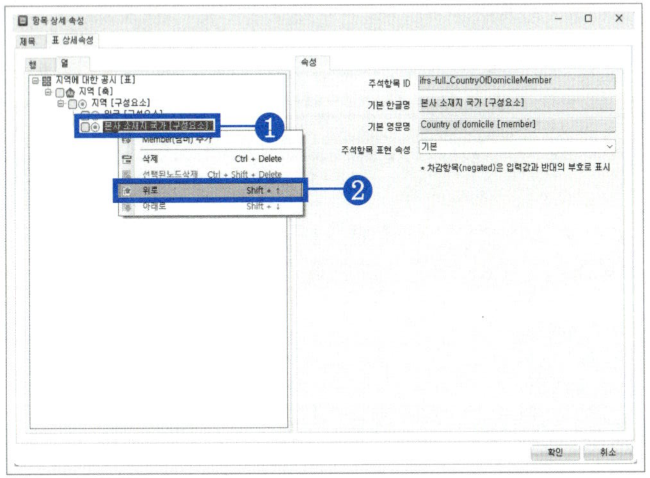

10 주석 예시와 명칭을 맞추기 위해, 추가된 **본사 소재지 국가 [구성요소]**를 선택하고, 우측의 속성 탭에서 **[주석항목 표현 속성]**을 별칭1로 변경하여 **[별칭1 한글명]**을 **대한민국 [구성요소]**로 변경합니다.

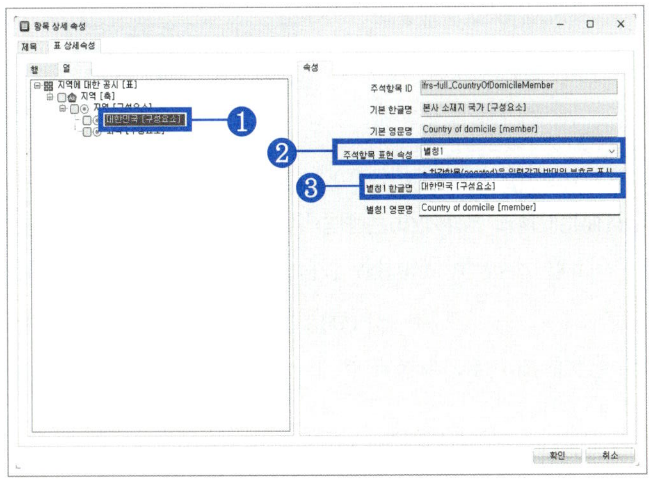

11 지역 [구성요소]의 하위 항목인 **외국 [구성요소]**를 선택하고, 우클릭하여 **[Member(멤버) 추가]**를 선택합니다.

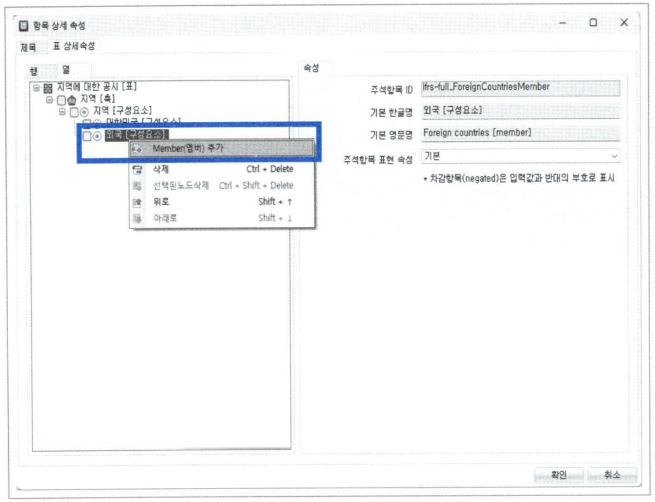

12 **[주석항목 레퍼런스]**에서 **[주석항목 검색]**을 클릭합니다.

13 **[주석항목 검색]**에서 북미, 아시아, 유럽은 검색되지 않으므로, **[신규생성]**을 클릭합니다.

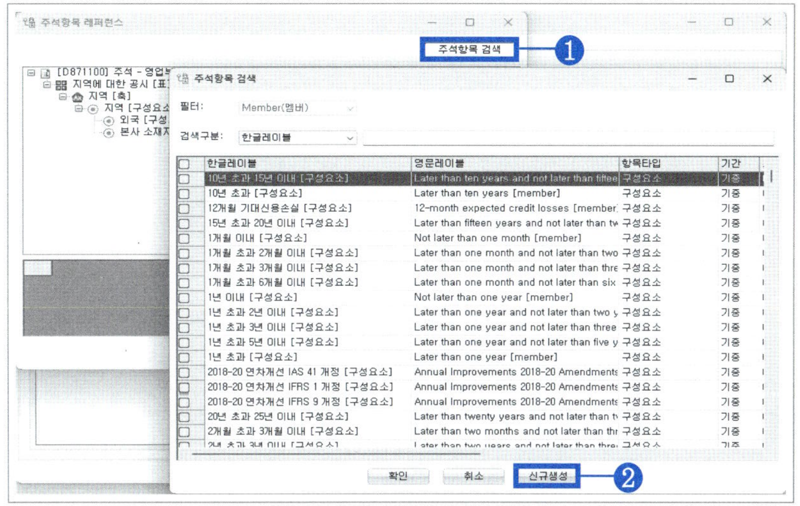

14 신규생성을 통해 **북미 [구성요소]**(North America), **아시아 [구성요소]**(Asia), **유럽 [구성요소]**(Europe)을 확장(Extention)하고, **[확인]**을 클릭합니다.

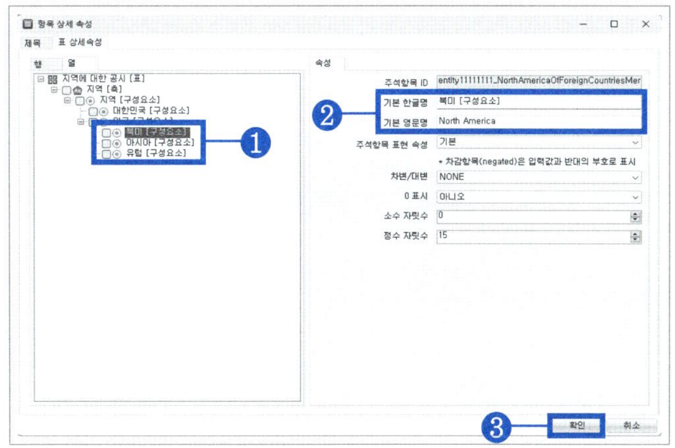

15 주석 작성 탭에서 완성된 표를 확인하고, 금액을 입력합니다.

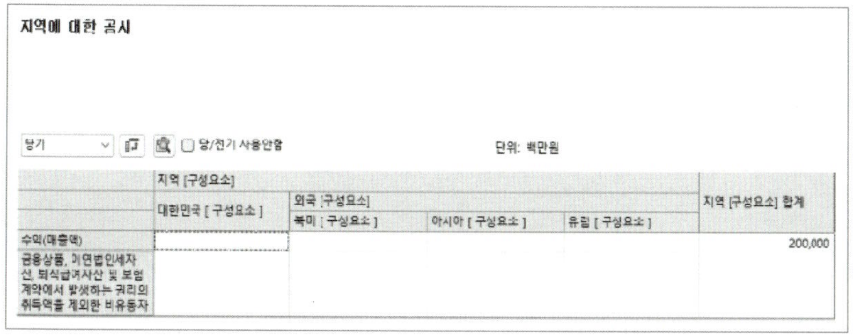

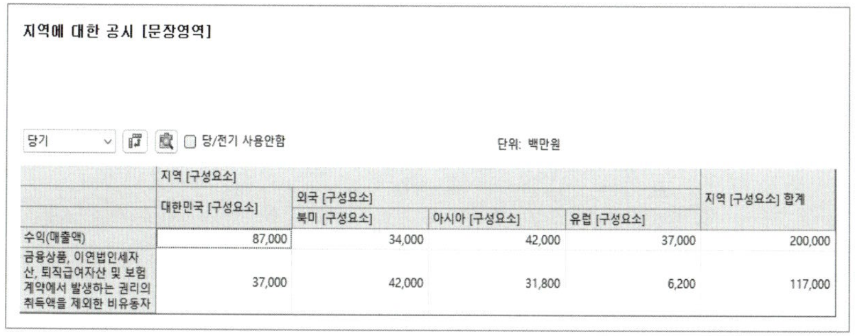

16 미리보기(한글) 탭에서 공시될 표의 형태를 미리 확인합니다.

지역에 대한 공시 [문장영역]

지역에 대한 공시

당기 (단위 : 백만원)

	지역				지역 합계
	대한민국	외국			
		북미	아시아	유럽	
수익(매출액)	87,000	34,000	42,000	37,000	200,000
금융상품, 이연법인세자산, 퇴직급여자산 및 보험계약에서 발생하는 권리의 취득액을 제외한 비유동자산	37,000	42,000	31,800	6,200	117,000

17 주석 예시와 같이 행렬을 변환하고자 하는 경우, [행렬 변환]을 클릭합니다.

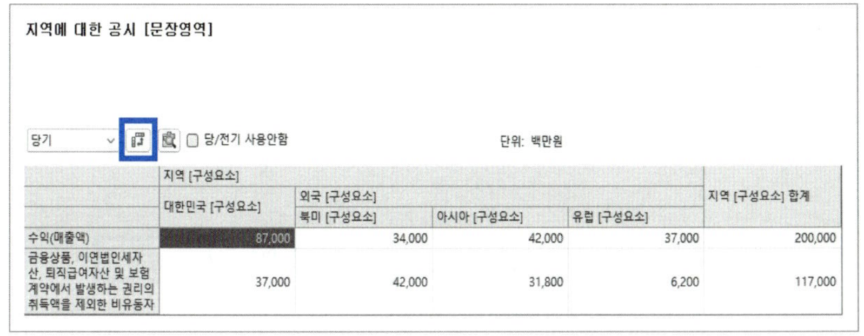

18 [행렬 변환]에서 [〈–〉] 아이콘을 클릭하고, [확인]을 클릭합니다.

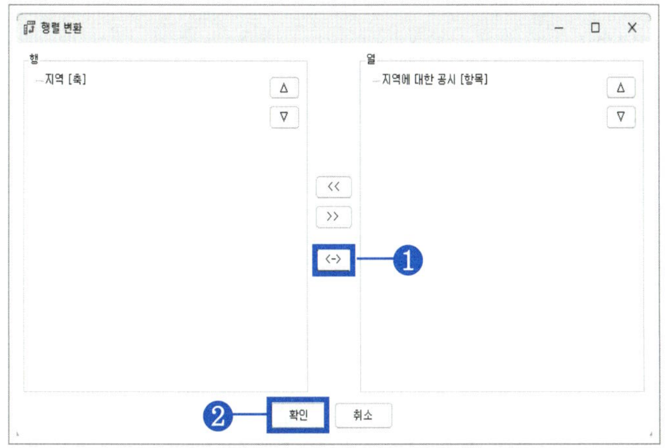

19 주석 예시와 유사하게 행렬이 변환된 것을 확인할 수 있습니다.

20 행렬 변환을 적용하여도 Taxonomy가 변경되는 것은 아닙니다.

지역에 대한 공시 [문장영역]

당기 ☐ 당/전기 사용안함 단위: 백만원

			수익(매출액)	금융상품, 이연법인세자산, 퇴직급여자산 및 보험계약에서 발생하는 권리의 취득액을 제외한 비유동자산
지역 [구성요소]	대한민국 [구성요소]		87,000	37,000
	외국 [구성요소]	북미 [구성요소]	34,000	42,000
		아시아 [구성요소]	42,000	31,800
		유럽 [구성요소]	37,000	6,200
지역 [구성요소] 합계			200,000	117,000

21 미리보기(한글) 탭에서 공시될 표의 형태를 미리 확인합니다.

지역에 대한 공시 [문장영역]

지역에 대한 공시

당기 (단위 : 백만원)

			수익(매출액)	금융상품, 이연법인세자산, 퇴직급여자산 및 보험계약에서 발생하는 권리의 취득액을 제외한 비유동자산
지역	대한민국		87,000	37,000
	외국	북미	34,000	42,000
		아시아	42,000	31,800
		유럽	37,000	6,200
지역			200,000	117,000

▶ **Check point – 공통**

01 기존에는 표준항목이 없는 경우 아래와 같은 방법으로 신규생성(확장)을 하였습니다.

✓ 행(라인아이템) : 마우스 우클릭 – Item(아이템) 추가 – 주석항목 검색 – 신규생성

✓ 열(멤버) : 마우스 우클릭 – Member(멤버) 추가 – 주석항목 검색 – 신규생성

02 작성기의 사용자 편의기능 업데이트로 인해 다음과 같이 신규생성 항목을 간단하게 추가할 수 있습니다.

✓ 행(라인아이템) : 마우스 우클릭 – 사용자항목 추가

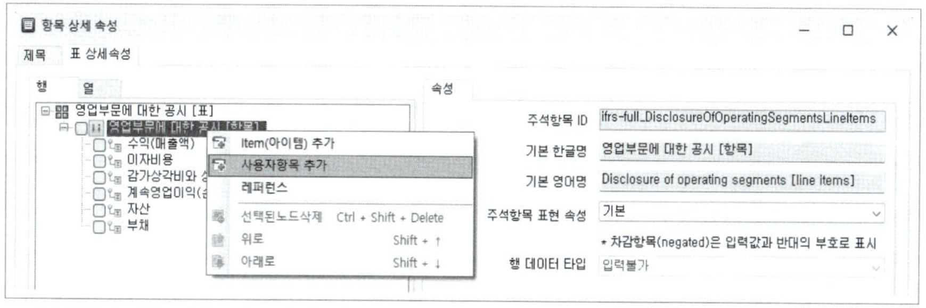

✓ 열(멤버) : 마우스 우클릭 – 사용자멤버 추가

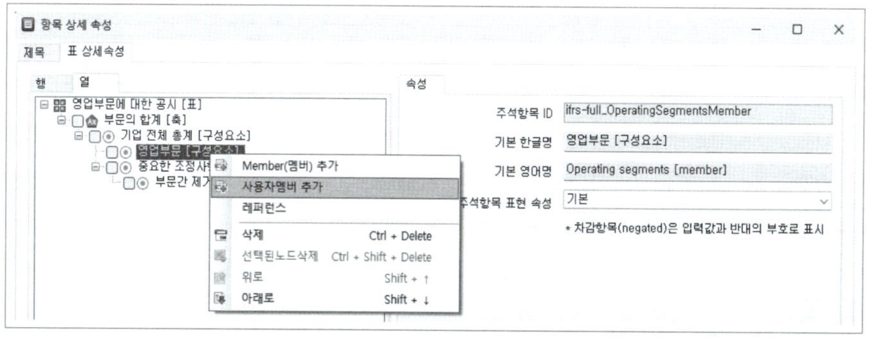

03 다만, 표준항목이 있음에도 신규생성을 하는 것은 작성 원칙에 위배되므로 표준항목의 존재 여부를 반드시 확인 후 신규생성하는 것을 권장드립니다.

3 매출채권-실습을 위한 예시 주석

3. 매출채권

가. 당기말 및 전기말 매출채권 및 기타채권의 내역은 다음과 같습니다.

(단위 : 백만원)

구 분	당기말			전기말		
	매출채권	기타채권	합 계	매출채권	기타채권	합 계
총장부금액	250,000	120,000	370,000	220,000	110,000	330,000
손실충당금	(50,000)	(12,000)	(62,000)	(33,000)	(22,000)	(55,000)
장부금액	200,000	108,000	308,000	187,000	88,000	275,000

나. 당기 및 전기 중 손실충당금의 변동 내역은 다음과 같습니다.

(단위 : 백만원)

구 분	당 기		전 기	
	매출채권	기타채권	매출채권	기타채권
기 초	33,000	22,000	20,000	31,000
대손상각비	18,000	4,000	4,000	6,500
제 각	(10,000)	(12,000)	(3,000)	(11,000)
기 타	9,000	(2,000)	12,000	(4,500)
기 말	50,000	12,000	33,000	22,000

다. 당기말 및 전기말 매출채권 및 기타채권의 연령분석의 내용은 다음과 같습니다.

(단위 : 백만원)

구 분	당기말		전기말	
	매출채권	기타채권	매출채권	기타채권
신용이 손상되지 않은 채권				
만기미도래	75,000	48,000	88,000	33,000
1개월 초과 2개월 이내	50,000	24,000	22,000	16,500
2개월 초과 3개월 이내	37,500	18,000	33,000	22,000
소 계	162,500	90,000	143,000	71,500
신용이 손상된 채권				
2개월 초과 3개월 이내	37,500	12,000	11,000	27,500
3개월 초과	50,000	18,000	66,000	11,000
소 계	87,500	30,000	77,000	38,500
합 계	250,000	120,000	220,000	110,000

(1) 매출채권 및 기타채권의 내역 주석 작성

가. 당기말 및 전기말 매출채권 및 기타채권의 내역은 다음과 같습니다.

(단위 : 백만원)

구 분	당기말			전기말		
	매출채권	기타채권	합 계	매출채권	기타채권	합 계
총장부금액	250,000	120,000	370,000	220,000	110,000	330,000
손실충당금	(50,000)	(12,000)	(62,000)	(33,000)	(22,000)	(55,000)
장부금액	200,000	108,000	308,000	187,000	88,000	275,000

MEMO

XBRL 비금융업 주석 작성 한 권으로 끝내기

≪ XBRL 편집기 작성 따라하기 ≫

01 [연결 또는 별도 재무제표 주석]에 마우스 우클릭하고, [주석항목 리스트에서 가져오기]를 선택합니다.

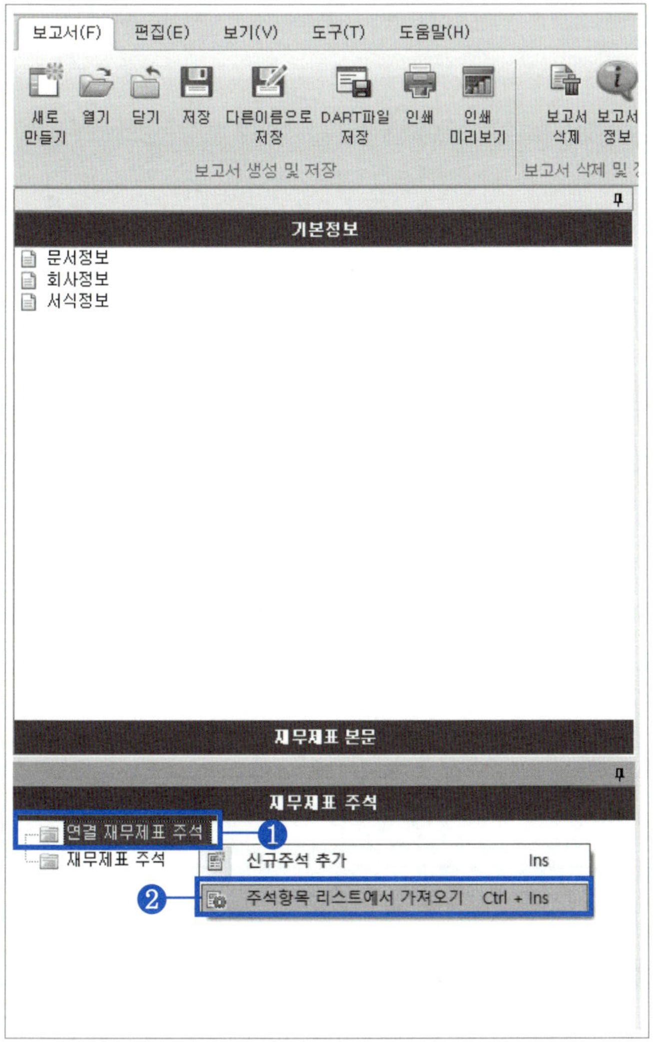

02 스크롤 또는 매출채권을 검색하여 [[D822420] 주석 – 매출채권 및 기타채권 – 연결]에서 **매출채권 및 기타채권의 공시 [표]**의 체크박스를 선택하고 [확인]을 클릭합니다.

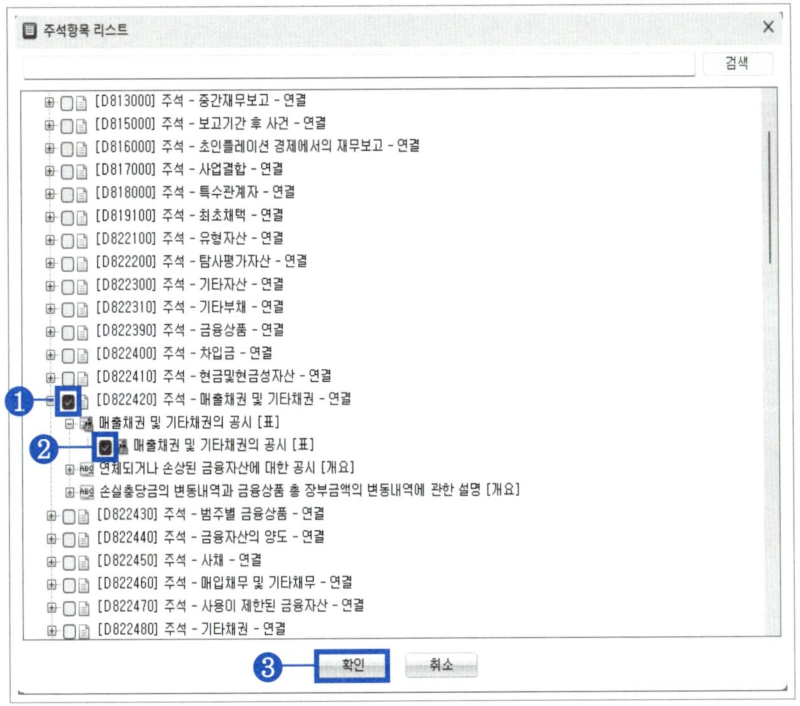

03 좌측 창에 [[D822420] 주석 – 매출채권 및 기타채권 – 연결] 우측의 아이콘을 클릭하여, 기본으로 설정된 Taxonomy를 확인하고, 아이콘을 클릭합니다.

04 [항목 상세 속성]에서 단위설정을 예시에 따라 [백만원] 단위로 변경합니다.

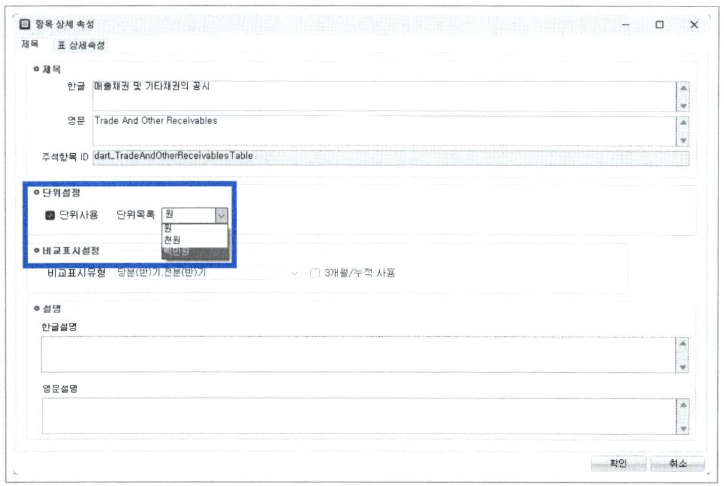

05 [표 상세속성] 탭을 선택하여, [열]에서 사용하지 않는 Taxonomy ID에 체크박스를 선택하고, 우클릭하여 [삭제]를 선택합니다.

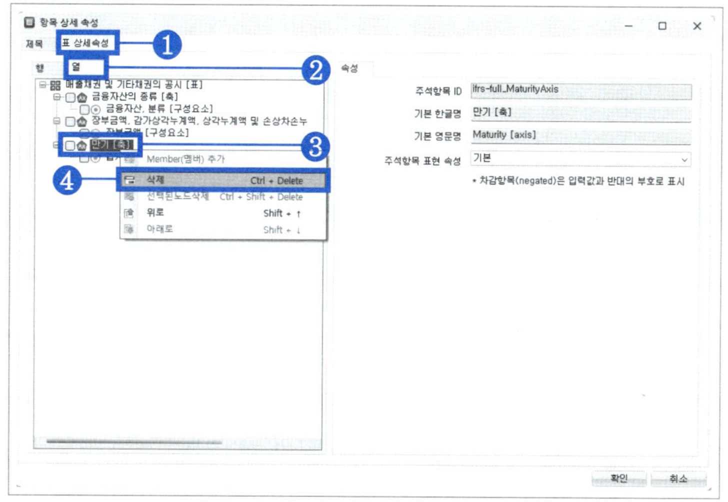

06 금융자산의 종류 [축]의 하위항목인 금융자산, 분류 [구성요소]를 선택하여, 우클릭하여 [Member(멤버) 추가]를 선택합니다.

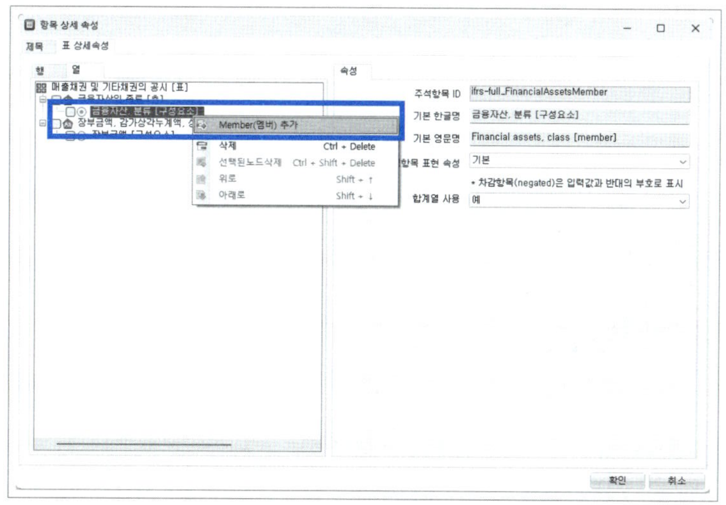

07 [주석항목 레퍼런스]에서 상각후원가로 측정하는 금융자산, 분류 [구성요소], 매출채권 [구성요소], 기타채권 [구성요소] 체크박스 선택하고 확인을 클릭합니다.

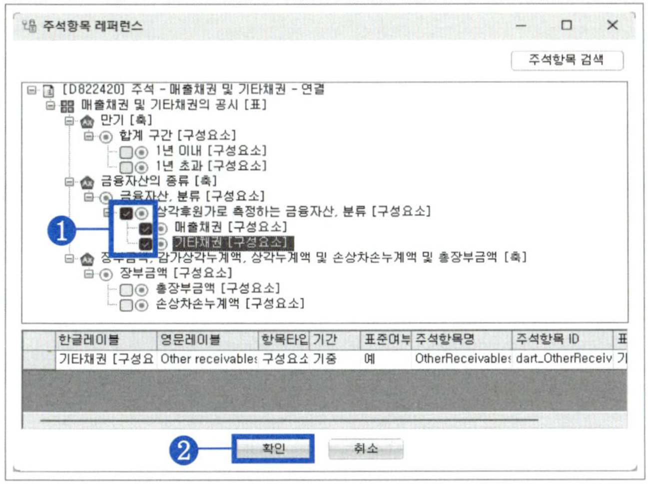

08 장부금액, 감가상각누계액, 상각누계액 및 손상차손누계액 및 총장부금액 [축]의 하위항목인 장부금액 [구성요소]를 선택하고, 우클릭하여 [Member(멤버) 추가]를 선택합니다.

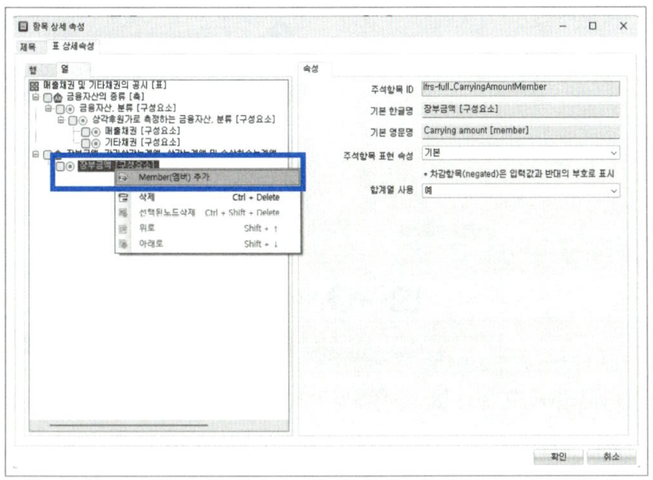

09 [주석항목 레퍼런스]에서 총장부금액 [구성요소], 손상차손누계액 [구성요소] 체크박스를 선택하고 [확인]을 클릭합니다.

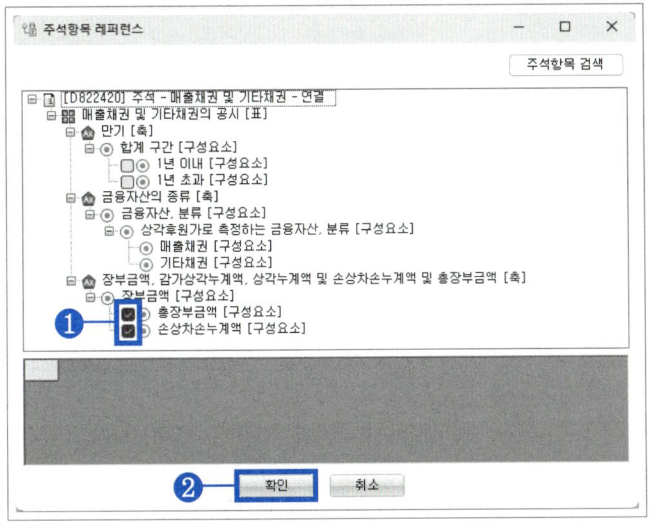

10 추가된 [구성요소]들을 확인한 후, [확인]을 클릭합니다.

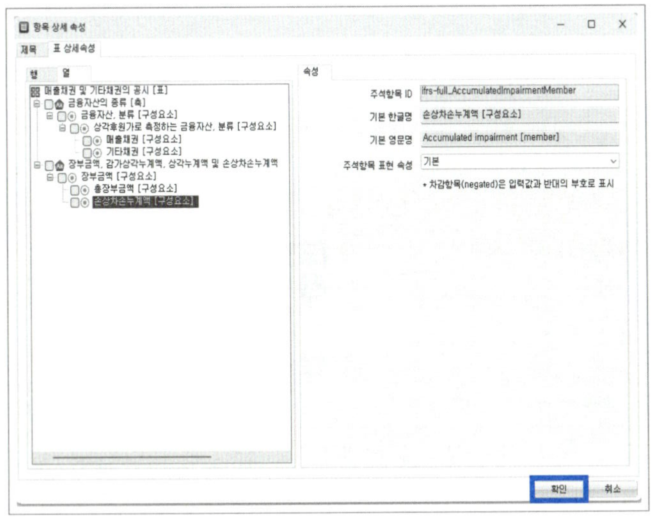

11 주석 작성 탭에서 완성된 표를 확인하고, 금액을 입력합니다.

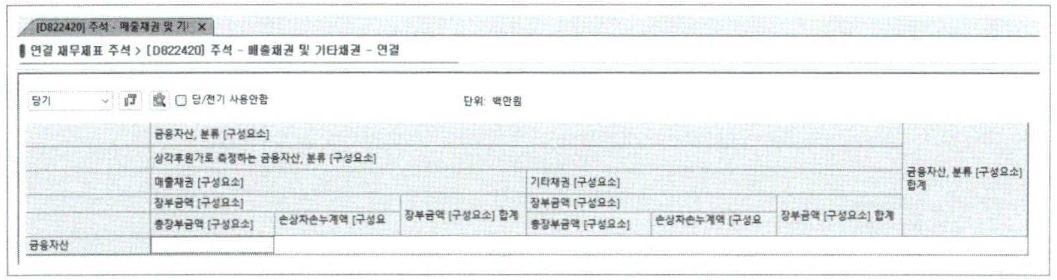

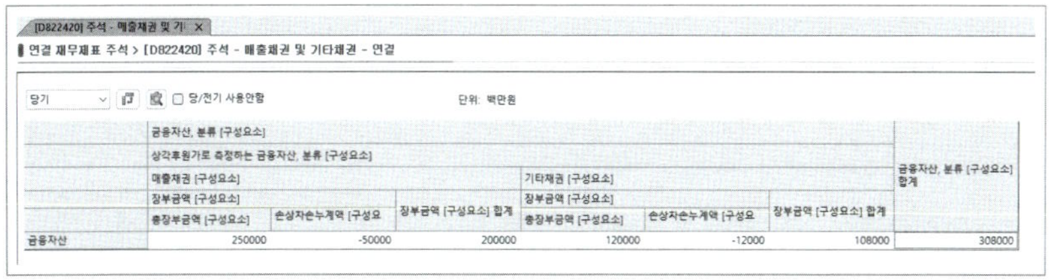

12 미리보기(한글) 탭에서 공시될 표의 형태를 미리 확인합니다.

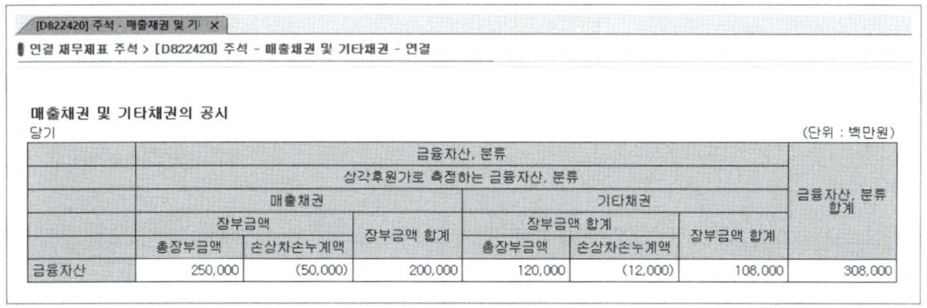

매출채권 및 기타채권의 공시

당기 (단위 : 백만원)

	금융자산, 분류						금융자산, 분류 합계
	상각후원가로 측정하는 금융자산, 분류						
	매출채권			기타채권			
	장부금액		장부금액 합계	장부금액 합계		장부금액 합계	
	총장부금액	손상차손누계액		총장부금액	손상차손누계액		
금융자산	250,000	(50,000)	200,000	120,000	(12,000)	108,000	308,000

MEMO

(2) 손실충당금의 변동내역 주석 작성

나. 당기 및 전기 중 손실충당금의 변동내역은 다음과 같습니다.

(단위 : 백만원)

구 분	당 기		전 기	
	매출채권	기타채권	매출채권	기타채권
기 초	33,000	22,000	20,000	31,000
대손상각비	18,000	4,000	4,000	6,500
제 각	(10,000)	(12,000)	(3,000)	(11,000)
기 타	9,000	(2,000)	12,000	(4,500)
기 말	50,000	12,000	33,000	22,000

MEMO

≪ XBRL 편집기 작성 따라하기 ≫

01 [[D822420] 주석 – 매출채권 및 기타채권 – 연결]에서 우클릭하여 [주석항목 리스트에서 가져오기]를 선택합니다.

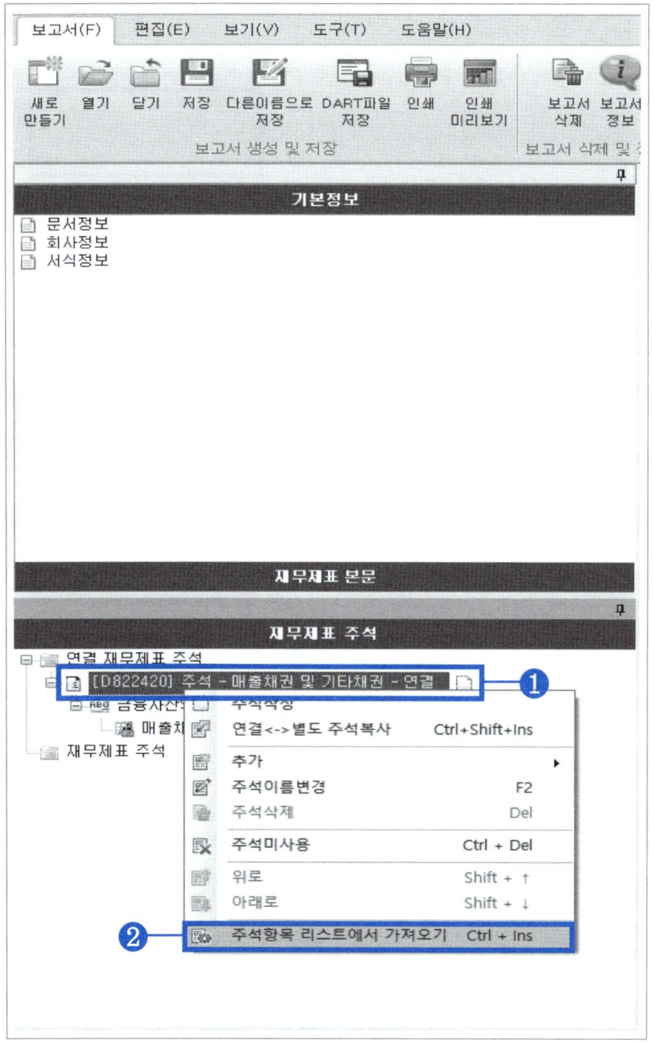

02 [매출채권 및 기타채권 손실충당금과 총장부금액의 변동에 대한 공시 [표]]의 체크 박스를 선택하고 [확인]을 클릭합니다.

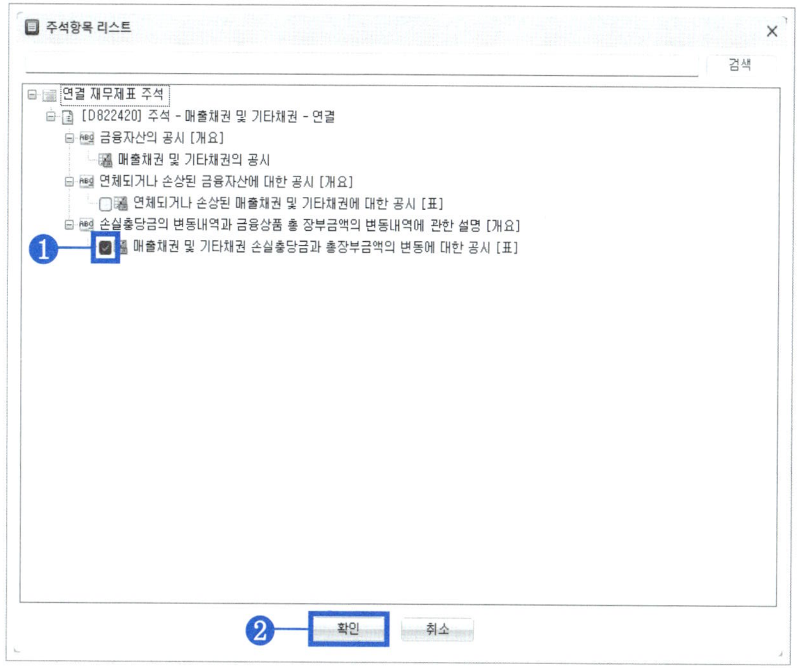

03 좌측 창에 [[D8822420] 주석 – 매출채권 및 기타채권 – 연결] 우측의 아이콘을 클릭하여, 기본으로 설정된 Taxonomy를 확인하고, 아이콘을 클릭합니다.

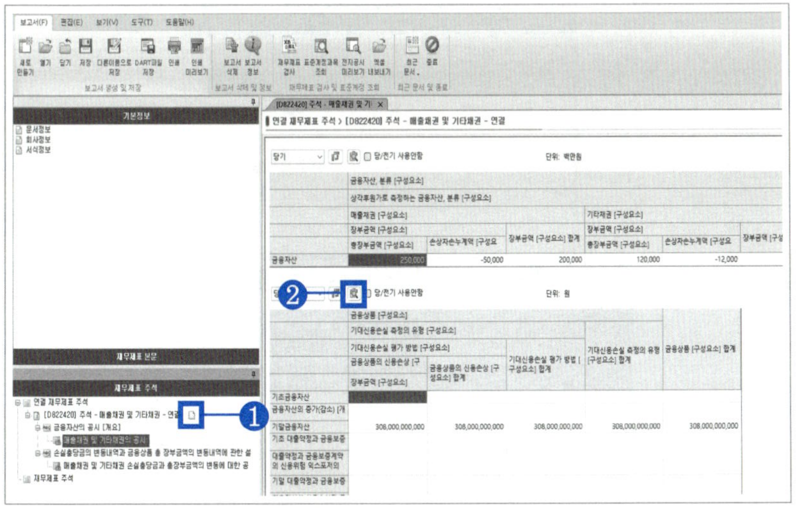

04 [항목 상세 속성]에서 단위설정을 예시에 따라 [백만원] 단위로 변경합니다.

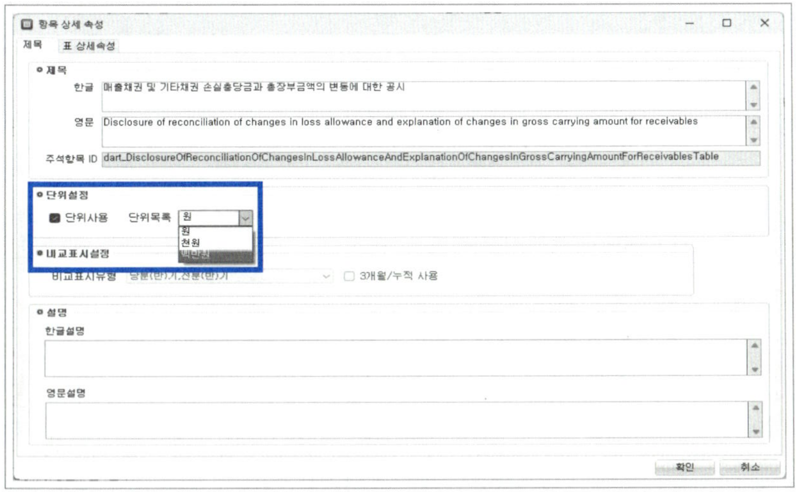

05 [표 상세속성] 탭을 선택하여, [행]에서 사용하지 않는 Taxonomy ID에 체크박스를 선택하고, 우클릭하여 [선택된노드삭제]를 선택하여 일괄로 삭제합니다.

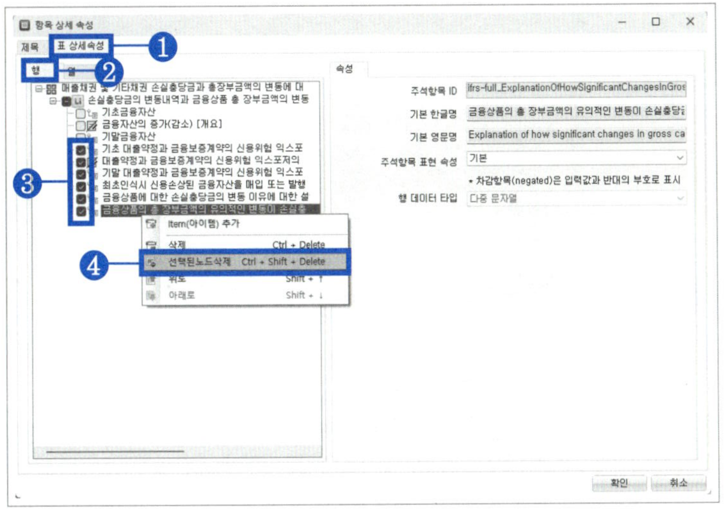

06 [금융자산의 증가(감소) [개요]]를 선택하여, 우클릭하여 [Item(아이템) 추가]를 선택합니다.

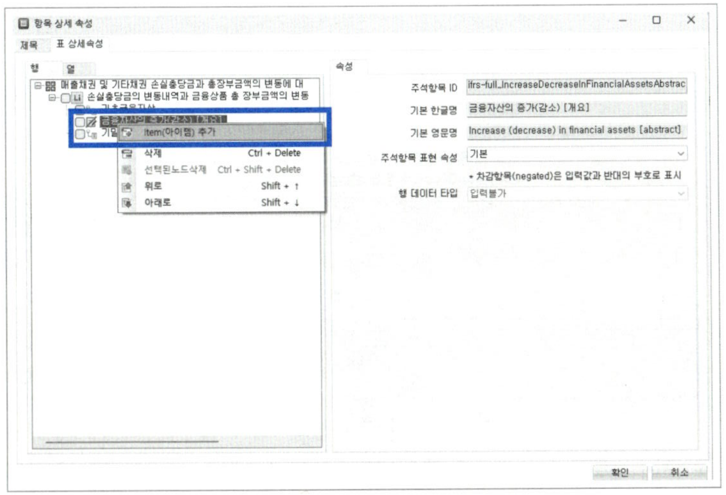

07 [주석항목 레퍼런스]에서 '제각을 통한 감소, 금융자산'과 '기타 변동에 따른 증가(감소), 금융자산' 체크박스 선택하고 [확인]을 클릭합니다.

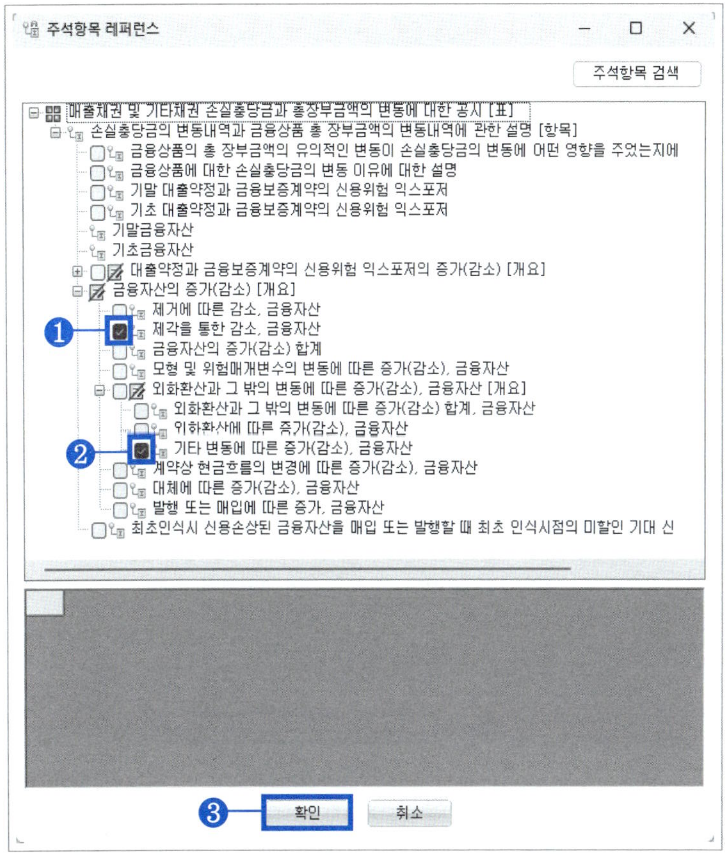

08 금융자산의 증가(감소) [개요]를 선택하고, 우클릭하여 [Item(아이템) 추가]를 선택합니다.

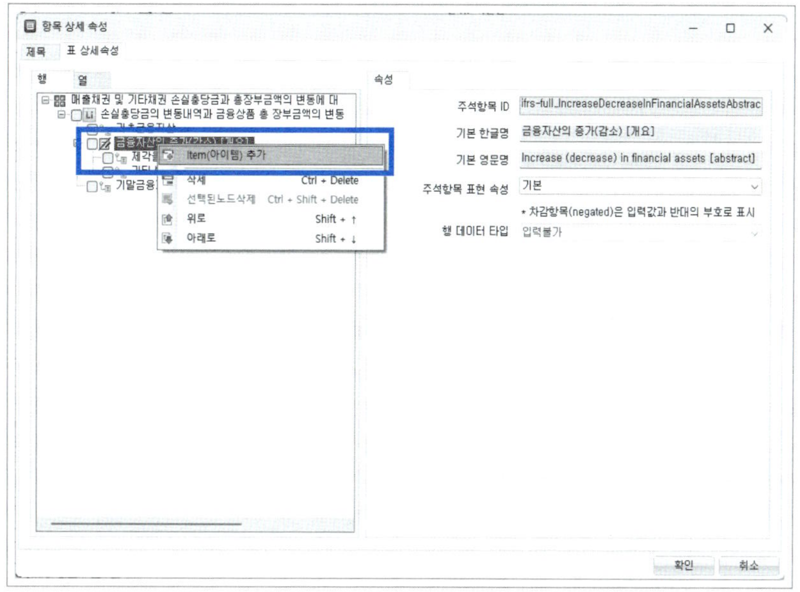

09 [주석항목 레퍼런스]에서 [주석항목 검색]을 클릭합니다.

10 [주석항목 검색]에서 "기대신용손실전(환)입, 금융자산"을 검색하여 체크박스 선택하고, [확인]을 클릭합니다.

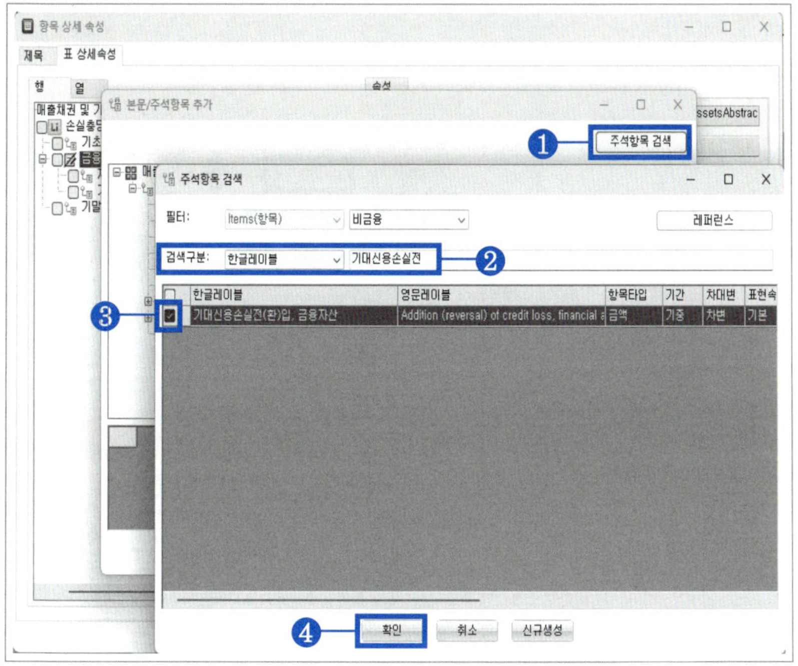

11 주석 예시의 순서를 맞추기 위해, 추가된 Item(아이템)을 선택하여 우클릭한 다음 [위로], [아래로]를 활용하여 순서를 변경합니다.

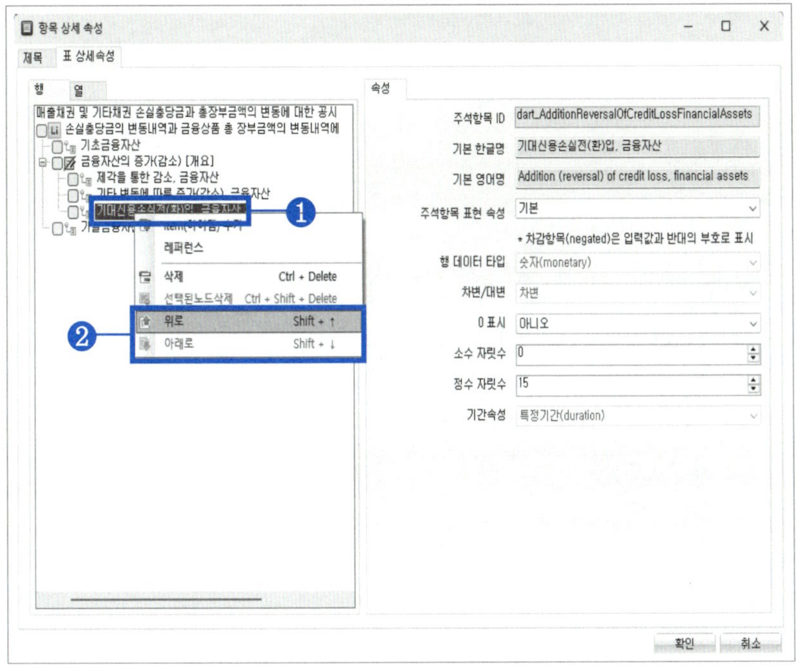

12 [열]에서 사용하지 않는 Taxonomy ID에 체크박스를 선택하고, 우클릭하여 [선택된노드삭제]를 선택하여 일괄로 삭제합니다.

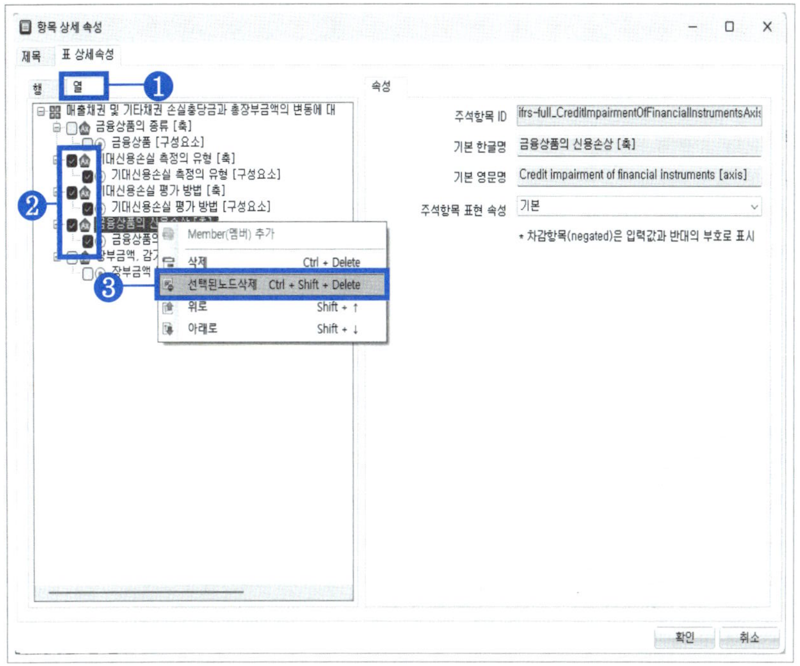

13 금융상품의 종류 [축]의 하위항목인 금융상품 [구성요소]를 선택하고, 우클릭하여 [Member(멤버) 추가]를 선택합니다.

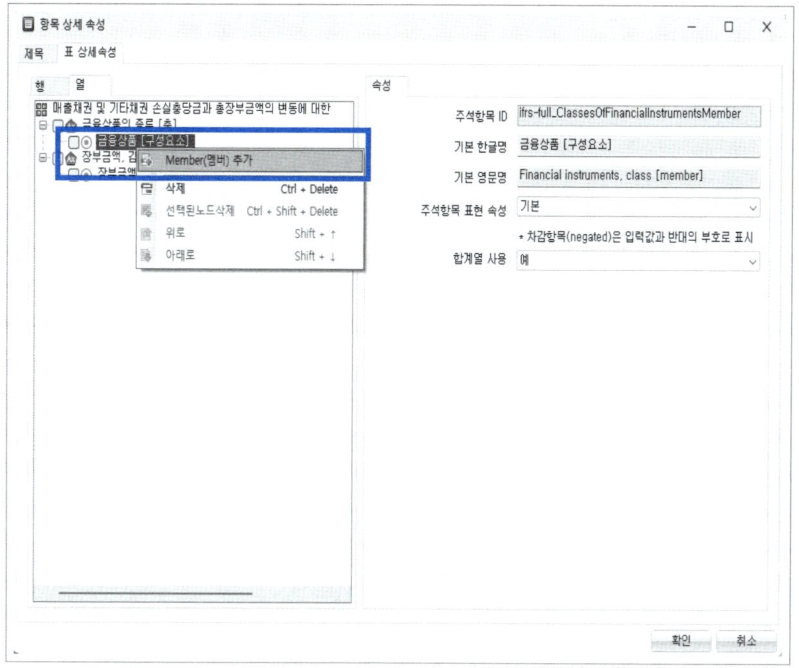

14 [주석항목 레퍼런스]에서 [주석항목 검색]을 클릭합니다.

15 [주석항목 검색]에서 "채권"을 검색하고, **매출채권 [구성요소]**와 **기타채권 [구성요소]**의 체크박스를 선택하고, [확인]을 클릭합니다.

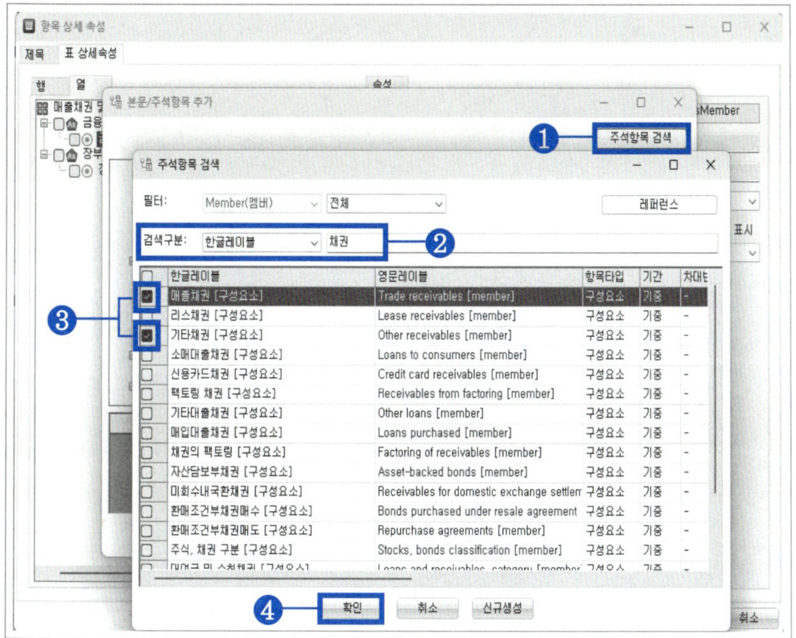

16 장부금액, 감가상각누계액, 상각누계액 및 손상차손누계액 및 총장부금액 [축]의 하위항목인 **장부금액 [구성요소]**를 선택하고, 우클릭하여 **[Member(멤버) 추가]**를 선택합니다.

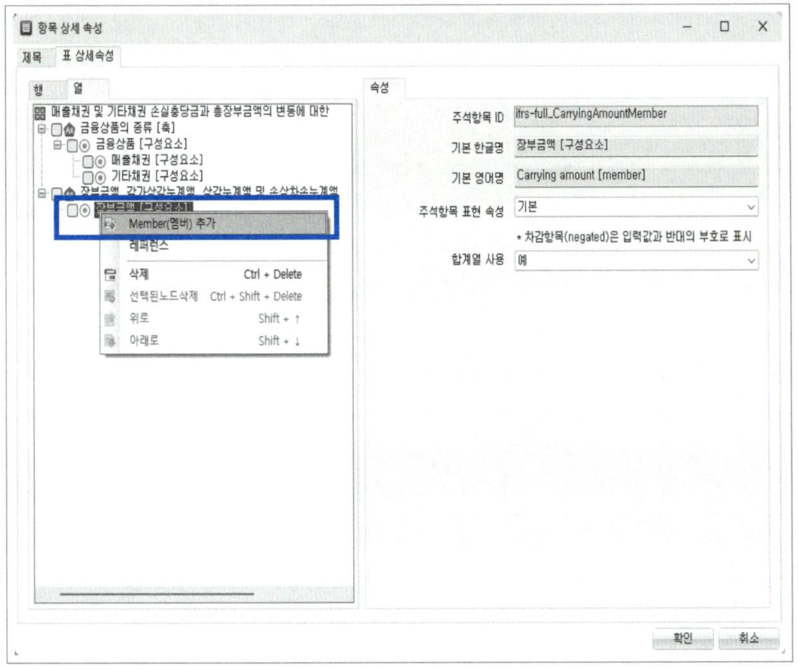

17 [주석항목 레퍼런스]에서 [주석항목 검색]을 클릭합니다.

18 [주석항목 검색]에서 "손상차손누계액"을 검색하여 체크박스를 선택하고, [확인]을 클릭합니다.

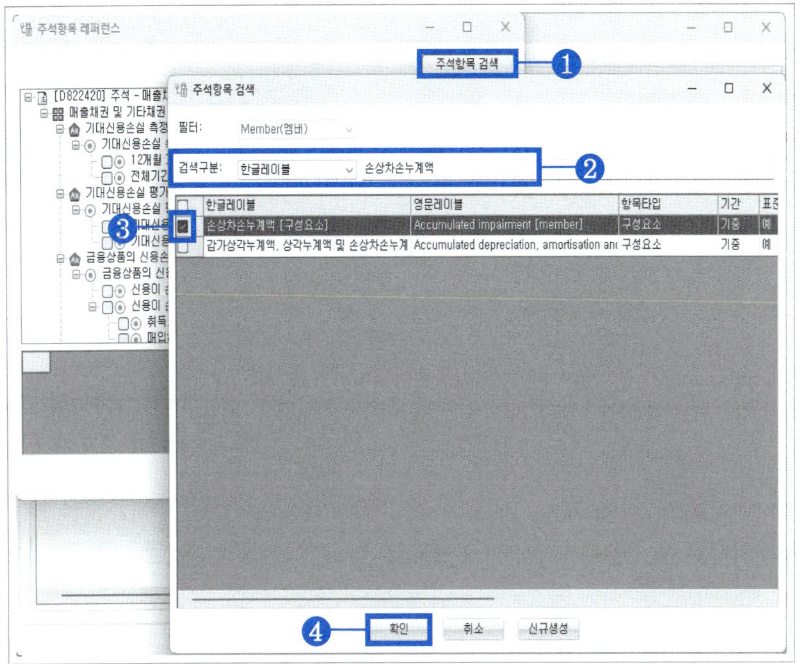

19 금융상품 [구성요소]와 장부금액 [구성요소]의 속성에서 [합계열 사용]을 "아니오"로 변경하고, [확인]을 클릭합니다.

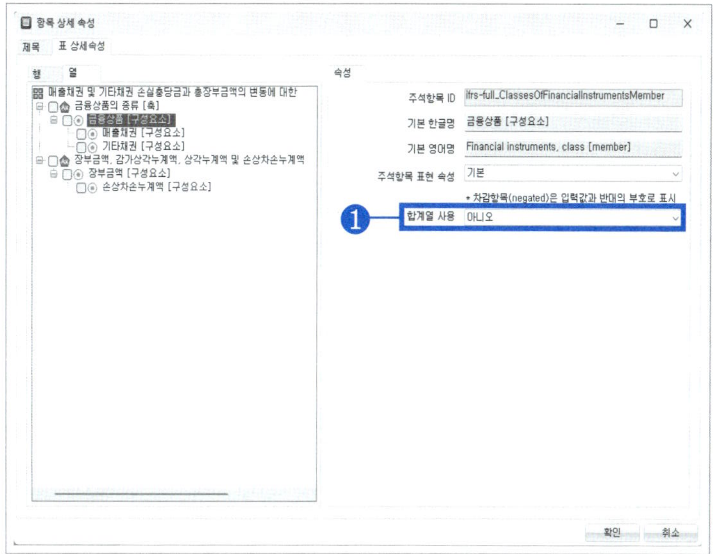

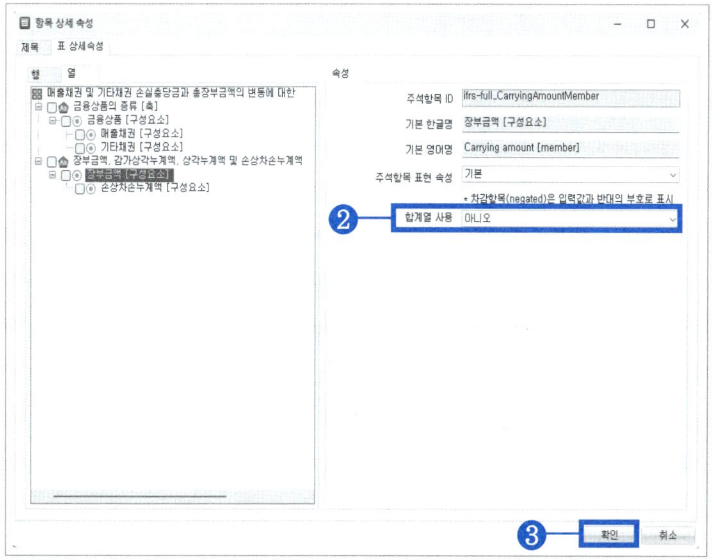

20 주석 작성 Tab에서 완성된 표를 확인하고, 금액을 입력합니다.

매출채권 및 기타채권 손실충당금과 총장부금액의 변동에 대한 공시

당기 ☐ 당/전기 사용안함 단위: 백만원

		금융상품 [구성요소]	
		매출채권 [구성요소]	기타채권 [구성요소]
		장부금액 [구성요소]	
		손상차손누계액 [구성요소]	
기초금융자산			
금융자산의 증가(감소) [개요]			
금융자산의 증가(감소) [개요]	기대신용손실전(환)입, 금		
	제각을 통한 감소, 금융자		
	기타 변동에 따른 증가(감		
기말금융자산			

21 "손실충당금"에 대한 금액이므로, 부호를 (–)로 하여 금액을 입력합니다. 다만, "제각을 통한 감소, 금융자산"은 Negated 속성이므로, 부호 입력시 주의하여야 합니다.

매출채권 및 기타채권 손실충당금과 총장부금액의 변동에 대한 공시

당기 ☐ 당/전기 사용안함 단위: 백만원

		금융상품 [구성요소]	
		매출채권 [구성요소]	기타채권 [구성요소]
		장부금액 [구성요소]	
		손상차손누계액 [구성요소]	
기초금융자산		-33000	-22000
금융자산의 증가(감소) [개요]			
금융자산의 증가(감소) [개요]	기대신용손실전(환)입, 금	-18000	-4000
	제각을 통한 감소, 금융자	-10000	-12000
	기타 변동에 따른 증가(감	-9000	2000
기말금융자산		-50000	-12000

22 미리보기(한글) 탭에서 공시될 표의 형태를 미리 확인합니다.

매출채권 및 기타채권 손실충당금과 총장부금액의 변동에 대한 공시

당기 (단위 : 백만원)

		금융상품	
		매출채권	기타채권
		장부금액	
		손상차손누계액	
기초금융자산		(33,000)	(22,000)
금융자산의 증가(감소)			
금융자산의 증가(감소)	기대신용손실전(환)입, 금융자산	(18,000)	(4,000)
	제각을 통한 감소, 금융자산	10,000	12,000
	기타 변동에 따른 증가(감소), 금융자산	(9,000)	2,000
기말금융자산		(50,000)	(12,000)

(3) 매출채권 및 기타채권의 연령분석 주석 작성

다. 당기말 및 전기말 매출채권 및 기타채권의 연령분석의 내용은 다음과 같습니다.

(단위 : 백만원)

구 분	당기말		전기말	
	매출채권	기타채권	매출채권	기타채권
신용이 손상되지 않은 채권				
만기미도래	75,000	48,000	88,000	33,000
1개월 초과 2개월 이내	50,000	24,000	22,000	16,500
2개월 초과 3개월 이내	37,500	18,000	33,000	22,000
소 계	162,500	90,000	143,000	71,500
신용이 손상된 채권				
2개월 초과 3개월 이내	37,500	12,000	11,000	27,500
3개월 초과	50,000	18,000	66,000	11,000
소 계	87,500	30,000	77,000	38,500
합 계	250,000	120,000	220,000	110,000

MEMO

≪ XBRL 편집기 작성 따라하기 ≫

01 [[D822420] 주석 – 매출채권 및 기타채권 – 연결]에서 우클릭하여 [주석항목 리스트에서 가져오기]를 선택합니다.

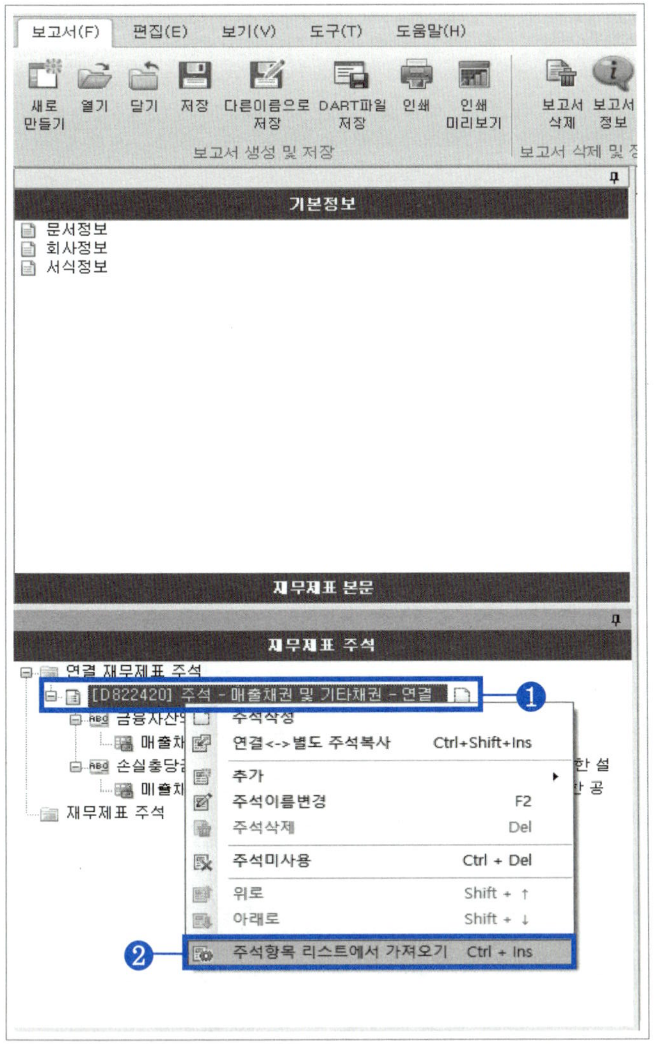

02 [연체되거나 손상된 매출채권 및 기타채권에 대한 공시 [표]]의 체크박스를 선택하고 [확인]을 클릭합니다.

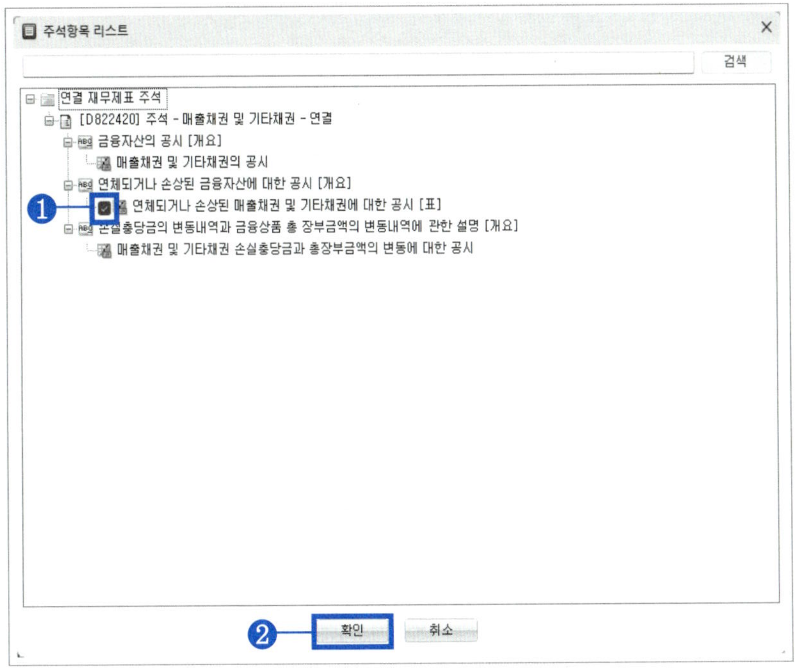

03 좌측 창에 [[D8822420] 주석 – 매출채권 및 기타채권 – 연결] 우측의 아이콘을 클릭하여, 기본으로 설정된 Taxonomy를 확인하고, 아이콘을 클릭합니다.

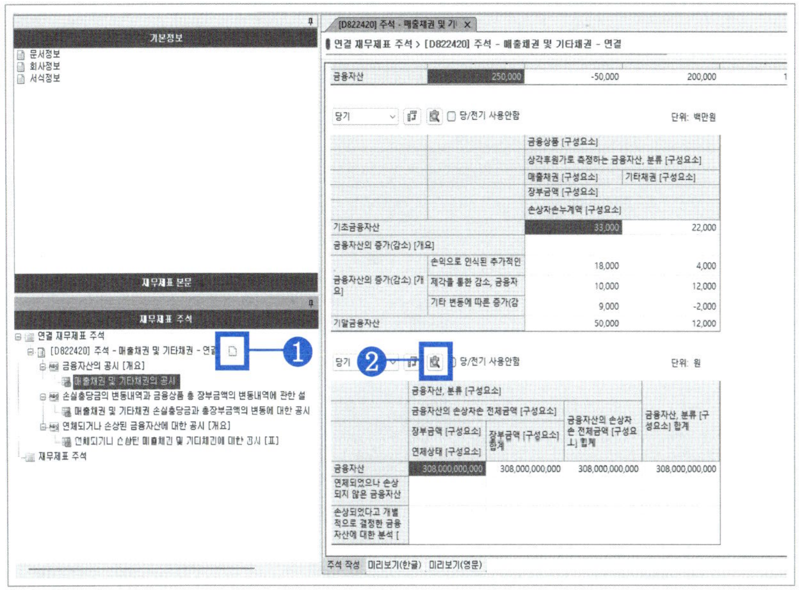

04 [항목 상세 속성]에서 단위설정을 예시에 따라 [백만원] 단위로 변경합니다.

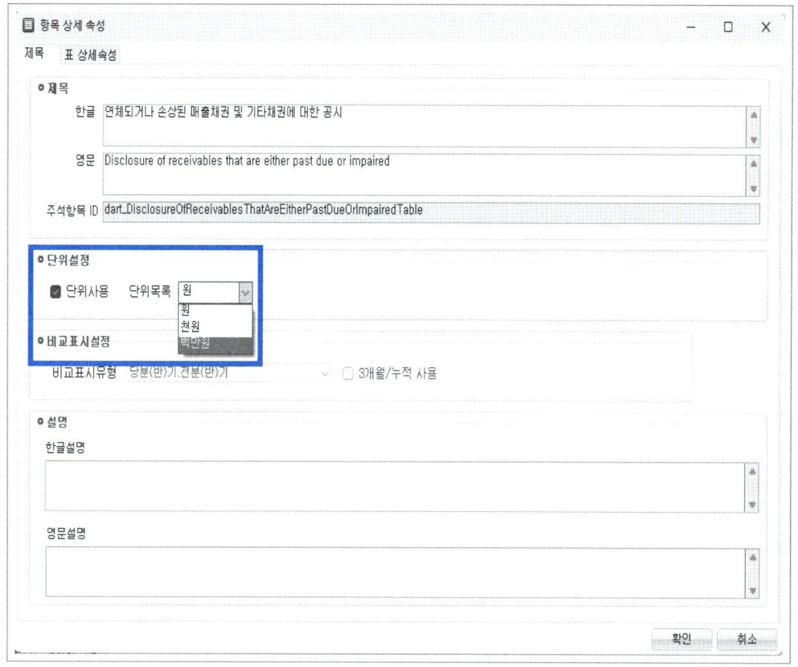

05 [표 상세속성] 탭을 선택하여, [행]에서 사용하지 않는 Taxonomy ID에 체크박스를 선택하고, 우클릭하여 **[선택된노드삭제]**를 선택하여 일괄로 삭제합니다.

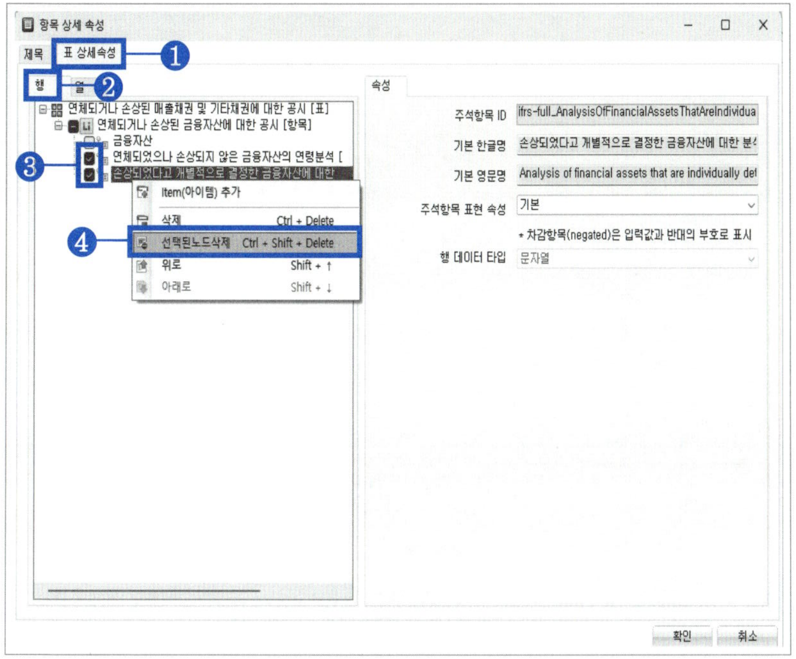

06 [열]에서 **금융자산의 종류 [축]**의 하위항목인 **금융자산, 분류 [구성요소]**를 선택하고, 우클릭하여 **[Member(멤버) 추가]**를 선택합니다.

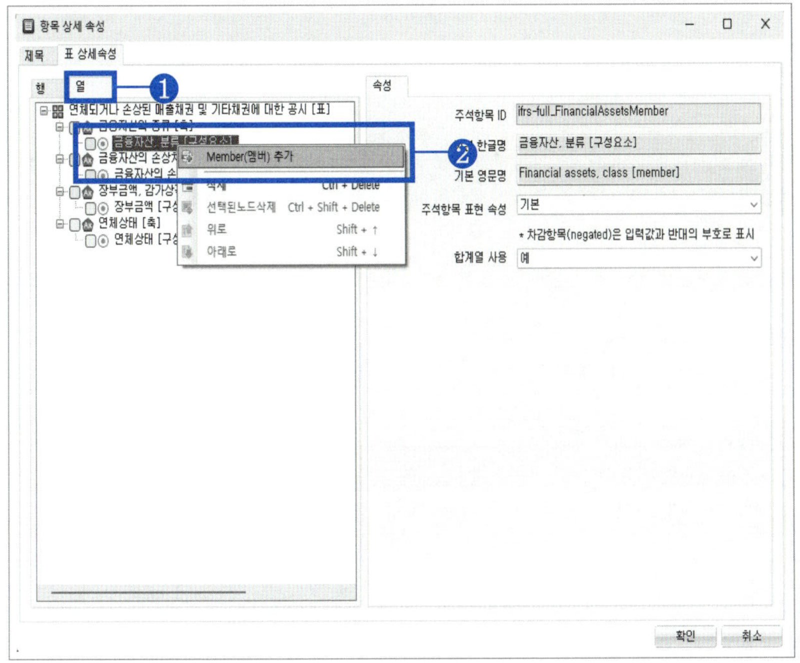

07 [주석항목 레퍼런스]에서 [주석항목 검색]을 클릭합니다.

08 [주석항목 레퍼런스]에서 상각후원가로 측정하는 금융자산, 분류 [구성요소], 매출채권 [구성요소], 기타채권 [구성요소] 체크박스 선택하고 확인을 클릭합니다.

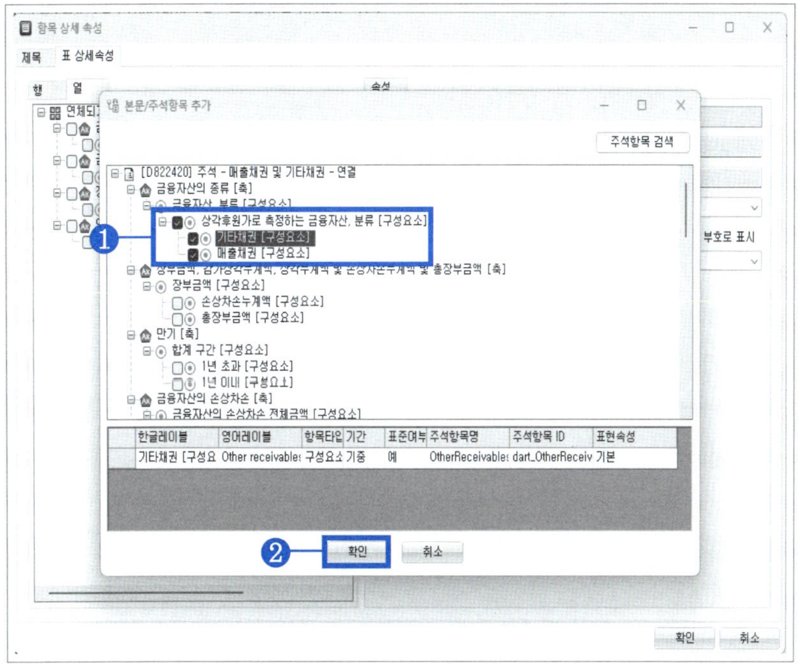

09 금융자산의 손상차손 [축]을 클릭하고, 우클릭하여 삭제합니다.

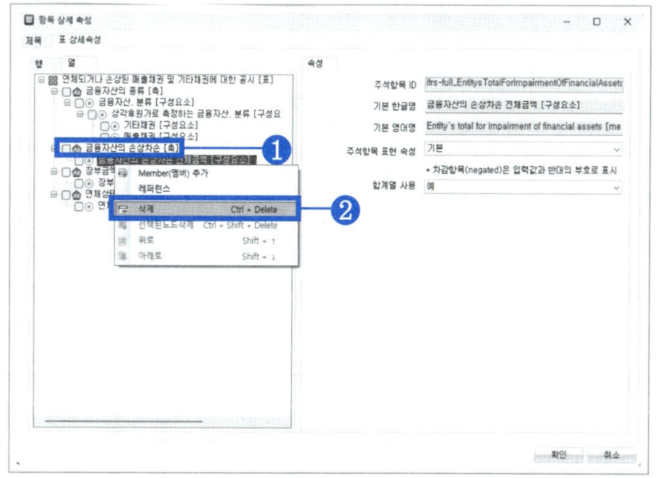

10 장부금액, 감가상각누계액, 상각누계액 및 손상차손누계액 및 총장부금액 [축]의 하위항목인 장부금액 [구성요소] 선택하여, 우클릭하여 [Member(멤버) 추가]를 선택합니다.

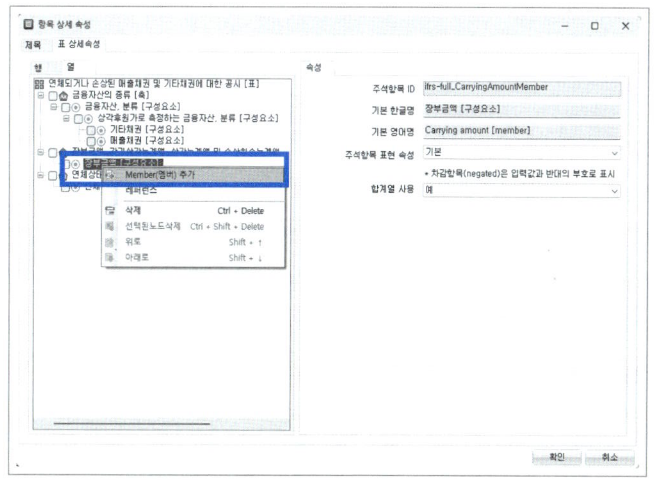

11 [본문/주석항목 추가] 창에서 총장부금액 [구성요소]를 체크하고, 확인을 선택합니다.

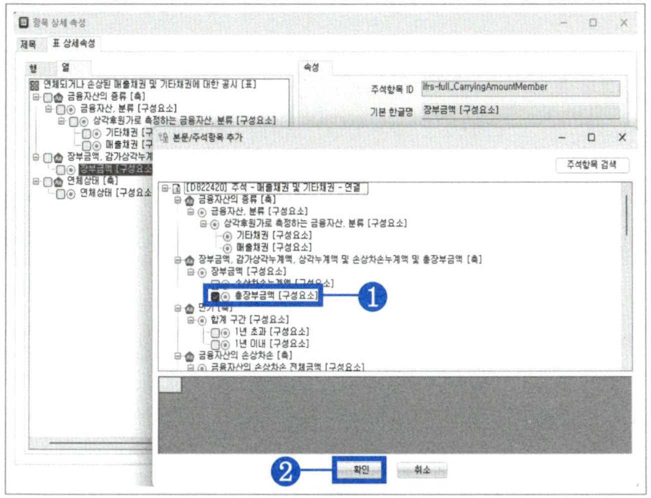

12 연체되거나 손상된 매출채권 및 기타채권에 대한 공시 [표]를 선택하고, 우클릭하여 [축 추가]를 선택합니다.

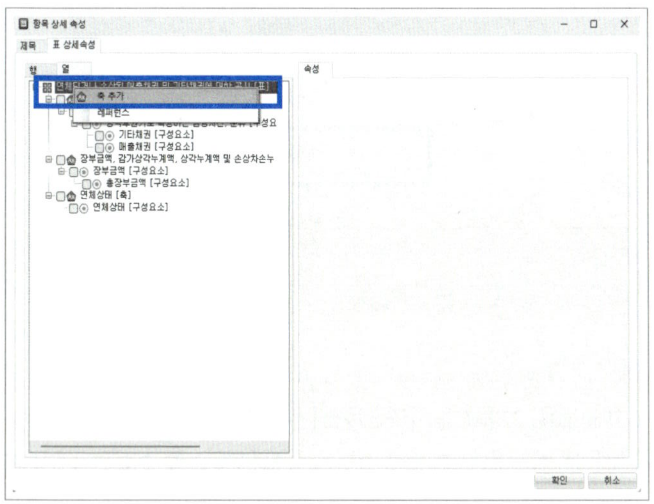

13 [본문/주석항목 추가] 창에서 금융상품의 신용손상 [축]을 체크하고, 확인을 선택합니다.

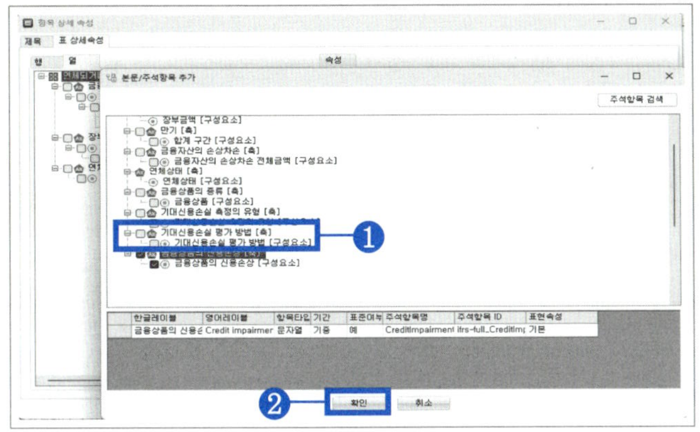

14 추가된 금융상품의 신용손상 [축]의 순서를 그림과 같이 연체상태 [축] 상위로 조정합니다.

15 금융상품의 신용손상 [구성요소]에서 우클릭하여, [Member(멤버) 추가]를 선택하고, [본문/작성항목 추가] 창에서 신용이 손상된 금융상품 [구성요소], 신용이 손상되지 않은 금융상품 [구성요소]를 체크하여, 확인을 선택합니다.

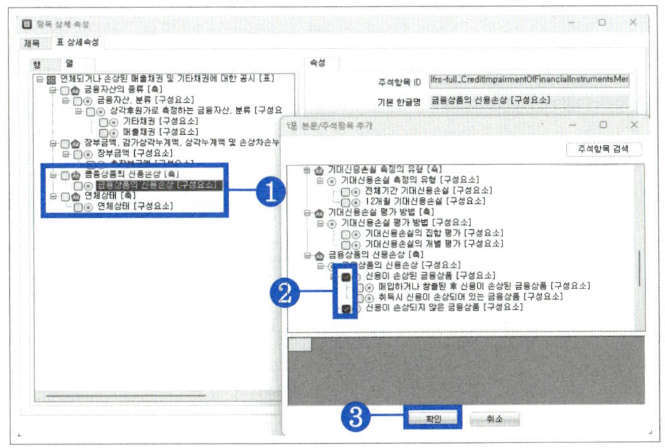

16 추가된 손상된 금융상품 [구성요소], 신용이 손상되지 않은 금융상품 [구성요소]의 순서를 그림과 같이 신용이 손상되지 않은 금융상품 [구성요소]-손상된 금융상품 [구성요소] 순으로 조정합니다.

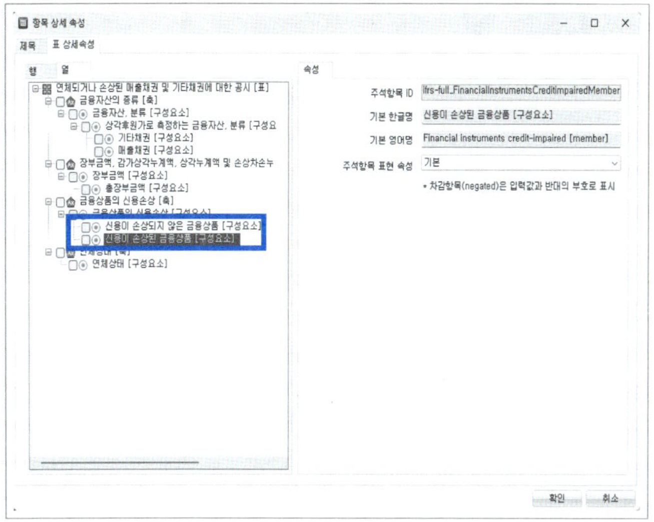

17 연체상태 [구성요소]에서 우클릭하여, [Member(멤버) 추가]를 선택하고, [본문/주석항목 추가] 창에서 현재 [구성요소], 1개월 초과 2개월 이내 [구성요소], 2개월 초과 3개월 이내 [구성요소], 3개월 초과 [구성요소]를 추가하고, 순서를 조정합니다.

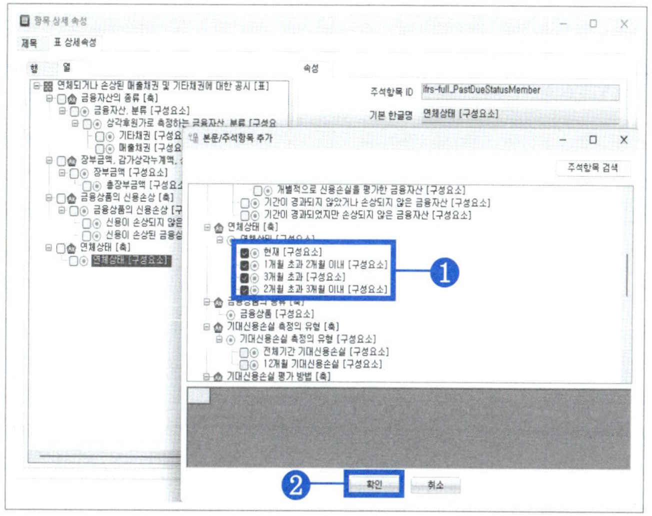

18 금융자산, 분류 **[구성요소]**, 장부금액 **[구성요소]**을 클릭하여, 우측의 속성에서 "합계열 사용" 여부를 "아니오"로 각각 변경하고, 확인을 선택합니다.

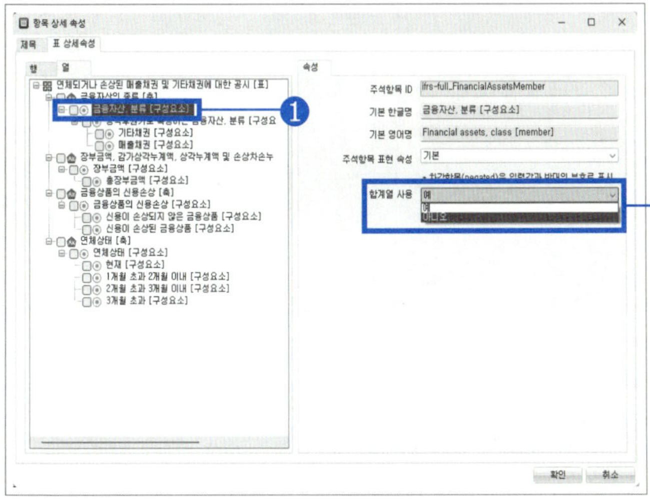

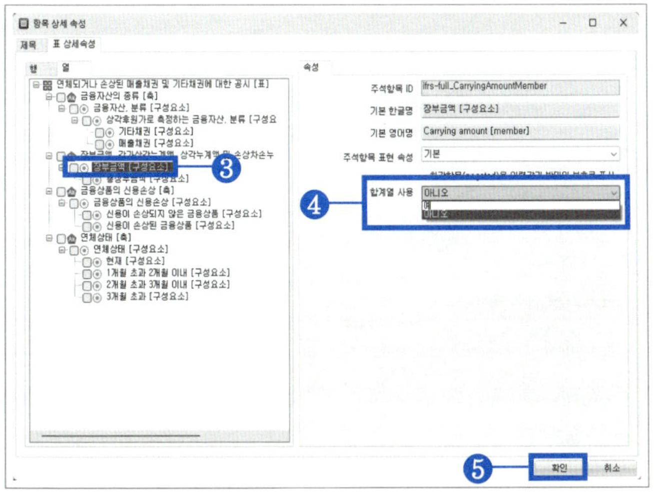

19 주석 작성 Tab에서 완성된 표를 확인하고, 금액을 입력합니다.

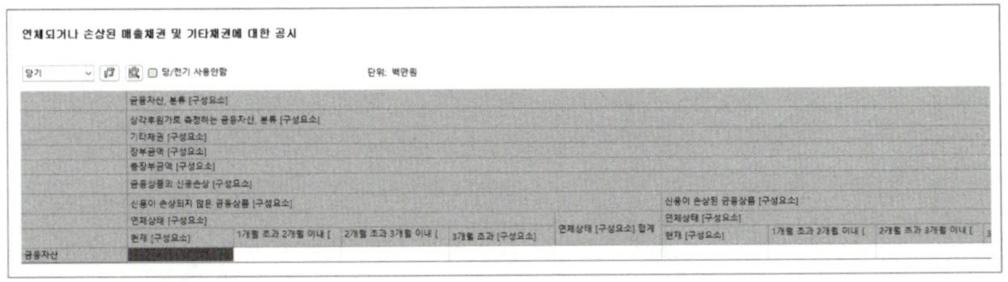

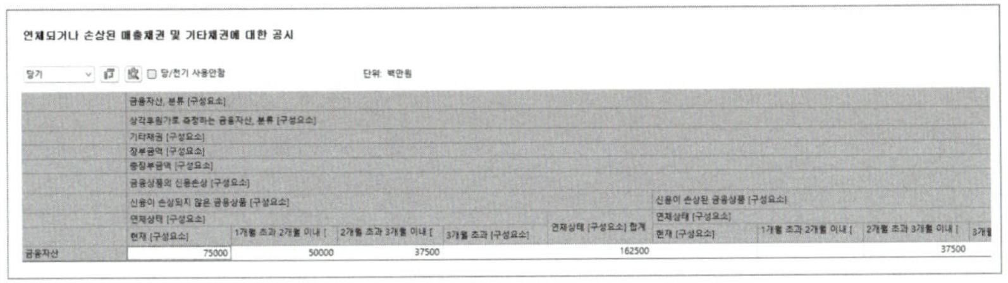

20 미리보기(한글) Tab에서 공시될 표의 형태를 미리 확인합니다.

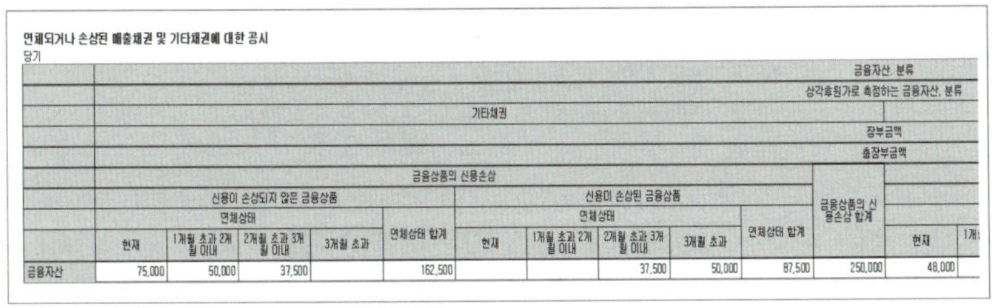

4 재고자산–실습을 위한 예시 주석

4. 재고자산

당기말 및 전기말 현재 재고자산 내역은 다음과 같습니다.

(단위 : 백만원)

구 분	당기말			전기말		
	취득원가	평가충당금	장부금액	취득원가	평가충당금	장부금액
제 품	300,000	(9,000)	291,000	237,000	(8,500)	228,500
상 품	380,000	(4,000)	376,000	300,000	(8,000)	292,000
반제품	41,000	(500)	40,500	39,000	(500)	38,500
재공품	3,000	–	3,000	2,000	–	2,000
원재료	347,000	(3,000)	344,000	262,000	(2,000)	260,000
저장품	25,000	(1,500)	23,500	21,000	(1000)	20,000
미착품	153,000	–	153,000	119,000	–	119,000
합 계	1,249,000	(18,000)	1,231,000	980,000	(20,000)	960,000

MEMO

≪ XBRL 편집기 작성 따라하기 ≫

▶ 표준 표 생성

01 [연결 재무제표 주석]에 우클릭하고 [주석항목 리스트에서 가져오기]를 선택합니다.

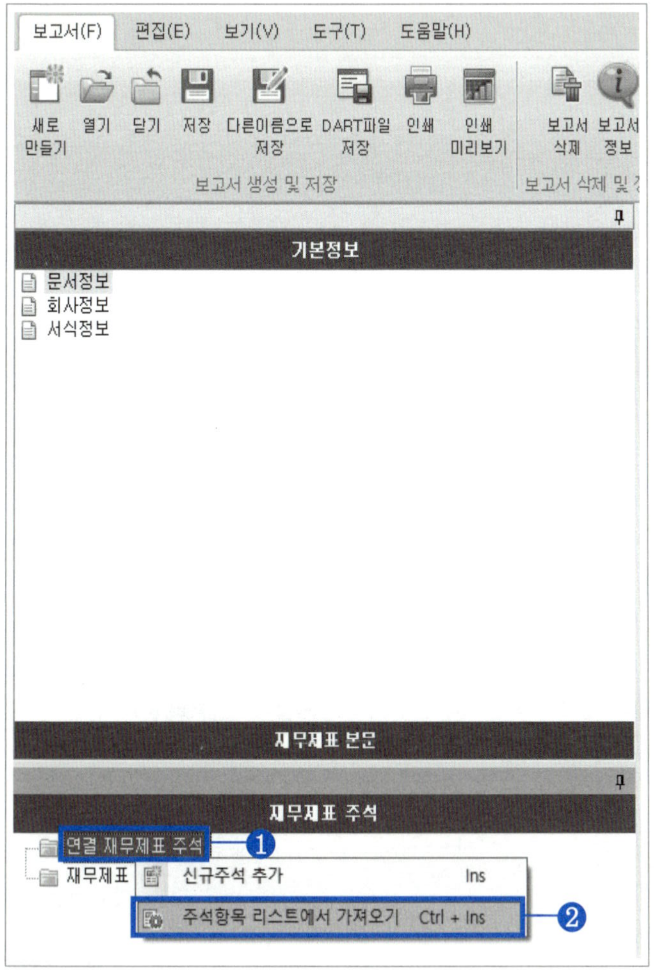

02 스크롤 또는 재고자산을 검색하여 [재고자산 세부내역 [표]와 [D834480] 주석 – 재고자산 – 연결]의 체크박스를 모두 선택하고 [확인]을 클릭합니다.

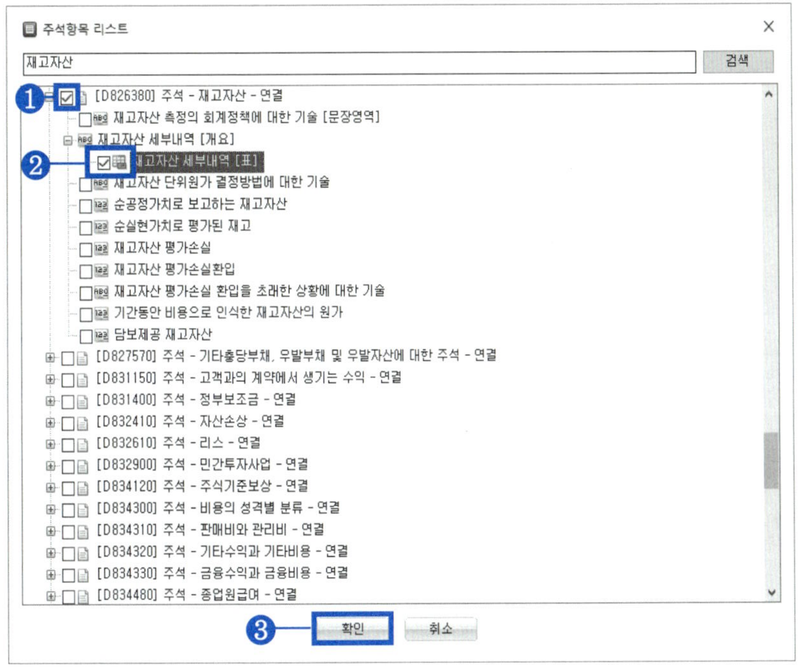

▶ 제목 탭 설정

01 [재고자산 세부내역 [표]]에 우클릭하여 [속성]을 선택합니다.

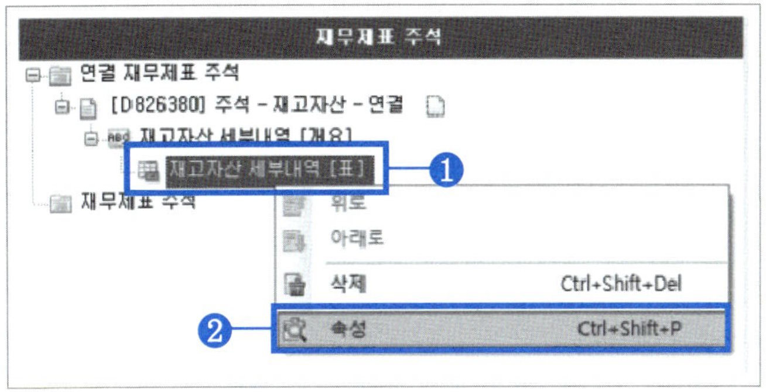

02 [단위설정]에서 [단위목록]을 클릭하여 [백만원]을 선택하고 [제목]*1과 [비교표시 설정]*2을 확인합니다.

*1 표준 표가 아닌 신규 표를 추가하는 경우 별도 설정(한글/영문명) 필요

*2 분/반기 검토인 경우 [3개월/누적 사용] 설정 필요

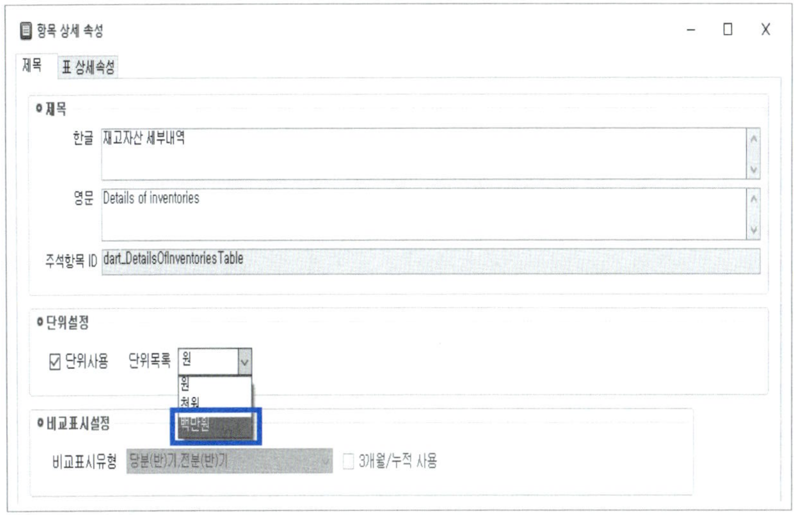

▶ 표 상세속성-행 탭 작업

01 [표 상세속성] 탭으로 이동하여 사용하지 않는 항목들을 선택(체크박스 클릭)하고 우클릭하여 [선택된노드삭제]를 선택합니다.

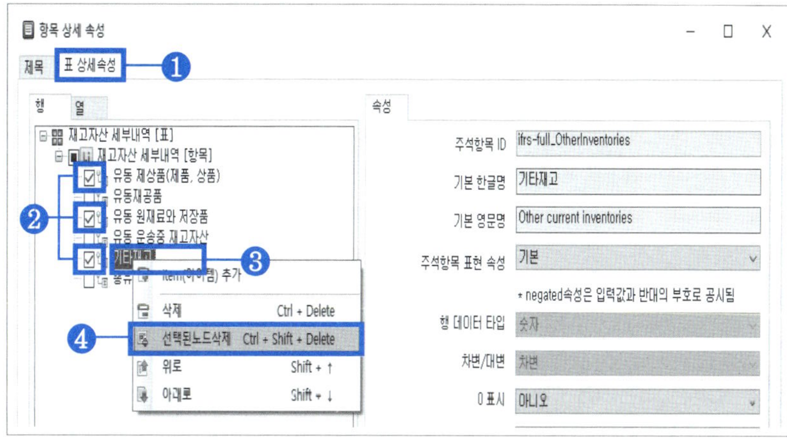

02 [재고자산 세부내역 [항목]]에 우클릭하여 [Item(아이템) 추가]를 선택합니다.

03 [주석항목 검색]을 클릭하고 "유동제품"을 검색하여 [유동제품]을 선택(체크박스 클릭)한 후 [확인]을 클릭합니다.

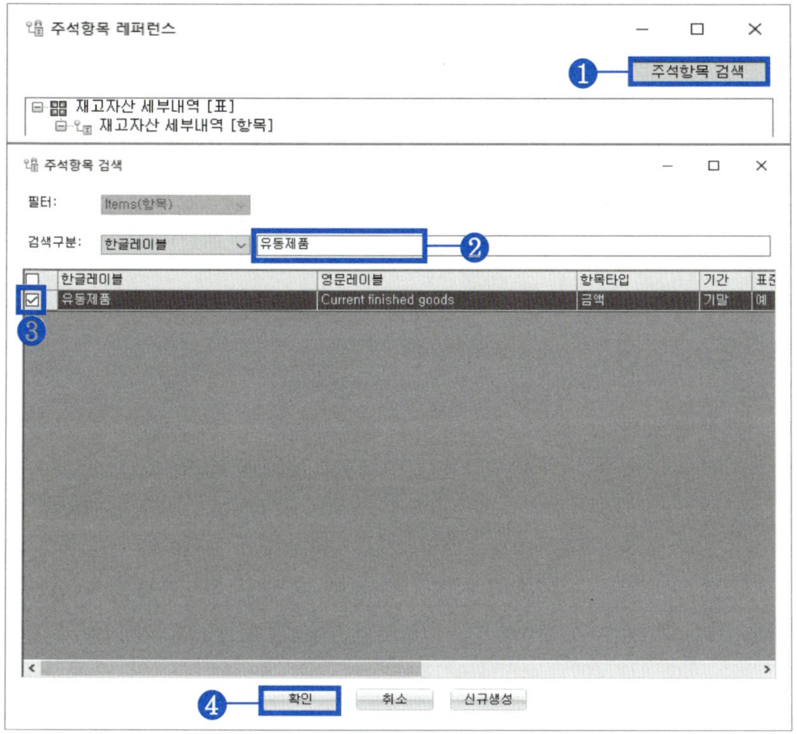

04 [유동상품] ~ [반제품]도 동일한 방법으로 추가합니다.

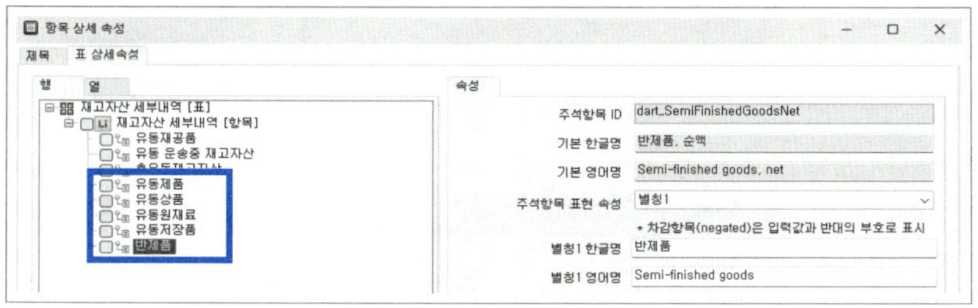

✓ 반제품의 경우 총액(gross)을 선택하지 않도록 주의

05 예시와 동일하게 순서를 조정하기 위해 조정할 항목에 마우스(우클릭 위로 또는 아래로) 또는 단축키(shift + ↑ 또는 ↓)를 사용합니다.

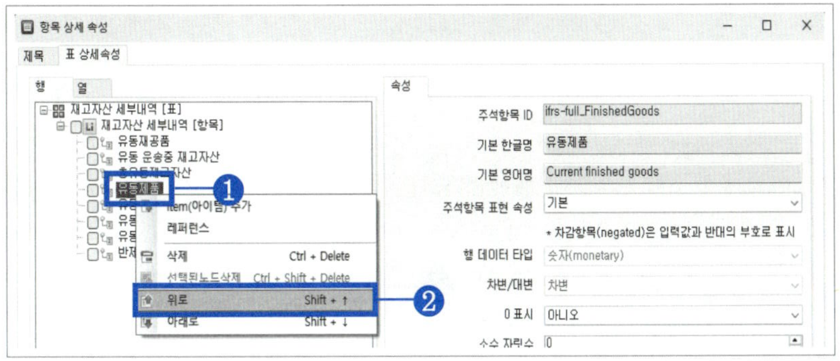

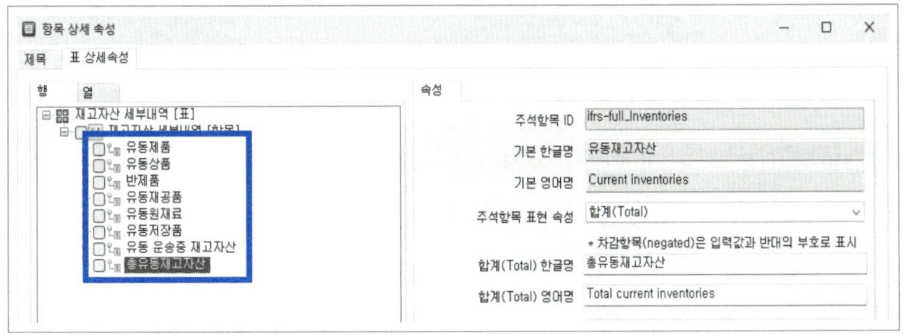

▶ 표 상세속성 – 열 탭 작업

01 [열] 탭으로 이동하여 [장부금액 [구성요소]]에 우클릭하여 [Member(멤버) 추가]를 선택합니다.

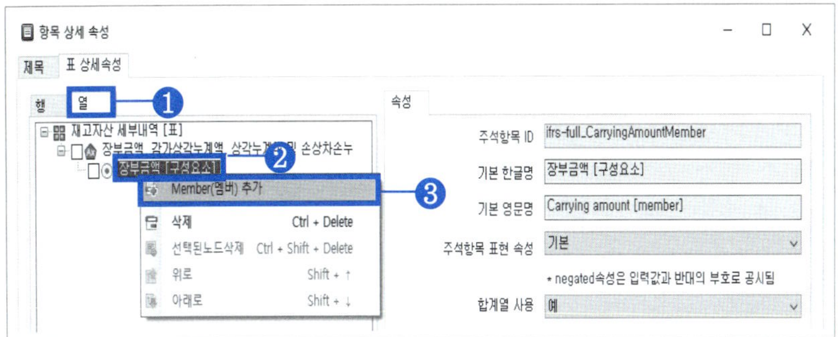

02 [총장부금액 [구성요소]] 및 [재고자산 평가충당금 [구성요소]]를 선택(체크박스 클릭)하고 [확인]을 클릭합니다.

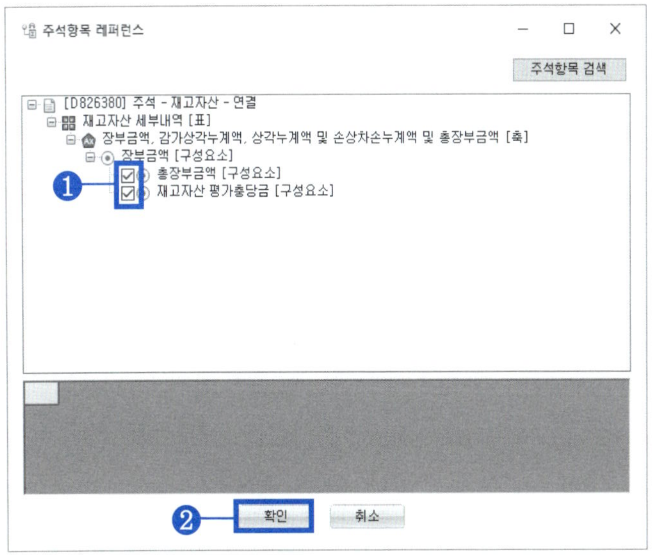

▶ 금액 입력

01 [[D826380] 주석 – 재고자산 – 연결] 우측의 아이콘을 클릭하여 표를 생성합니다.

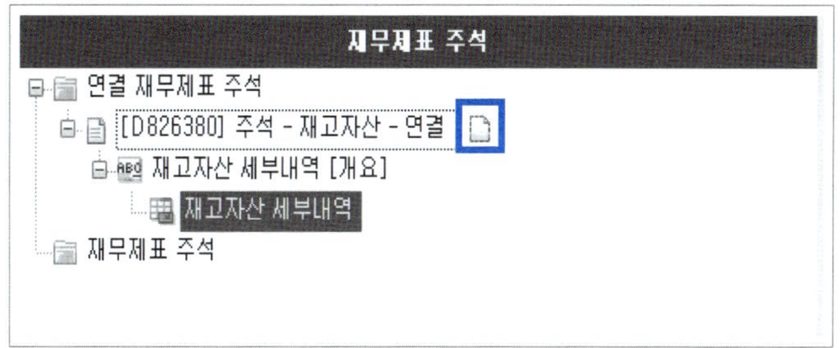

02 생성된 표에 예시를 참고하여 금액을 입력합니다.

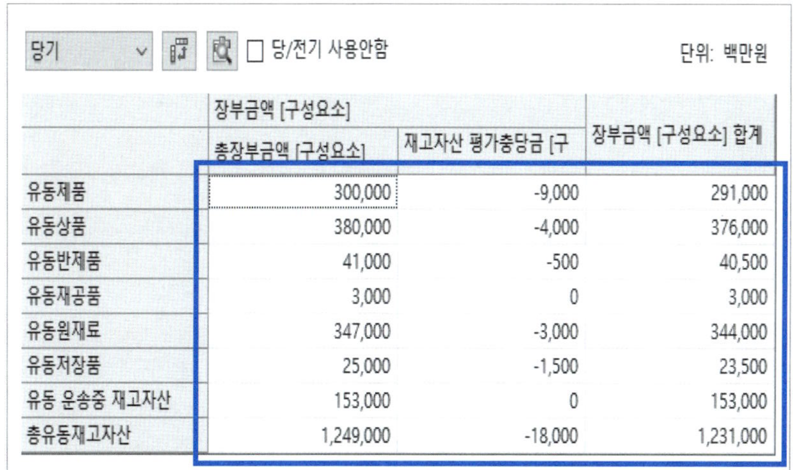

당기 | ☐ 당/전기 사용안함 | 단위: 백만원

	장부금액 [구성요소]		장부금액 [구성요소] 합계
	총장부금액 [구성요소]	재고자산 평가충당금 [구	
유동제품	300,000	-9,000	291,000
유동상품	380,000	-4,000	376,000
유동반제품	41,000	-500	40,500
유동재공품	3,000	0	3,000
유동원재료	347,000	-3,000	344,000
유동저장품	25,000	-1,500	23,500
유동 운송중 재고자산	153,000	0	153,000
총유동재고자산	1,249,000	-18,000	1,231,000

03 [미리보기(한글)]을 클릭하여 금액이 잘 반영되었는지 확인합니다.

[D826380] 주석 - 재고자산 - 연결 ×

연결 재무제표 주석 > [D826380] 주석 - 재고자산 - 연결

재고자산 세부내역

당기 (단위 : 백만원)

	장부금액		장부금액
	총장부금액	재고자산 평가충당금	
유동제품	300,000	(9,000)	291,000
유동상품	380,000	(4,000)	376,000
유동반제품	41,000	(500)	40,500
유동재공품	3,000	0	3,000
유동원재료	347,000	(3,000)	344,000
유동저장품	25,000	(1,500)	23,500
유동 운송중 재고자산	153,000	0	153,000
총유동재고자산	1,249,000	(18,000)	1,231,000

전기 (단위 : 백만원)

	장부금액		장부금액
	총장부금액	재고자산 평가충당금	
유동제품			
유동상품			
유동반제품			
유동재공품			
유동원재료			
유동저장품			
유동 운송중 재고자산			

주석 작성 | 미리보기(한글) | 미리보기(영문)

MEMO

5 유형자산–실습을 위한 예시 주석

5. 유형자산

가. 당기 중 유형자산의 변동 내역은 다음과 같습니다.

(단위 : 백만원)

구 분	토 지	건 물	구축물	기계장치	차량운반구	기타유형자산	건설중인자산	계
기초장부금액	11,000	5,000	5,000	8,000	1,500	1,500	7,000	39,000
– 취득원가	11,000	9,000	6,000	17,000	3,000	2,000	7,000	55,000
– 상각누계액*1	–	(4,000)	(1,000)	(9,000)	(1,500)	(500)	–	(16,000)
취 득	–	10	20	50	900	50	5,000	6,030
대 체	50	700	50	800	700	500	(2,800)	–
처 분	(20)	(30)	(10)	(100)	(50)	(30)	(20)	(260)
감가상각비	0	(350)	(80)	(1,000)	(70)	(110)	–	(1,610)
사업결합	960	630	–	200	–	–	–	1,790
기타*2	10	40	20	50	20	90	(180)	50
기말장부금액	12,000	6,000	5,000	8,000	3,000	2,000	9,000	45,000
– 취득원가	12,000	11,000	7,000	18,000	5,000	3,000	9,000	65,000
– 상각누계액*1	–	(5,000)	(2,000)	(10,000)	(2,000)	(1,000)	–	(20,000)

*1 손상차손누계액 포함됨.

*2 기타증감액은 환율차이로 인한 변동 100백만원 등으로 구성되어 있음.

MEMO

XBRL 비금융업 주석 작성 한 권으로 끝내기

≪ XBRL 편집기 작성 따라하기 ≫

▶ **표준 표 생성**

01 [연결 재무제표 주석]에 우클릭하고 [주석항목 리스트에서 가져오기]를 선택합니다.

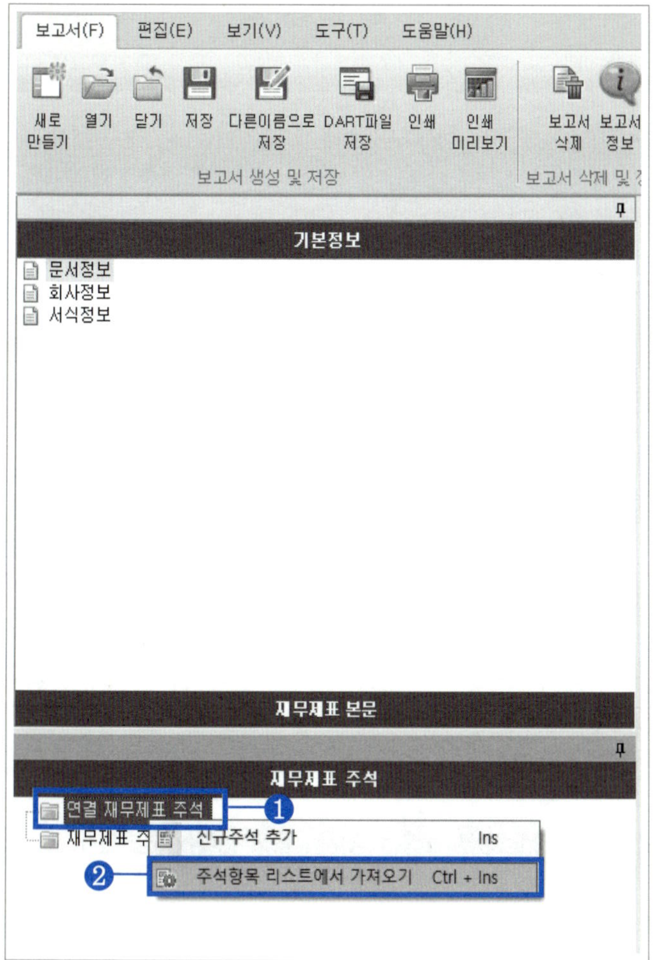

02 스크롤 또는 유형자산을 검색하여 [유형자산에 대한 세부 정보 공시 [표]]와 [[D822100] 주석 – 유형자산 – 연결]의 체크박스를 모두 선택하고 [확인]을 클릭합니다.

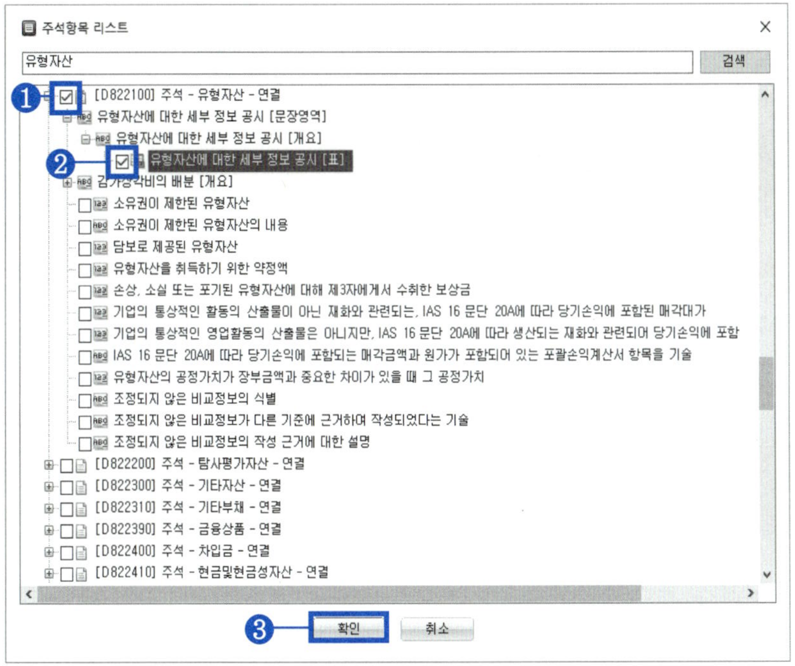

▶ 제목 탭 설정

01 [유형자산에 대한 세부 정보 공시 [표]]에 우클릭하여 [속성]을 선택합니다.

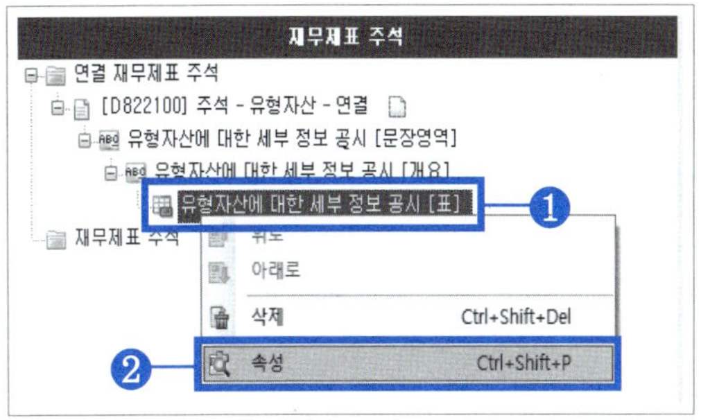

02 [단위설정]에서 [단위목록]을 클릭하여 [백만원]을 선택하고 [제목]*1과 [비교표시 설정]*2을 확인합니다.

*1 표준 표가 아닌 신규 표를 추가하는 경우 별도 설정(한글/영문명) 필요

*2 분/반기 검토인 경우 [3개월/누적 사용] 설정 필요

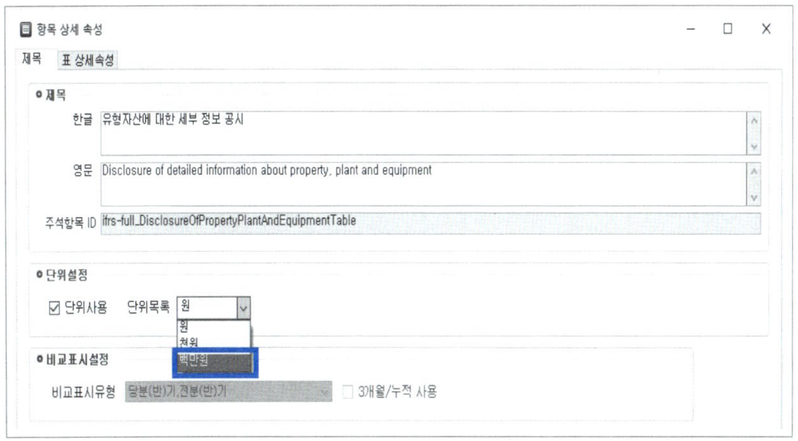

▶ 표 상세속성-행 탭 작업

01 [표 상세속성]을 클릭하고 사용하지 않는 항목들을 모두 선택(체크박스 클릭)하여 우클릭하고 [선택된노드삭제]를 선택합니다.

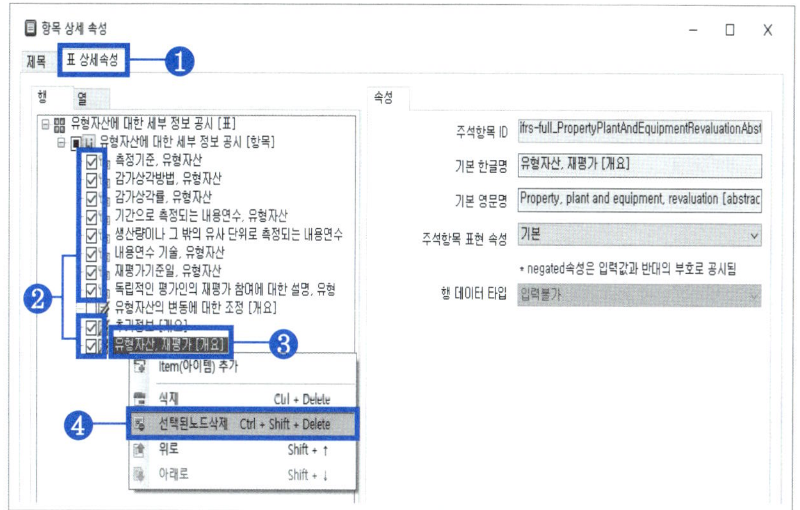

02 [유형자산의 변동에 대한 조정 [개요]]에 우클릭하여 [Item(아이템) 추가]를 선택합니다.

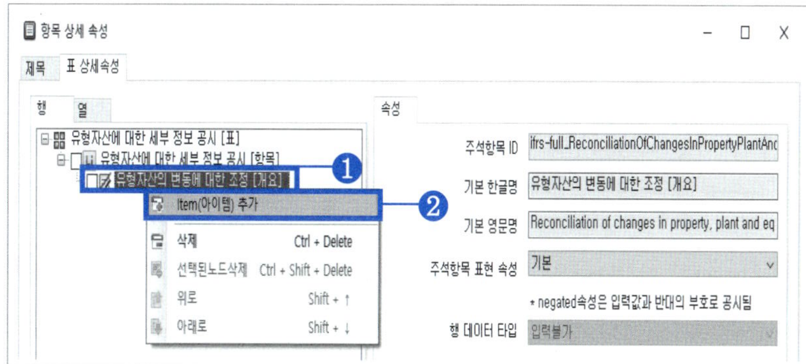

03 모든 [개요] 항목의 왼쪽 아이콘⊞을 클릭하고 사용할 항목들을 선택(체크박스 클릭)한 후 [확인]을 클릭합니다.

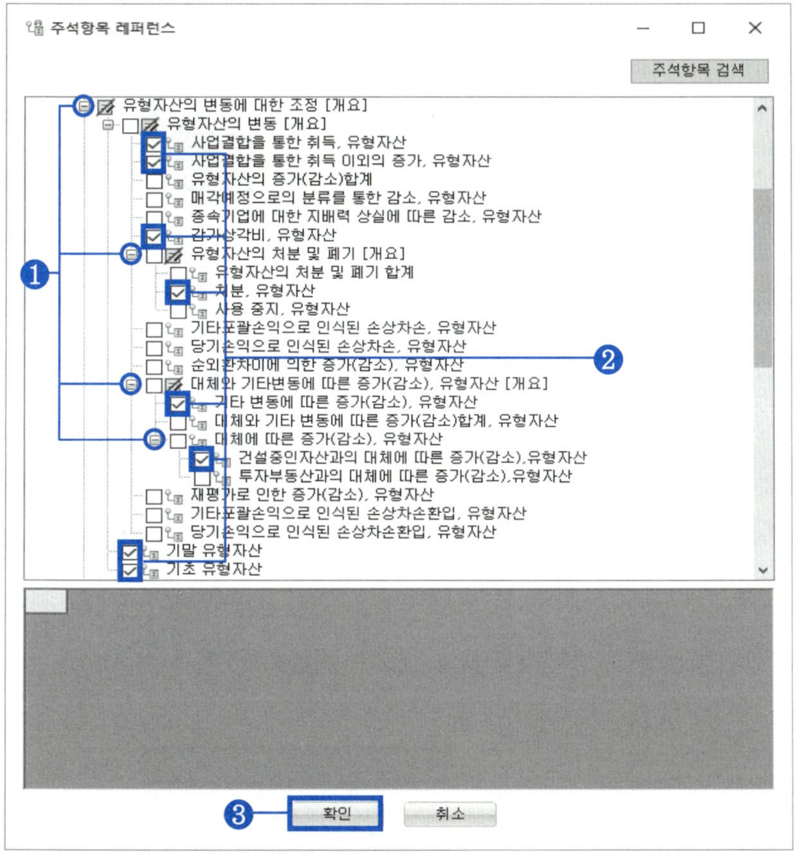

04 예시와 동일한 순서로 위치 이동할 항목에 우클릭하여 [위로] 또는 [아래로]를 선택하거나 [단축키(Shift+↑ 또는 Shift+↓)]를 사용하여 이동합니다.

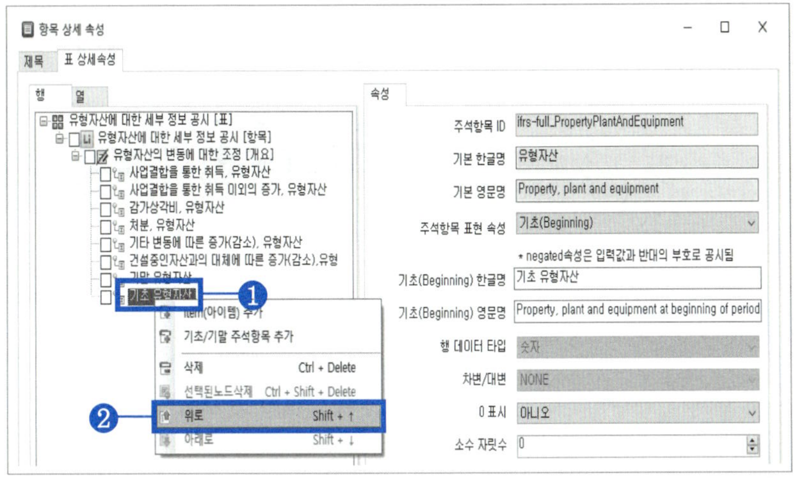

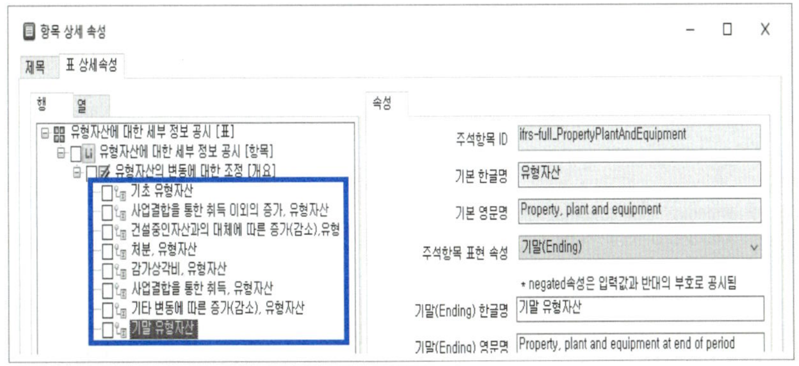

▶ 표 상세속성－열 탭 작업

01 [열] 탭으로 이동하여 사용하지 않을 [운용리스상태별 유형자산 [축]]에 우클릭하여 [삭제]를 선택합니다.

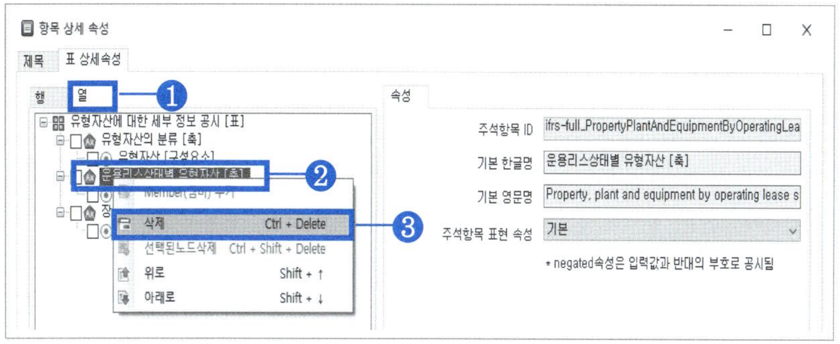

02 [유형자산 [구성요소]]에 우클릭하여 [Member(멤버) 추가]를 선택합니다.

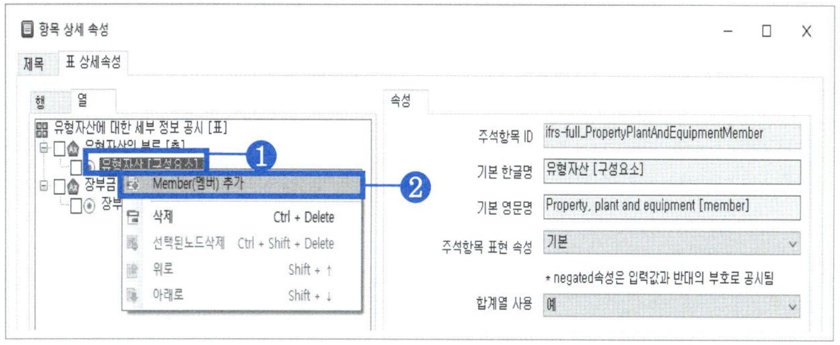

03 추가할 항목들을 선택(체크박스 클릭)한 후 [확인]을 클릭합니다.

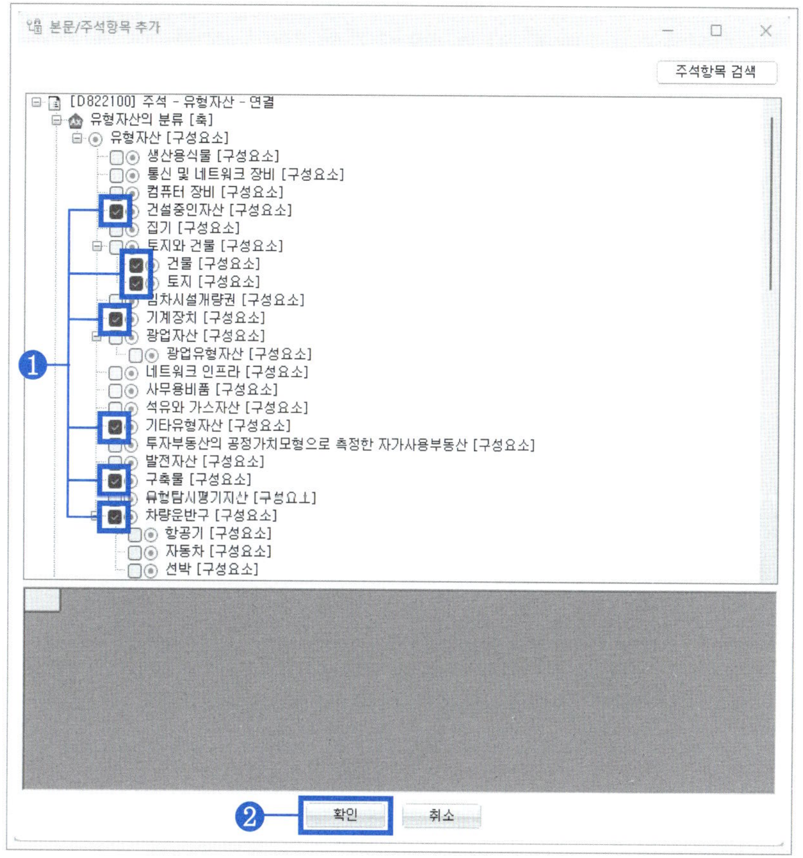

04 예시를 참고하여 마우스(우클릭하여 [위로] 또는 [아래로]) 또는 단축키(Shift+↑ 또는 Shift+↓)를 사용하여 순서를 조정합니다.

05 [장부금액 [구성요소]]에 우클릭하여 [Member(멤버) 추가]를 선택합니다.

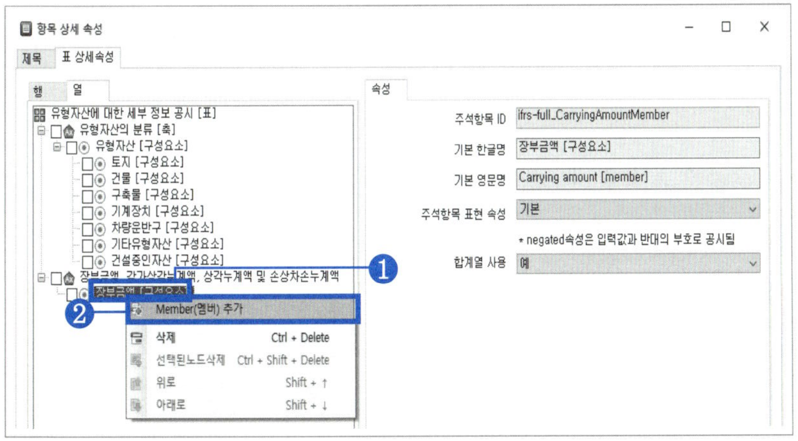

06 추가할 항목들을 선택(체크박스 클릭)한 후 모든 창의 [확인]을 클릭합니다.

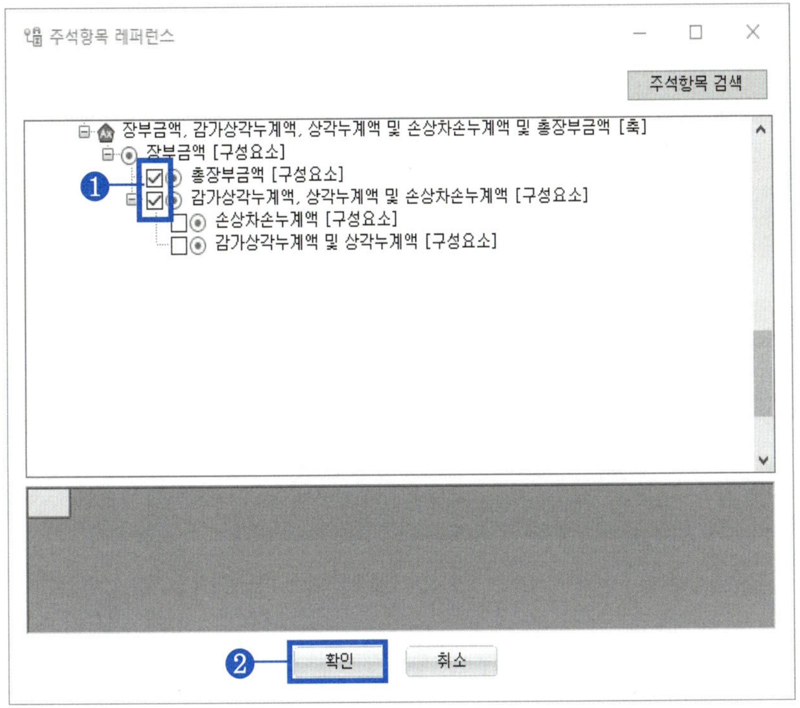

▶ 금액 입력

01 [[D822100] 주석 – 유형자산 – 연결] 우측 아이콘을 클릭하여 표를 생성합니다.

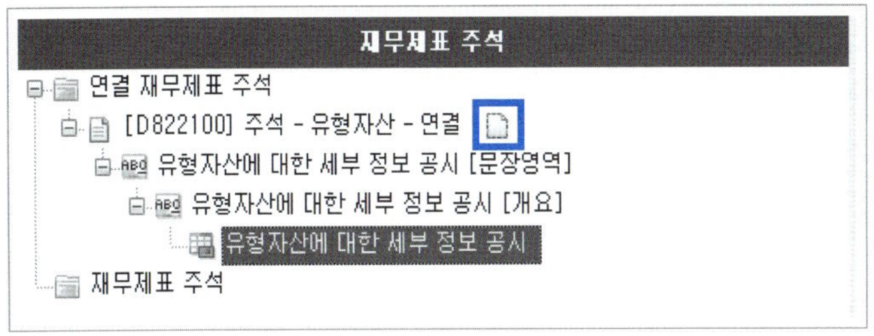

02 생성된 표에 예시를 참고하여 금액을 입력합니다.

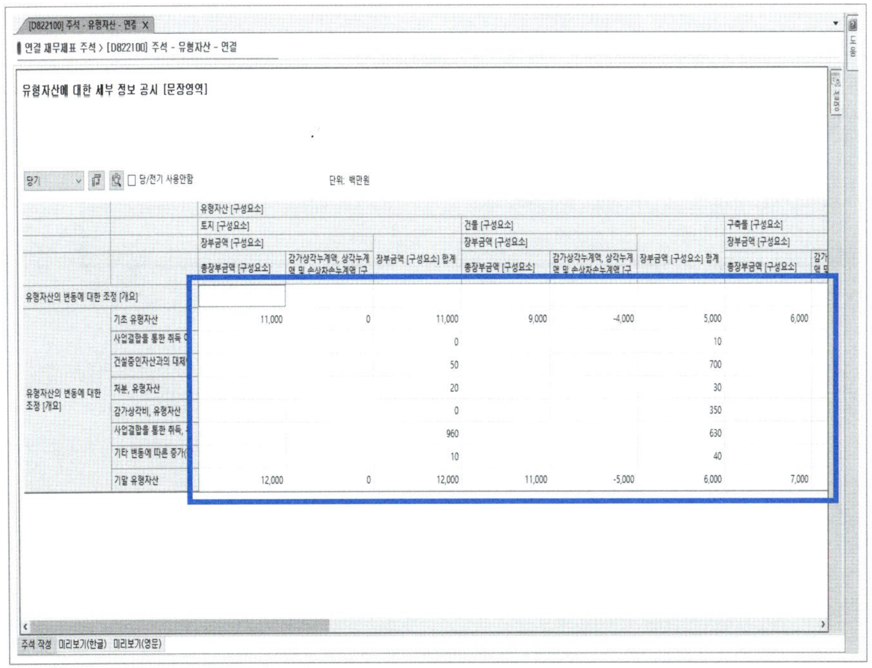

03 [미리보기(한글)]을 클릭하여 금액이 잘 반영되었는지 확인합니다.

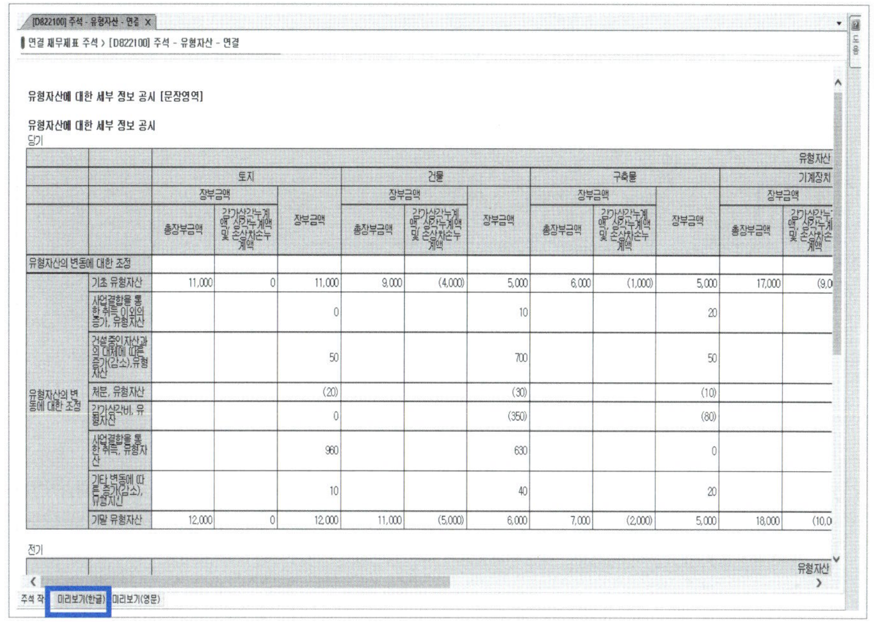

▶ Check Point-1

01 예시와 동일한 부호로 입력하면 **[미리보기(한글)]**을 할 경우 **[처분, 유형자산]**과 **[감가상각비, 유형자산]**의 경우 부호가 반대로 표시됩니다.

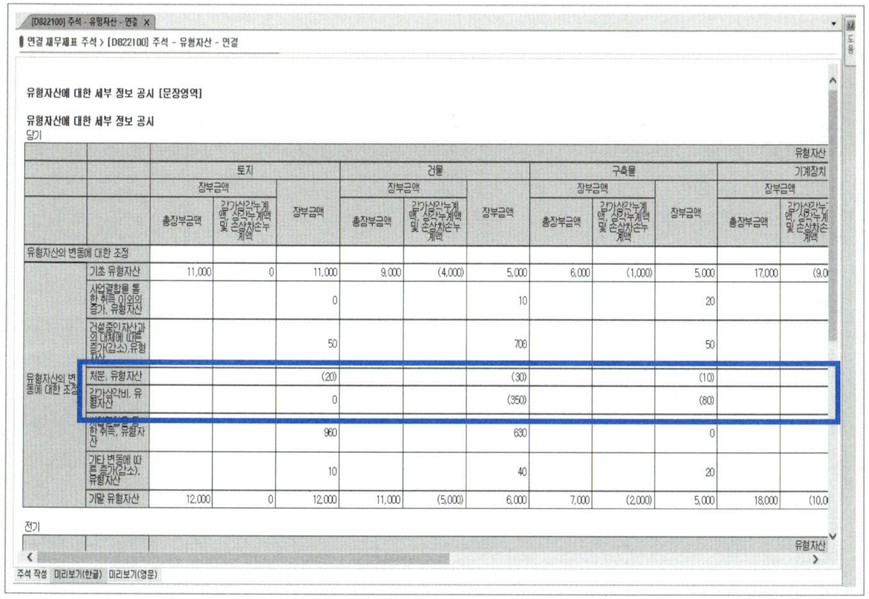

02 상기 항목의 **[주석항목 표현 속성]**을 보면 **[기본(negated)]**로 사전에 설정되어 있으므로 금액 입력 시에 '양수'로 입력해야 '음수'로 표시됩니다.

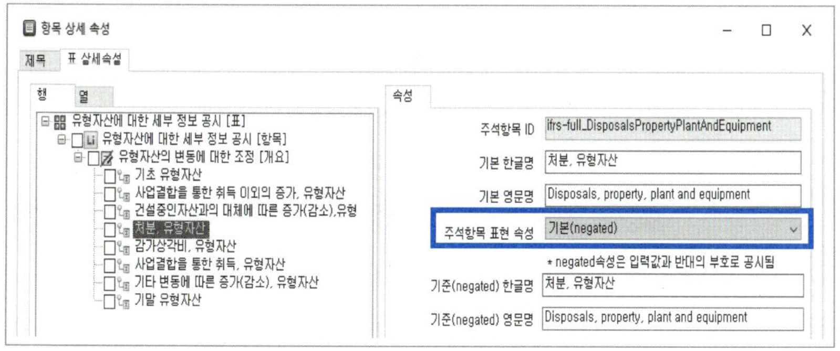

▶ Check Point-2

01 마지막 합계 열을 보면 다른 항목들(예 [건설중인자산 [구성요소]])과 다르게 **[유형자산 [구성요소] 합계]**는 하나의 열로 표시됩니다.

02 따라서 주석 예시의 박스 부분은 금액을 입력할 수 없는데, 현재 편집기를 지속적으로 업데이트 중이며 해당 사항도 추후에 반영될 것으로 예상됩니다.

1. 유형자산

가. 당기 중 유형자산의 변동 내역은 다음과 같습니다.

(1) 당기

(단위 : 백만원)

구분	토지	건물	구축물	기계장치	차량운반구	기타유형자산	건설중인자산	계
기초장부금액	11,000	5,000	5,000	8,000	1,500	1,500	7,000	39,000
- 취득원가	11,000	9,000	6,000	17,000	3,000	2,000	7,00	55,000
- 상각누계액(*1)	0	-4,000	-1,000	-9,000	-1,500	-500	[illegible]	-16,000
취득	0	10	20	50	900	50	5,000	6,030
대체	50	700	50	800	700	500	-2,800	0
처분	-20	-30	-10	-100	-50	-30	-20	-260
감가상각비	0	-350	-80	-1,000	-70	-110	0	-1,610
사업결합	960	630	0	200	0	0	0	1,790
기타(*2)	10	40	20	50	20	90	-180	50
기말장부금액	12,000	6,000	5,000	8,000	3,000	2,000	9,000	45,000
- 취득원가	12,000	11,000	7,000	18,000	5,000	3,000	9,00	65,000
- 상각누계액(*1)	0	-5,000	-2,000	-10,000	-2,000	-1,000	[illegible]	-20,000

(*1) 손상차손누계액 포함됨.

(*2) 기타증감액은 환율차이로 인한 변동 100백만원 등으로 구성되어 있음.

▶ Check Point－3

01 장부금액은 변동내역을 모두 보여주고 있기 때문에 기초 장부금액부터 기말 장부금액까지의 합계가 일치합니다.

02 반면에 변동내역을 순액으로 공시함에 따라 총액으로만 표시되는 항목은 변동금액 부분이 공란으로 나타납니다.

03 따라서 (1)취득가액과 누계액의 변동내역을 공시하거나 (2)유형자산내역과 변동내역을 따로 공시함으로써 문제를 해결할 수 있습니다.

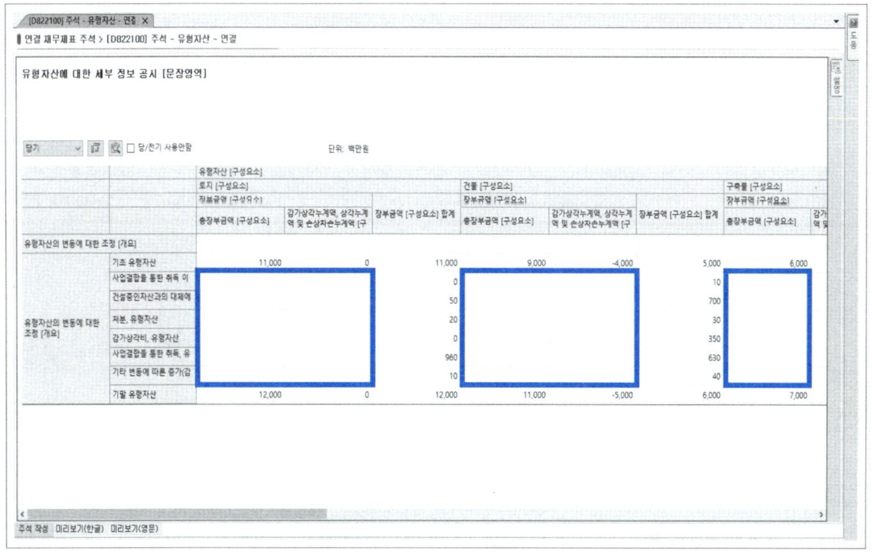

✓ (2)유형자산내역과 변동내역을 따로 공시하는 예시는 88페이지부터 참조

▶ Check Point－4

01 예시 주석의 주기(*2)를 보면 '환율차이로 인한 변동 100백만원을 포함하고 있음'으로 공시하고 있습니다.

1. 유형자산

가. 당기 중 유형자산의 변동 내역은 다음과 같습니다.

(1) 당기

(단위 : 백만원)

구분	토지	건물	구축물	기계장치	차량운반구	기타유형자산	건설중인자산	계
기초장부금액	11,000	5,000	5,000	8,000	1,500	1,500	7,000	39,000
- 취득원가	11,000	9,000	6,000	17,000	3,000	2,000	7,000	55,000
- 상각누계액(*1)	0	-4,000	-1,000	-9,000	-1,500	-500	0	-16,000
취득	0	10	20	50	900	50	5,000	6,030
대체	50	700	50	800	700	500	-2,800	0
처분	-20	-30	-10	-100	-50	-30	-20	-260
감가상각비	0	-350	-80	-1,000	-70	-110	0	-1,610
사업결합	960	630	0	200	0	0	0	1,790
기타(*2)	10	40	20	50	20	90	-180	50
기말장부금액	12,000	6,000	5,000	8,000	3,000	2,000	9,000	45,000
- 취득원가	12,000	11,000	7,000	18,000	5,000	3,000	9,000	65,000
- 상각누계액(*1)	0	-5,000	-2,000	-10,000	-2,000	-1,000	0	-20,000

(*1) 손상차손누계액 포함됨

(*2) 기타증감액은 환율차이로 인한 변동 100백만원 등으로 구성되어 있음.

02 상기항목은 기준서에 별도로 언급하고 있으며 표준 IFRS ID도 존재하기 때문에 기타 항목에서 분리하여 공시하는 것을 고려할 수 있습니다.

공시

73 유형자산의 각 유형별로 다음사항을 공시하여야 한다.

(1) 총장부금액을 결정하는 데 사용한 측정기준
(2) 감가상각방법
(3) 내용연수 또는 감가상각률
(4) 기초와 기말의 총장부금액, 감가상각누계액(손상차손누계액을 합한 금액)
(5) 기초장부금액에 다음의 변동내용을 가감하여 기말장부금액으로 조정한 내용
(가) 증가
(나) 기업회계기준서 제1105호에 따라 매각예정으로 분류된 자산이나 매각예정으로 분류된 처분자산집단에 포함된 자산과 그 밖의 처분한 자산
(다) 사업결합을 통한 취득
(라) 문단 31, 39 및 40에 따른 재평가로 인하여 발생한 당기 증가금액이나 감소금액과 기업회계기준서 제1036호에 따라 기타포괄손익으로 인식되거나 환입된 손상차손으로 인한 당기 증가금액이나 감소금액
(마) 기업회계기준서 제1036호에 따라 당기손익으로 인식한 손상차손
(바) 기업회계기준서 제1036호에 따라 당기손익으로 환입한 손상차손
(사) 감가상각액
(아) 외화표시 재무제표를 기능통화에서 표시통화로 환산할 때 발생하는 순외환차이(예: 해외사업장의 재무제표를 보고기업의 표시통화로 환산할 때 발생하는 순외환차이)
(자) 기타 변동사항

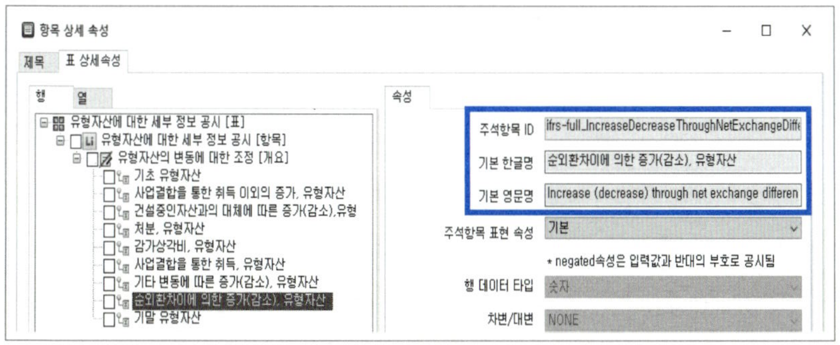

MEMO

추가 유형자산–실습을 위한 예시 주석

5. 유형자산

가. 당기말 현재 유형자산의 내역은 다음과 같습니다.

(단위 : 백만원)

구 분	당기말			전기말		
	취득원가	상각누계액*	장부금액	취득원가	상각누계액*	장부금액
토 지	12,000	–	12,000	11,000	–	11,000
건 물	11,000	(5,000)	6,000	9,000	(4,000)	5,000
구축물	7,000	(2,000)	5,000	6,000	(1,000)	5,000
기계장치	18,000	(10,000)	8,000	17,000	(9,000)	8,000
차량운반구	5,000	(2,000)	3,000	3,000	(1,500)	1,500
기타유형자산	3,000	(1,000)	2,000	2,000	(500)	1,500
건설중인자산	9,000	–	9,000	7,000	–	7,000
계	65,000	(20,000)	45,000	55,000	(16,000)	39,000

* 손상차손누계액 포함됨.

나. 당기 중 유형자산 장부금액의 변동내역은 다음과 같습니다.

(단위 : 백만원)

구 분	기 초	취 득	대 체	처 분	감가상각비	사업결합	기타*	기 말
토 지	11,000	–	50	(20)	–	960	10	12,000
건 물	5,000	10	700	(30)	(350)	630	40	6,000
구축물	5,000	20	50	(10)	(80)	–	20	5,000
기계장치	8,000	50	800	(100)	(1,000)	200	50	8,000
차량운반구	1,500	900	700	(50)	(70)	–	20	3,000
기타유형자산	1,500	50	500	(30)	(110)	–	90	2,000
건설중인자산	7,000	5,000	(2,800)	(20)	–	–	(180)	9,000
계	39,000	6,030	–	(260)	(1,610)	1,790	50	45,000

* 기타증감액은 환율차이로 인한 변동 100백만원 등으로 구성되어 있음.

MEMO

XBRL 비금융업 주석 작성 한 권으로 끝내기

≪ XBRL 편집기 작성 따라하기 ≫

▶ 신규 표 생성

01 [연결 재무제표 주석]에 우클릭하고 [주석항목 리스트에서 가져오기]를 선택합니다.

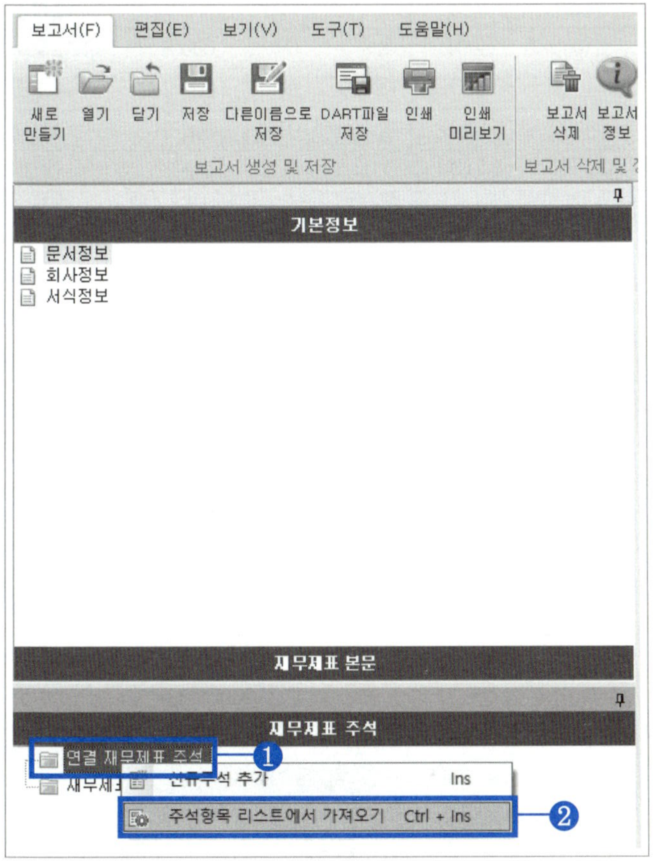

02 (1) 유형자산의 내역을 작성하기 위한 표준 표는 없으므로 role-type인 [[D822100] **주석-유형자산-연결**]만 선택(체크박스 클릭)한 후 [**확인**]을 클릭합니다.

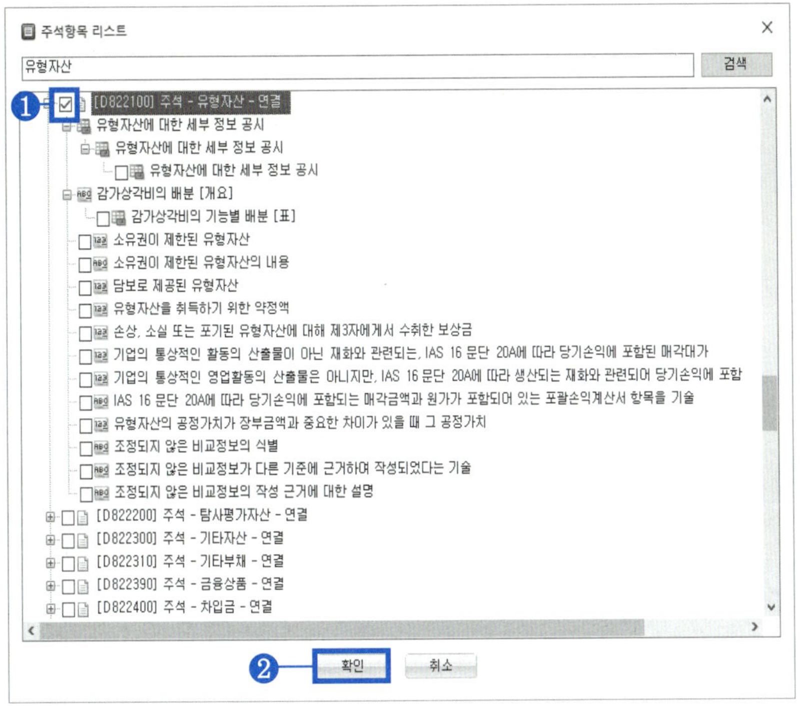

▶ 신규 표 생성및 제목 탭 설정

01 신규 표를 추가하기 위해 [[D822100] 주석 – 유형자산 – 연결]에 우클릭하여 [추가] 및 [표상자 추가]를 선택합니다.

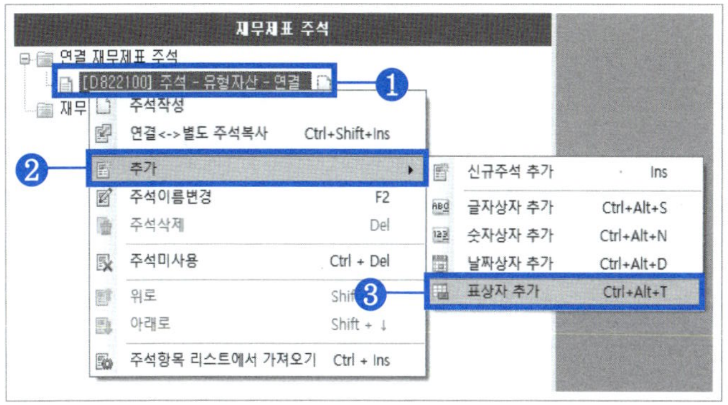

02 [제목]에서 한글명 및 영문명을 설정하고 [단위설정]에서 [단위목록]을 클릭하여 [백만원]을 선택합니다. 그리고 [비교표시설정]*을 확인합니다.

* 분/반기 검토인 경우 [3개월/누적 사용]할 것인지 설정 필요

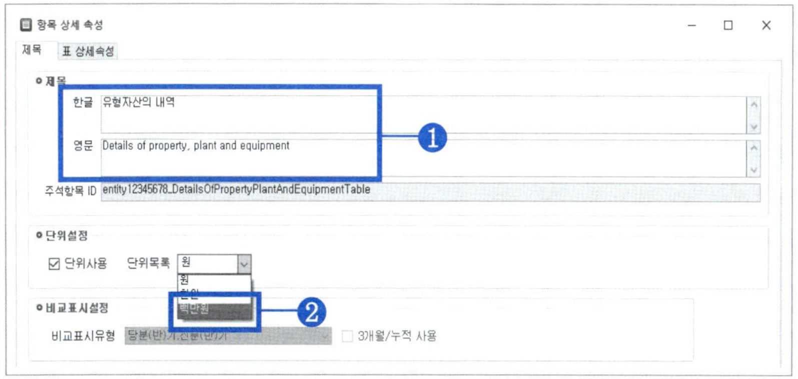

✓ 한글명 : 유형자산의 내역
영문명 : Details of property, plant and equipment

▶ 표 상세속성–행 탭 작업

01 [표 상세속성]으로 이동하여 [제목 [항목]]에 우클릭하고 [Item(아이템) 추가]를 선택합니다.

✓ 제목 [항목]의 기본 한글명과 영문명은 [제목] 탭의 한글 및 영문과 동일하게 입력

02 [주석항목 검색]을 클릭하고 "유형자산"을 검색하여 [유형자산]을 선택(체크박스 클릭)한 후 [확인]을 클릭합니다.

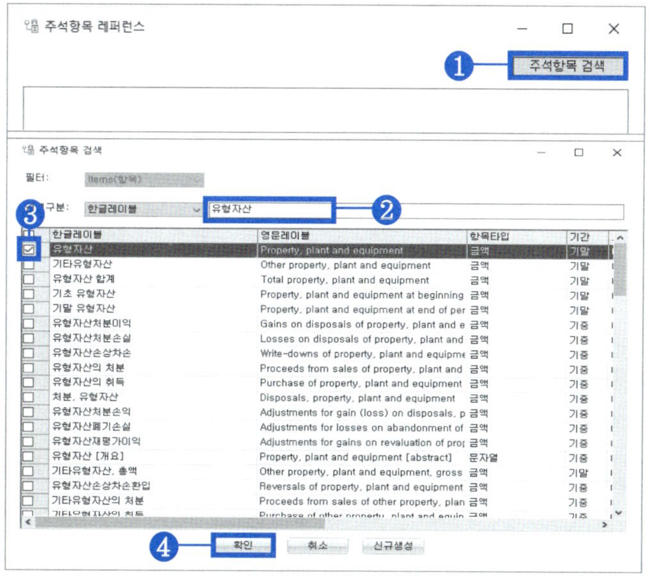

▶ 표 상세속성 – 열 탭 작업

01 [열] 탭을 클릭하여 [유형자산의 내역]에 우클릭하여 [축 추가]를 선택합니다.

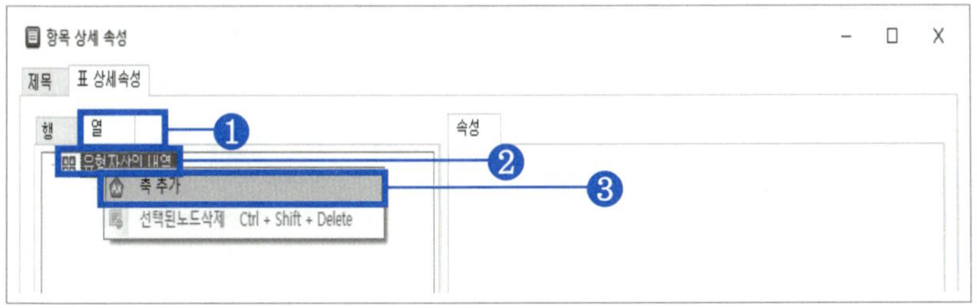

02 [주석항목 검색]을 클릭하여 "유형자산"을 검색하고 [유형자산의 분류 [축]]을 선택(체크박스 선택)한 후 [확인]을 클릭합니다.

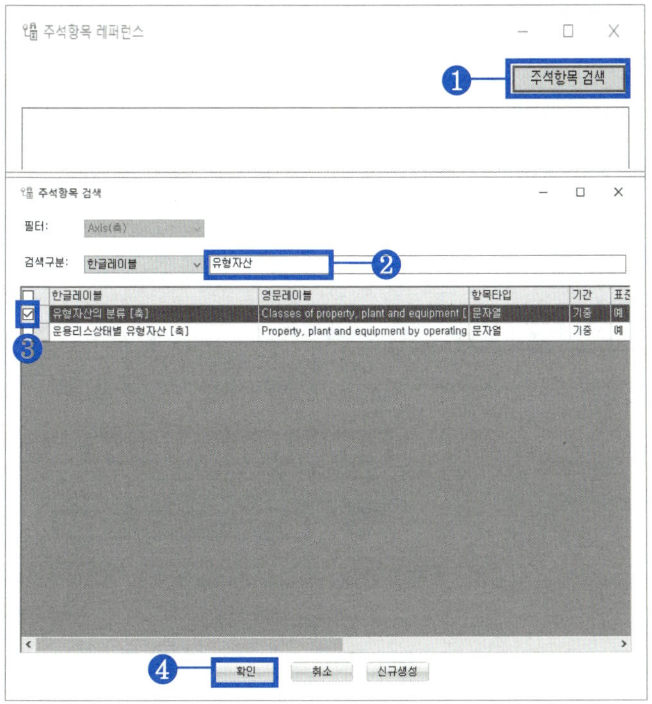

03 [유형자산 [구성요소]]에 우클릭하여 [Member(멤버) 추가]를 선택합니다.

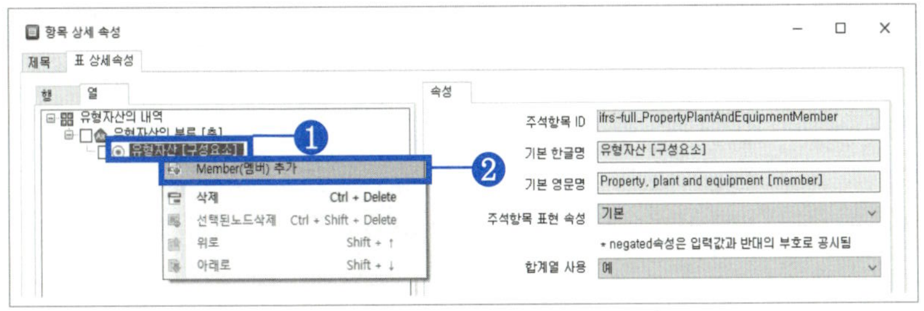

04 [주석항목 검색]을 클릭하여 "토지"를 검색하고 [토지 [구성요소]]를 선택(체크박스 클릭)한 후 [확인]을 클릭합니다. [건물 [구성요소]]부터 [건설중인자산 [구성요소]]도 동일한 방법으로 추가합니다.

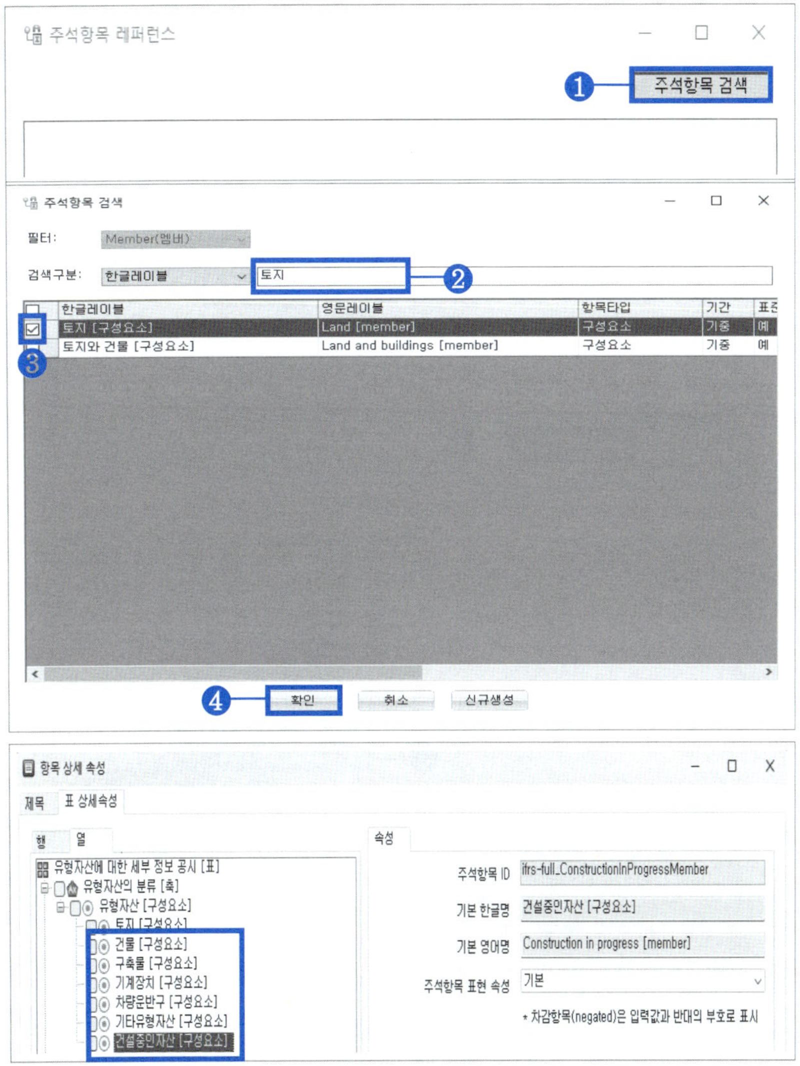

05 [유형자산의 내역]에 우클릭하여 [축 추가]를 선택합니다.

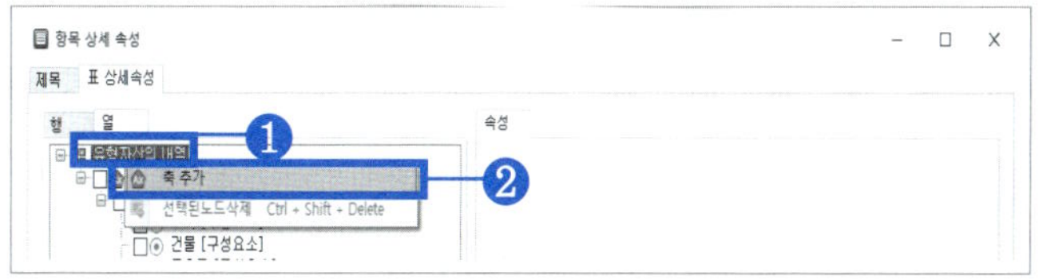

06 [주석항목 검색]을 클릭하고 "장부금액"을 검색하여 [장부금액, ~ [축]]을 선택(체크박스 클릭)한 후 [확인]을 누릅니다.

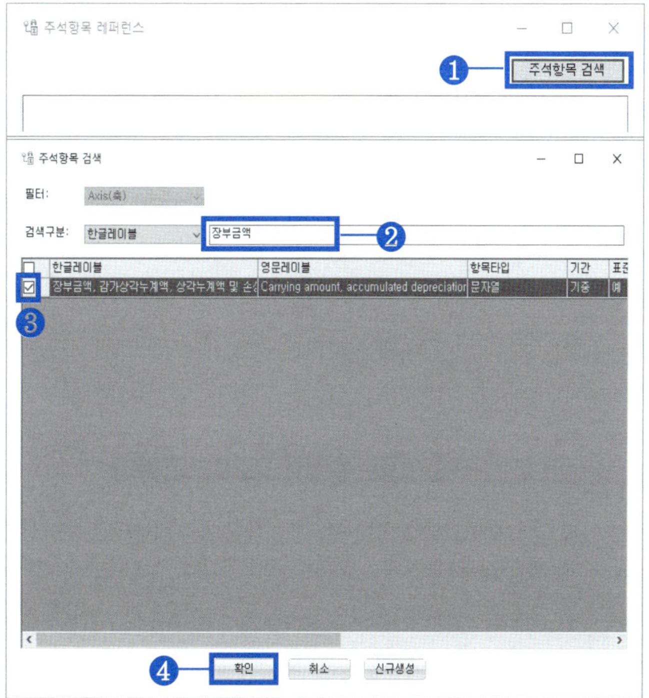

07 [장부금액 [구성요소]]에 우클릭하여 [Member(멤버) 추가]를 선택합니다.

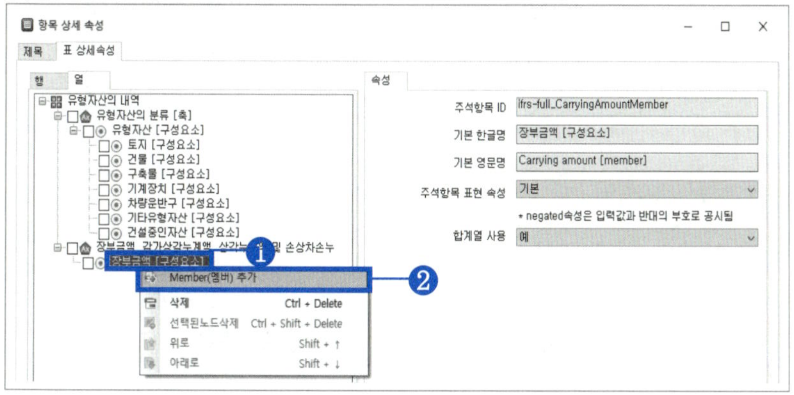

08 [주석항목 검색]을 클릭하고 "총장부금액"을 검색하여 [총장부금액 [구성요소]]를 선택(체크박스 클릭)한 후 [확인]을 클릭합니다.

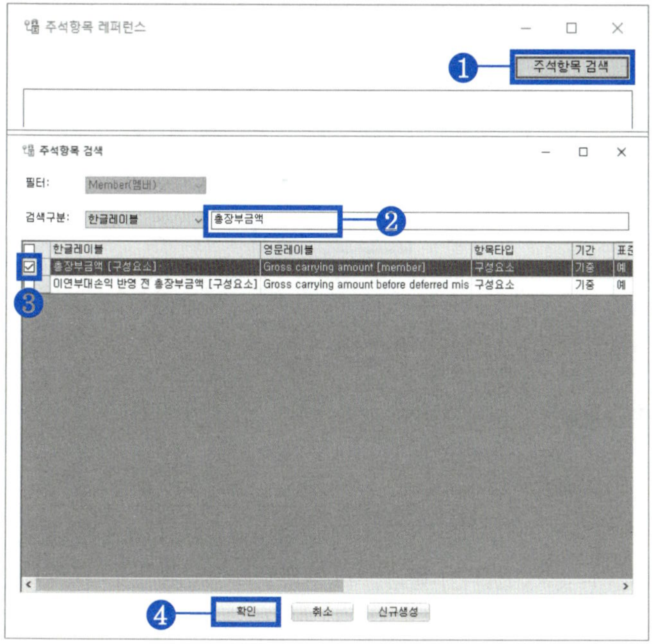

09 [감가상각누계액,~ 손상차손누계액 [구성요소]]도 동일한 방법으로 추가하고 [확인]을 클릭합니다.

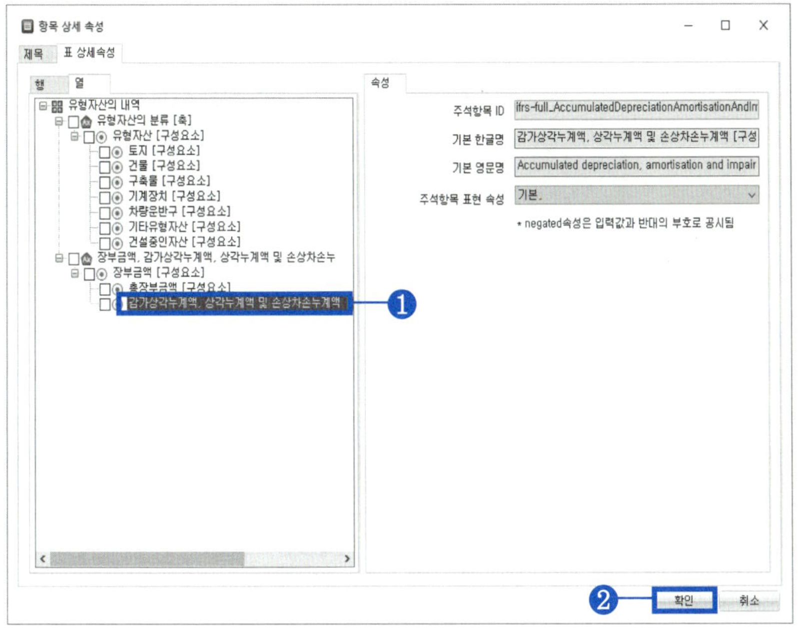

▶ **금액 입력**

01 [[D822100] 주석 – 유형자산 – 연결] 우측 아이콘을 클릭하여 표를 생성합니다.

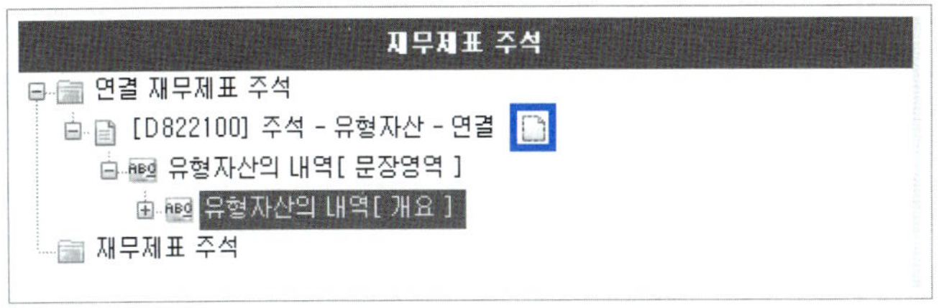

02 생성된 표에 예시를 참고하여 금액을 입력합니다.

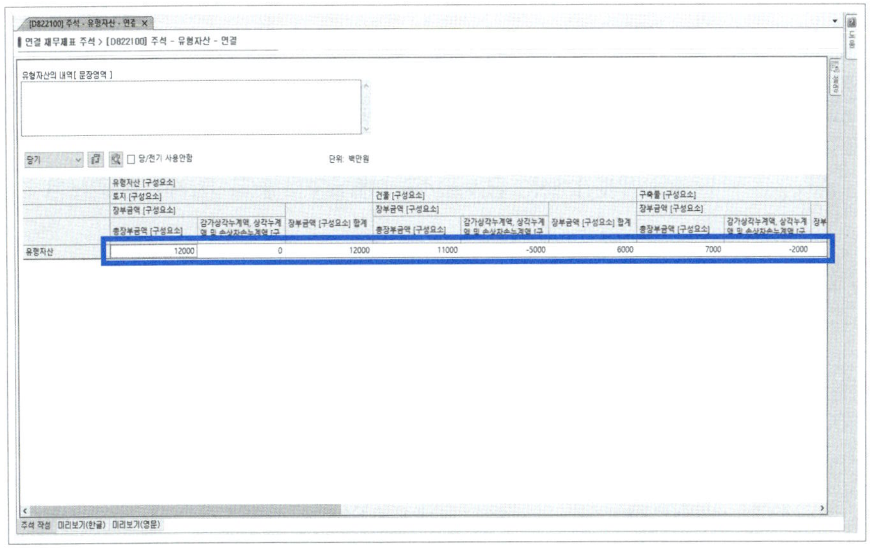

03 [미리보기(한글)]을 클릭하여 금액이 잘 반영되었는지 확인합니다.

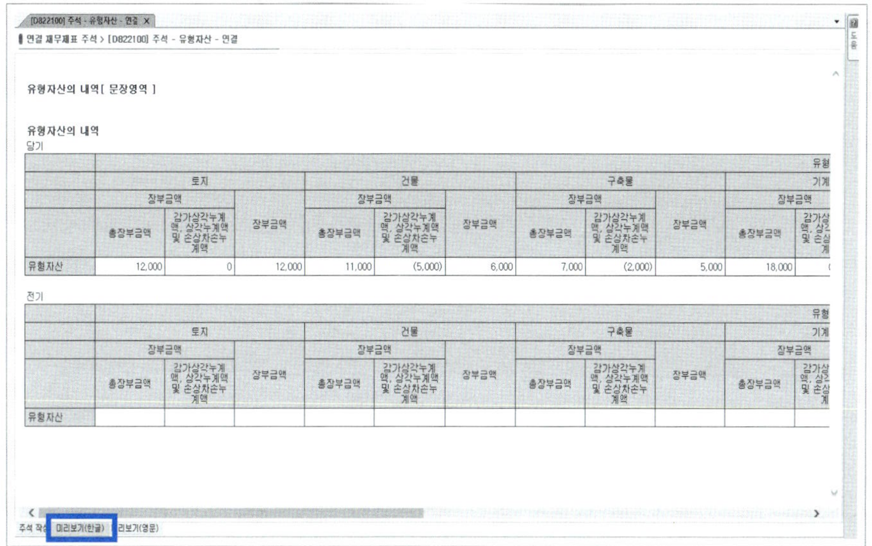

6 리스-실습을 위한 예시 주석

6. 리스

가. 당기 중 사용권자산 장부금액의 변동내역은 다음과 같습니다.

(당기) (단위 : 백만원)

구 분	건 물	차 량	기계장치	합 계
기초금액	870,000	532,000	425,000	1,827,000
취득액	66,000	120,000	290,000	476,000
감가상각비	(59,000)	(145,000)	(278,000)	(482,000)
계약종료 및 해지	(130,500)	(79,800)	(63,750)	(274,050)
기 타	3,500	(2,200)	1,350	2,650
기말금액	750,000	425,000	374,600	1,549,600

나. 당기말 및 전기말 현재 리스부채의 만기분석은 아래와 같습니다.

(단위 : 백만원)

구 분	당기말	전기말
1년 이내	250,000	275,000
1년 초과 2년 이내	280,000	336,000
2년 초과 3년 이내	220,000	220,000
3년 초과 4년 이내	330,000	363,000
4년 초과 5년 이내	220,000	231,000
5년 초과	150,000	157,000
합 계	1,450,000	1,582,000

다. 당기 및 전기 중 손익으로 인식한 금액은 다음과 같습니다.

(단위 : 백만원)

구 분	당 기	전 기
리스부채 관련 이자	57,600	46,080
사용권자산 감가상각비	274,050	219,240
단기리스 관련 비용	54,350	65,220
소액리스 관련 비용	21,000	23,100
합 계	407,000	353,640

라. 당기 중 리스로 인한 총 현금유출금액은 112,500백만원(전기 92,210백만원)**입니다.**

(1) 사용권자산 장부금액 변동내역 주석 작성

가. 당기 중 사용권자산 장부금액의 변동내역은 다음과 같습니다.

(당기) (단위 : 백만원)

구 분	건 물	차 량	기계장치	합 계
기초금액	870,000	532,000	425,000	1,827,000
취득액	66,000	120,000	290,000	476,000
감가상각비	(59,000)	(145,000)	(278,000)	(482,000)
계약종료 및 해지	(130,500)	(79,800)	(63,750)	(274,050)
기 타	3,500	(2,200)	1,350	2,650
기말금액	750,000	425,000	374,600	1,549,600

MEMO

≪ XBRL 편집기 작성 따라하기 ≫

01 [연결 또는 별도 재무제표 주석]에 마우스 우클릭하고, [주석항목 리스트에서 가져오기]를 선택합니다.

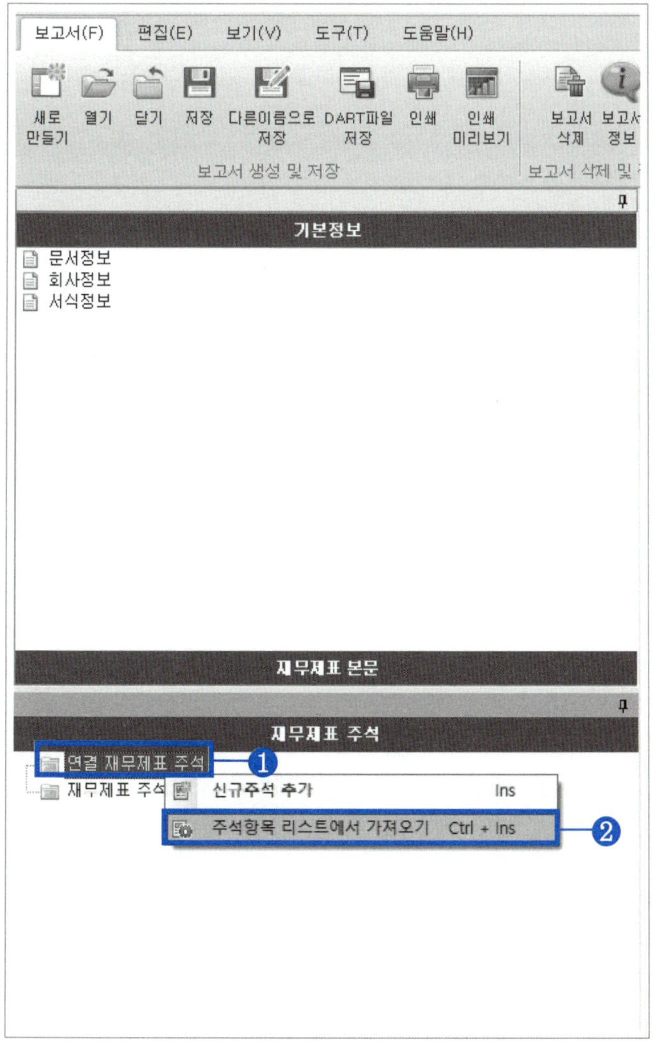

02 스크롤 또는 사용권자산을 검색하여 [[D832610] 주석 – 리스 – 연결]에서 사용권자산에 대한 양적 정보 공시 [표]의 체크박스를 선택하고 [확인]을 클릭합니다.

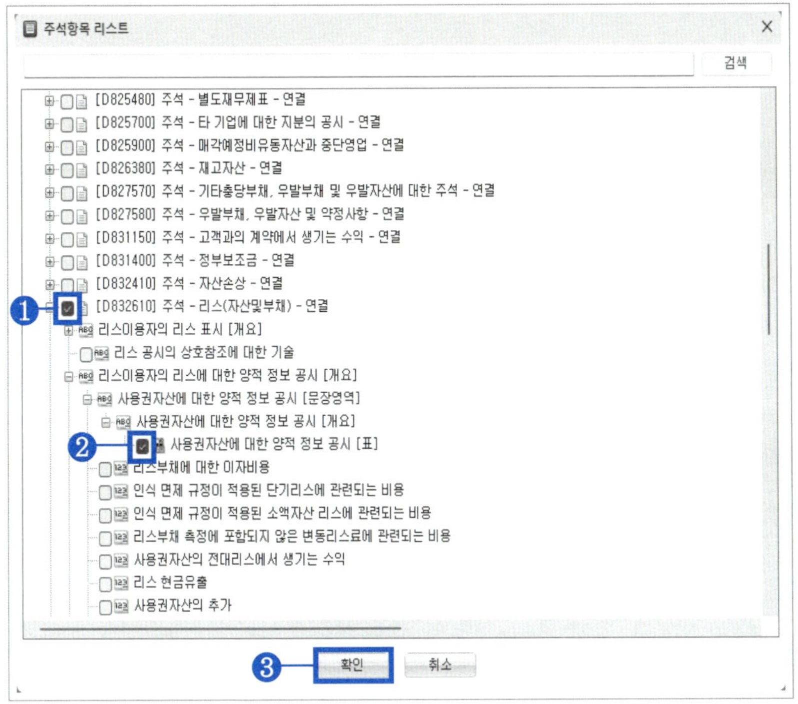

03 좌측 창에 "[D832610] 주석 – 리스(자산및부채) – 연결" 우측의 버튼을 클릭하여, 기본으로 설정된 Taxonomy를 확인하고, 를 아이콘을 클릭합니다.

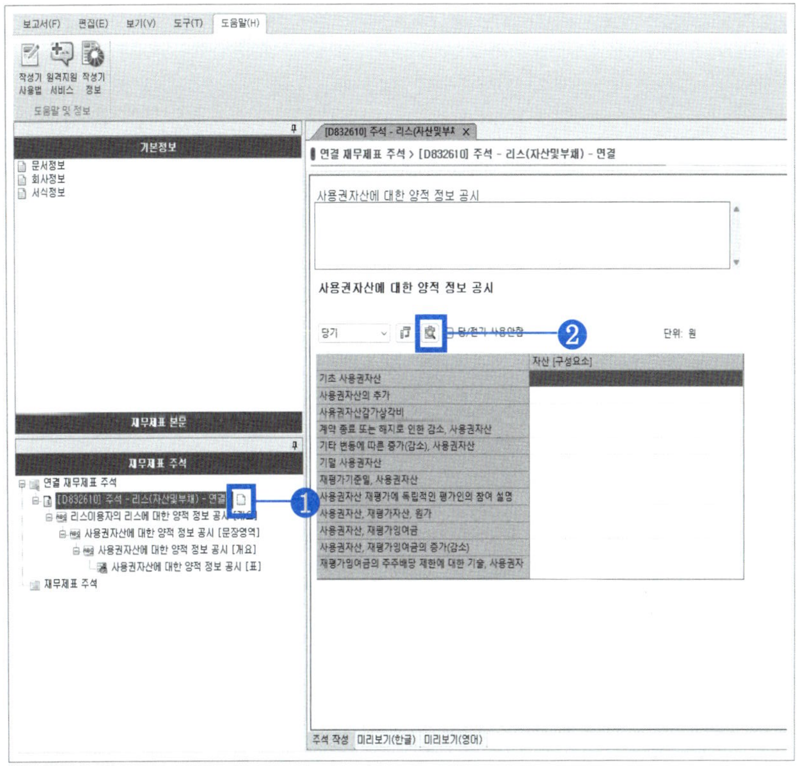

04 [항목 상세 속성]에서 단위설정을 예시에 따라 [백만원] 단위로 변경합니다.

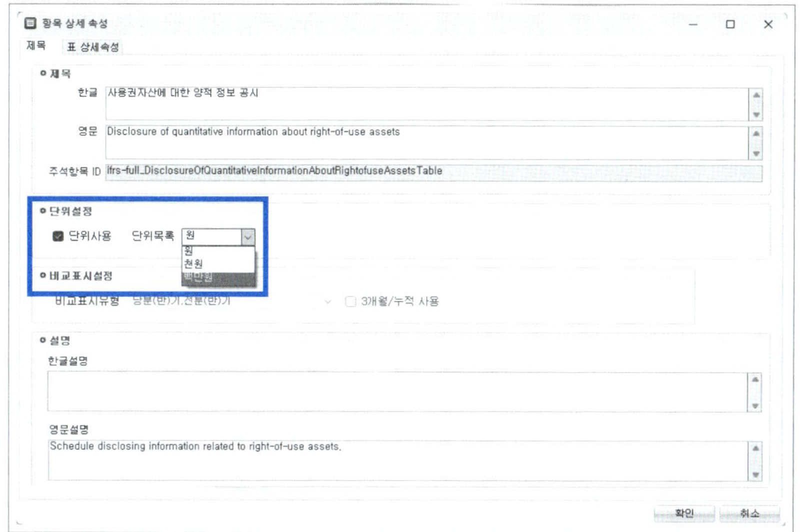

05 [표 상세속성] 탭을 선택하여, [행]에서 사용하지 않는 Taxonomy ID의 체크박스를 선택하고, 우클릭하여 [선택된노드삭제]를 선택하여 일괄로 삭제합니다.

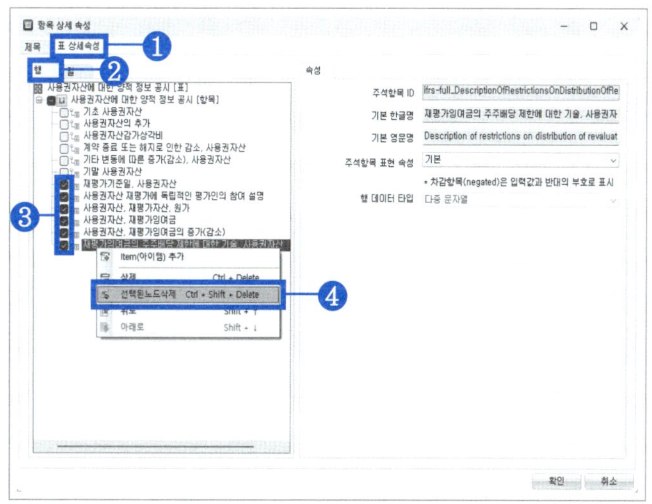

06 [열]에서 자산의 분류 [축]의 하위항목인 자산 [구성요소]를 선택하고, 우클릭하여 [Member(멤버) 추가]를 선택합니다.

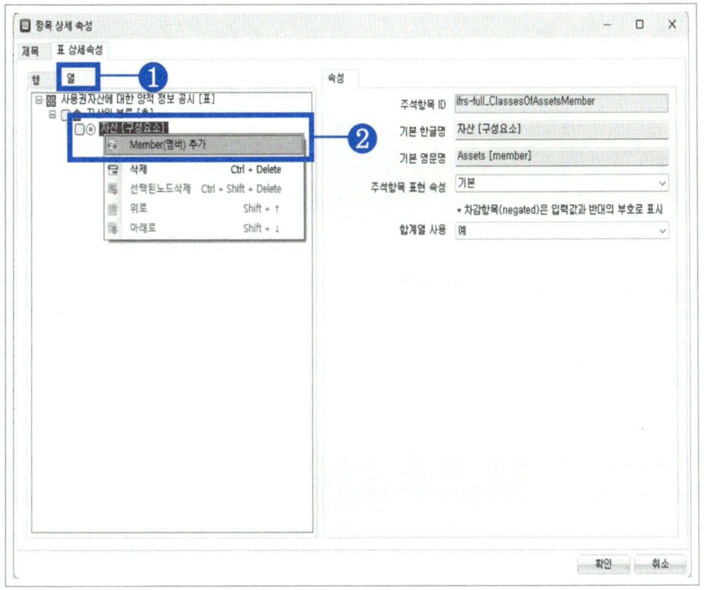

07 [주석항목 레퍼런스]에서 차량운반구 [구성요소], 기계장치 [구성요소], 건물 [구성요소]의 체크박스를 선택하고 [확인]을 클릭합니다.

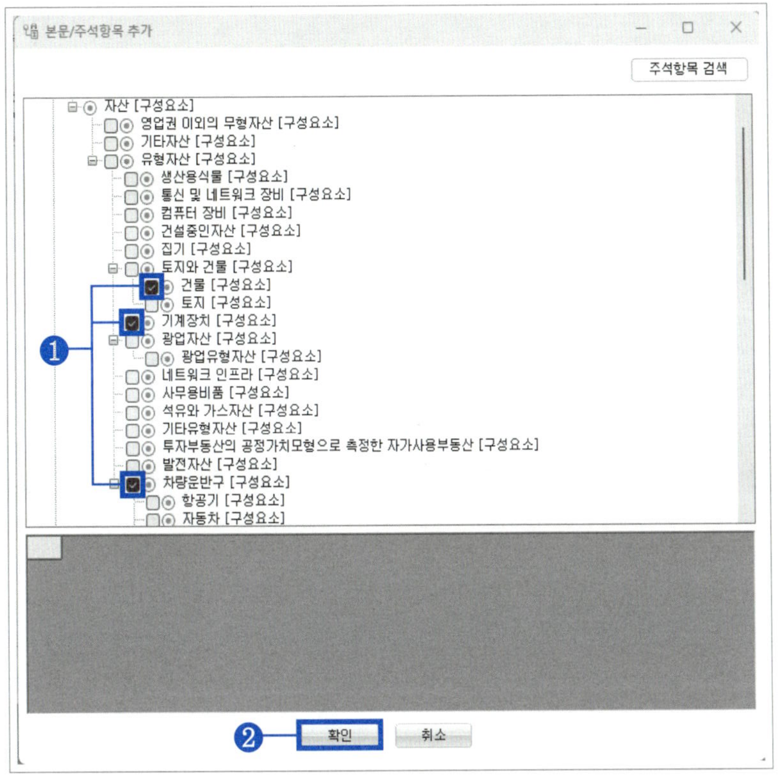

08 주석 예시의 순서를 맞추기 위해, 추가된 Member를 선택하여 우클릭한 다음 [위로], [아래로]를 활용하여 순서를 일치시켜 주고 [확인]을 클릭합니다.

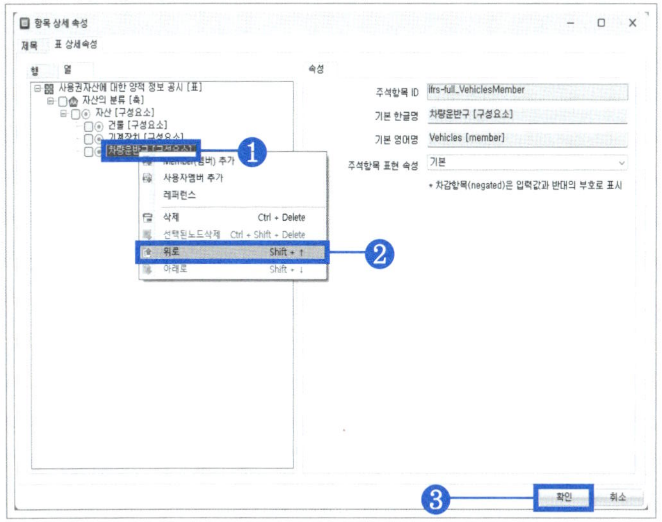

09 주석 작성 탭에서 완성된 표를 확인합니다.

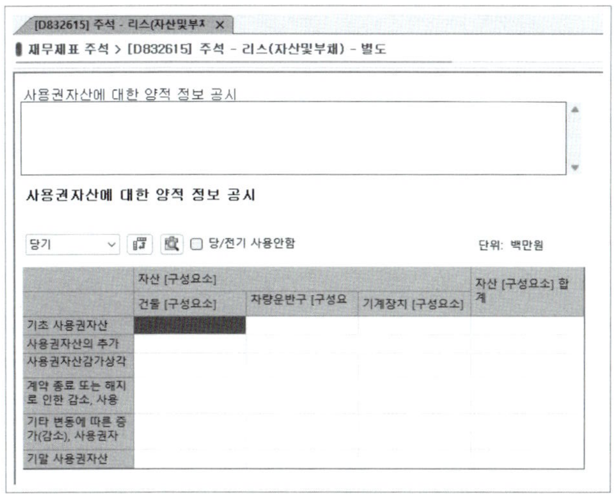

10 "사용권자산감가상각비"와 "계약 종료 또는 해지로 인한 감소"는 부호를 (+)로 하여 금액을 입력합니다(negated 처리).

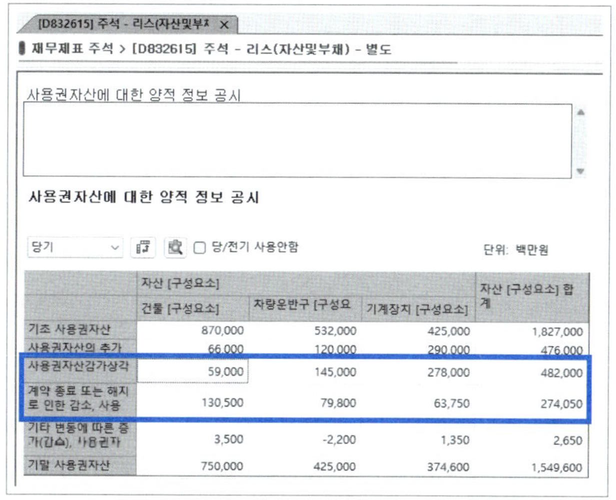

	건물 [구성요소]	차량운반구 [구성요	기계장치 [구성요소]	자산 [구성요소] 합계
기초 사용권자산	870,000	532,000	425,000	1,827,000
사용권자산의 추가	66,000	120,000	290,000	476,000
사용권자산감가상각	59,000	145,000	278,000	482,000
계약 종료 또는 해지로 인한 감소, 사용	130,500	79,800	63,750	274,050
기타 변동에 따른 증가(감소), 사용권자	3,500	-2,200	1,350	2,650
기말 사용권자산	750,000	425,000	374,600	1,549,600

11 미리보기(한글) 탭에서 공시될 표의 형태를 미리 확인합니다.

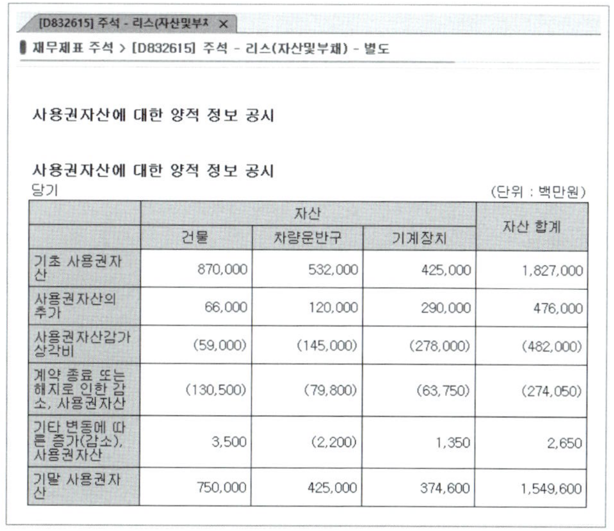

사용권자산에 대한 양적 정보 공시

당기 (단위 : 백만원)

	자산			자산 합계
	건물	차량운반구	기계장치	
기초 사용권자산	870,000	532,000	425,000	1,827,000
사용권자산의 추가	66,000	120,000	290,000	476,000
사용권자산감가상각비	(59,000)	(145,000)	(278,000)	(482,000)
계약 종료 또는 해지로 인한 감소, 사용권자산	(130,500)	(79,800)	(63,750)	(274,050)
기타 변동에 따른 증가(감소), 사용권자산	3,500	(2,200)	1,350	2,650
기말 사용권자산	750,000	425,000	374,600	1,549,600

(2) 리스부채의 만기분석 주석 작성

나. 당기말 및 전기말 현재 리스부채의 만기분석은 아래와 같습니다.

(단위 : 백만원)

구 분	당기말	전기말
1년 이내	250,000	275,000
1년 초과 2년 이내	280,000	336,000
2년 초과 3년 이내	220,000	220,000
3년 초과 4년 이내	330,000	363,000
4년 초과 5년 이내	220,000	231,000
5년 초과	150,000	157,000
합 계	1,450,000	1,582,000

MEMO

≪ XBRL 편집기 작성 따라하기 ≫

01 [[D832610] 주석–리스(자산및부채)–연결]에서 우클릭하여 [추가]–[표상자 추가]를 선택합니다.

02 예시 주석의 경우, 사용권자산과 리스부채를 한 주석번호로 공시함에 따라, 리스부채의 만기분석 [표]를 사용자 표로 확장하였으나, 리스부채를 별도의 주석번호로 공시하는 경우, [[D832620] 주석–리스부채–연결]의 표준 표를 사용하여 공시할 수 있습니다.

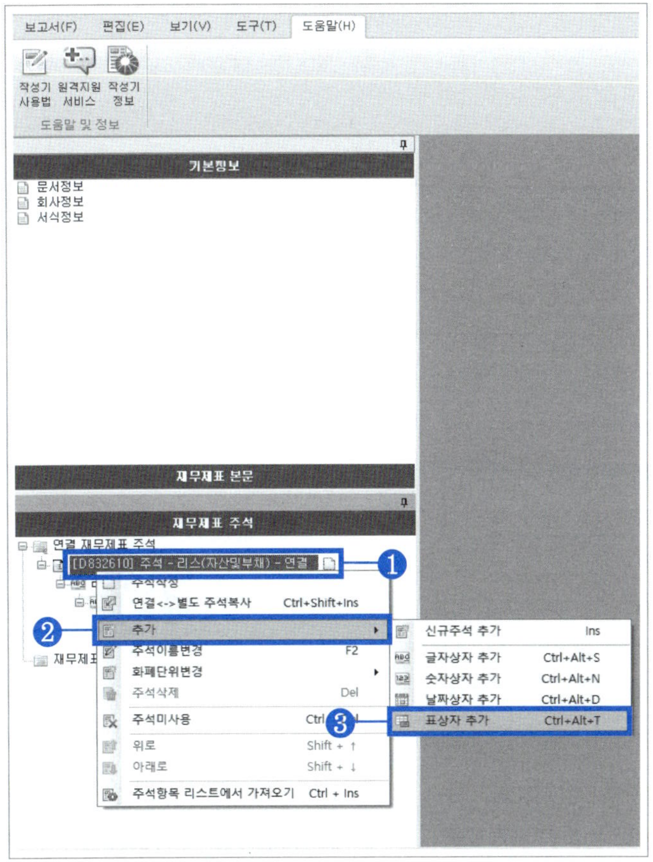

03 [항목 상세 속성]에서 제목의 한글과 영문을 입력합니다.(리스부채의 만기분석에 대한 공시/Disclosure of maturity analysis of lease liabilities)

04 단위설정을 예시에 따라 [백만원] 단위로 변경합니다.

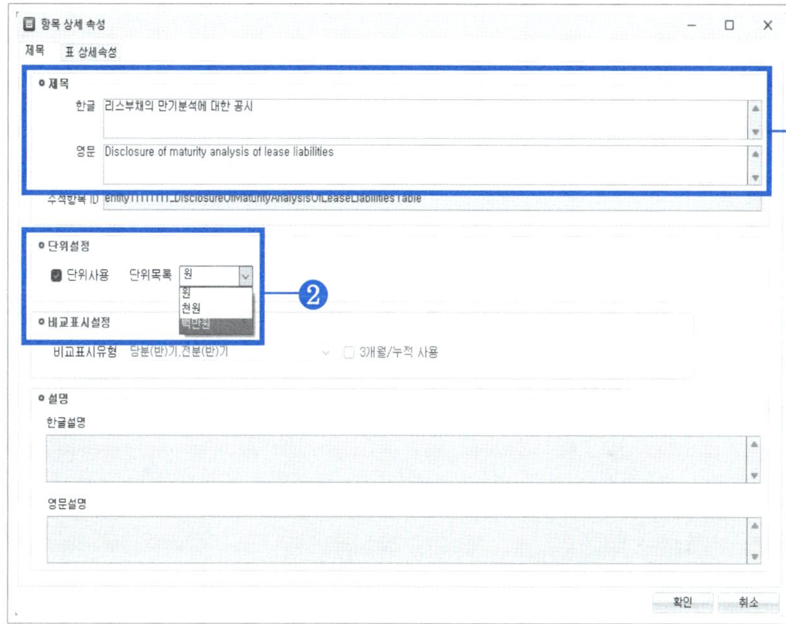

05 [표 상세속성] 탭의 [행]에서 "리스부채의 만기분석에 대한 공시" 하위의 "제목[항목]"을 선택합니다.

06 우측 [속성] 탭에서 기본 한글명과 기본 영문명을 변경합니다.(리스부채의 만기분석에 대한 공시 [항목]/Disclosure of maturity analysis of lease liabilities [Line items])

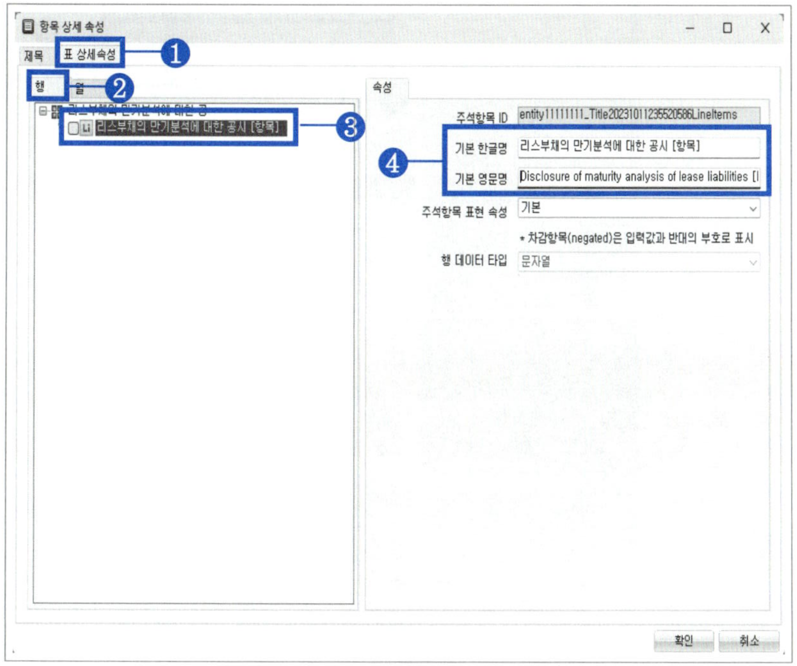

07 리스부채의 만기분석에 대한 공시 [항목]에서 우클릭하여 [Item(아이템) 추가]를 선택합니다.

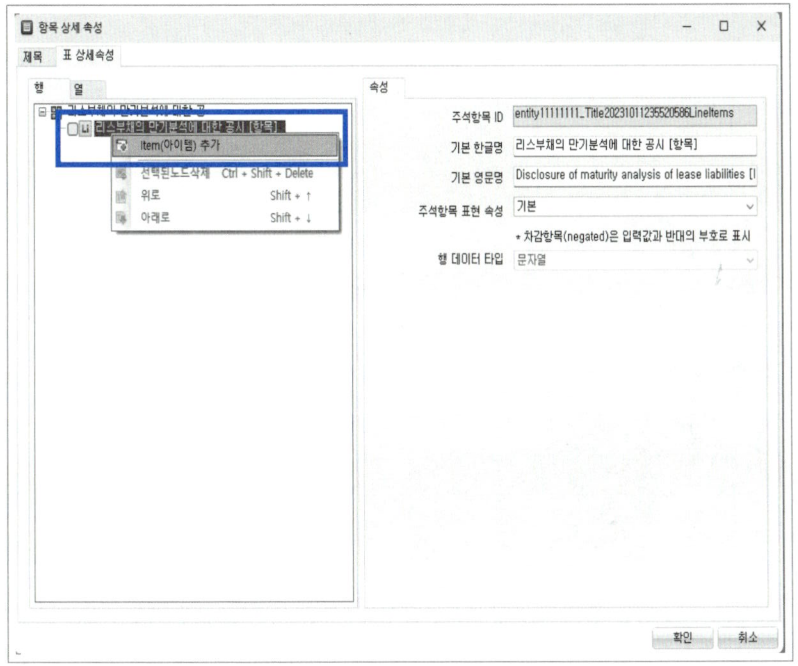

08 [주석항목 레퍼런스]에서 [주석항목 검색]을 클릭합니다.

09 [주석항목 검색]에서 "총 리스부채"를 검색하여 체크박스를 선택하고, [확인]을 클릭합니다.

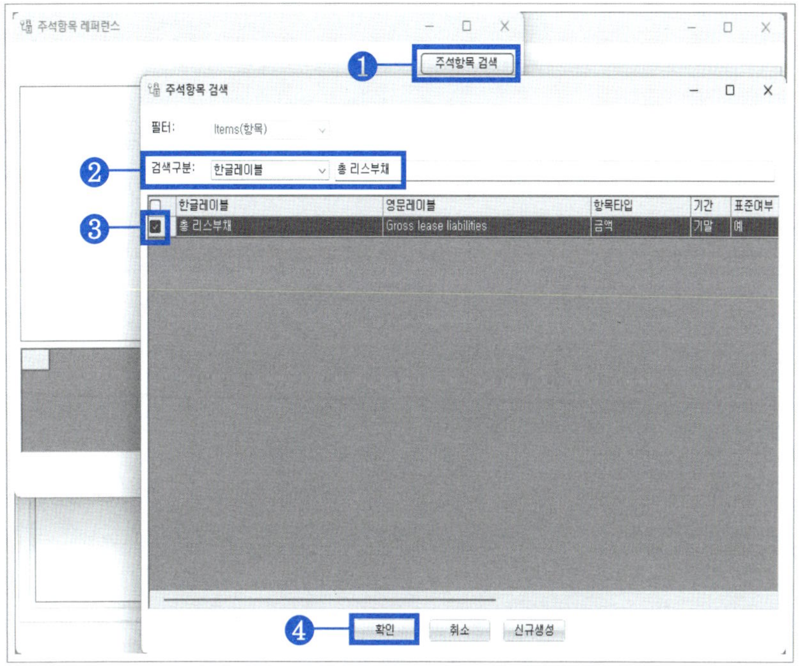

10 [열]에서 "리스부채의 만기분석에 대한 공시"에서 우클릭하여, [축 추가]를 선택합니다.

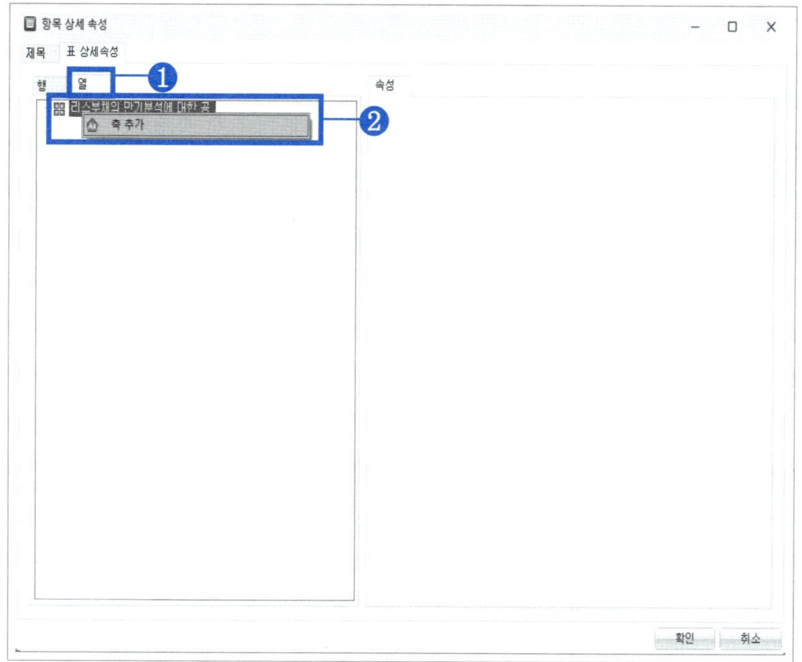

11 [주석항목 레퍼런스]에서 [주석항목 검색]을 클릭합니다.

12 [주석항목 검색]에서 "만기"를 검색하여 "만기 [축]"의 체크박스를 선택하여 [확인]을 클릭합니다.

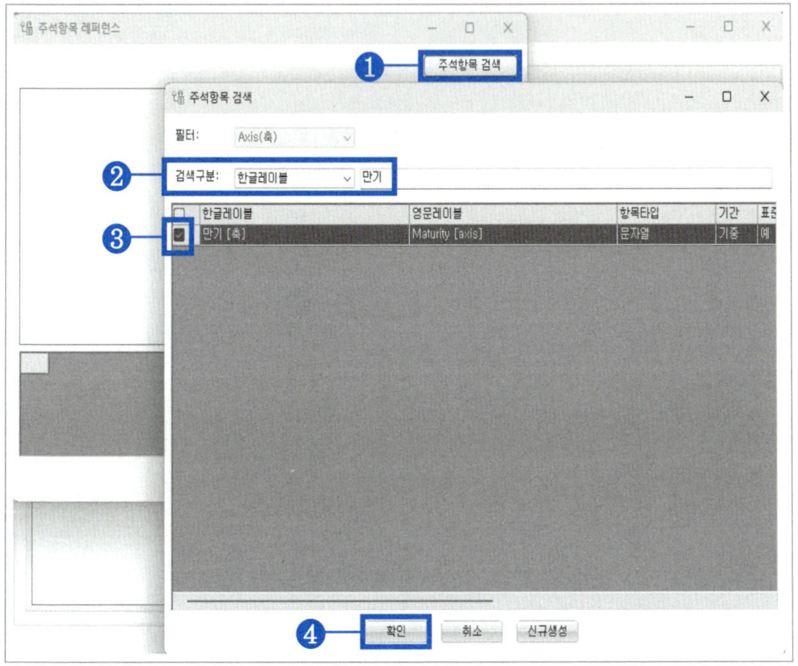

13 만기 [축]의 하위항목인 **합계 구간 [구성요소]**를 선택하여 우클릭하고, [Member(멤버) 추가]를 클릭합니다.

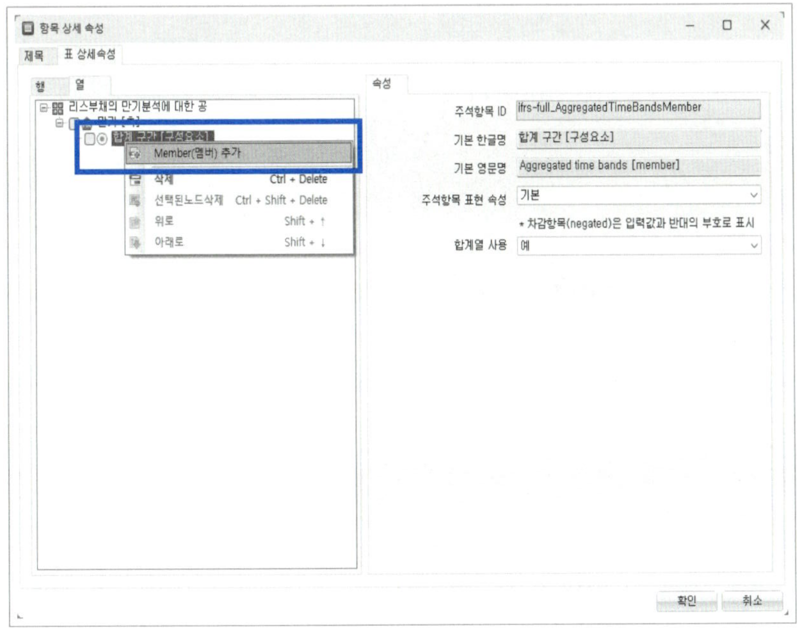

14 [주석항목 레퍼런스]에서 [주석항목 검색]을 클릭합니다.

15 [주석항목 검색]에서 "년"을 검색하여 1년 이내 [구성요소], 1년 초과 2년 이내 [구성요소], 2년 초과 3년 이내 [구성요소], 3년 초과 4년 이내 [구성요소], 4년 초과 5년 이내 [구성요소], 5년 초과 [구성요소]의 체크박스를 선택하고, [확인]을 클릭합니다.

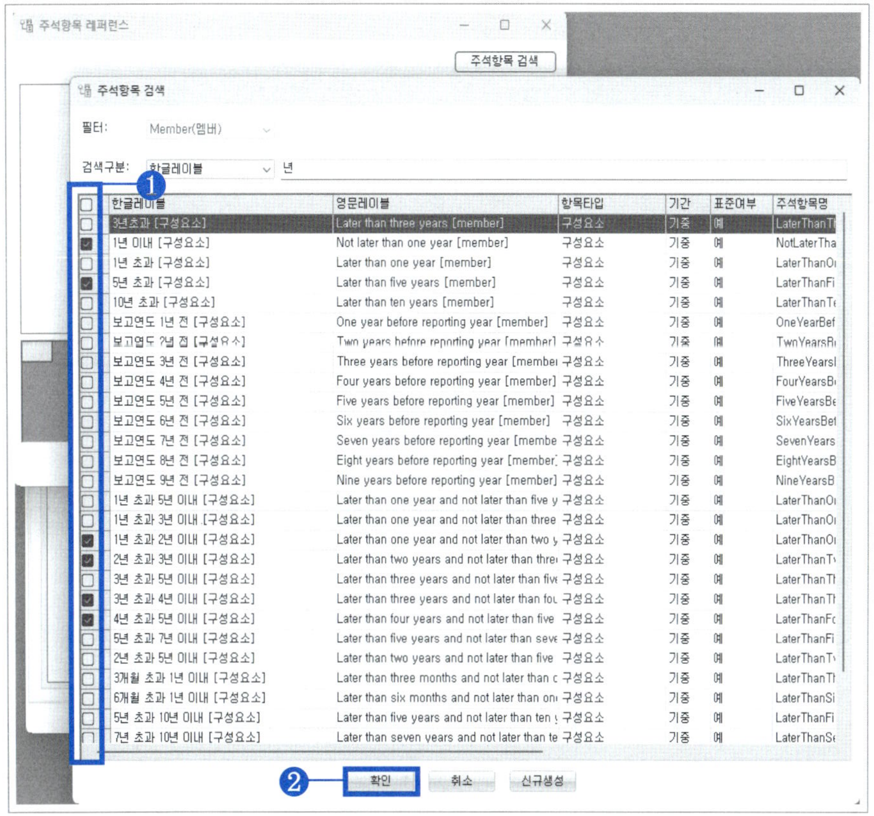

16 주석 예시의 순서를 맞추기 위해, 추가된 Member를 선택하여 우클릭한 다음 [위로], [아래로]를 활용하여 순서를 일치시키고, [확인]을 클릭합니다.

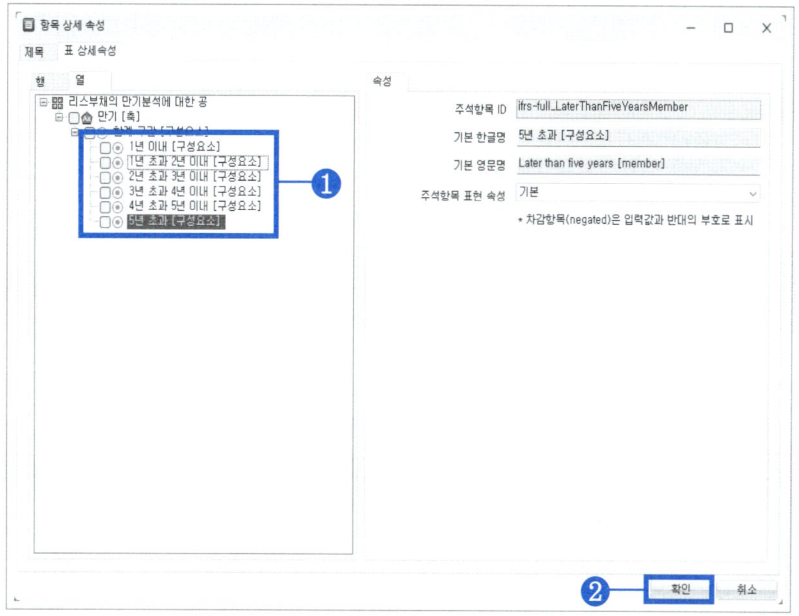

17 주석 작성 탭에서 완성된 표를 확인하고, 금액을 입력합니다.

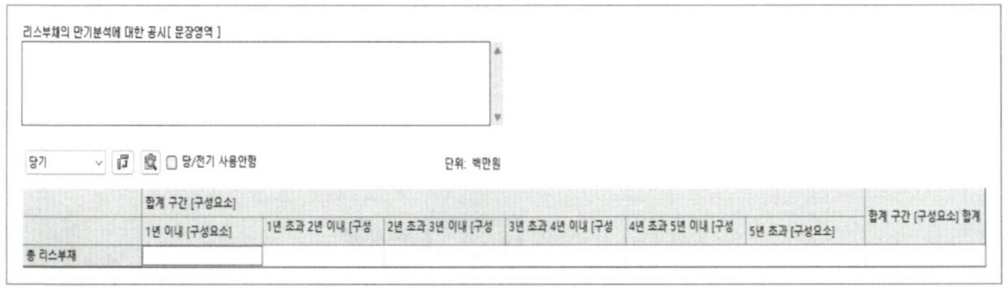

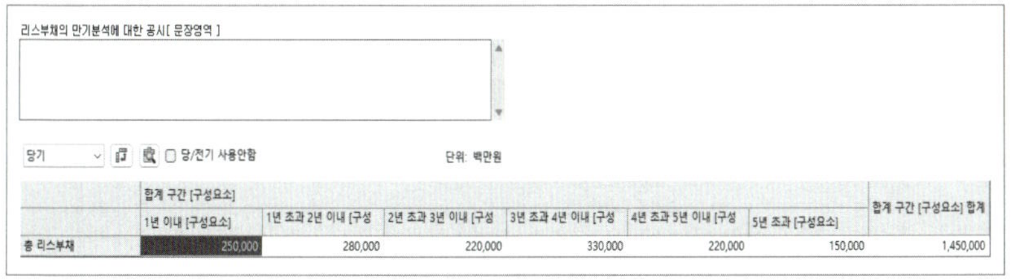

18 미리보기(한글) 탭에서 공시될 표의 형태를 미리 확인합니다.

리스부채의 만기분석에 대한 공시[문장영역]

리스부채의 만기분석에 대한 공시

당기 (단위 : 백만원)

	합계 구간						
	1년 이내	1년 초과 2년 이내	2년 초과 3년 이내	3년 초과 4년 이내	4년 초과 5년 이내	5년 초과	합계 구간 합계
총 리스부채	250,000	280,000	220,000	330,000	220,000	150,000	1,450,000

MEMO

XBRL 비금융업 주석 작성 한 권으로 끝내기

(3) 리스와 관련된 손익 등 주석 작성

다. 당기 및 전기 중 손익으로 인식한 금액은 다음과 같습니다.

(단위 : 백만원)

구 분	당 기	전 기
리스부채 관련 이자	57,600	46,080
사용권자산 감가상각비	274,050	219,240
단기리스 관련 비용	54,350	65,220
소액리스 관련 비용	21,000	23,100
합 계	407,000	353,640

라. 당기 중 리스로 인한 총 현금유출금액은 112,500백만원(전기 92,210백만원)**입니다.**

MEMO

≪ XBRL 편집기 작성 따라하기 ≫

01 [[D832610] 주석 – 리스(자산및부채) – 연결]에서 우클릭하여 [추가] – [표상자 추가]를 선택합니다.

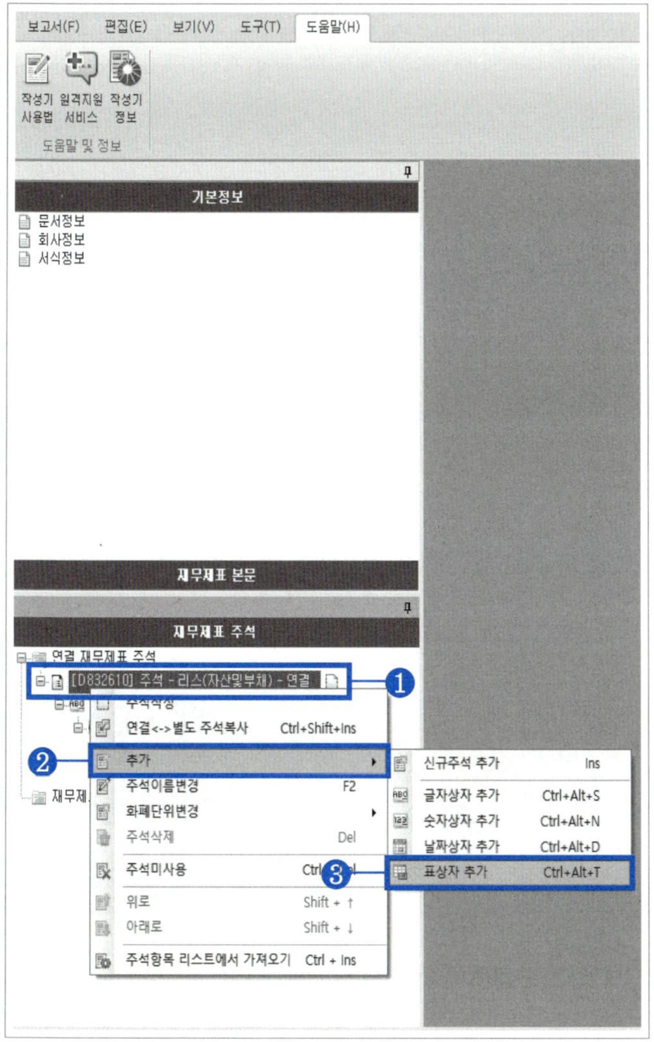

02 [항목 상세 속성]에서 제목의 한글과 영문을 입력합니다.(리스관련 손익에 대한 공시/disclosure of lease–related gains and losses)

03 단위설정을 예시에 따라 [백만원] 단위로 변경합니다.

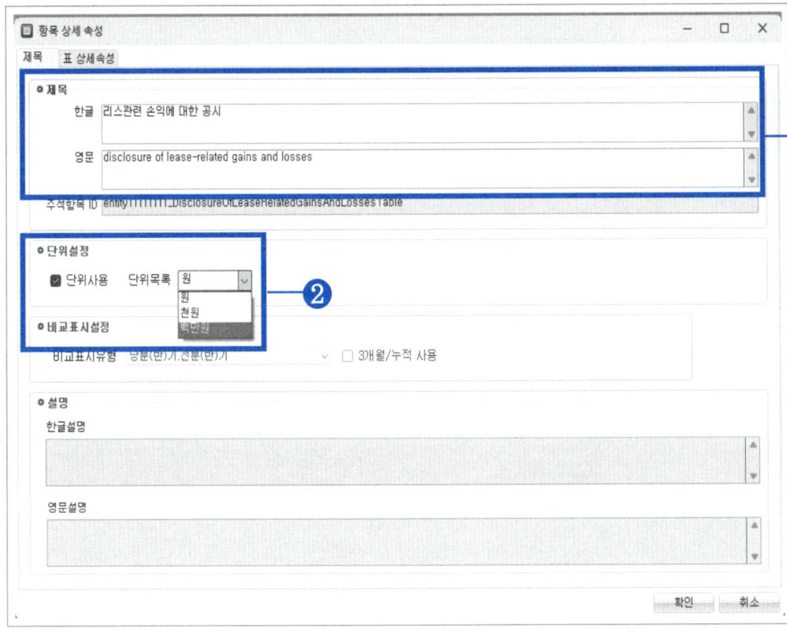

04 [표 상세속성] 탭의 [행]에서 "리스관련 손익에 대한 공시" 하위의 "제목 [항목]"을 선택합니다.

05 우측 [속성] 탭에서 기본 한글명과 기본 영문명을 변경합니다.(리스관련 손익에 대한 공시 [항목]/disclosure of lease–related gains and losses [line items])

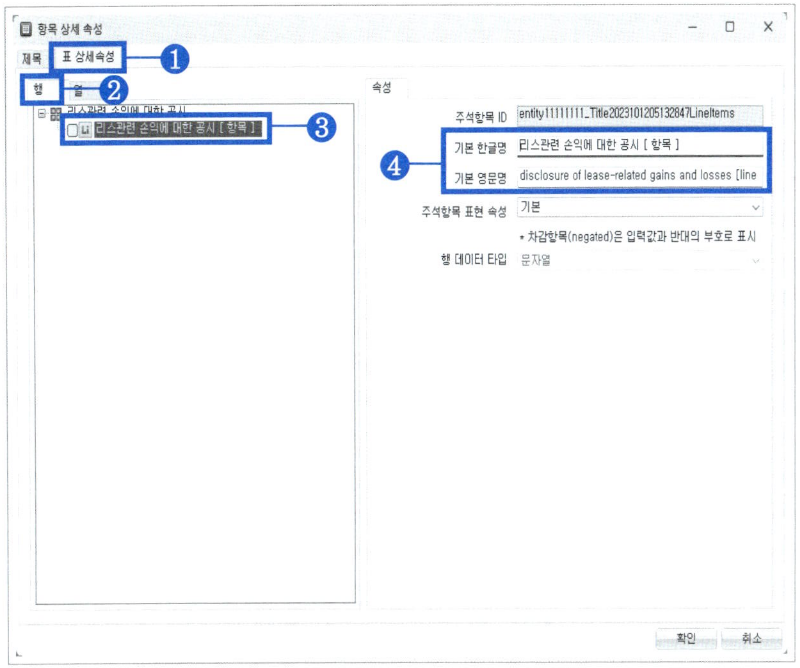

06 리스관련 손익에 대한 공시 [항목]에서 우클릭하여 [Item(아이템) 추가]를 선택합니다.

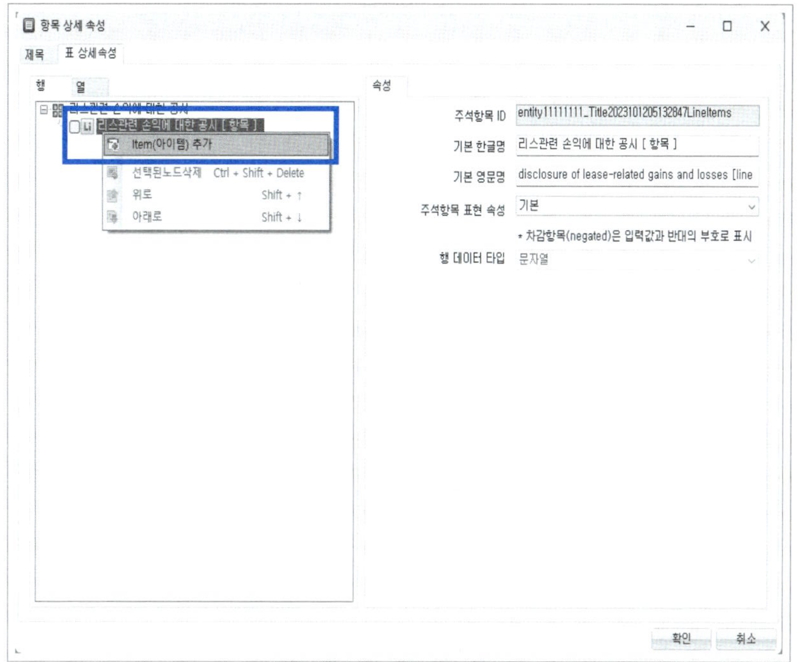

07 [주석항목 레퍼런스]에서 [주석항목 검색]을 클릭합니다.

08 [주석항목 검색]에서 "리스"를 검색하여 인식 면제 규정이 적용된 단기리스에 관련된 비용, 인식면제 규정이 적용된 소액자산 리스에 관련된 비용, 리스 현금유출, 리스에 대한 이자비용을 선택한 후 [확인]을 클릭합니다. 사용권자산감가상각비도 동일한 방법("사용권" 검색)으로 추가합니다.

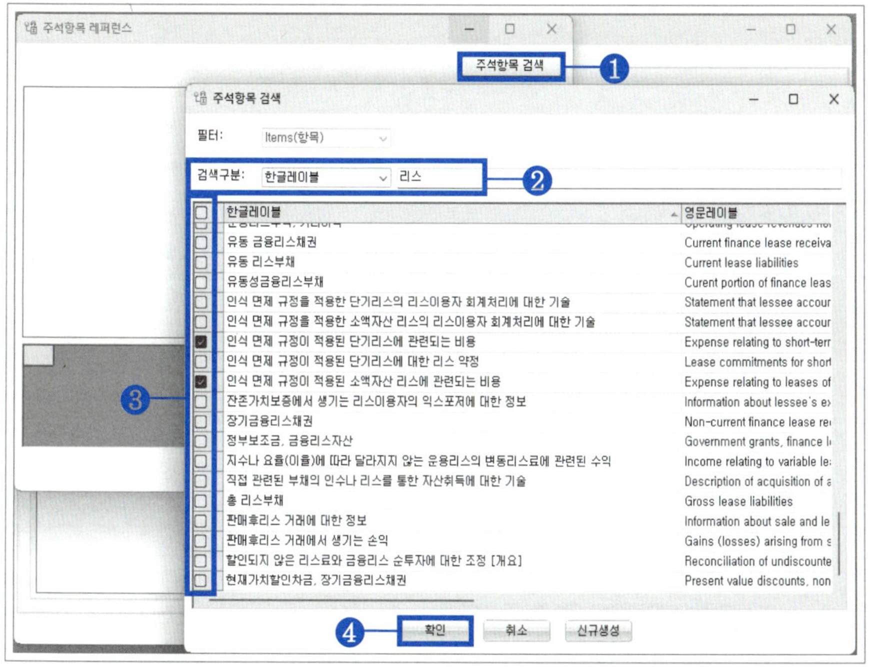

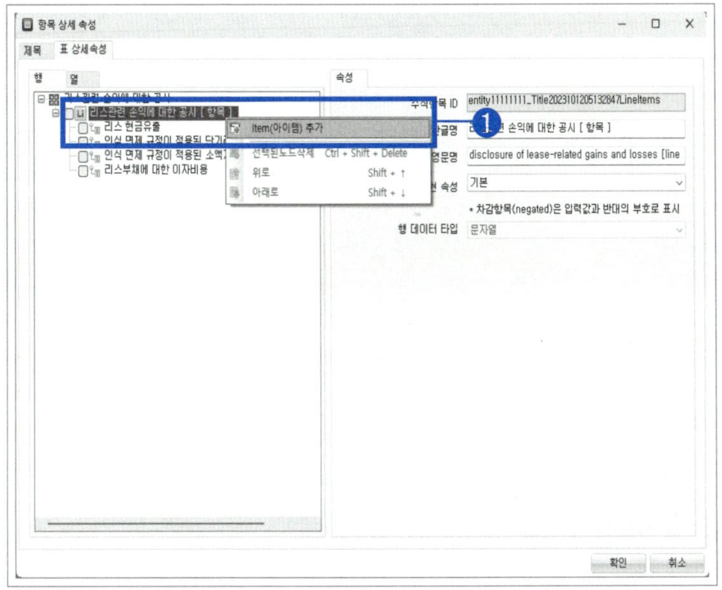

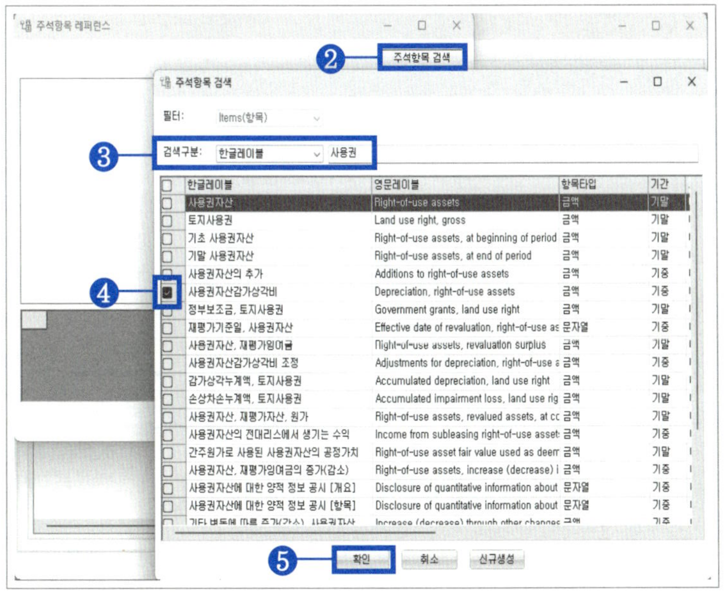

09 주석 예시의 순서를 맞추기 위해, 추가된 Line Item을 선택하여 우클릭한 다음 [위로], [아래로]를 활용하여 순서를 일치시킵니다.

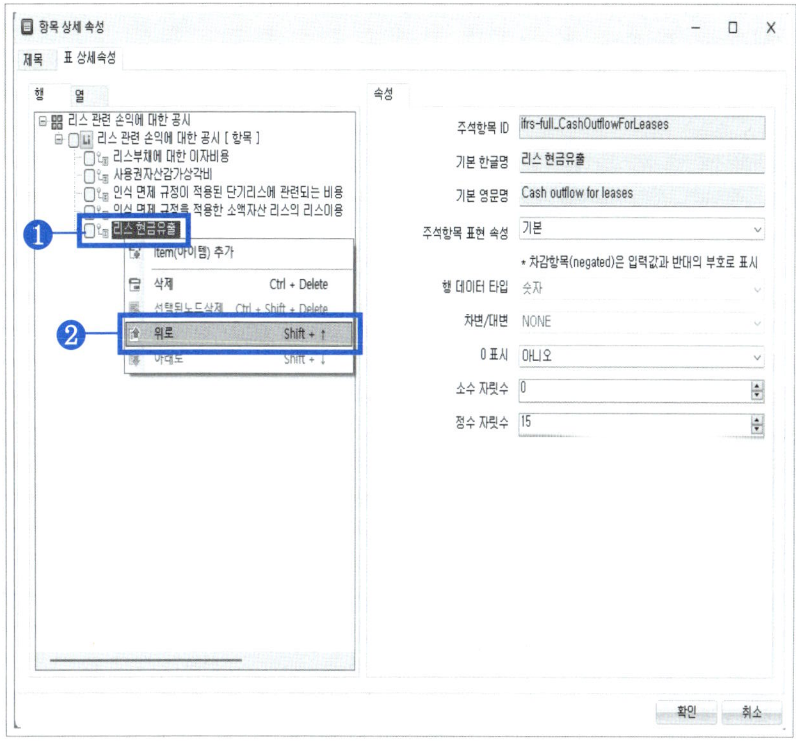

10 "감가상각비, 사용권자산"을 선택하여, 우측 [속성]에서 [주석항목 표현 속성]을 "기본"으로 선택합니다.

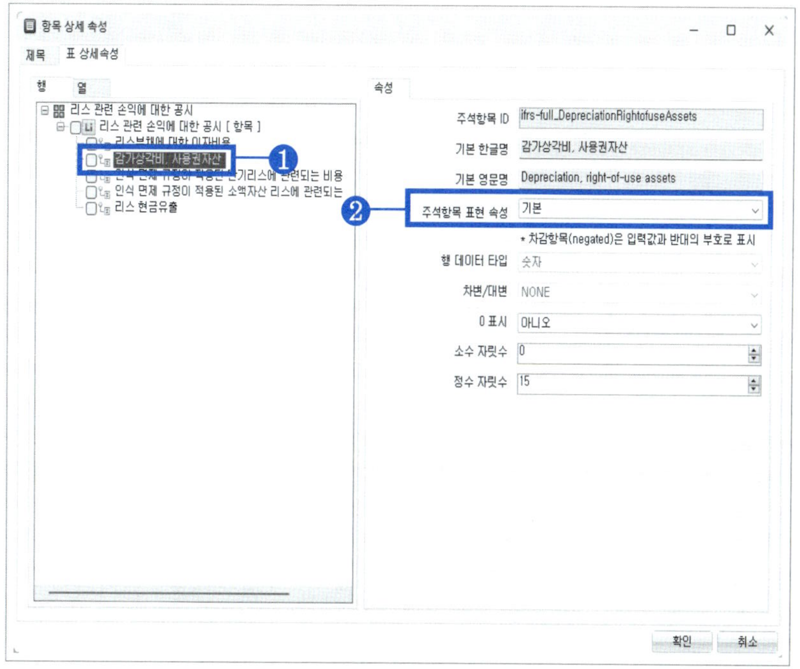

11 [열]에서 "리스 관련 손익에 대한 공시"에서 우클릭하여, [축 추가]를 선택합니다.

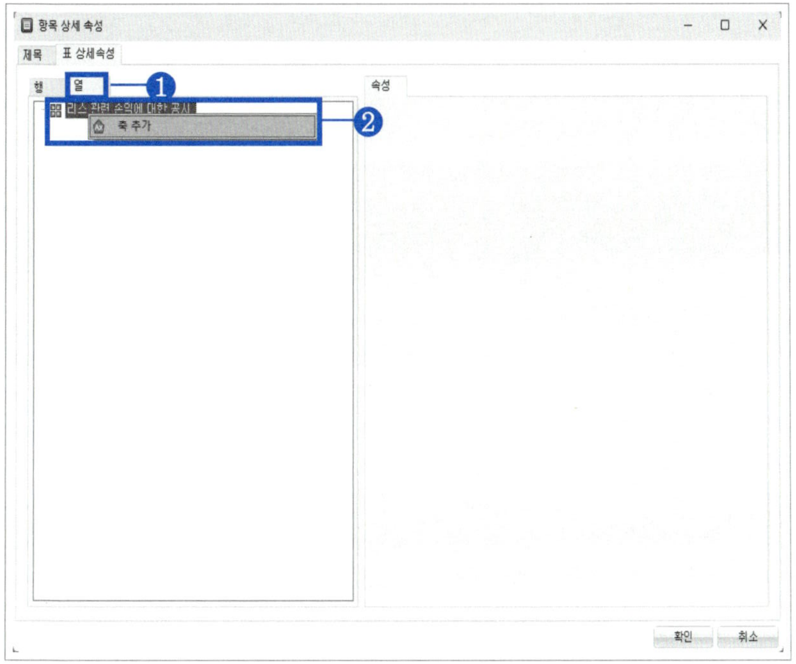

12 [주석항목 레퍼런스]에서 [주석항목 검색]을 클릭합니다.

13 [주석항목 검색]에서 "장부금액"을 검색하여 "장부금액, 감가상각누계액, 상각누계액 및 손상차손누계액 및 총장부금액 [축]"의 체크박스를 선택하고 [확인]을 클릭합니다.

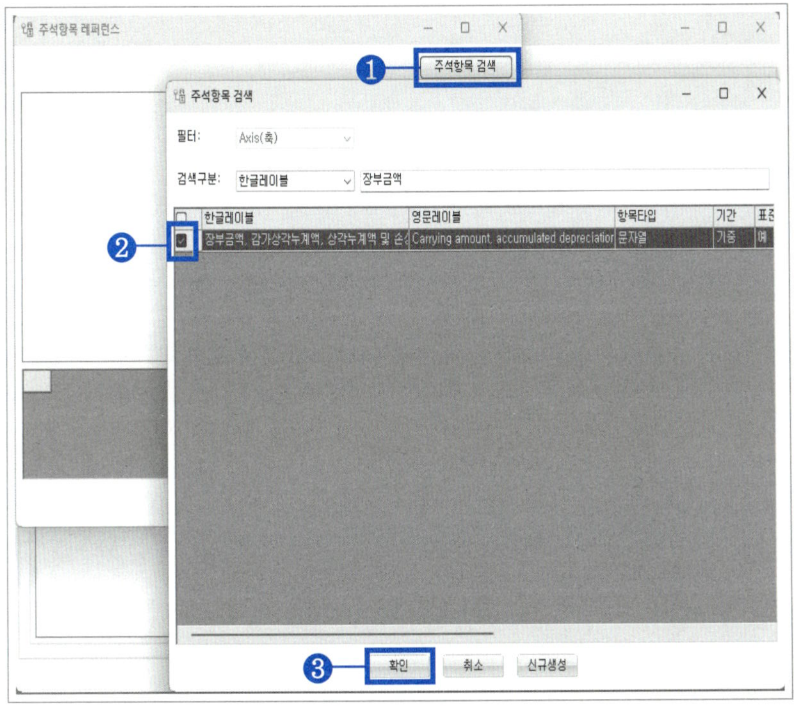

14 장부금액, 감가상각누계액, 상각누계액 및 손상차손누계액 및 총장부금액 [축]의 하위항목인 **장부금액 [구성요소]**를 선택하여 우클릭하고, **[Member(멤버) 추가]**를 클릭합니다.

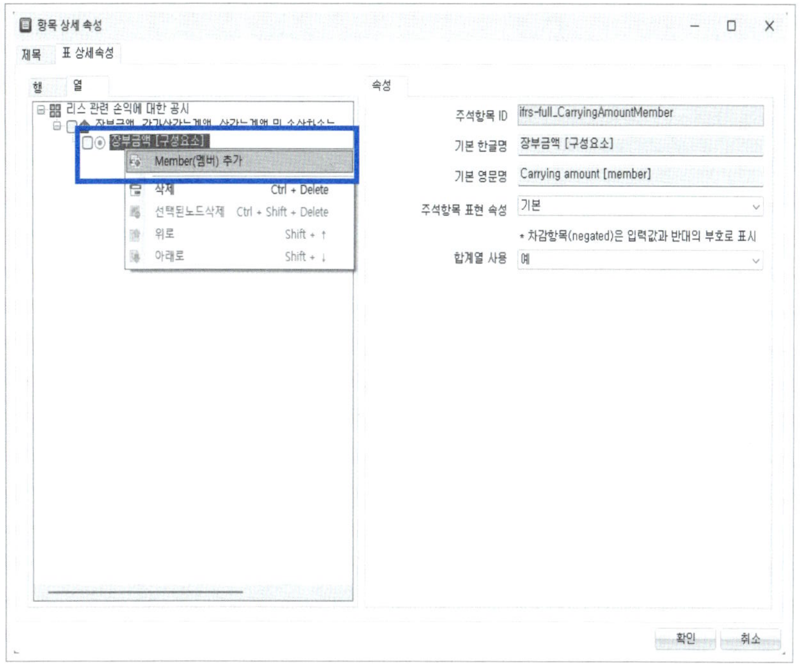

15 **[주석항목 레퍼런스]**에서 **[주석항목 검색]**을 클릭합니다.

16 **[주석항목 검색]**에서 "공시금액"을 검색하여, 체크박스를 선택하고, **[확인]**을 클릭합니다.

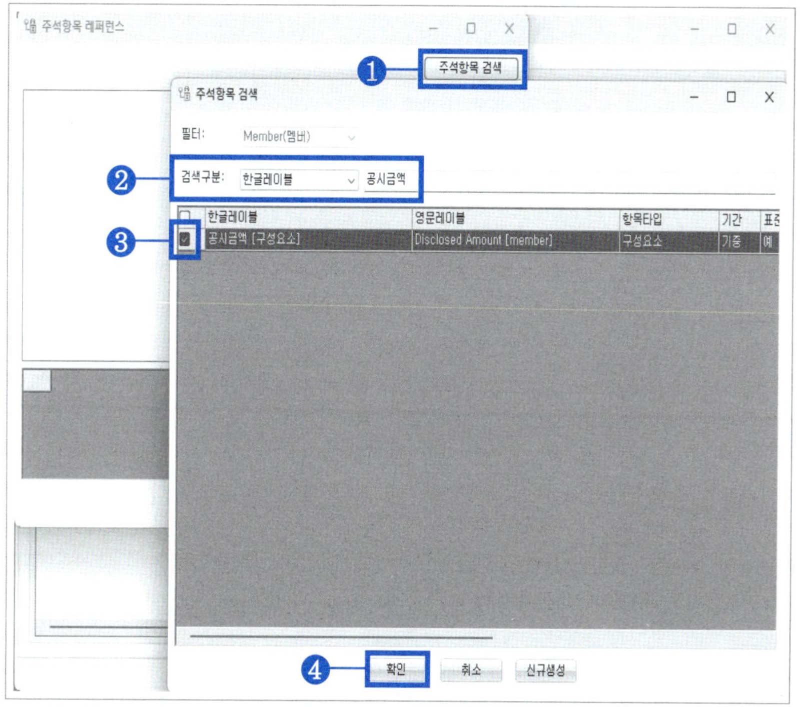

17 **장부금액 [구성요소]**를 선택하고, 우측의 **[속성]**에서 **[합계열 사용]**을 “아니오”로 변경하고, **[확인]**을 클릭합니다.

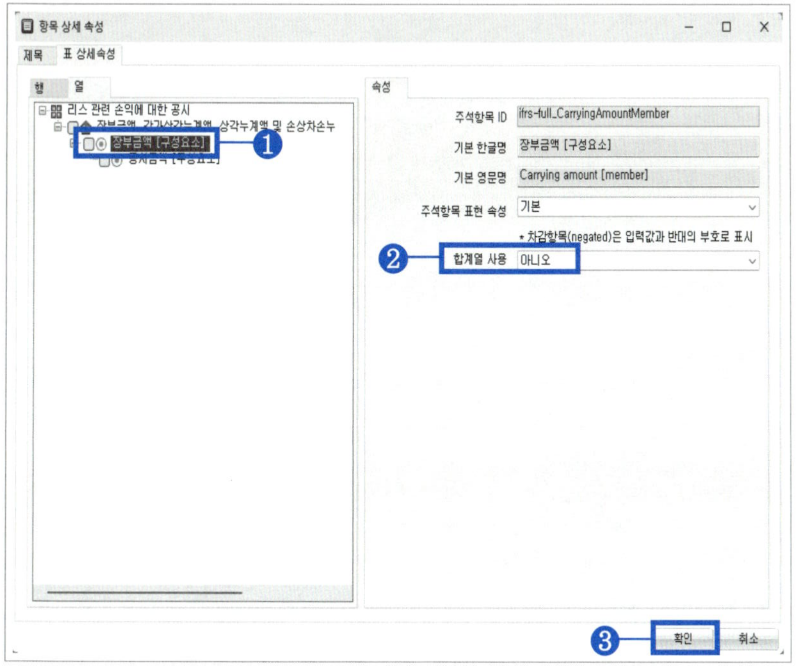

18 주석 작성 탭에서 완성된 표를 확인하고, 금액을 입력합니다.

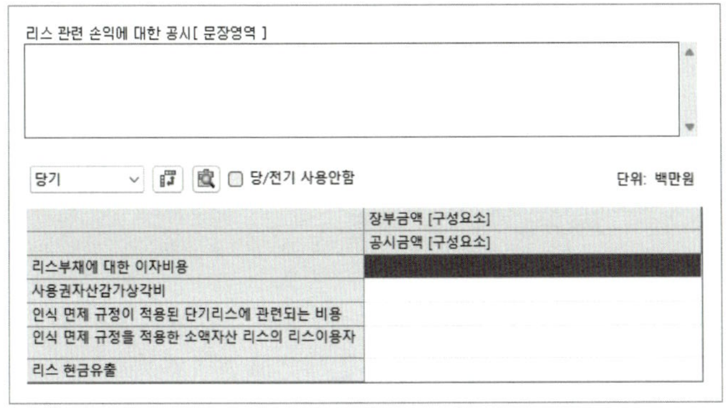

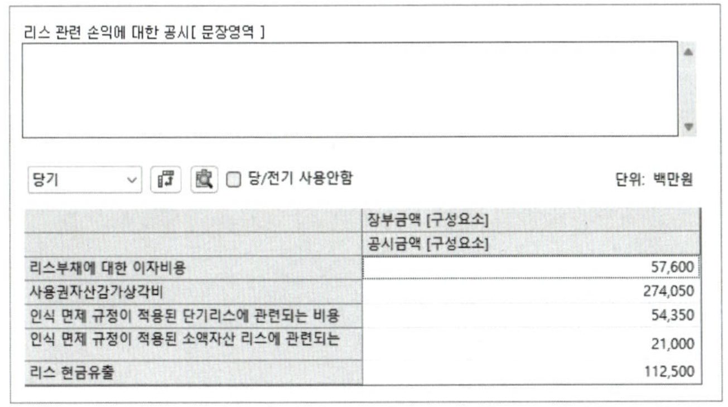

19 미리보기(한글) 탭에서 공시될 표의 형태를 미리 확인합니다.

리스 관련 손익에 대한 공시[문장영역]

리스 관련 손익에 대한 공시

당기 (단위 : 백만원)

	장부금액
	공시금액
리스부채에 대한 이자비용	57,600
감가상각비, 사용권자산	274,050
인식 면제 규정이 적용된 단기리스에 관련되는 비용	54,350
인식 면제 규정이 적용된 소액자산 리스에 관련되는 비용	21,000
리스 현금유출	112,500

MEMO

XBRL 비금융업 주석 작성 한 권으로 끝내기

7 종업원급여–실습을 위한 예시 주석

7. 종업원급여

가. 당기말과 전기말 현재 확정급여채무의 내역은 다음과 같습니다.

(단위 : 백만원)

구 분	당기말	전기말
확정급여채무의 현재가치	−753,000	−781,000
사외적립자산의 공정가치	969,000	794,000
확정급여제도의 자산 인식액	216,000	13,000

나. 당기와 전기 중 확정급여채무와 관련된 부채의 변동은 다음과 같습니다.

(단위 : 백만원)

구 분	당 기	전 기
기초금액	781,000	501,000
당기근무원가	89,000	67,000
과거근무원가	–	1000
이자원가	10,000	3,000
재측정요소		
– 인구통계적 가정	1,000	2,000
– 재무적 가정	(95,000)	(16,000)
– 경험조정	29,000	15,000
소 계	(65,000)	1,000
급어지급액	(90,000)	(68,000)
사업결합	13,000	255,000
기타*	15,000	21,000
기말금액	753,000	781,000

* 기타는 환율변동에 의한 증감액 등을 포함하고 있습니다.

다. 당기와 전기 중 사외적립자산의 변동은 다음과 같습니다.

(단위 : 백만원)

구 분	당 기	전 기
기초금액	794,000	498,000
사외적립자산의 이자수익	5,000	3,000
재측정요소	(10,000)	(5,000)
고용인의 기여금	151,000	87,000
지급액	(13,000)	(53,000)
사업결합	2,000	260,000
기타*	40,000	4,000
기말금액	969,000	794,000

* 기타는 환율변동에 의한 증감액 등을 포함하고 있습니다.

라. 당기 및 전기에 손익으로 인식된 비용은 다음과 같습니다.

(단위 : 백만원)

구 분	당 기	전 기
이자원가	10,000	3,000
사외적립자산의 이자수익	(5,000)	(3,000)
당기근무원가	89,000	67,000
과거근무원가	–	1,000
합 계	94,000	68,000

마. 당기말과 전기말 현재 사외적립자산의 구성내역은 다음과 같습니다.

(단위 : 백만원)

구 분	당기말	전기말
확정이율보장형상품	968,000	786,000
기 타	1,000	8,000
합 계	969,000	794,000

바. 주요 보험수리적 가정

당기말 및 전기말 현재 보험수리적 평가를 위하여 사용된 주요 추정은 다음과 같습니다.

구 분	당기말	전기말
기말 할인율	5.32 ~ 13.50%	2.09 ~ 10.80%
미래임금인상률	1.00 ~ 13.78%	0.70 ~ 8.50%

사. 당기말 및 전기말 현재 유의적인 보험수리적 가정에 대한 민감도 분석은 다음과 같습니다.

(단위 : 백만원)

구 분	당기말		전기말	
	증 가	감 소	증 가	감 소
기말 할인율 (1% 변동)	(43,000)	49,000	(56,000)	64,000
미래임금인상률 (1% 변동)	50,000	(45,000)	64,000	(56,000)

아. 기여금 및 가중평균만기 정보

연결실체는 2023년도에 퇴직연금제도에 기여금으로 247,000백만원을 납부할 것으로 예상하고 있습니다. 또한, 보고기간 종료일 현재 확정급여채무의 가중평균만기는 7.8년입니다.

(1) 초과(과소)적립액 주석 작성

가. 당기말과 전기말 현재 확정급여채무의 내역은 다음과 같습니다.

(단위 : 백만원)

구 분	당기말	전기말
확정급여채무의 현재가치	−753,000	−781,000
사외적립자산의 공정가치	969,000	794,000
확정급여제도의 자산 인식액	216,000	13,000

≪ XBRL 편집기 작성 따라하기 ≫

▶ 표준 표 생성

01 [연결 재무제표 주석]에 우클릭하고 [주석항목 리스트에서 가져오기]를 선택합니다.

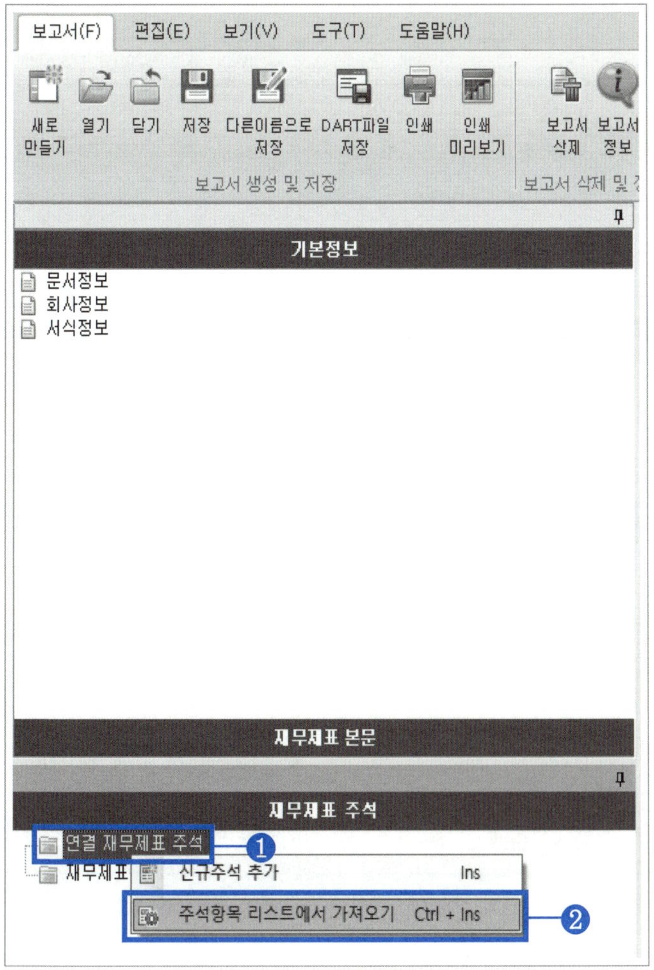

02 스크롤 또는 종업원급여를 검색하여 [확정급여제도에 대한 공시 [표]]와 [[D834480] 주석 – 종업원급여 – 연결]의 체크박스를 모두 선택하고 [확인]을 클릭합니다.

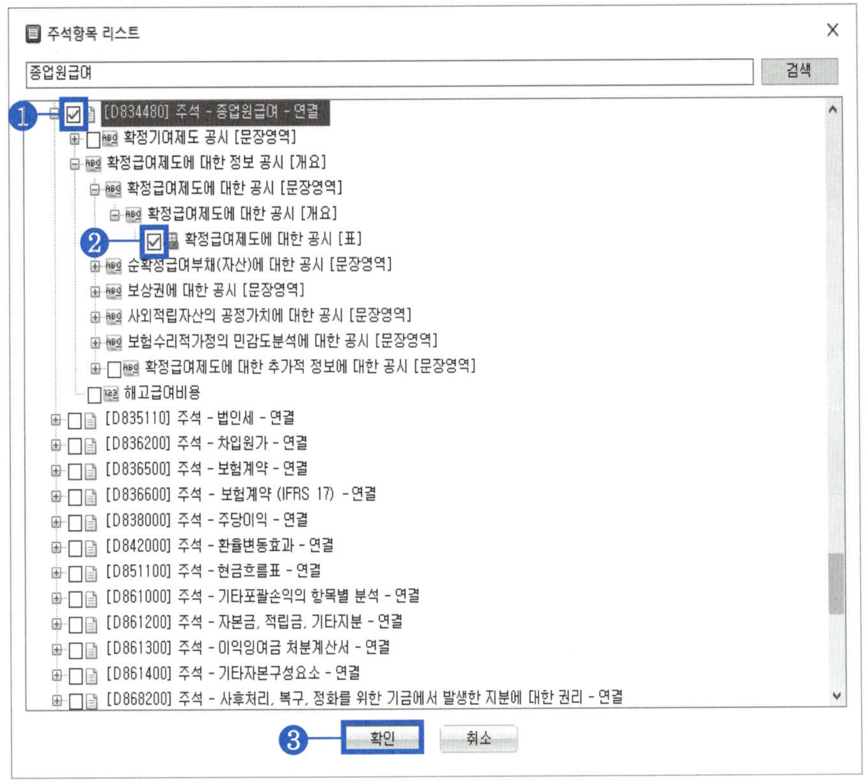

▶ 제목 탭 설정

01 [확정급여제도에 대한 공시 [표]]에 우클릭하여 [속성]을 선택합니다.

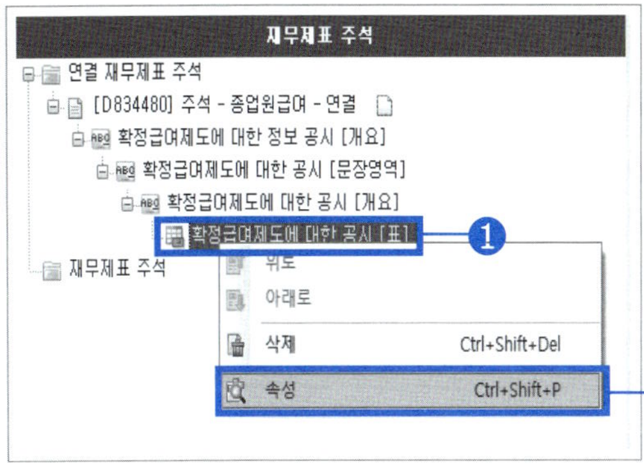

02 [단위설성]에서 [단위목록]을 클릭하여 [백만원]을 선택하고 [제목]*[1]과 [비교표시설정]*[2]을 확인합니다.

*1 표준 표가 아닌 신규 표를 추가하는 경우 별도 설정(한글/영문명) 필요

*2 분/반기 검토인 경우 [3개월/누적 사용] 설정 필요

▶ 표 상세속성–행 탭 작업

01 [표 상세속성]을 클릭하고 사용할 항목인 [제도의 초과(과소) 적립액 [개요]]만 남기고 모두 선택(체크박스 클릭)하여 우클릭 후 [선택된노드삭제]를 선택합니다.

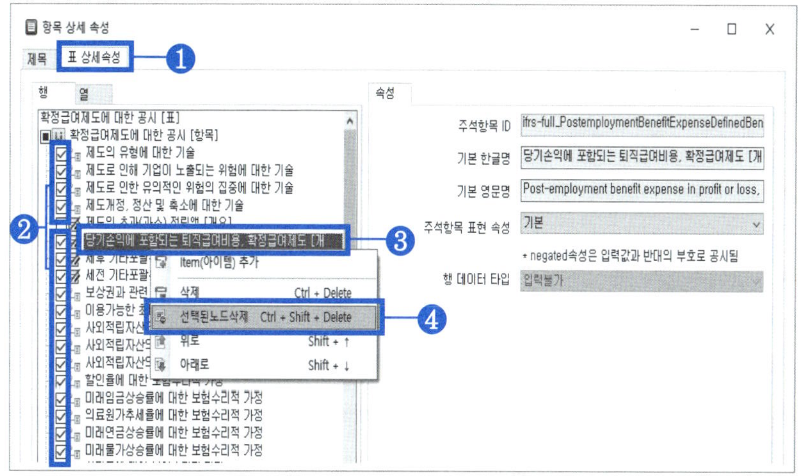

02 [제도의 초과(과소) 적립액 [개요]]를 우클릭하여 [Item(아이템) 추가]를 선택합니다.

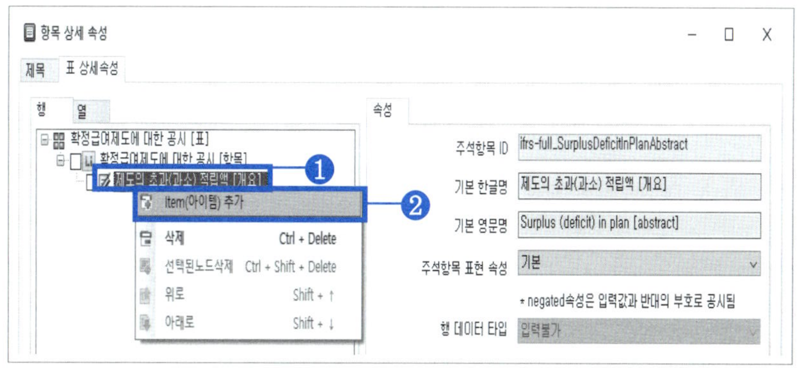

03 [제도의 초과(과소) 적립액 [개요]] 왼쪽 아이콘⊞을 클릭하여 사용할 항목들을 선택(체크박스 클릭)하고 [확인]을 클릭합니다.

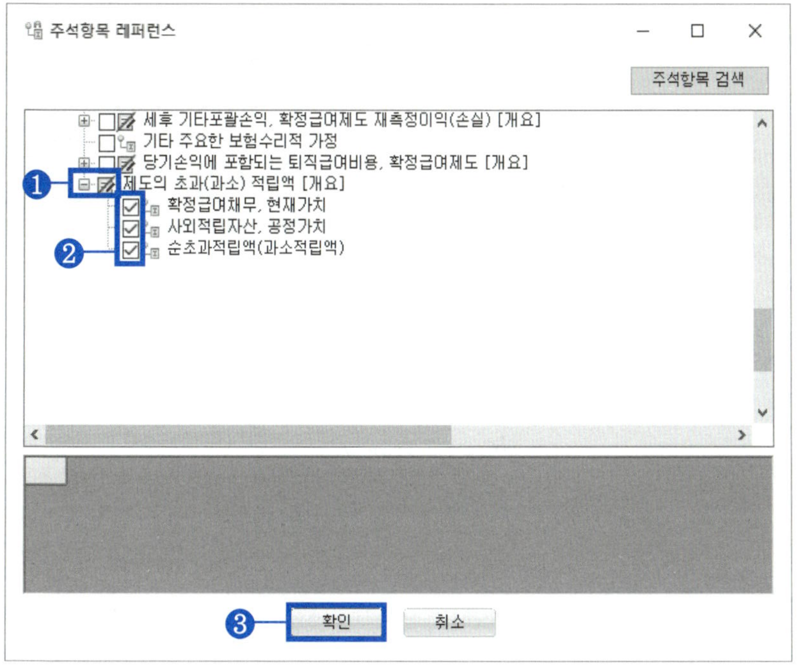

▶ 표 상세속성－열 탭 작업

01 [열] 탭으로 이동하여 사용하지 않는 항목들을 선택(체크박스 클릭)하고 우클릭하여 [선택된노드삭제]를 선택합니다.

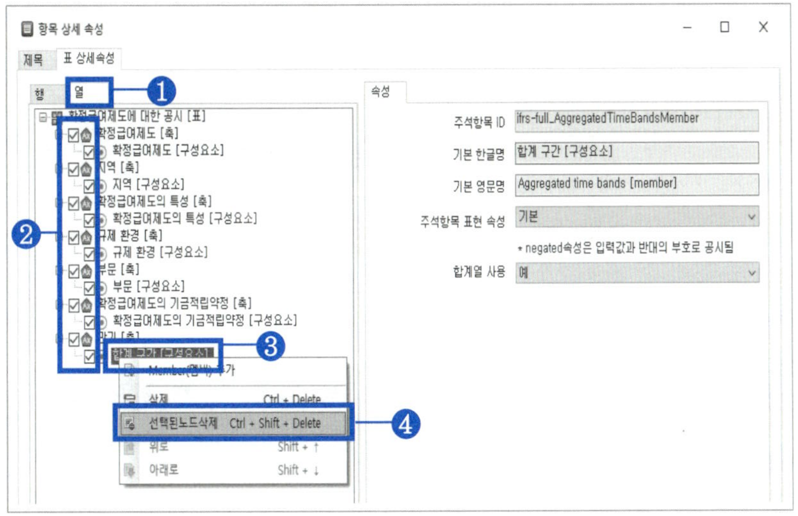

02 [확정급여제도에 대한 공시 [표]]를 우클릭하여 [축 추가]를 선택합니다.

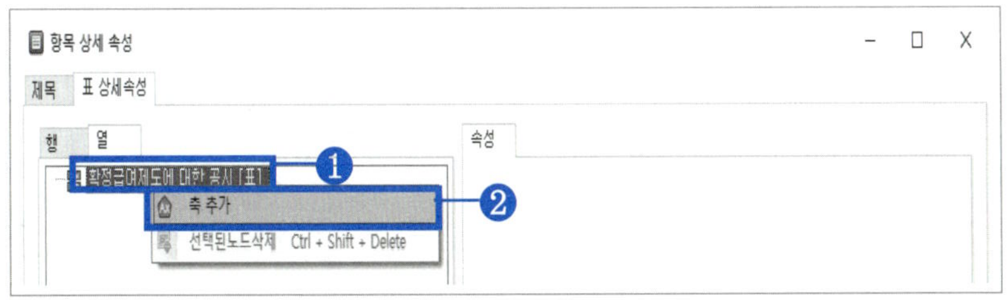

03 [주석항목 검색]을 클릭하고 "장부금액"을 검색하여 [장부금액, ~ [축]]을 선택(체크박스 클릭)한 후 [확인]을 누릅니다.

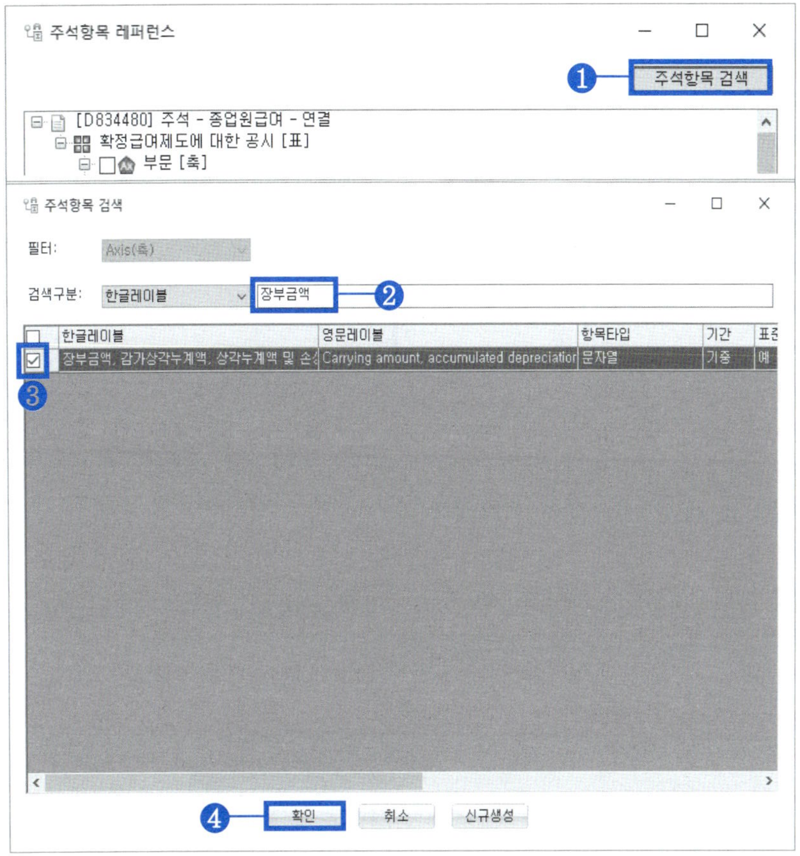

04 [장부금액 [구성요소]]를 우클릭하여 [Member(멤버) 추가]를 선택합니다.

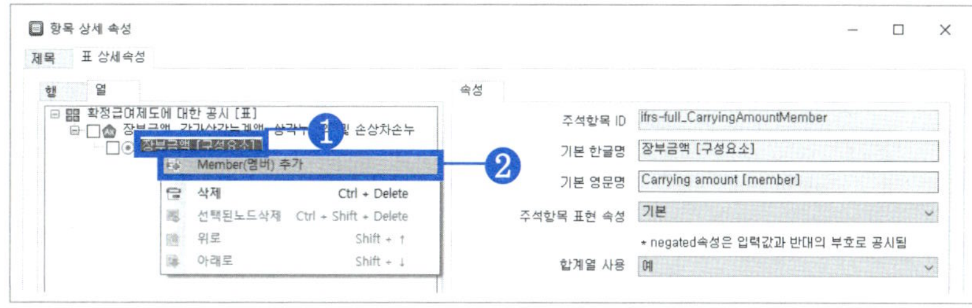

05 [주석항목 검색]을 클릭하고 "공시금액"을 검색하여 [공시금액 [구성요소]]를 선택(체크박스 클릭)한 후 모든 창의 [확인]을 누릅니다.

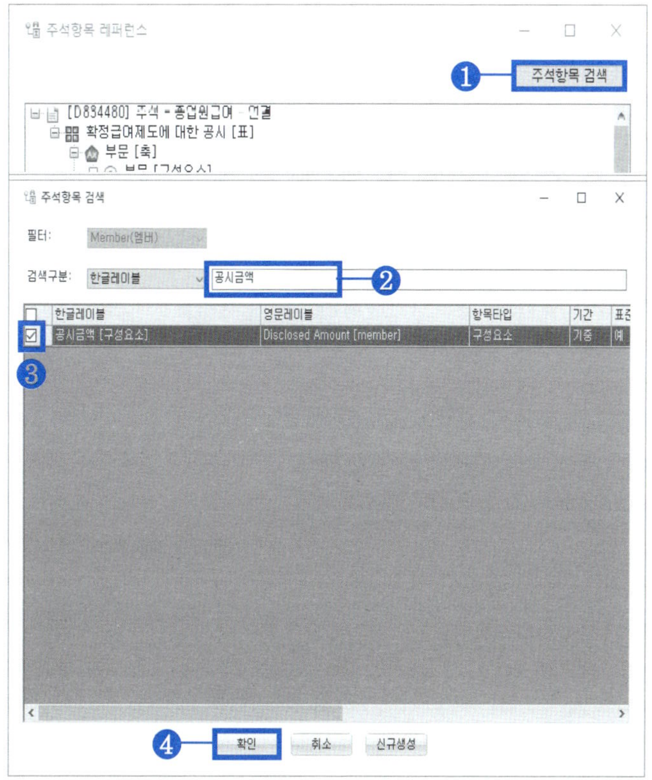

▶ **금액 입력**

01 [[D834480] 주석-종업원급여-연결]의 우측 아이콘을 클릭하여 표를 생성합니다.

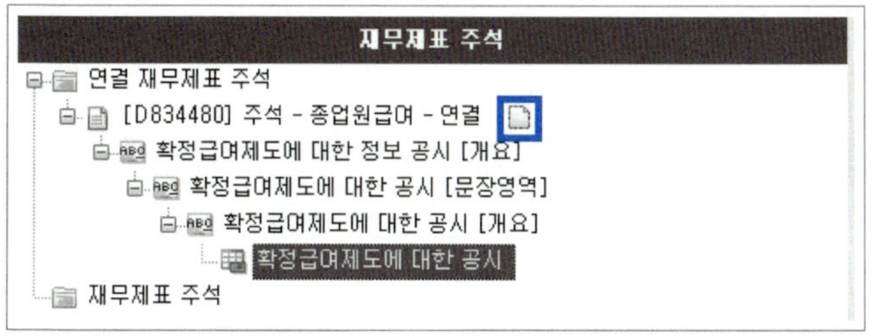

02 생성된 표에 예시를 참고하여 금액을 입력합니다.

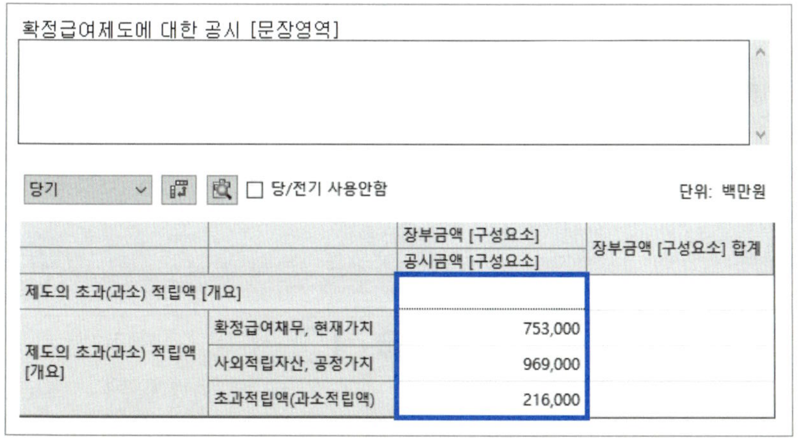

✓ 모두 양수로 입력

✓ 순초과적립액(과소적립액) 항목은 기준서(K-IFRS 1019 57문단 (1) 참조)에 따라 사용

✓ 순확정급여부채(자산)으로 공시하고 있는 경우 순확정급여부채(자산) 항목 (ifrs-full_LiabilityAssetOfDefinedBenefitPlans) 사용

03 [미리보기(한글)]을 클릭하여 금액이 잘 반영되었는지 확인합니다.

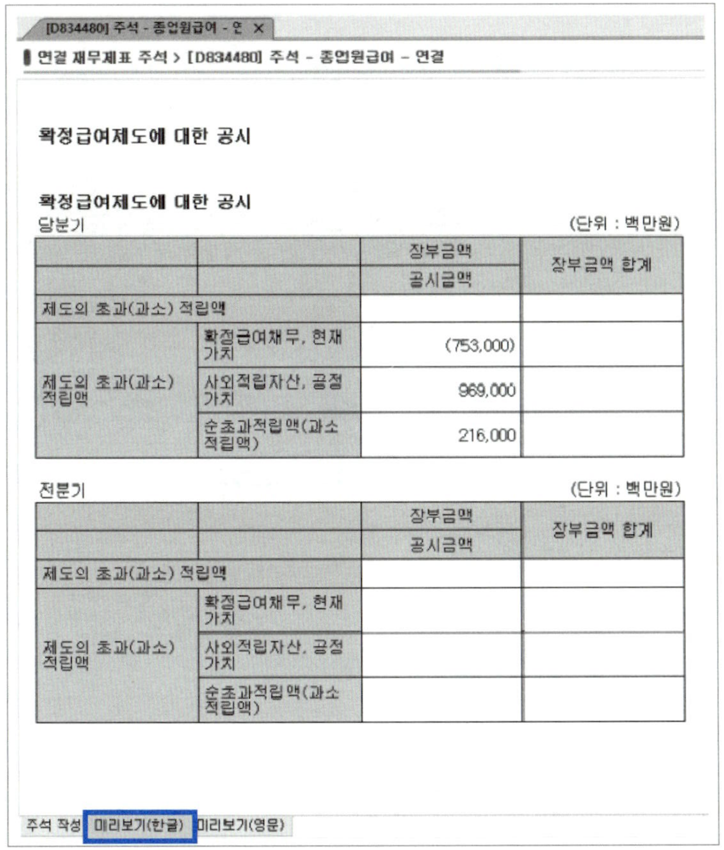

(2) 순확정급여부채(자산)의 변동 주석 작성

나. 당기와 전기 중 확정급여채무와 관련된 부채의 변동은 다음과 같습니다.

(단위 : 백만원)

구 분	당 기	전 기
기초금액	781,000	501,000
당기근무원가	89,000	67,000
과거근무원가	–	1000
이자원가	10,000	3,000
재측정요소		
– 인구통계적 가정	1,000	2000
– 재무적 가정	(95,000)	(16,000)
– 경험조정	29,000	15,000
소 계	(65,000)	1,000
급여지급액	(90,000)	(68,000)
사업결합	13,000	255,000
기타*	15,000	21,000
기말금액	753,000	781,000

* 기타는 환율변동에 의한 증감액 등을 포함하고 있습니다.

다. 당기와 전기 중 사외적립자산의 변동은 다음과 같습니다.

(단위 : 백만원)

구 분	당 기	전 기
기초금액	794,000	498,000
사외적립자산의 이자수익	5,000	3,000
재측정요소	(10,000)	(5,000)
고용인의 기여금	151,000	87,000
지급액	(13,000)	(53,000)
사업결합	2,000	260,000
기타*	40,000	4,000
기말금액	969,000	794,000

* 기타는 환율변동에 의한 증감액 등을 포함하고 있습니다.

≪ XBRL 편집기 작성 따라하기 ≫

▶ 표준 표 생성

01 [[D834480] 주석 – 종업원급여 – 연결]을 우클릭하고 [주석항목 리스트에서 가져오기]를 선택합니다.

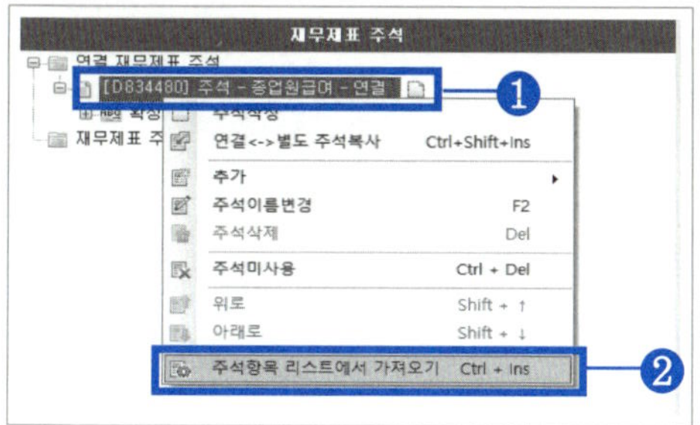

02 [순확정급여부채(자산)에 대한 공시 [표]]를 선택(체크박스 클릭)하고 [확인]을 클릭합니다.

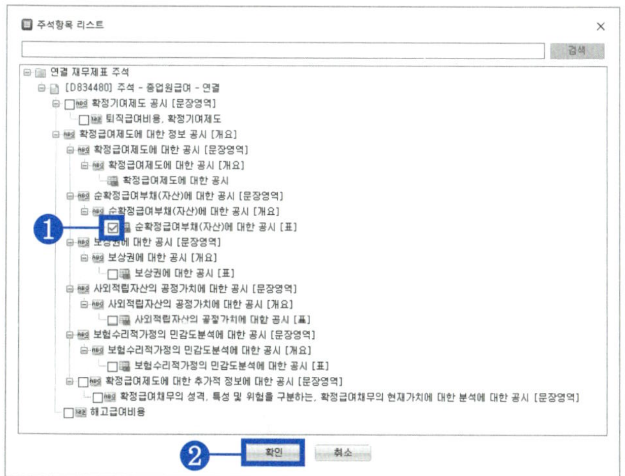

✓ 종업원급여 주석 안에서 표를 생성해야 하므로 [연결 재무제표 주석]이 아닌 [종업원급여 – 연결]에 우클릭하여 주석항목 리스트 가져오기

▶ 제목 탭 설정

01 [순확정급여부채(자산)에 대한 공시 [표]]에 우클릭하여 [속성]을 선택합니다.

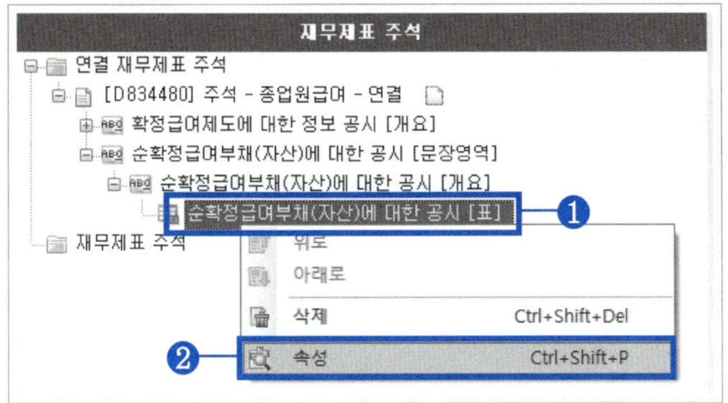

02 [단위설정]에서 [단위목록]을 클릭하여 [백만원]을 선택하고 [제목][*1]과 [비교표시 설정][*2]을 확인합니다.

*1 표준 표가 아닌 신규 표를 추가하는 경우 별도 설정(한글/영문명) 필요

*2 분/반기 검토인 경우 [3개월/누적 사용] 설정 필요

▶ **표 상세속성 – 행 탭 작업**

01 [표 상세속성]으로 이동하여 [순확정급여채무(자산)의 변동 [개요]]를 우클릭하여 [삭제]를 선택합니다.

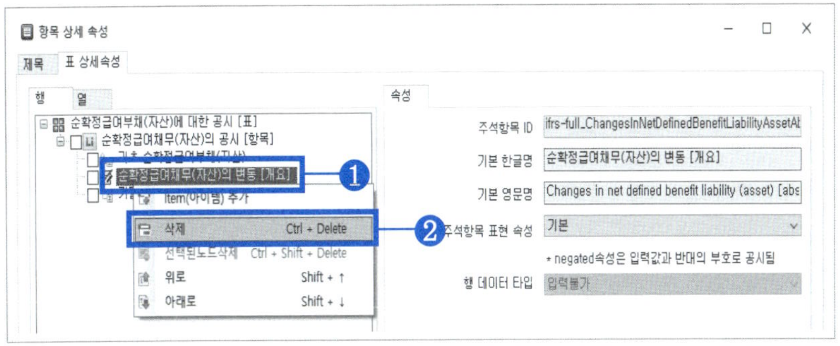

✓ 순확정급여채무(자산)의 변동 [개요]를 삭제한 이유는 예시 표와 동일한 표시를 위해 기초 및 기말 순확정급여부채(자산)과 같은 라인으로 작성하기 위함임

02 [순확정급여채무(자산)의 공시(항목)]을 우클릭하여 [Item(아이템) 추가]를 선택합니다.

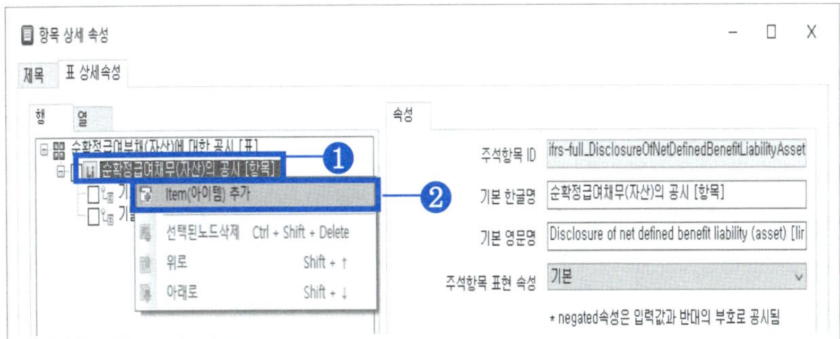

03 모든 [~ [개요]]의 왼쪽 아이콘⊞을 클릭하여 사용할 항목들을 선택(체크박스 클릭)하고 [확인]을 클릭합니다.

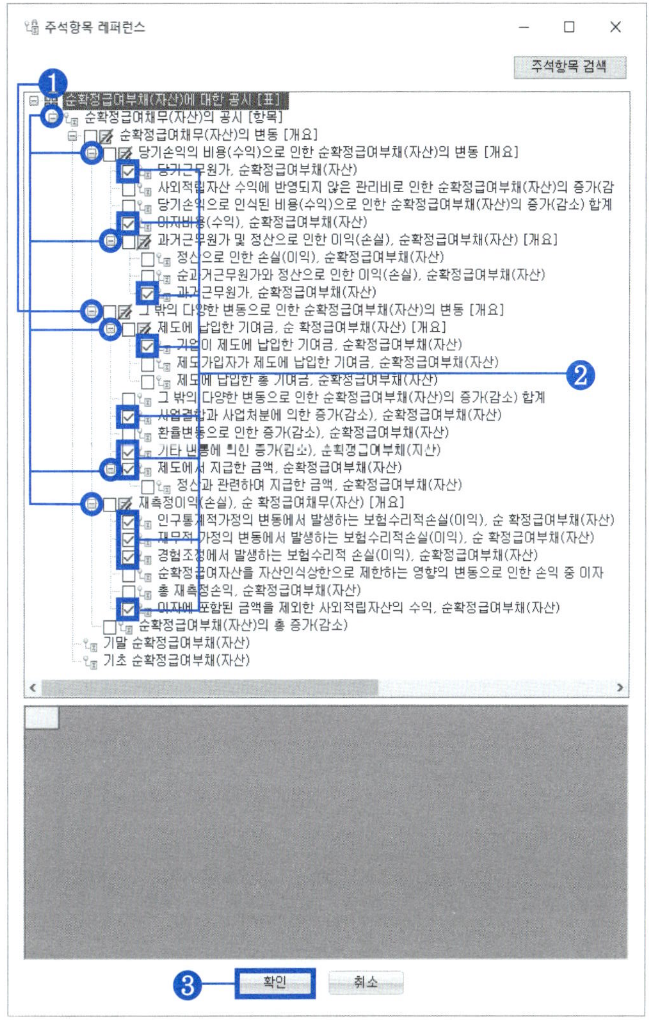

✓ 과거근무원가, 기업이 제도에 납입한 기여금과 같이 다른 항목과 라인이 다르더라도 한꺼번에 추가할 경우 동일한 라인으로 생성됨

04 순서를 이동할 항목에 우클릭하여 [위로] 또는 [아래로]를 선택하거나 단축키 (Shift+↑ 또는 Shift+↓)를 사용하여 예시와 동일하게 순서를 조정합니다.

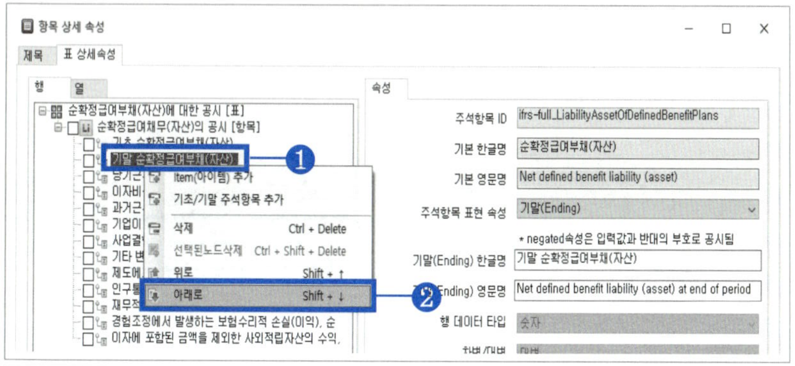

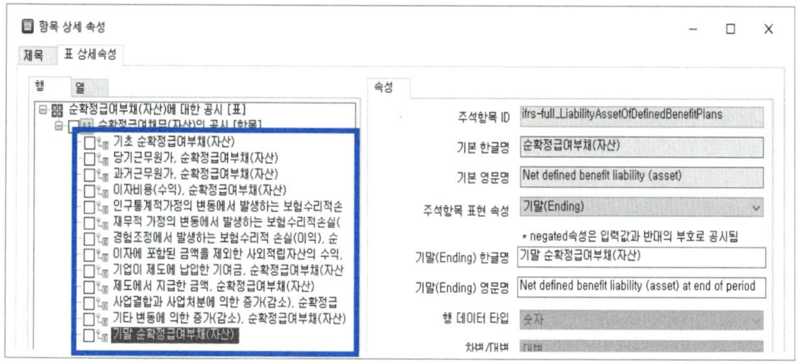

▶ 표 상세속성-열 탭 작업

01 [열]을 클릭하여 사용하지 않는 항목들을 선택(체크박스 선택)하고 우클릭하여 [선택된노드삭제]를 클릭합니다.

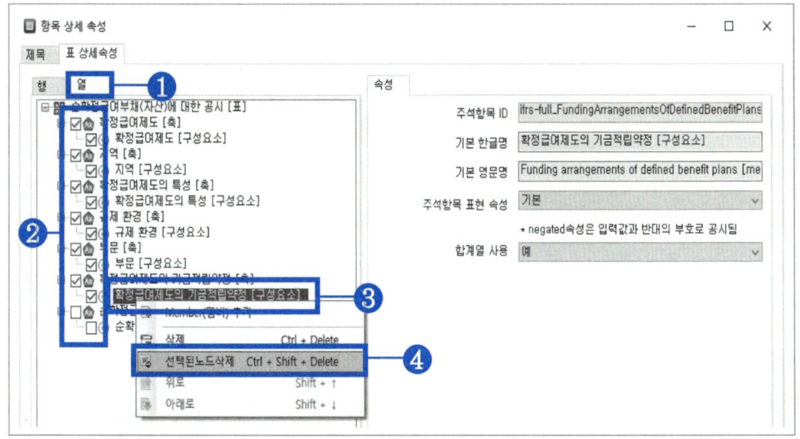

02 [순확정급여부채(자산) [구성요소]]를 우클릭하여 [Member(멤버) 추가]를 선택합니다.

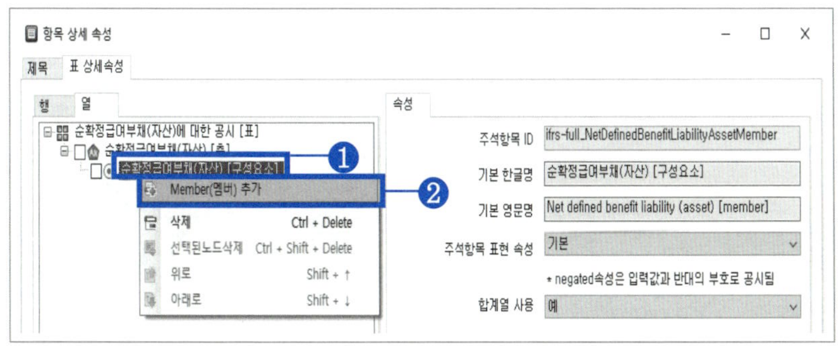

03 [확정급여채무의 현재가치 [구성요소]] 및 [사외적립자산 [구성요소]]를 선택(체크박스 클릭)하고 모든 창의 [확인]을 클릭합니다.

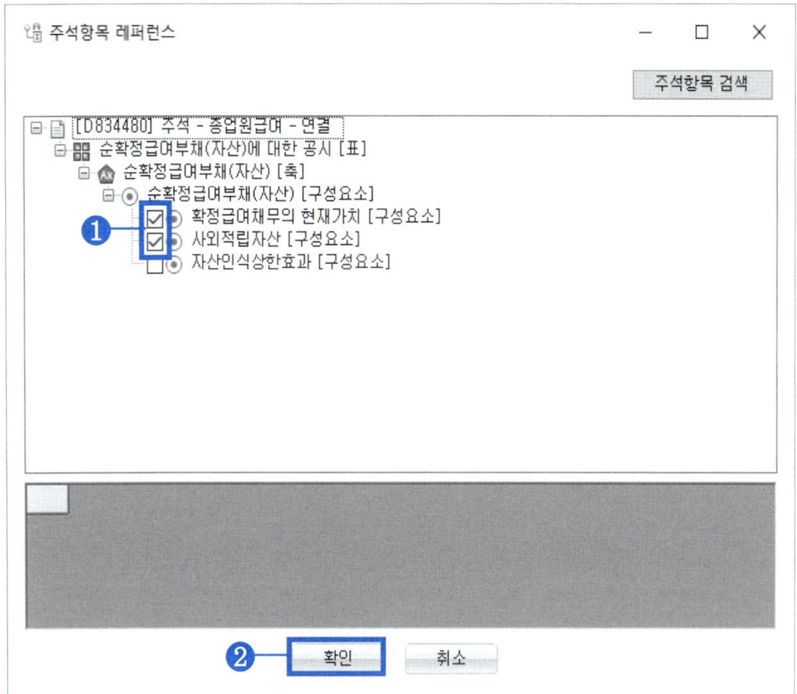

▶ 금액 입력

01 [[D834480] 주석 - 종업원급여 - 연결] 우측의 아이콘을 클릭하여 표를 생성합니다.

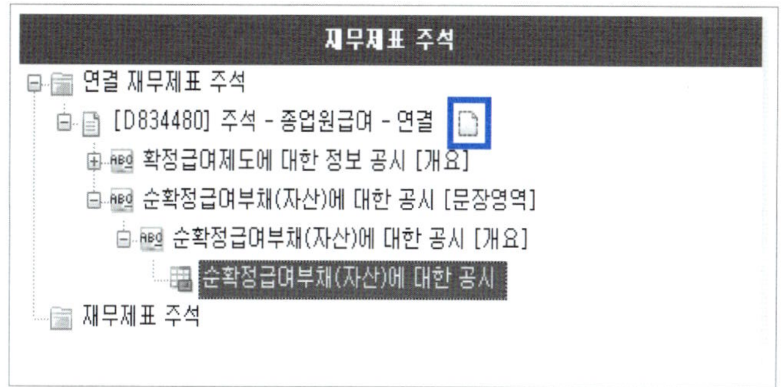

02 생성된 표에 예시를 참고하여 금액을 입력합니다.

순확정급여부채(자산)에 대한 공시

당기 ☐ 당/전기 사용안함 단위: 백만원

	순확정급여부채(자산) [구성요소]		순확정급여부채(자산) [구성요소] 합계
	확정급여채무의 현재가치 [구성요소]	사외적립자산 [구성요소]	
기초 순확정급여부채(자산)	781,000	-794,000	-13,000
당기근무원가, 순확정급여부채(자산)	89,000		89,000
과거근무원가, 순확정급여부채(자산)	0		0
이자비용(수익), 순확정급여부채(자산)	10,000	-5,000	5,000
인구통계적가정의 변동에서 발생하는 보험수리적손실(이익), 순 확정급여부채(자산)	-1,000		-1,000
재무적 가정의 변동에서 발생하는 보험수리적손실(이익), 순 확정급여부채(자산)	95,000		95,000
경험조정에서 발생하는 보험수리적 손실(이익), 순확정급여부채(자산)	-29,000		-29,000
이자에 포함된 금액을 제외한 사외적립자산의 수익, 순확정급여부채(자산)		-10,000	-10,000
기업이 제도에 납입한 기여금, 순확정급여부채(자산)		151,000	151,000
제도에서 지급한 금액, 순확정급여부채(자산)	90,000	-13,000	77,000
사업결합과 사업처분에 의한 증가(감소), 순확정급여부채(자산)	13,000	-2,000	11,000
기타 변동에 의한 증가(감소), 순확정급여부채(자산)	15,000	-40,000	-25,000
기말 순확정급여부채(자산)	753,000	-969,000	-216,000

✓ 금액 입력 시 부호에 대한 설명은 check point에서 설명

03 [미리보기(한글)]을 클릭하여 금액이 잘 반영되었는지 확인합니다.

[D834480] 주석 - 종업원급여 - 연 ×

▌연결 재무제표 주석 > [D834480] 주석 - 종업원급여 - 연결

순확정급여부채(자산)에 대한 공시

당기 (단위 : 백만원)

	순확정급여부채(자산)		순확정급여부채(자산) 합계
	확정급여채무의 현재가치	사외적립자산	
기초 순확정급여부채(자산)	781,000	(794,000)	(13,000)
당기근무원가, 순확정급여부채(자산)	89,000		89,000
과거근무원가, 순확정급여부채(자산)	0		0
이자비용(수익), 순확정급여부채(자산)	10,000	(5,000)	5,000
인구통계적가정의 변동에서 발생하는 보험수리적손실(이익), 순 확정급여부채(자산)	1,000		1,000
재무적 가정의 변동에서 발생하는 보험수리적손실(이익), 순 확정급여부채(자산)	(95,000)		(95,000)
경험조정에서 발생하는 보험수리적 손실(이익), 순확정급여부채(자산)	29,000		29,000
이자에 포함된 금액을 제외한 사외적립자산의 수익, 순확정급여부채(자산)		10,000	10,000
기업이 제도에 납입한 기여금, 순확정급여부채(자산)		(151,000)	(151,000)
제도에서 지급한 금액, 순확정급여부채(자산)	(90,000)	13,000	(77,000)
사업결합과 사업처분에 의한 증가(감소), 순확정급여부채(자산)	13,000	(2,000)	11,000
기타 변동에 의한 증가(감소), 순확정급여부채(자산)	15,000	(40,000)	(25,000)
기말 순확정급여부채(자산)	753,000	(969,000)	(216,000)

주석 작성 | 미리보기(한글) | 미리보기(영어)

▶ Check Point－1

01 예시를 보면 확정급여채무와 사외적립자산의 변동을 각각 공시하고 있습니다.

02 XBRL에서 예시와 동일하게 각각 공시해도 틀린 것은 아니지만 표준 표에 함께 공시하도록 항목들이 생성되어 있으며,

03 각각 공시할 경우 신규 표를 생성하여 반복된 작업을 해야 되므로 하나의 표로 작업하는 것을 추천 드립니다.

순확정급여부채(자산)에 대한 공시

당기 ☐ 당/전기 사용안함 단위: 백만원

	순확정급여부채(자산) [구성요소]		순확정급여부채(자산) [구성요소] 합계
	확정급여채무의 현재가치 [구성요소]	사외적립자산 [구성요소]	
기초 순확정급여부채(자산)	781,000	-794,000	-13,000
당기근무원가, 순확정급여부채(자산)	89,000		89,000
과거근무원가, 순확정급여부채(자산)	0		0
이자비용(수익), 순확정급여부채(자산)	10,000	-5,000	5,000
인구통계적가정의 변동에서 발생하는 보험수리적손실(이익), 순 확정급여부채(자산)	-1,000		-1,000
재무적 가정의 변동에서 발생하는 보험수리적손실(이익), 순 확정급여부채(자산)	95,000		95,000
경험조정에서 발생하는 보험수리적 손실(이익), 순확정급여부채(자산)	-29,000		-29,000
이자에 포함된 금액을 제외한 사외적립자산의 수익, 순확정급여부채(자산)		-10,000	-10,000
기업이 제도에 납입한 기여금, 순확정급여부채(자산)		151,000	151,000
제도에서 지급한 금액, 순확정급여부채(자산)	90,000	-13,000	77,000
사업결합과 사업처분에 의한 증가(감소), 순확정급여부채(자산)	13,000	-2,000	11,000
기타 변동에 의한 증가(감소), 순확정급여부채(자산)	15,000	-40,000	-25,000
기말 순확정급여부채(자산)	753,000	-969,000	-216,000

▶ Check Point–2

01 순확정급여부채(자산)의 변동에 대한 표이므로 **[사외적립자산 [구성요소]]**는 **[확정급여채무의 현재가치 [구성요소]]**에 차감되도록 금액을 입력해야 됩니다.

순확정급여부채(자산)에 대한 공시

당기 ☐ 당/전기 사용안함 단위: 백만원

	순확정급여부채(자산) [구성요소]		순확정급여부채(자산) [구성요소] 합계
	확정급여채무의 현재가치 [구성요소]	사외적립자산 [구성요소]	
기초 순확정급여부채(자산)	781,000	-794,000	-13,000
당기근무원가, 순확정급여부채(자산)	89,000		89,000
과거근무원가, 순확정급여부채(자산)	0		0
이자비용(수익), 순확정급여부채(자산)	10,000	-5,000	5,000
인구통계적가정의 변동에서 발생하는 보험수리적손실(이익), 순 확정급여부채(자산)	-1,000		-1,000
재무적 가정의 변동에서 발생하는 보험수리적손실(이익), 순 확정급여부채(자산)	95,000		95,000
경험조정에서 발생하는 보험수리적 손실(이익), 순확정급여부채(자산)	-29,000		-29,000
이자에 포함된 금액을 제외한 사외적립자산의 수익, 순확정급여부채(자산)		-10,000	-10,000
기업이 제도에 납입한 기여금, 순확정급여부채(자산)		151,000	151,000
제도에서 지급한 금액, 순확정급여부채(자산)	90,000	-13,000	77,000
사업결합과 사업처분에 의한 증가(감소), 순확정급여부채(자산)	13,000	-2,000	11,000
기타 변동에 의한 증가(감소), 순확정급여부채(자산)	15,000	-40,000	-25,000
기말 순확정급여부채(자산)	753,000	-969,000	-216,000

✓ 재고자산 공시에서 총장부금액 [구성요소]에서 평가충당금 [구성요소]가 차감되도록 금액을 입력한 것과 동일한 방법

▶ Check Point–3

01 예시와 동일한 부호로 금액을 입력하고 미리보기를 할 경우 재측정요소, 제도에 납입 및 지급한 항목은 부호가 반대로 표시됩니다.

[D834480] 주석 - 종업원급여 - 연 ×

연결 재무제표 주석 > [D834480] 주석 - 종업원급여 - 연결

순확정급여부채(자산)에 대한 공시

당기 (단위 : 백만원)

	순확정급여부채(자산)		순확정급여부채(자산) 합계
	확정급여채무의 현재가치	사외적립자산	
기초 순확정급여부채(자산)	781,000	(794,000)	(13,000)
당기근무원가, 순확정급여부채(자산)	89,000		89,000
과거근무원가, 순확정급여부채(자산)	0		0
이자비용(수익), 순확정급여부채(자산)	10,000	(5,000)	5,000
인구통계적가정의 변동에서 발생하는 보험수리적손실(이익), 순 확정급여부채(자산)	1,000		1,000
재무적 가정의 변동에서 발생하는 보험수리적손실(이익), 순 확정급여부채(자산)	(95,000)		(95,000)
경험조정에서 발생하는 보험수리적 손실(이익), 순확정급여부채(자산)	29,000		29,000
이자에 포함된 금액을 제외한 사외적립자산의 수익, 순확정급여부채(자산)		10,000	10,000
기업이 제도에 납입한 기여금, 순확정급여부채(자산)		(151,000)	(151,000)
제도에서 지급한 금액, 순확정급여부채(자산)	(90,000)	13,000	(77,000)
사업결합과 사업처분에 의한 증가(감소), 순확정급여부채(자산)	13,000	(2,000)	11,000
기타 변동에 의한 증가(감소), 순확정급여부채(자산)	15,000	(40,000)	(25,000)
기말 순확정급여부채(자산)	753,000	(969,000)	(216,000)

주석 작성 | 미리보기(한글) | 미리보기(영어)

02 동 항목의 속성을 보면 [기본(negated)]로 사전에 설정되어 있으므로 예시와 반대의 부호로 입력해야 예시와 동일하게 표시됩니다.

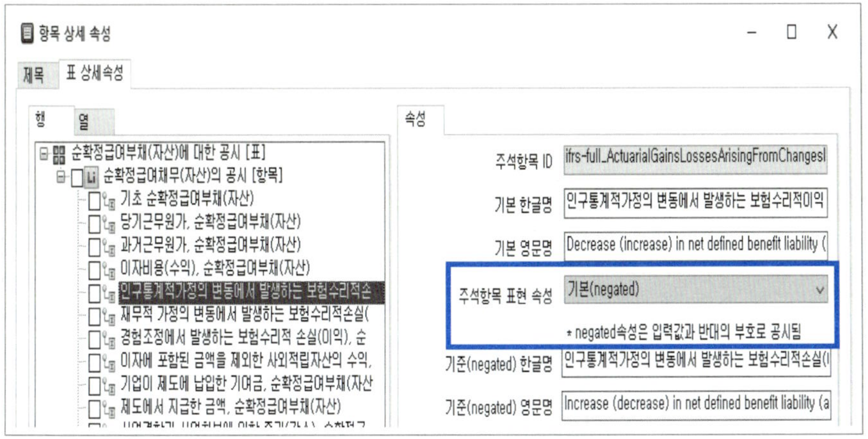

▶ **Check Point – 4**

01 예시의 주기를 보면 기타 항목은 '환율변동에 의한 증감액 등을 포함하고 있음'으로 공시하고 있습니다.

사업결합	13,000	255,000
기타(*)	15,000	21,000
기말금액	753,000	781,000

(*) 기타는 환율변동에 의한 증감액 등을 포함하고 있습니다.

02 동 항목은 기준서에 별도로 언급되어 있으며 IFRS ID도 존재하기 때문에 기타 항목에서 분리하여 공시하는 것을 고려할 수 있습니다.

141 문단 140에서 열거한 각 조정내용은 다음 사항(해당되는 경우)을 공시한다.

(1) 당기근무원가

(2) 이자수익이나 이자비용

(3) 순확정급여부채(자산)의 재측정요소에 대하여 다음을 각각 구분하여 공시한다.

(가) 사외적립자산의 수익(위 (2)의 이자에 포함된 금액 제외)

(나) 인구통계적 가정의 변동에서 생기는 보험수리적손익(문단 76(1) 참조)

(다) 재무적 가정의 변동에서 생기는 보험수리적손익(문단 76(2) 참조)

(라) 순확정급여자산을 자산인식상한으로 제한하는 영향의 변동(위 (2)의 이자에 포함된 금액 제외). 그리고 이용할 수 있는 최대의 경제적 효익을 결정한 방법, 즉 이 경제적 효익이 환급의 형태인지 또는 미래기여금 감소의 형태인지 아니면 둘을 혼합한 형태인지를 공시한다.

(4) 과거근무원가와 정산 손익. 문단 100에서 허용하는 바와 같이, 과거근무원가와 정산 손익이 동시에 생기는 경우 이를 구분할 필요는 없다.

(5) 환율변동의 영향

(6) 제도에 납부하는 기여금. 기업이 납부한 기여금과 제도가입자가 납부한 기여금을 별도로 구분한다.

(7) 제도에서 지급한 금액. 정산하기 위해 지급한 금액을 별도로 구분한다.

(8) 사업결합과 사업처분의 영향

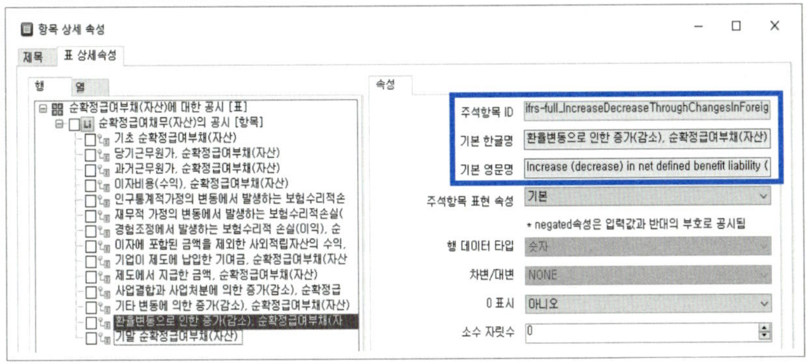

(3) 손익으로 인식된 비용 주석 작성

라. 당기 및 전기에 손익으로 인식된 비용은 다음과 같습니다.

(단위 : 백만원)

구 분	당 기	전 기
이자원가	10,000	3,000
사외적립자산의 이자수익	(5,000)	(3,000)
당기근무원가	89,000	67,000
과거근무원가	–	1,000
합 계	94,000	68,000

MEMO

▶ 신규표 생성

01 [[D834480] 주석 – 종업원급여 – 연결]에 우클릭하고 [주석항목 리스트에서 가져오기]를 선택합니다.

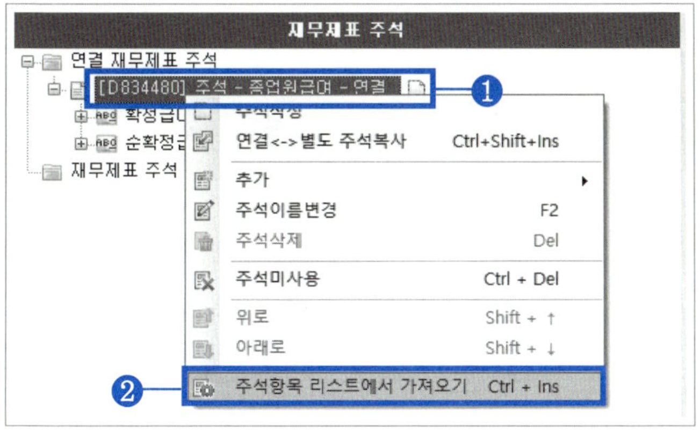

✓ 종업원급여 주석 안에서 표를 생성해야 하므로 '연결 재무제표 주석'이 아닌 '종업원급여'에 우클릭하여 주석항목 리스트 가져오기

02 [[D834480] 주석 – 종업원급여 – 연결] 안에 예시 (3)번과 관련된 표가 없으므로 [취소]를 클릭하고 다시 [[D834480] 주석 – 종업원급여 – 연결]에 우클릭하여 [추가] 및 [표상자 추가]를 선택합니다.

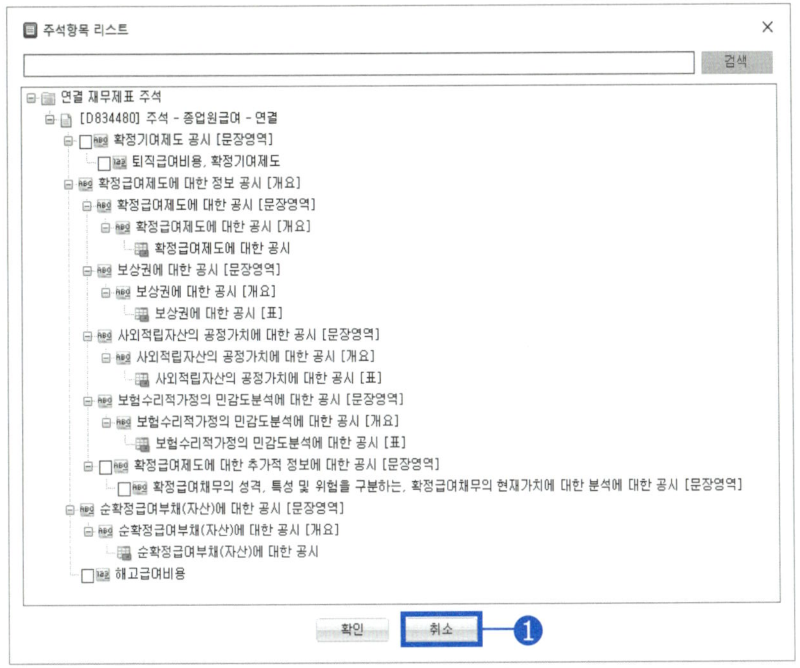

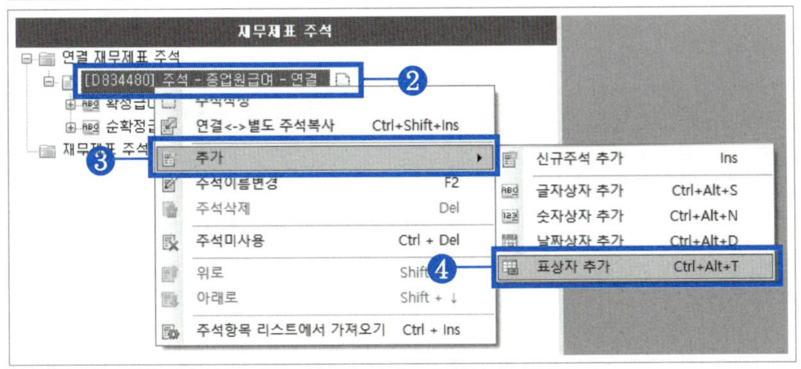

▶ 제목 탭 설정

01 [제목]에서 한글 및 영문명을 설정하고 [단위설정]에서 [단위목록]을 클릭하여 [백만원]을 선택합니다. 그리고 [비교표시설정]*을 확인합니다.

* 분/반기 검토인 경우 [3개월/누적 사용] 설정 필요

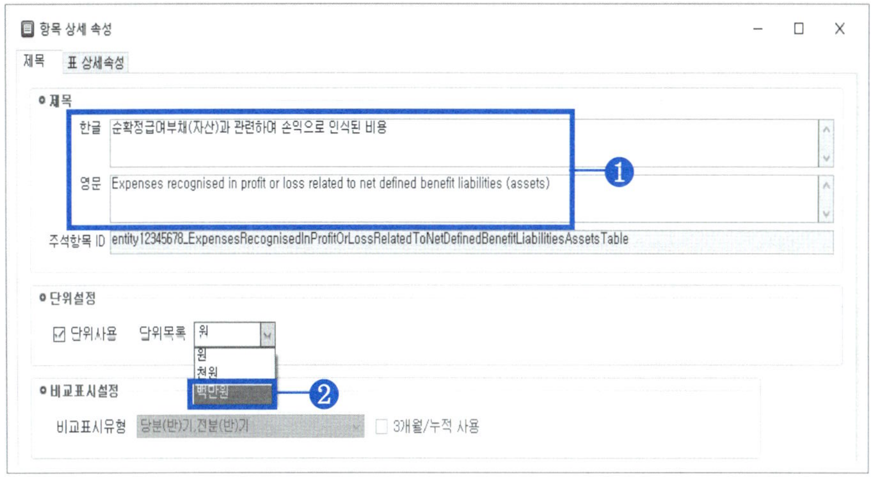

▶ 표 상세속성–행 탭 작업

01 [표 상세속성]을 클릭하고 [제목 [항목]]을 우클릭하여 [Item(아이템) 추가]를 선택합니다.

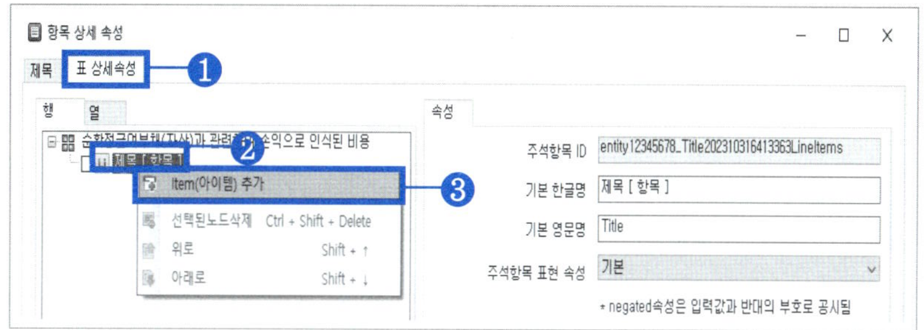

✓ 제목 [항목]의 기본 한글명과 영문명은 [제목] 탭의 한글 및 영문과 동일하게 입력

02 [주석항목 검색]을 클릭하고 “, 확정급여제도”를 검색하여 아래 항목들을 선택(체크박스 클릭)하고 [확인]을 선택합니다.

03 (2)번에 사용한 아래 항목들을 추가하지 않은 이유는 해당 항목은 순확정급여부채(자산)의 변동에 사용된 ID이며, 특히 [이자비용(수익), 순확정급여부채(자산)] 항목을 사용한다면 이자비용 및 이자수익이 하나의 행으로 표시되므로 동 항목의 구분을 위해 [열] 탭에 (2)번과 동일한 [구성요소] 항목(확정급여채무 및 사외적립자산)을 추가해야 되고, 예시와 표 구성이 달라지기 때문입니다.

prefix	name	label
ifrs-full	CurrentServiceCostNetDefinedBenefitLiabilityAsset	당기근무원가, 순확정급여부채(자산)
ifrs-full	InterestExpenseIncomeNetDefinedBenefitLiabilityAsset	이자비용(수익), 순확정급여부채(자산)
ifrs-full	PastServiceCostAndGainsLossesArisingFromSettlementsNetDefinedBenefitLiabilityAssetAbstract	과거근무원가 및 정산으로 인한 이익(손실), 순확정급여부채(자산) [개요]
ifrs-full	PastServiceCostNetDefinedBenefitLiabilityAsset	과거근무원가, 순확정급여부채(자산)
ifrs-full	GainsLossesArisingFromSettlementsNetDefinedBenefitLiabilityAsset	정산으로 인한 손실(이익), 순확정급여부채(자산)
ifrs-full	PastServiceCostAndGainsLossesArisingFromSettlementsNetDefinedBenefitLiabilityAsset	순과거근무원가와 정산으로 인한 이익(손실), 순확정급여부채(자산)
ifrs-full	IncreaseDecreaseInNetDefinedBenefitLiabilityAssetResultingFromExpenseIncomeInProfitOrLoss	당기손익으로 인식된 비용(수익)으로 인한 순확정급여부채(자산)의 증가(감소) 합계

▶ 표 상세속성-열 탭 작업

01 [열] 탭을 클릭하고 [순확정급여부채(자산)과 관련하여 손익으로 인식된 비용]에 우클릭하여 [축 추가]를 선택합니다.

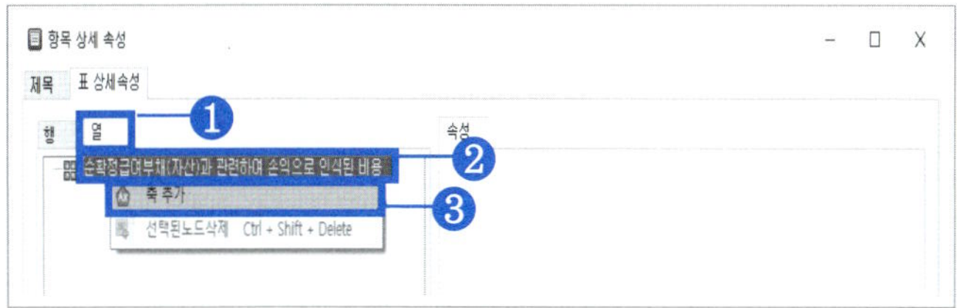

02 [주석항목 검색]을 클릭하고 "장부금액"을 검색하여 [장부금액, ~[축]]을 선택(체크박스 클릭)하고 [확인]을 클릭합니다.

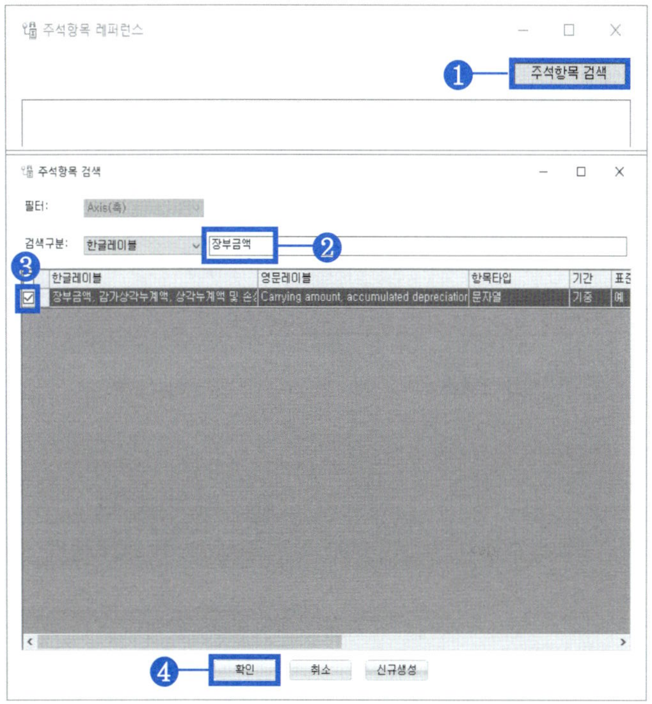

03 [장부금액 [구성요소]]를 우클릭하여 [Member(멤버) 추가]를 선택합니다.

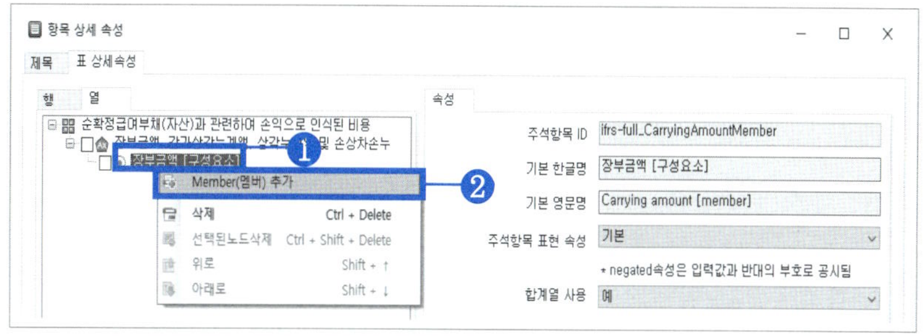

04 [주석항목 검색]을 클릭하고 "공시금액"을 검색하여 [공시금액 [구성요소]]를 선택(체크박스 클릭)한 후 [확인]을 누릅니다.

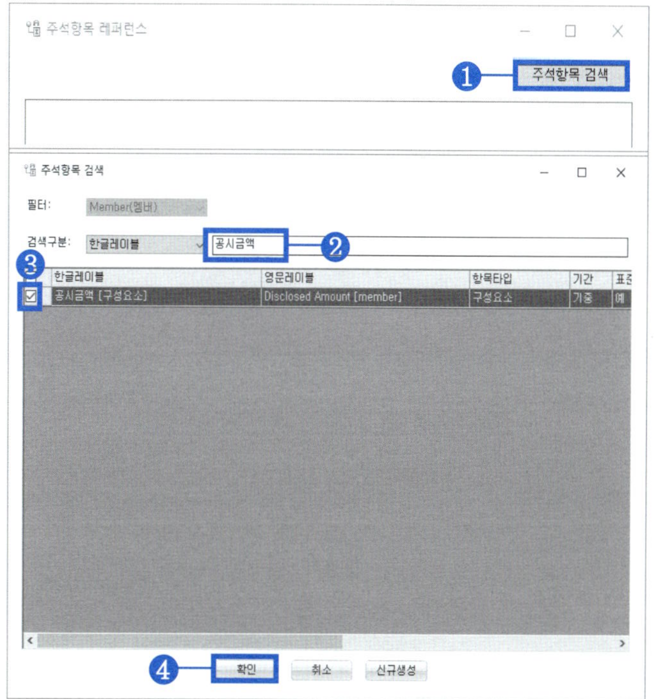

05 [장부금액 [구성요소]]를 클릭하여 [합계열 사용]을 [아니오]로 선택하고 [확인]을 클릭합니다.

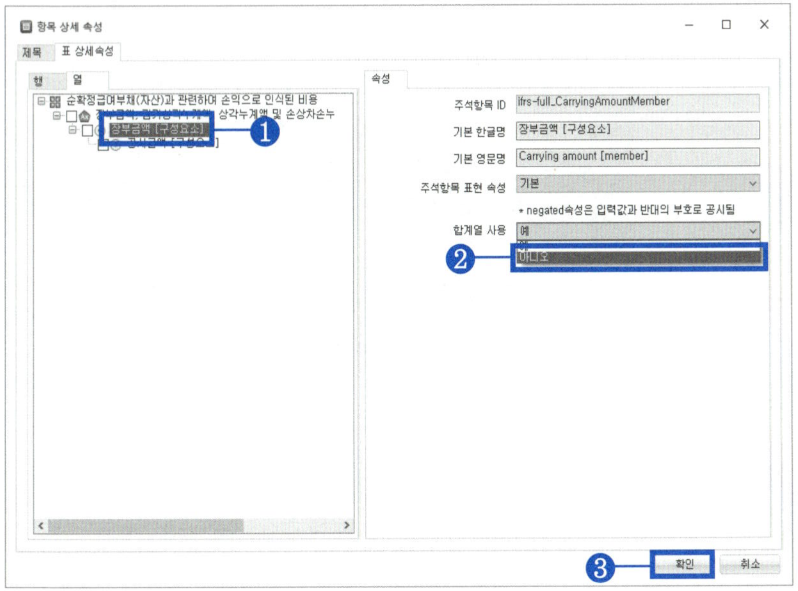

▶ 금액 입력

01 [[D834480] 주석 – 종업원급여 – 연결] 우측 아이콘을 클릭하여 표를 생성합니다.

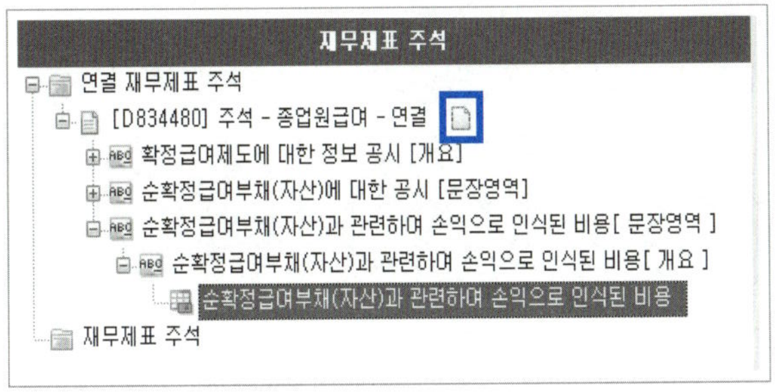

02 생성된 표에 예시를 참고하여 금액을 입력합니다.

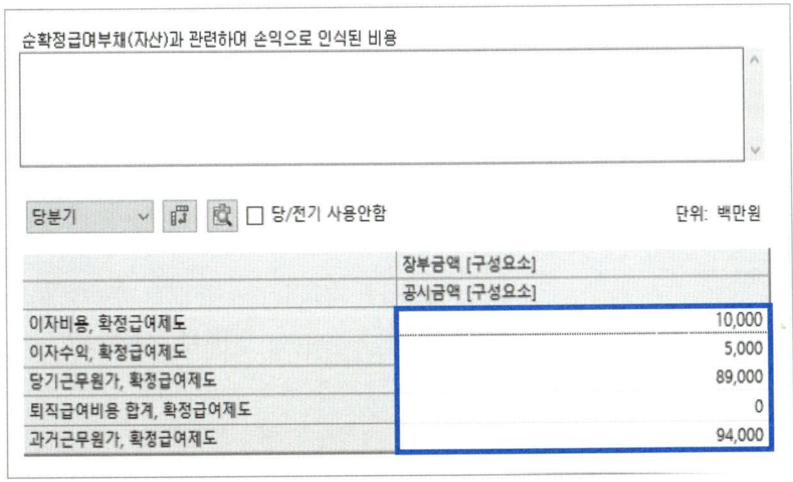

✓ 이자수익, 확정급여제도는 차감항목으로 설정되어 있으므로 양수 입력

03 [미리보기(한글)]을 클릭하여 금액이 잘 반영되었는지 확인합니다.

순확정급여부채(자산)과 관련하여 손익으로 인식된 비용

당분기 (단위 : 백만원)

	장부금액
	공시금액
이자비용, 확정급여제도	10,000
이자수익, 확정급여제도	(5,000)
당기근무원가, 확정급여제도	89,000
퇴직급여비용 합계, 확정급여제도	0
과거근무원가, 확정급여제도	94,000

전분기 (단위 : 백만원)

	장부금액
	공시금액
이자비용, 확정급여제도	
이자수익, 확정급여제도	
당기근무원가, 확정급여제도	
퇴직급여비용 합계, 확정급여제도	
과거근무원가, 확정급여제도	

주석 작성 | 미리보기(한글) | 미리보기(영문)

(4) 사외적립자산의 구성내역 주석 작성

마. 당기말과 전기말 현재 사외적립자산의 구성내역은 다음과 같습니다.

(단위 : 백만원)

구 분	당기말	전기말
확정이율보장형상품	968,000	786,000
기 타	1,000	8,000
합 계	969,000	794,000

MEMO

XBRL 비금융업 주석 작성 한 권으로 끝내기

≪ XBRL 편집기 작성 따라하기 ≫

▶ 표준 표 생성

01 [[D834480] 주석 – 종업원급여 – 연결]을 우클릭하여 [주석항목 리스트에서 가져오기]를 선택합니다.

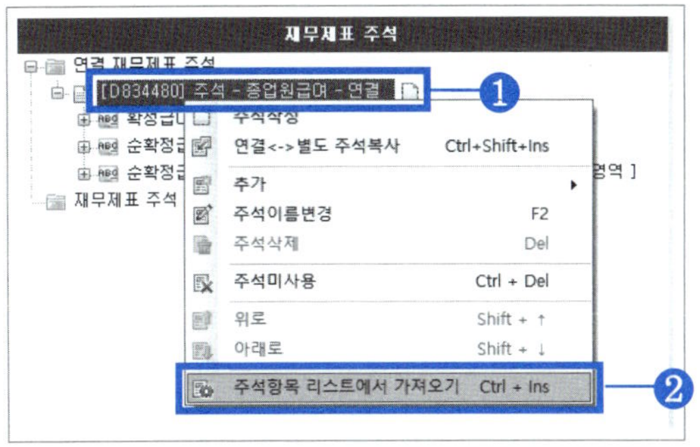

02 [사외적립자산의 공정가치에 대한 공시 [표]]를 선택(체크박스 클릭)하고 [확인]을 클릭합니다.

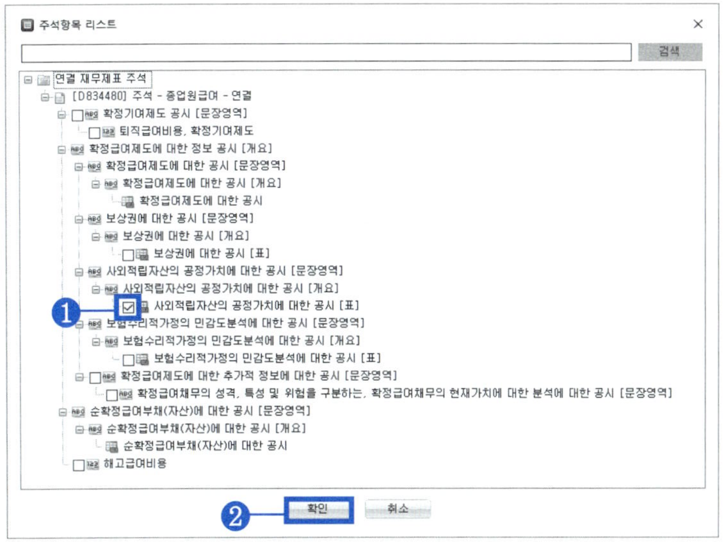

▶ 제목 탭 설정

01 [사외적립자산의 공정가치에 대한 공시 [표]]에 우클릭하여 [속성]을 선택합니다.

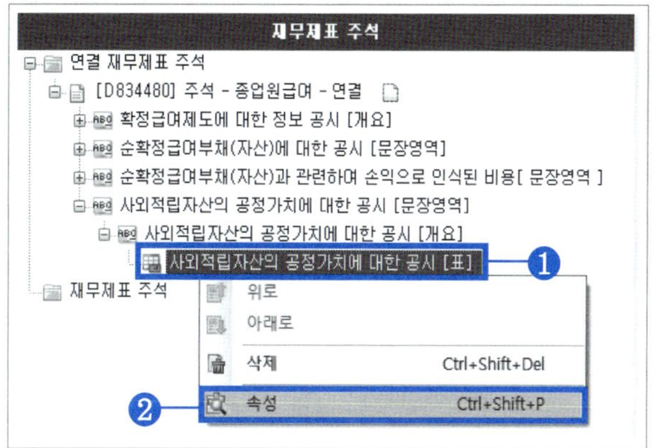

02 [단위설정]에서 [단위목록]을 클릭하여 [백만원]을 선택하고 [제목][*1]과 [비교표시설정][*2]을 확인합니다.

*1 표준 표가 아닌 신규 표를 추가하는 경우 별도 설정(한글/영문명) 필요

*2 분/반기 검토인 경우 [3개월/누적 사용] 설정 필요

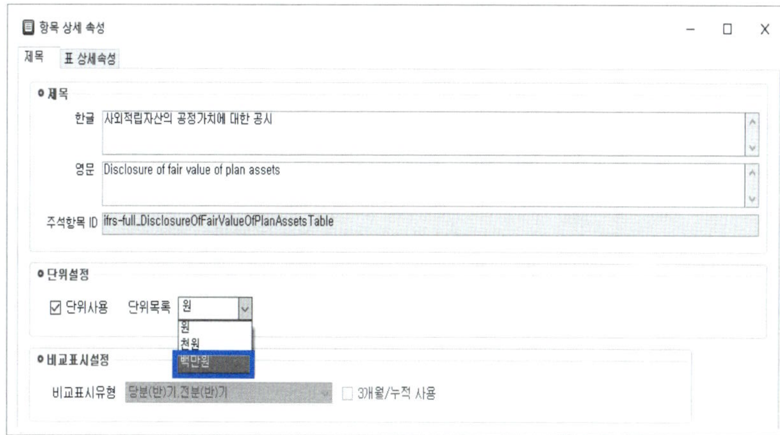

▶ 표 상세속성–행 탭 작업

01 [표 상세속성]을 클릭하고 [사외적립자산의 종류, 공정가치 화폐금액 및 금액비율 [개요]]를 모두 선택(체크박스 클릭)하여 우클릭 및 [선택된노드삭제]를 클릭합니다.

✓ 사외적립자산의 종류, 공정가치 화폐금액 [개요] 하위 항목들을 사용함에도 삭제한 이유는 예시와 동일하게 표시하기 위함이며 삭제하지 않고 하위 항목들을 추가해도 무방함

02 [사외적립자산의 공정가치에 대한 공시 [항목]]을 우클릭하여 [Item(아이템) 추가]를 선택합니다.

03 [사외적립자산의 종류, 공정가치 화폐금액 [개요]]의 왼쪽 아이콘⊞을 클릭하고 사용할 항목들을 선택(체크박스 클릭)하여 [확인]을 클릭합니다.

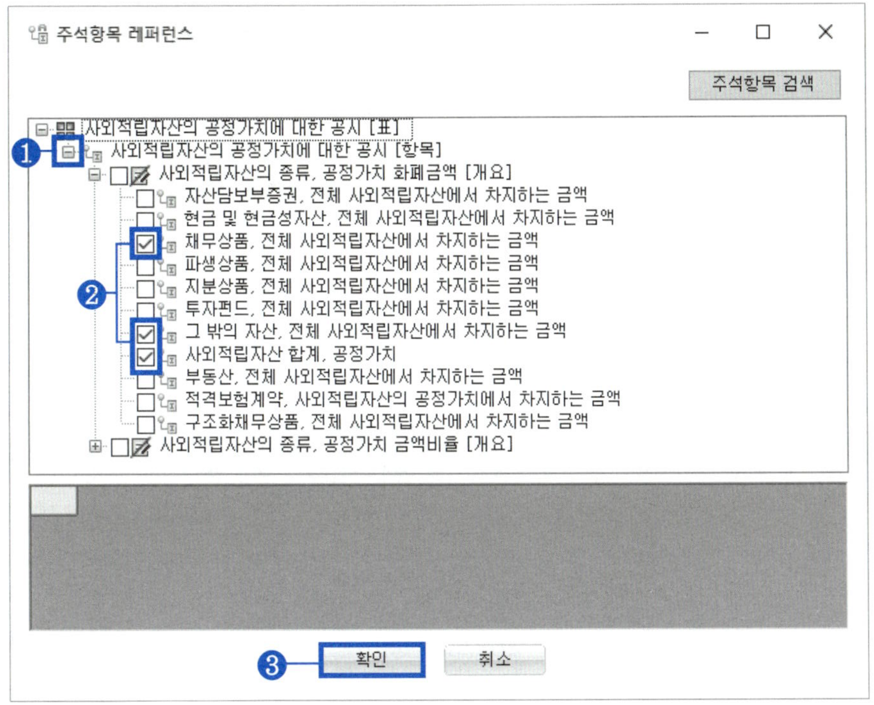

▶ 표 상세속성－열 탭 작업

01 [열] 탭을 클릭하여 사용하지 않는 항목들을 선택(체크박스 클릭)하고 우클릭하여 [선택된노드삭제]를 선택합니다.

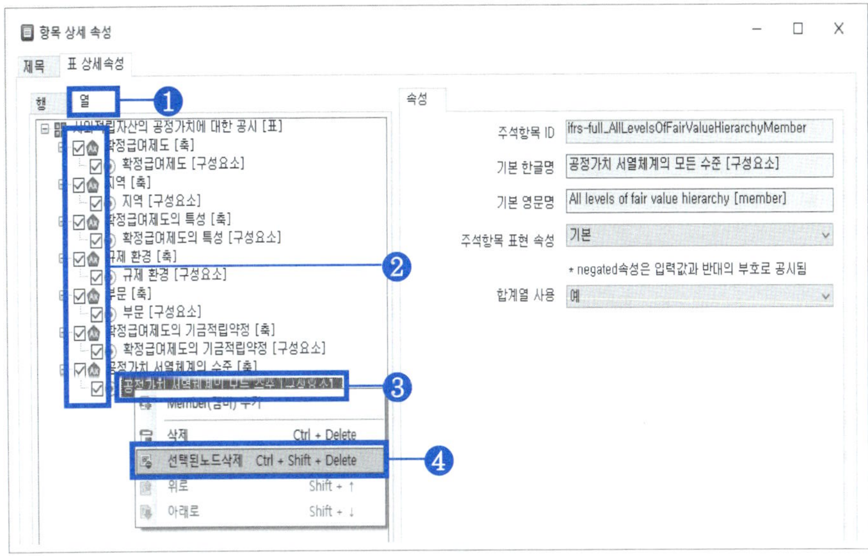

02 [사외적립자산의 공정가치에 대한 공시 [표]]를 우클릭하여 [축 추가]를 선택합니다.

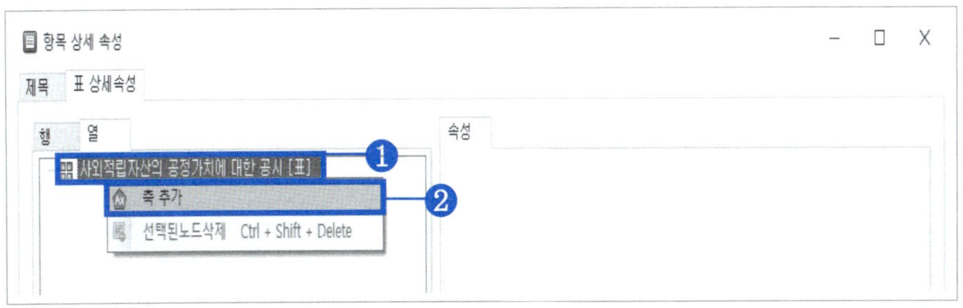

03 [주석항목 검색]을 클릭하고 "장부금액"을 검색하여 [장부금액, ~ [축]]을 선택(체크박스 클릭)한 후 [확인]을 클릭합니다.

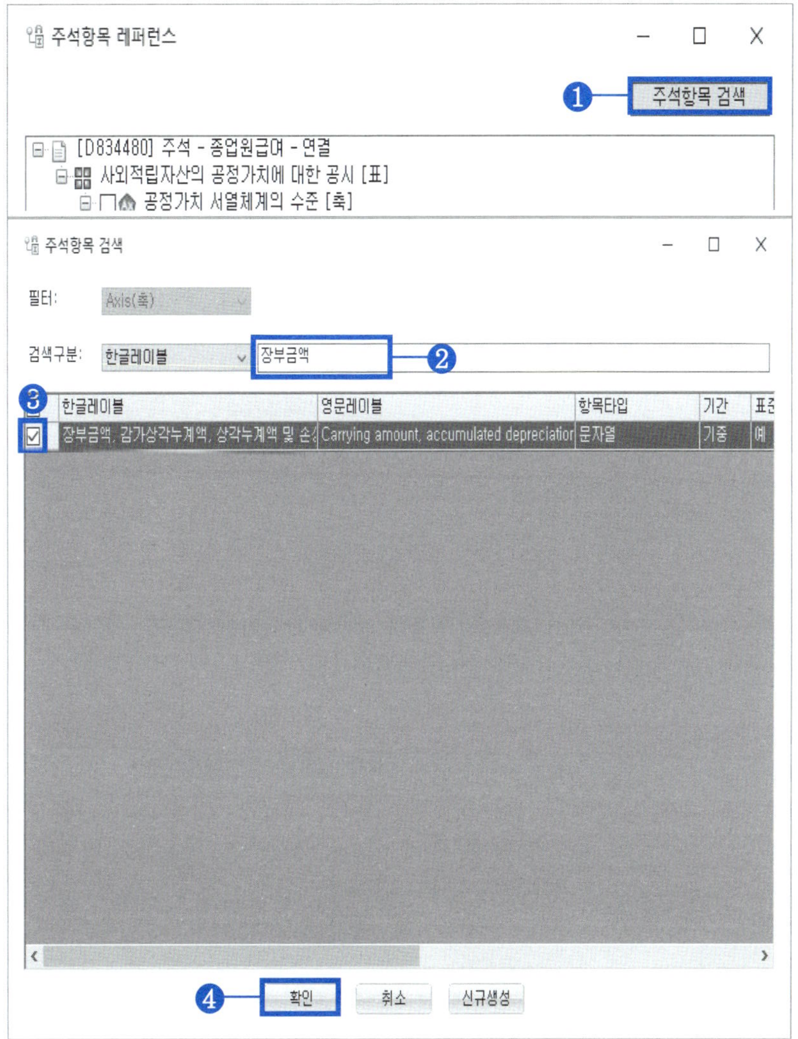

04 [장부금액 [구성요소]]를 우클릭하여 [Member(멤버) 추가]를 선택합니다.

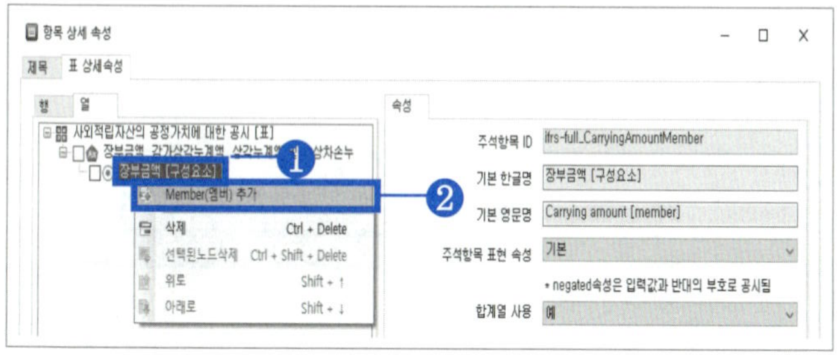

05 [주석항목 검색]을 클릭하고 "공시금액"을 검색하여 [공시금액 [구성요소]]를 선택(체크박스 클릭)한 후 모든 창의 [확인]을 클릭합니다.

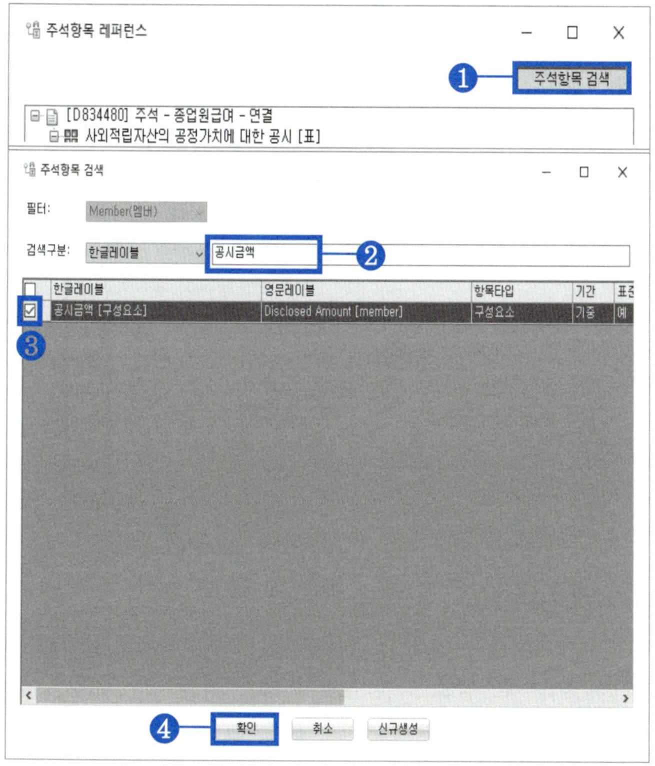

▶ 금액 입력

01 [[D834480] 주석 - 종업원급여 - 연결] 우측 아이콘을 클릭하여 표를 생성합니다.

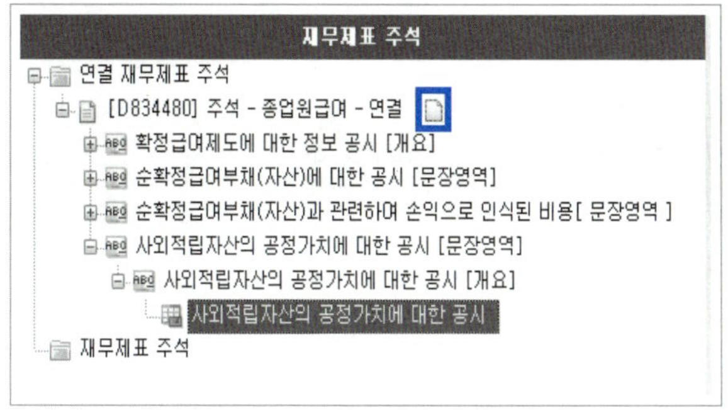

02 생성된 표에 예시를 참고하여 금액을 입력합니다.

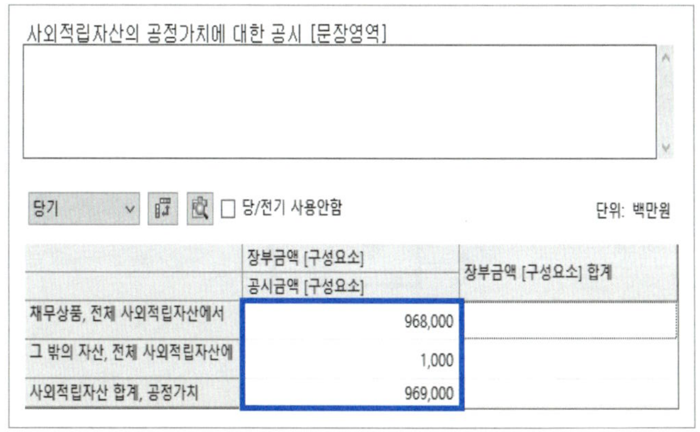

03 [미리보기(한글)]을 클릭하여 금액이 잘 반영되었는지 확인합니다.

[D834480] 주석 - 종업원급여 - 연 ✕

연결 재무제표 주석 > [D834480] 주석 - 종업원급여 - 연결

이자비용, 확정급여제도	
이자수익, 확정급여제도	
당기근무원가, 확정급여제도	
과거근무원가, 확정급여제도	
퇴직급여비용 합계, 확정급여제도	

사외적립자산의 공정가치에 대한 공시 [문장영역]

사외적립자산의 공정가치에 대한 공시

당기 (단위 : 백만원)

	장부금액	장부금액
	공시금액	
채무상품, 전체 사외적립자산에서 차지하는 금액	968,000	
그 밖의 자산, 선체 사외석립자산에서 차지하는 금액	1,000	
사외적립자산 합계, 공정가치	969,000	

전기 (단위 : 백만원)

	장부금액	장부금액
	공시금액	
채무상품, 전체 사외적립자산에서 차지하는 금액		
그 밖의 자산, 전체 사외적립자산에서 차지하는 금액		
사외적립자산 합계, 공정가치		

주석 작성 | 미리보기(한글) | 미리보기(영문)

MEMO

(5) 주요 보험수리적 가정 주석 작성

바. 주요 보험수리적 가정

당기말 및 전기말 현재 보험수리적 평가를 위하여 사용된 주요 추정은 다음과 같습니다.

구 분	당기말	전기말
기말 할인율	5.32~13.50%	2.09~10.80%
미래임금인상률	1.00~13.78%	0.70~8.50%

MEMO

≪ XBRL 편집기 작성 따라하기 ≫

▶ 신규 표 생성

01 [[D834480] 주석 – 종업원급여 – 연결]을 우클릭하고 [주석항목 리스트에서 가져오기]를 선택합니다.

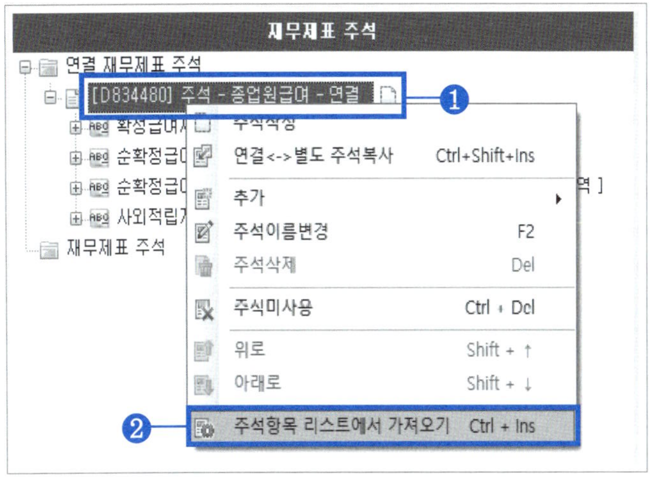

02 [[D834480] 주석 – 종업원급여 – 연결] 안에 예시 (5)번과 관련된 표가 없으므로 취소를 클릭하고 다시 [[D834480] 주석 – 종업원급여 – 연결]에 우클릭하여 [추가] 및 [표상자 추가]를 선택합니다.

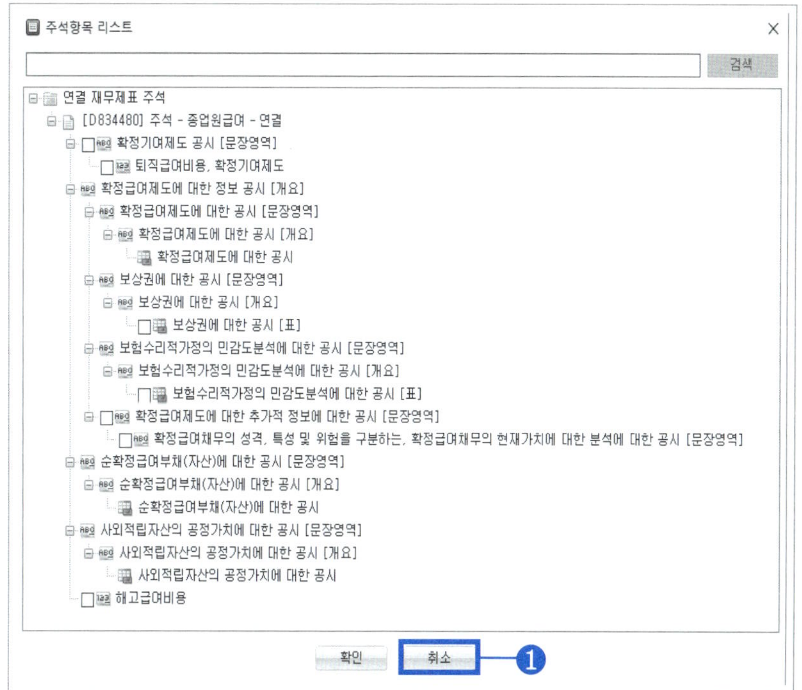

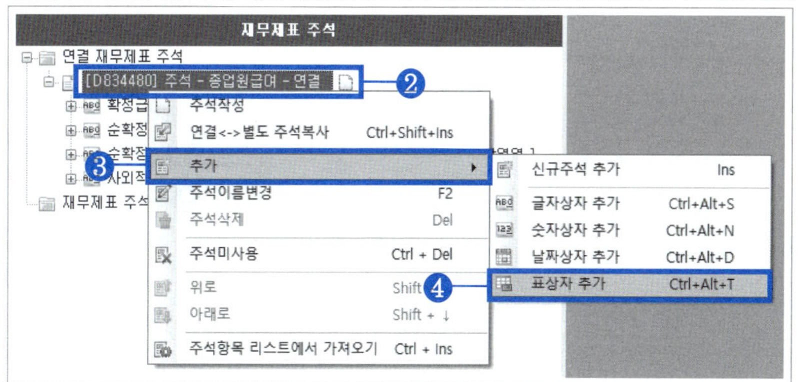

▶ 제목 탭 설정

01 [제목]에서 한글 및 영문명을 설정하고 [단위설정]과 [비교표시설정]*을 확인합니다.

* 분/반기 검토인 경우 [3개월/누적 사용] 설정 필요

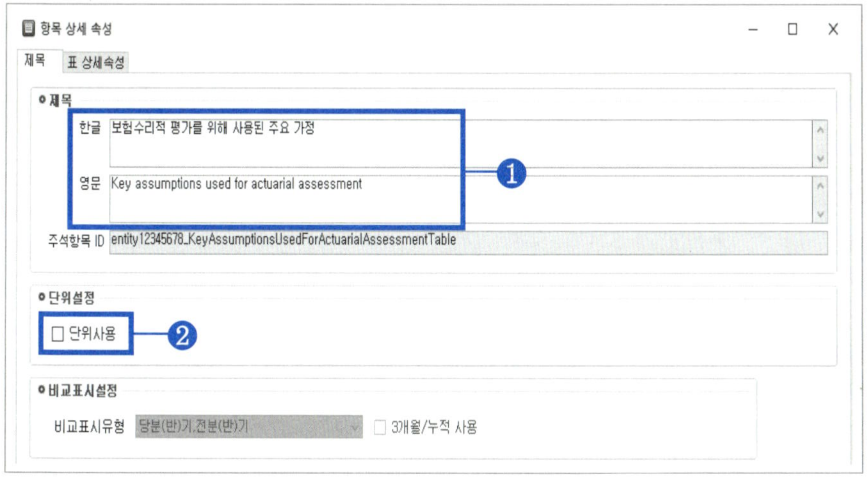

▶ 표 상세속성–행 탭 작업

01 [제목 [항목]]에 우클릭하여 [Item(아이템) 추가]를 선택합니다.

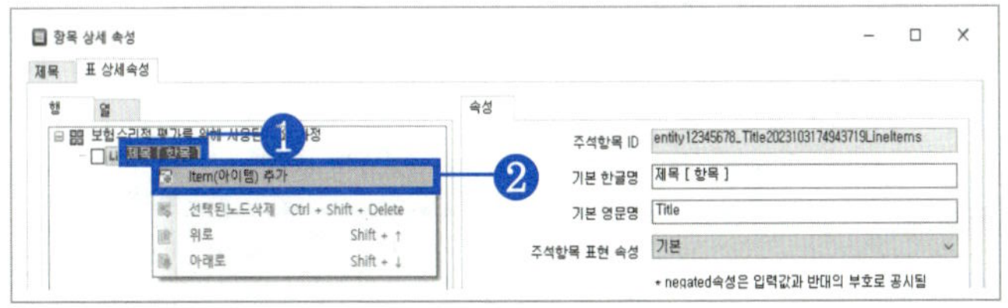

✓ 제목 [항목]의 기본 한글명과 영문명은 [제목] 탭의 한글 및 영문과 동일하게 입력

02 [주석항목 검색]을 클릭합니다. ", 보험수리적 가정"을 검색하여 **할인율 및 미래임금상승률**을 선택(체크박스 클릭)하고 [확인]을 클릭합니다.

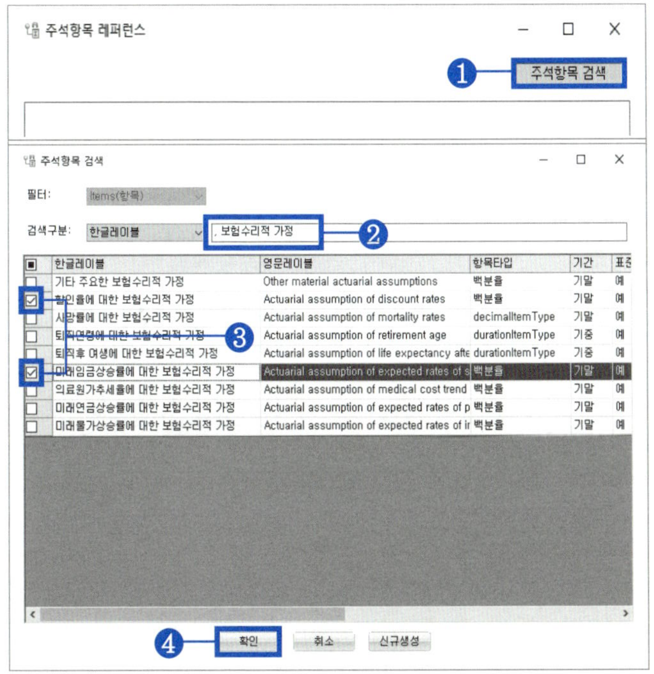

▶ 표 상세속성–열 탭 작업

01 [열]을 클릭하고 [보험수리적 ~ 가정]에 우클릭하여 [축 추가]를 선택합니다.

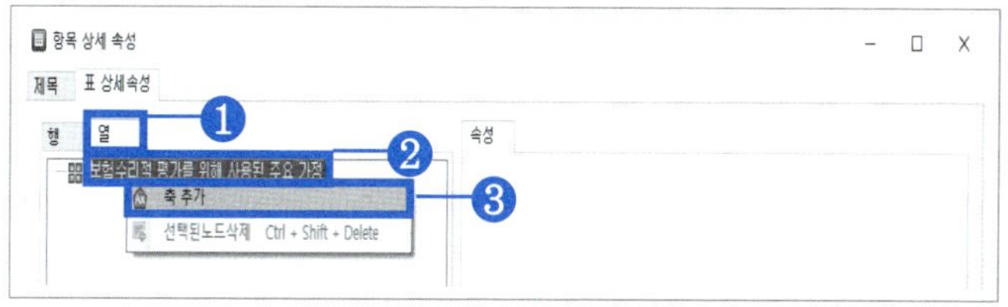

02 [주석항목 검색]을 클릭하고 "범위"를 검색하여 [범위 [축]]을 선택(체크박스 클릭)한 후 [확인]을 클릭합니다.

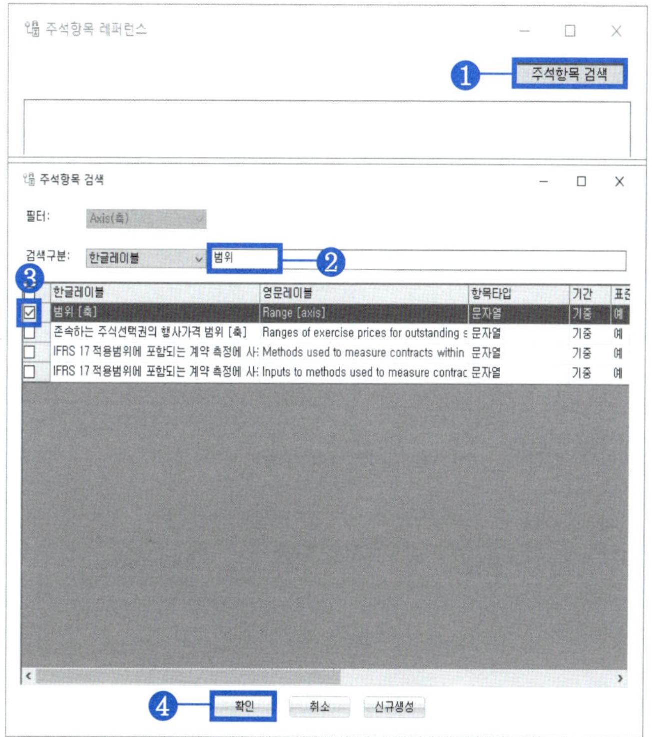

03 소수점을 입력해야 되므로 [할인율에 대한 보험수리적 가정]을 클릭하여 [소수자릿수]를 '0'에서 '4'로 기입합니다.

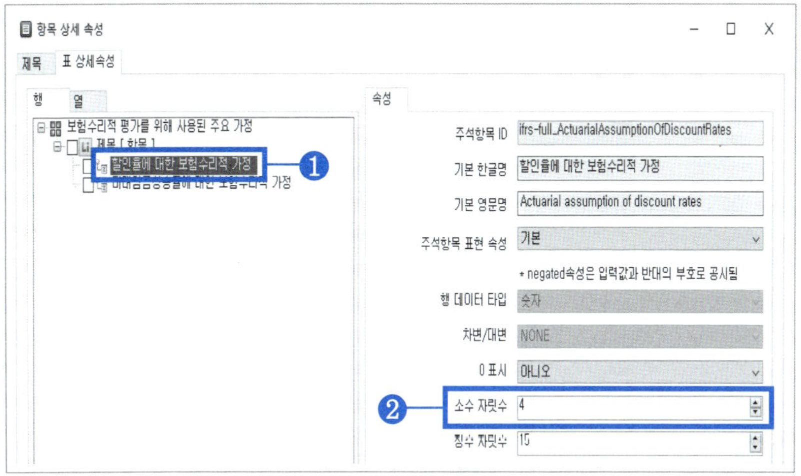

04 [미래임금상승률에 대한 보험수리적 가정]도 동일한 방법으로 작업합니다.

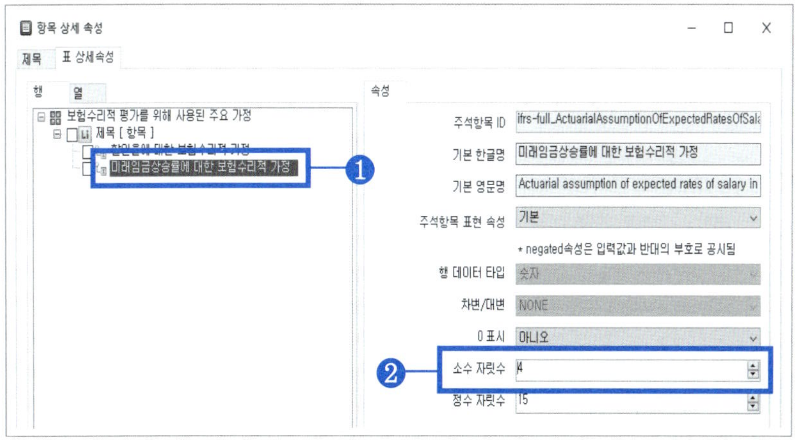

03 [범위 [구성요소]]를 우클릭하여 [Member(멤버) 추가]를 선택합니다.

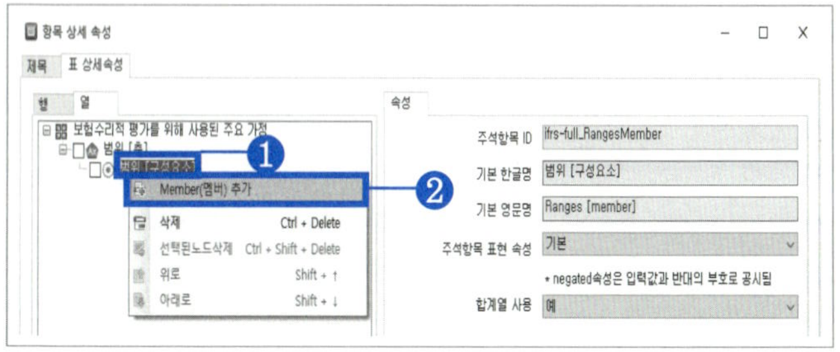

04 [주석항목 검색]을 클릭하고 "범위"를 검색하여 [하위 및 상위범위 [구성요소]]를 선택(체크박스 클릭)한 후 [확인]을 클릭합니다.

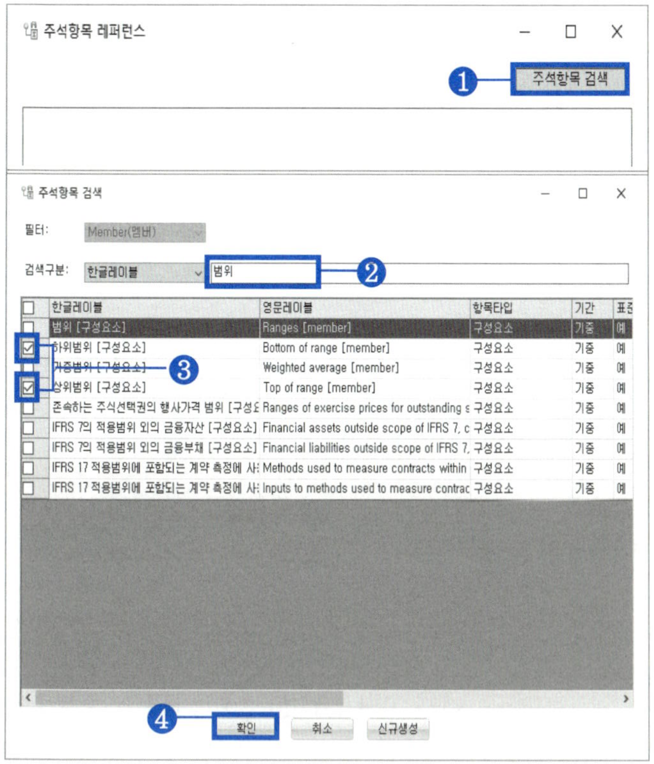

05 [범위 [구성요소]]를 클릭하여 [합계열 사용]을 [아니오]로 선택하고 [확인]을 클릭합니다.

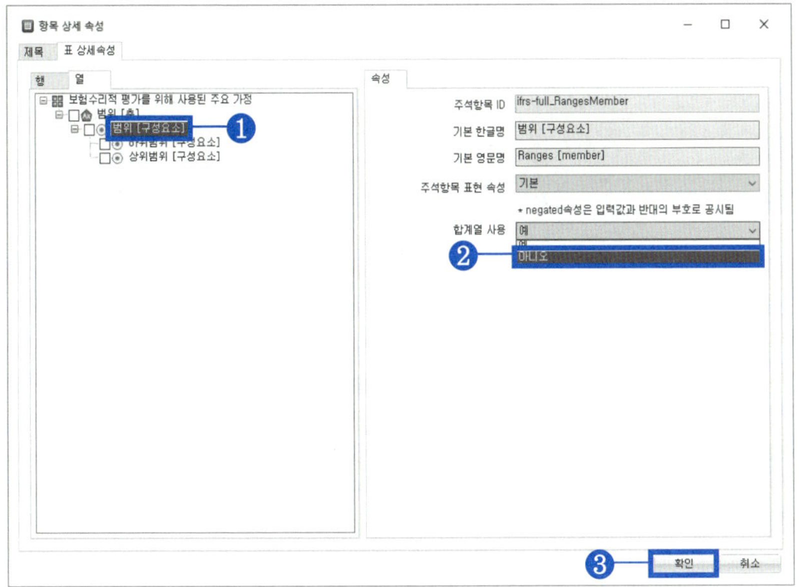

▶ **데이터 입력**

01 [[D834480] 주석-종업원급여-연결]의 우측 아이콘을 클릭하여 표를 생성합니다.

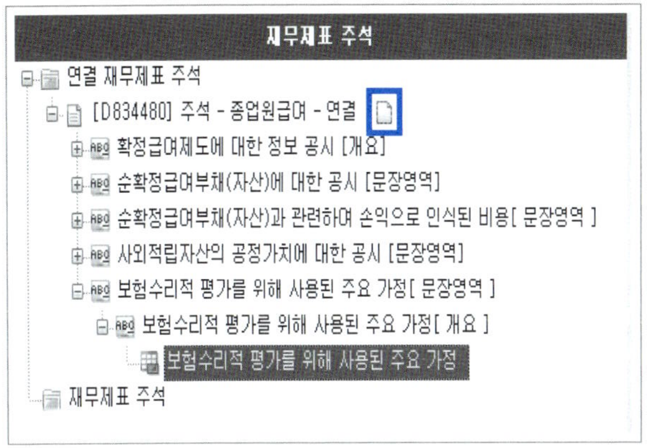

02 생성된 표에 예시를 참고하여 데이터를 입력합니다.

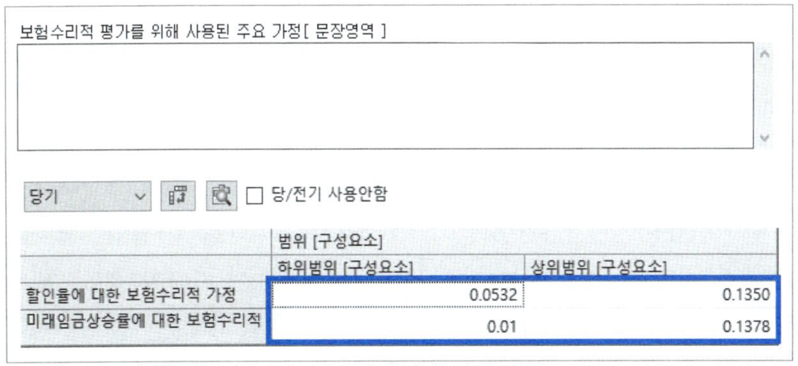

03 [미리보기(한글)]을 클릭하여 데이터가 잘 반영되었는지 확인합니다.

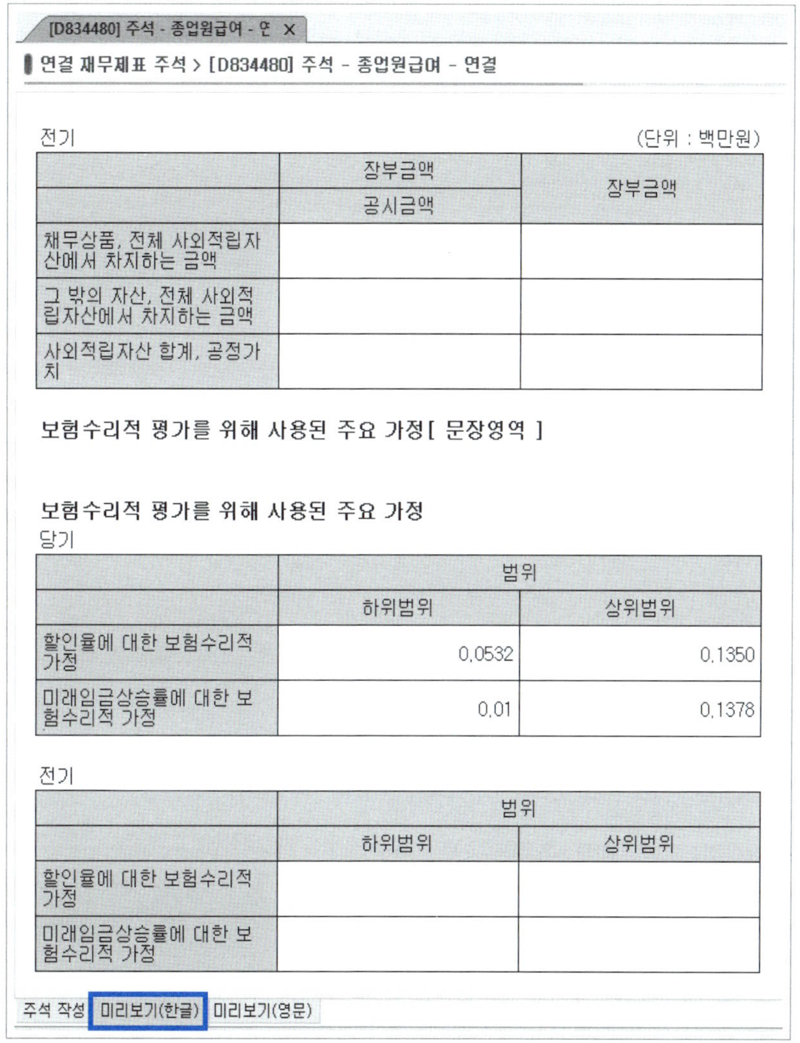

(6) 민감도 분석 주석 작성

사. 당기말 및 전기말 현재 유의적인 보험수리적 가정에 대한 민감도 분석은 다음과 같습니다.

(단위 : 백만원)

구 분	당기말		전기말	
	증 가	감 소	증 가	감 소
기말 할인율 (1% 변동)	(43,000)	49,000	(56,000)	64,000
미래임금인상률 (1% 변동)	50,000	(45,000)	64,000	(56,000)

MEMO

≪ XBRL 편집기 작성 따라하기 ≫

▶ 표준 표 생성

01 [[D834480] 주석 - 종업원급여 - 연결]을 우클릭하여 [주석항목 리스트에서 가져오기]를 선택합니다.

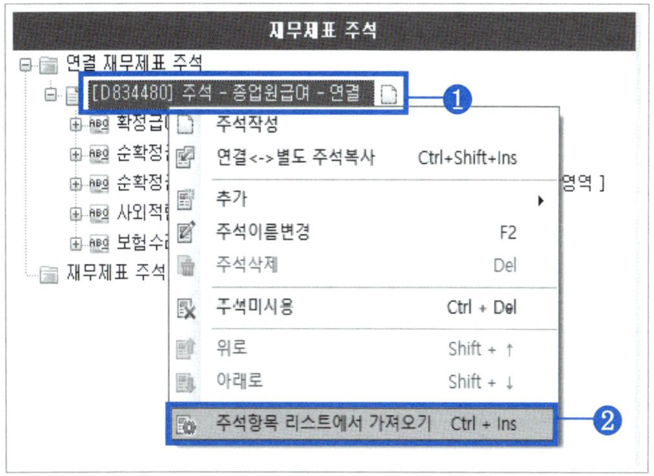

✓ 종업원급여 주석 안에서 표를 생성해야 하므로 '연결 재무제표 주석'이 아닌 '종업원급여'에 우클릭하여 주석항목 리스트 가져오기

02 [보험수리적가정의 민감도분석에 대한 공시 [표]]를 선택(체크박스 클릭)하고 [확인]을 클릭합니다.

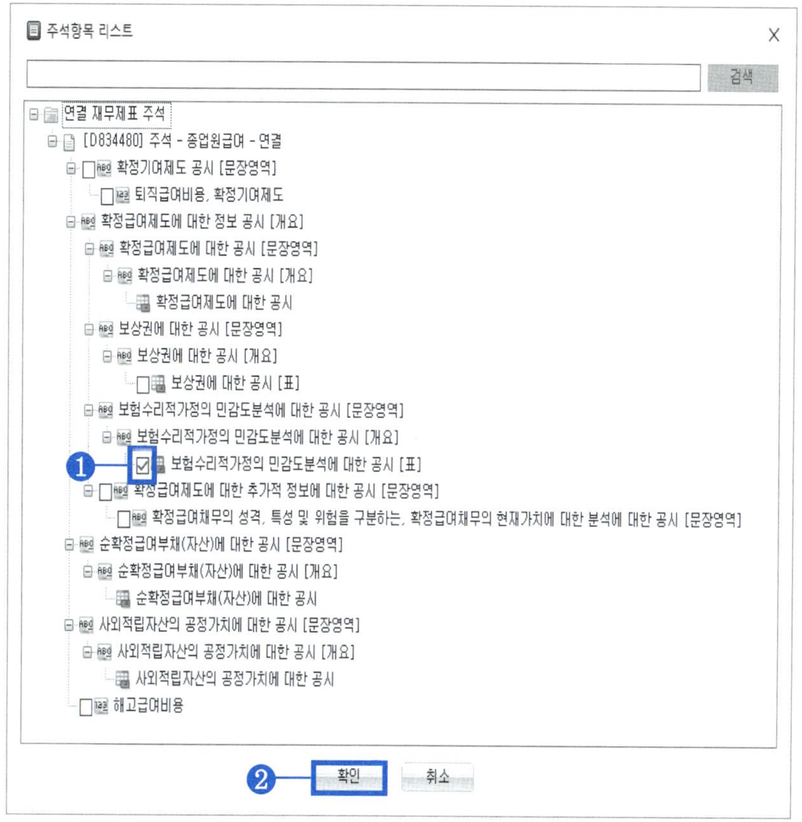

▶ 제목 탭 설정

01 [보험수리적가정의 민감도분석에 대한 공시 [표]]에 우클릭하여 [속성]을 선택합니다.

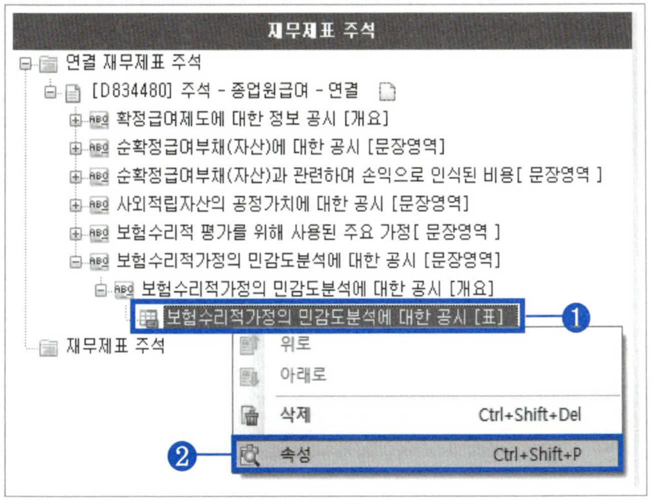

02 [단위설정]에서 [단위목록]을 클릭하여 [백만원]을 선택하고 [제목]*1과 [비교표시 설정]*2을 확인합니다.

*1 표준 표가 아닌 신규 표를 추가하는 경우 별도 설정(한글/영문명) 필요

*2 분/반기 검토인 경우 [3개월/누적 사용] 설정 필요

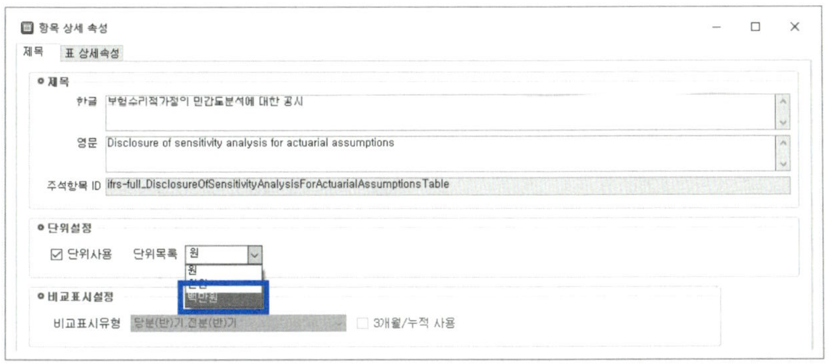

▶ 표 상세속성–행 탭 작업

01 [표 상세속성]을 클릭하고 사용할 항목 외 다른 항목들을 선택(체크박스 클릭)하여 우클릭하고 [선택된노드삭제]를 선택합니다.

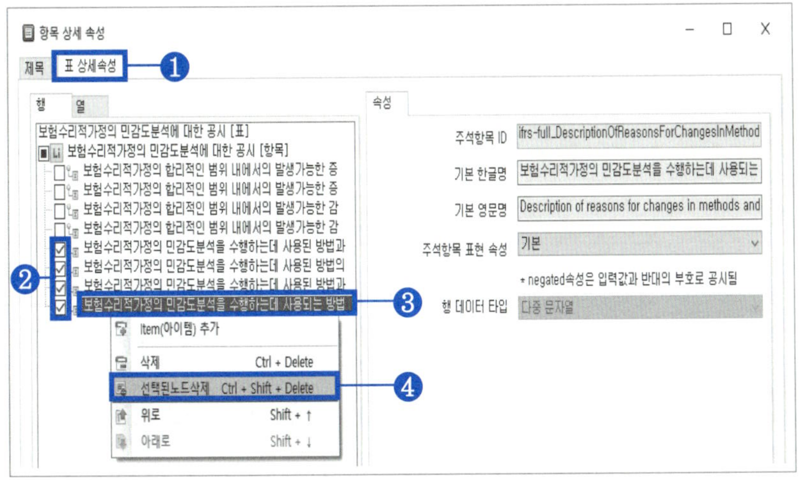

02 [보험수리적가정의 ~ 증가 및 감소율]을 클릭하여 [소수 자릿수]를 '0'에서 '2'로 조정합니다.

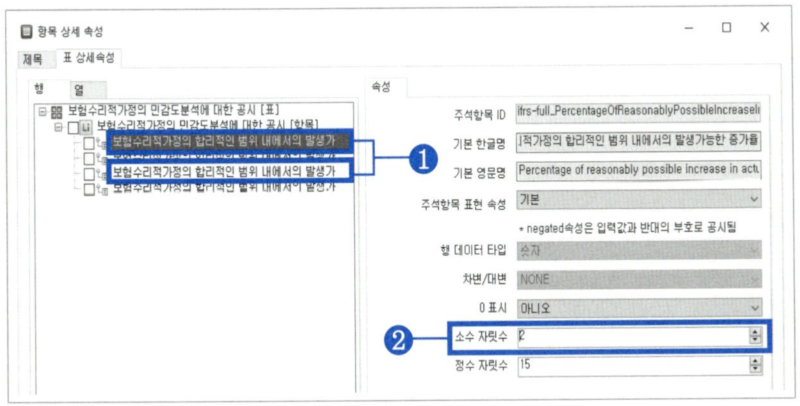

▶ **표 상세속성–열 탭 작업**

01 [열] 탭을 클릭하여 행 탭과 동일하게 사용할 항목 외 다른 항목들을 선택(체크박스 클릭)하여 우클릭하고 [선택된노드삭제]를 선택합니다.

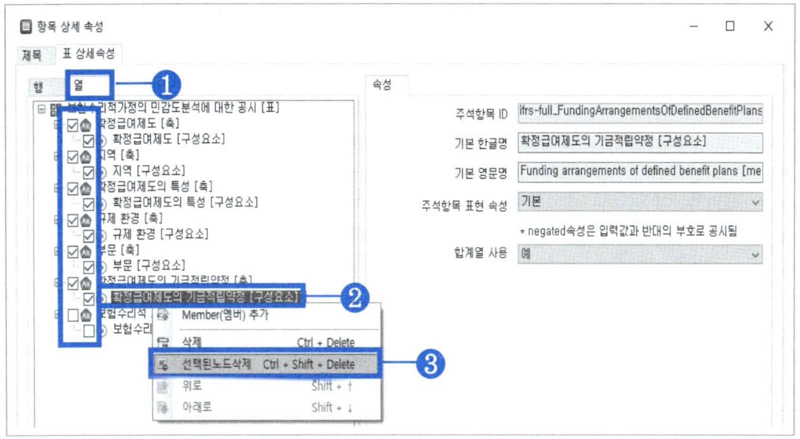

02 [보험수리적 가정 [구성요소]]를 우클릭하여 [Member(멤버) 추가]를 선택합니다.

03 [미래임금상승률에 대한 보험수리적 가정 [구성요소]] 및 [할인율에 대한 보험수리적 가정 [구성요소]]를 선택(체크박스 클릭)하고 [확인]을 클릭합니다.

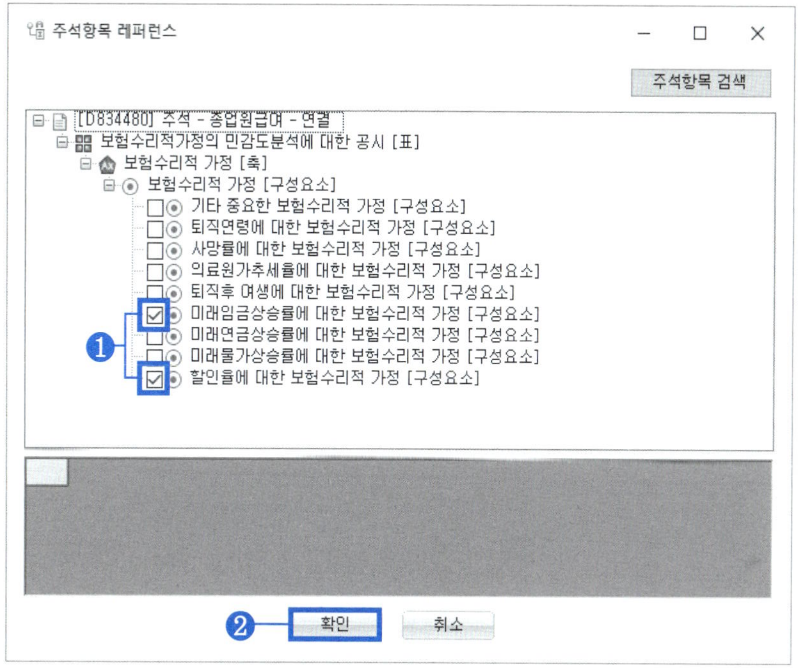

04 예시와 동일하게 순서를 조정합니다.

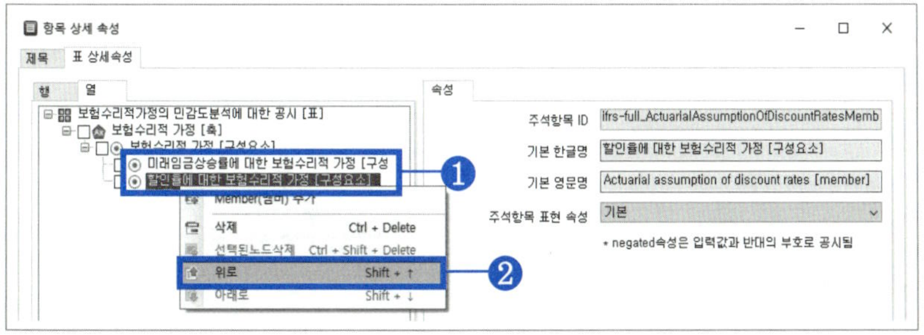

05 [보험수리적 가정 [구성요소]]를 클릭하여 [합계열 사용]을 [아니오]로 선택하고 [확인]을 클릭합니다.

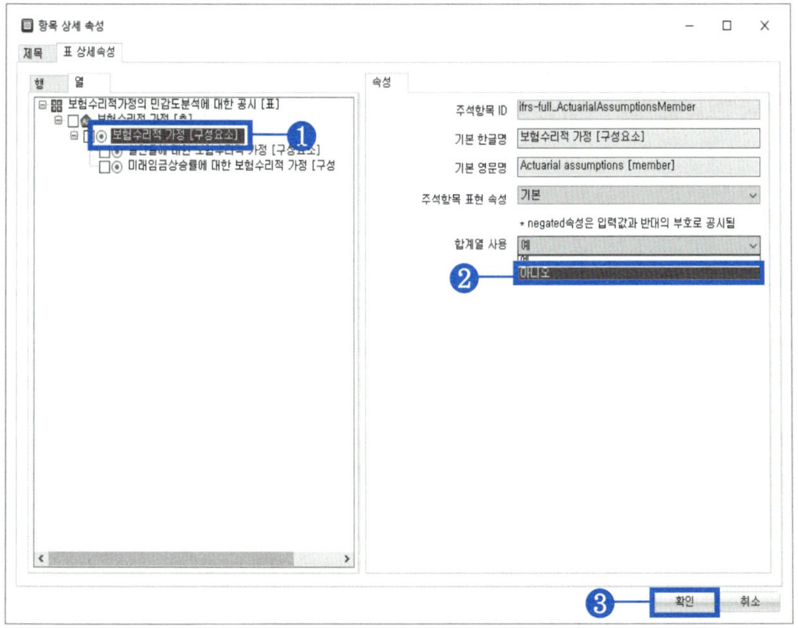

▶ **금액 입력**

01 [[D834480] 주석 – 종업원급여 – 연결] 우측 아이콘을 클릭하여 표를 생성합니다.

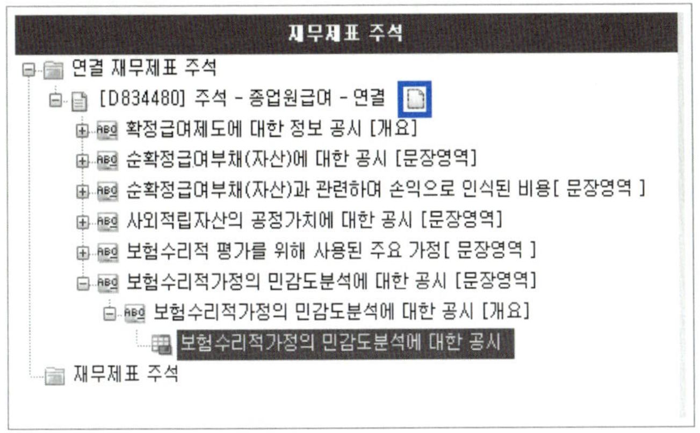

02 생성된 표에 예시를 참고하여 금액을 입력합니다.

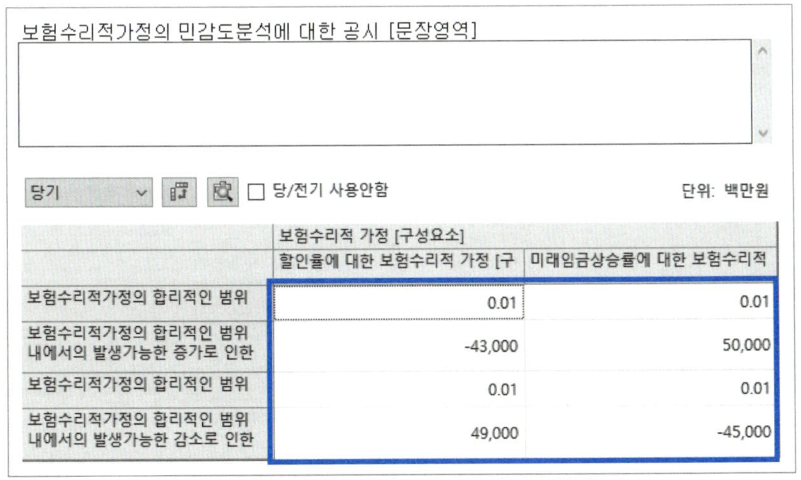

	보험수리적 가정 [구성요소]	
	할인율에 대한 보험수리적 가정 [구	미래임금상승률에 대한 보험수리적
보험수리적가정의 합리적인 범위	0.01	0.01
보험수리적가정의 합리적인 범위 내에서의 발생가능한 증가로 인한	-43,000	50,000
보험수리적가정의 합리적인 범위	0.01	0.01
보험수리적가정의 합리적인 범위 내에서의 발생가능한 감소로 인한	49,000	-45,000

03 [미리보기(한글)]을 클릭하여 금액이 잘 반영되었는지 확인합니다.

[D834480] 주석 - 종업원급여 - 연 ×

연결 재무제표 주석 > [D834480] 주석 - 종업원급여 - 연결

보험수리적가정의 민감도분석에 대한 공시

당기 (단위 : 백만원)

	보험수리적 가정	
	할인율에 대한 보험수리적 가정	미래임금상승률에 대한 보험수리적 가정
보험수리적가정의 합리적인 범위 내에서의 발생가능한 증가율	0.01	0.01
보험수리적가정의 합리적인 범위 내에서의 발생가능한 증가로 인한 확정급여부채의 증가(감소)	(43,000)	50,000
보험수리적가정의 합리적인 범위 내에서의 발생가능한 감소율	0.01	0.01
보험수리적가정의 합리적인 범위 내에서의 발생가능한 감소로 인한 확정급여채무의 증가(감소)	49,000	(45,000)

전기 (단위 : 백만원)

	보험수리적 가정	
	할인율에 대한 보험수리적 가정	미래임금상승률에 대한 보험수리적 가정
보험수리적가정의 합리적인 범위 내에서의 발생가능한 증가율		
보험수리적가정의 합리적인 범위 내에서의 발생가능한 증가로 인한 확정급여부채의 증가(감소)		
보험수리적가정의 합리적인 범위 내에서의 발생가능한 감소율		

주석 작성 | 미리보기(한글) | 미리보기(영문)

MEMO

XBRL 비금융업 주석 작성 한 권으로 끝내기

(7) 기여금 및 가중평균만기 주석 작성

아. 기여금 및 가중평균만기 정보

연결실체는 2023년도에 퇴직연금제도에 기여금으로 247,000백만원을 납부할 것으로 예상하고 있습니다. 또한, 보고기간 종료일 현재 확정급여채무의 가중평균만기는 7.8년입니다.

MEMO

XBRL 비금융업 주석 작성 한 권으로 끝내기

≪ XBRL 편집기 작성 따라하기 ≫

▶ 행 탭 작업

01 [확정급여제도에 대한 공시]를 우클릭하여 [속성]을 선택합니다.

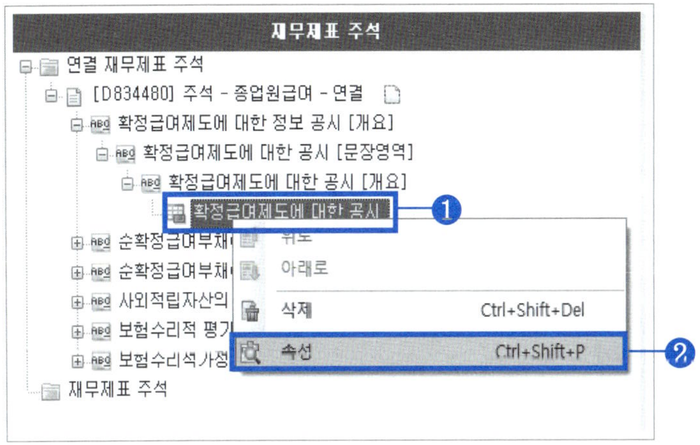

✓ 신규 표를 생성해도 되지만 서술형으로 되어 있고 '확정급여제도에 대한 공시 [개요]' 표준 표에 해당 ID들이 나열되어 있기 때문에 (1)에 작업한 표에 추가하였음

02 [표 상세속성]을 클릭하고 [확정급여제도에 대한 공시 [항목]]에 우클릭하여 [Item(아이템) 추가]를 선택합니다.

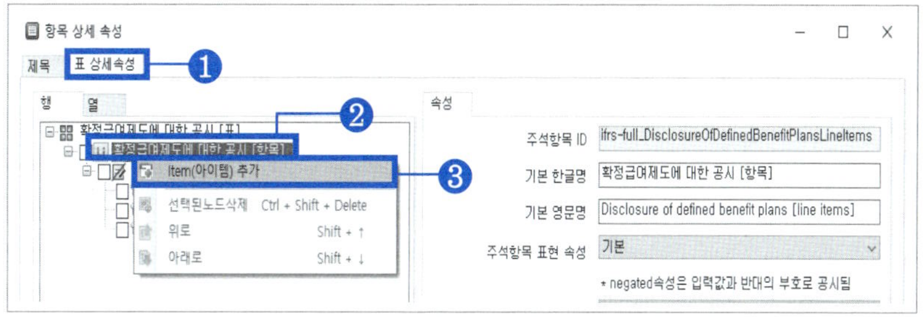

03 사용할 항목들을 선택(체크박스 클릭)하고 [확인]을 클릭합니다.

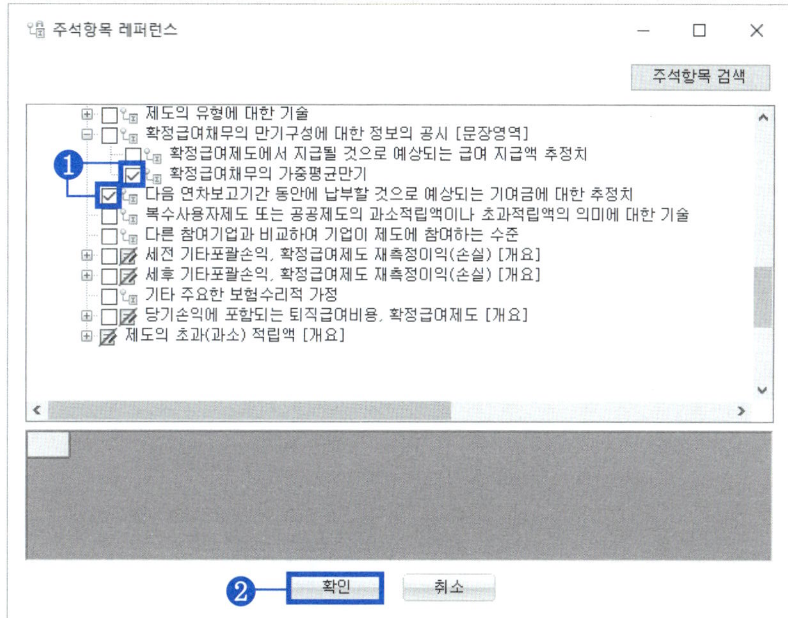

04 [확정급여채무의 가중평균만기]를 클릭하고 단축키(Shift + ↓)를 사용하여 순서 조정 후 [확인]을 클릭합니다.

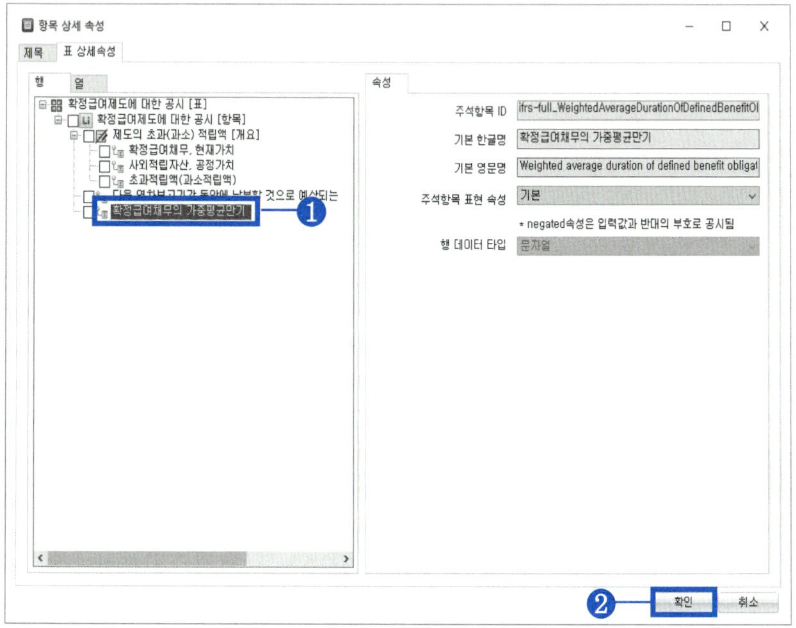

▶ **데이터 입력**

01 [[D834480] 주석 – 종업원급여 – 연결] 우측 아이콘을 클릭하여 표를 생성합니다.

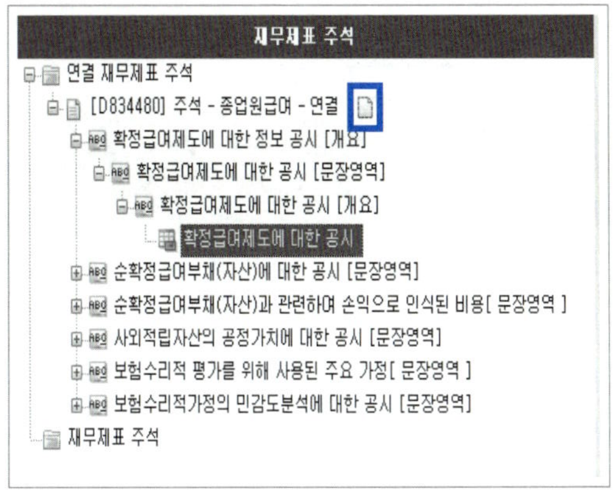

02 [생성된 표]에 예시를 참고하여 금액을 입력합니다.

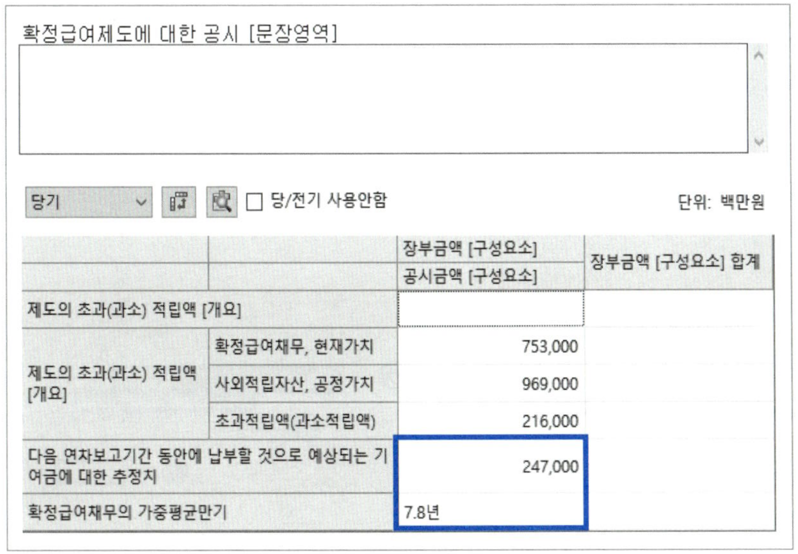

03 [미리보기(한글)]을 클릭하여 금액이 잘 반영되었는지 확인합니다.

[D834480] 주석 - 종업원급여 - 연 ×

연결 재무제표 주석 > [D834480] 주석 - 종업원급여 - 연결

확정급여제도에 대한 공시 [문장영역]

확정급여제도에 대한 공시

당기 (단위 : 백만원)

		장부금액 공시금액	장부금액
제도의 초과(과소) 적립액			
제도의 초과(과소) 적립액	확정급여채무, 현재가치	(753,000)	
	사외적립자산, 공정가치	969,000	
	초과적립액(과소적립액)	(216,000)	
다음 연차보고기간 동안에 납부할 것으로 예상되는 기여금에 대한 추정치		247,000	
확정급여채무의 가중평균만기		7.8년	

전기 (단위 : 백만원)

		장부금액 공시금액	장부금액
제도의 초과(과소) 적립액			
제도의 초과(과소) 적립액	확정급여채무, 현재가치		
	사외적립자산, 공정가치		
	초과적립액(과소적립액)		
다음 연차보고기간 동안에 납부할 것으로			

주석 작성 | 미리보기(한글) | 미리보기(영문)

MEMO

XBRL 비금융업 주석 작성 한 권으로 끝내기

8 기타충당부채–실습을 위한 예시 주석

8. 기타충당부채

당기 및 전기 중 충당부채의 변동내역은 다음과 같습니다.

(당기) (단위 : 백만원)

구 분	기 초	전입액	사 용	외환차이	기 말
유동 복구충당부채	125,000	54,000	(47,000)	(6,000)	126,000
유동 소송충당부채	250,000	60,000	(100,000)	(10,000)	200,000
비유동 소송충당부채	75,000	20,000	(15,000)	0	80,000
합 계	450,000	134,000	(162,000)	(16,000)	406,000

MEMO

XBRL 비금융업 주석 작성 한 권으로 끝내기

≪ XBRL 편집기 작성 따라하기 ≫

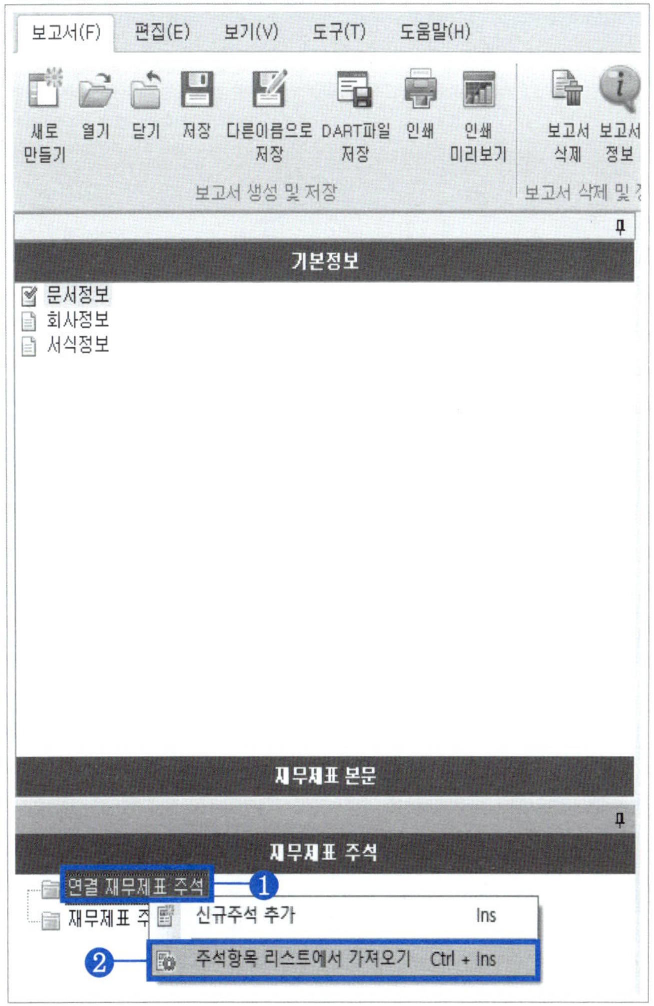

01 스크롤 또는 기타충당부채를 검색하여 [[D827570] 주석 – 기타충당부채, 우발부채 및 우발자산에 대한 주석 – 연결]에서 기타충당부채에 대한 공시 [표]의 체크박스를 선택하고 [확인]을 클릭합니다.

02 좌측 창에 [[D827570] 주석 - 기타충당부채, 우발부채 및 우발자산에 대한 주석 - 연결] 우측의 아이콘을 클릭하여, 기본으로 설정된 Taxonomy를 확인하고, 아이콘 을 클릭합니다.

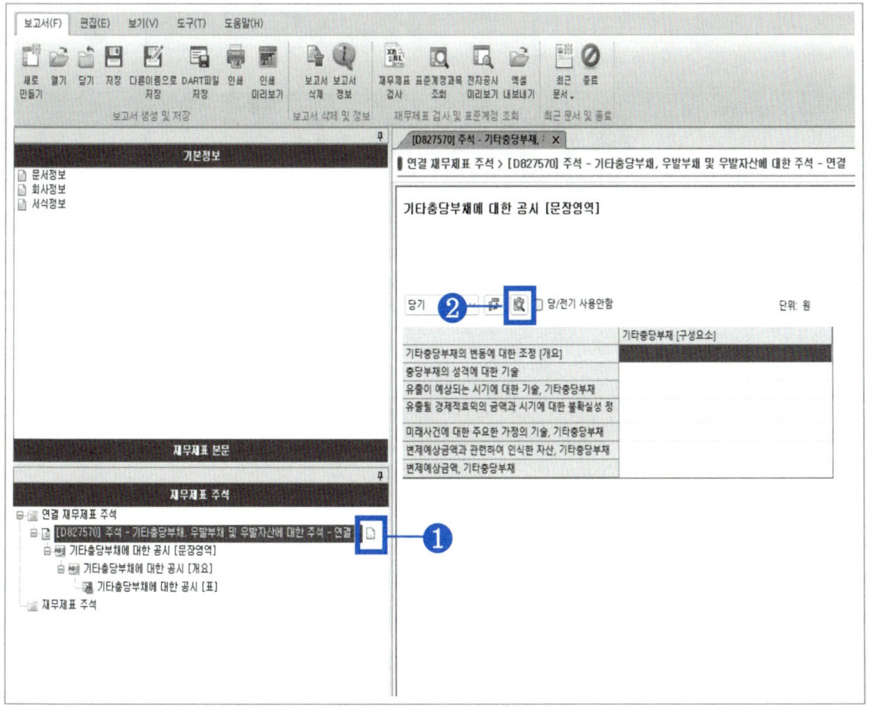

03 [항목 상세 속성]에서 단위설정을 예시에 따라 [백만원] 단위로 변경합니다.

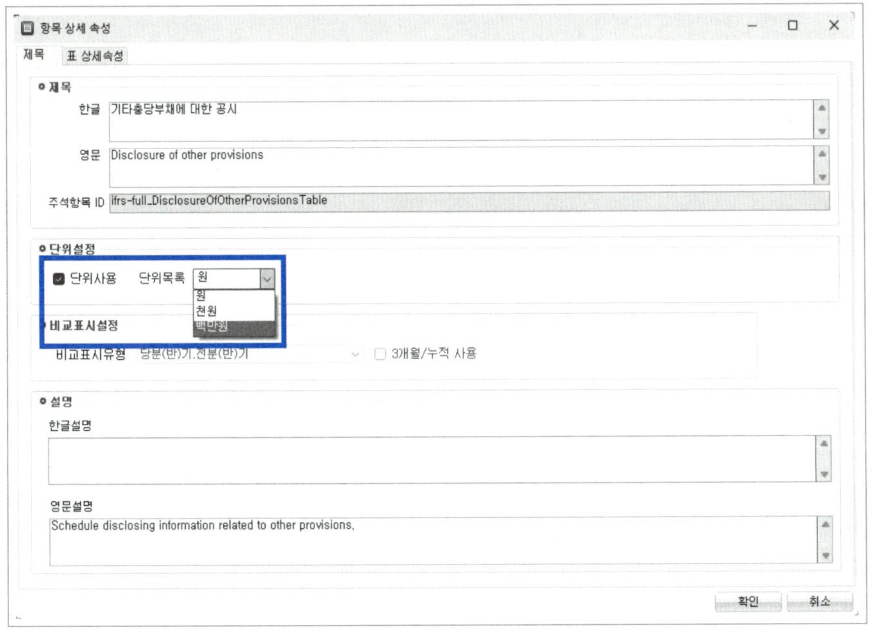

04 [표 상세속성] 탭을 선택하여, [행]에서 사용하지 않는 Taxonomy ID에 체크박스를 선택하고, 우클릭하여 [선택된노드삭제]를 선택하여 일괄로 삭제합니다.

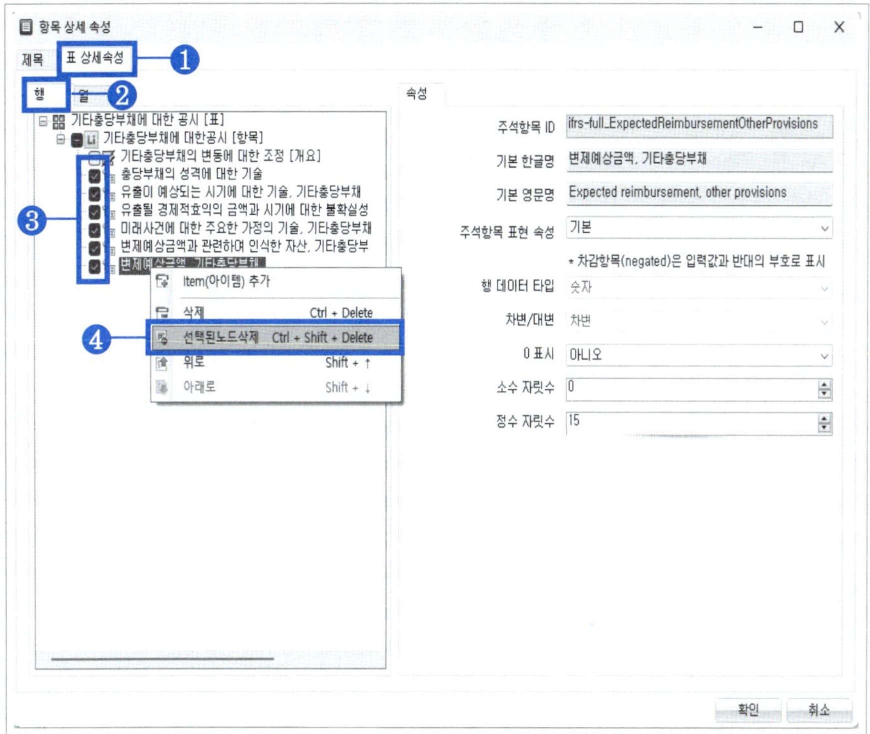

05 기타충당부채에 대한공시 [항목]의 하위 항목인 기타충당부채의 변동에 대한 조정 [개요]를 선택하고, 우클릭하여 [Item(아이템) 추가]를 선택합니다.

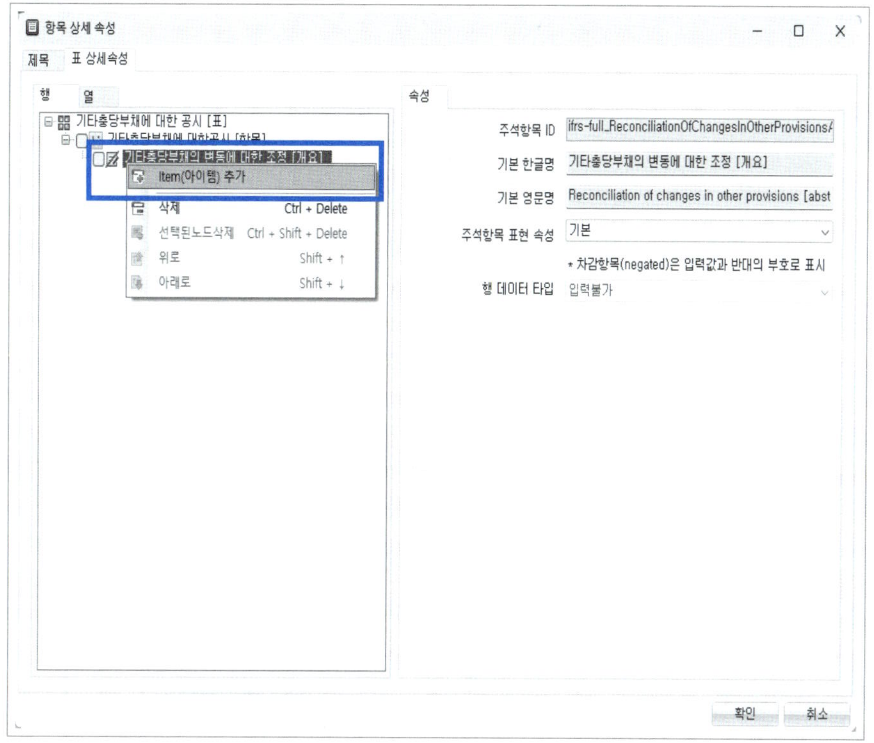

06 [주석항목 레퍼런스]에서 기존 충당부채의 증가, 기타충당부채, 순외환차이에 의한 증가(감소), 기타충당부채, 사용된 충당부채, 기타충당부채, 기말 기타충당부채, 기초 기타충당부채의 체크박스를 선택하고 [확인]을 클릭합니다.

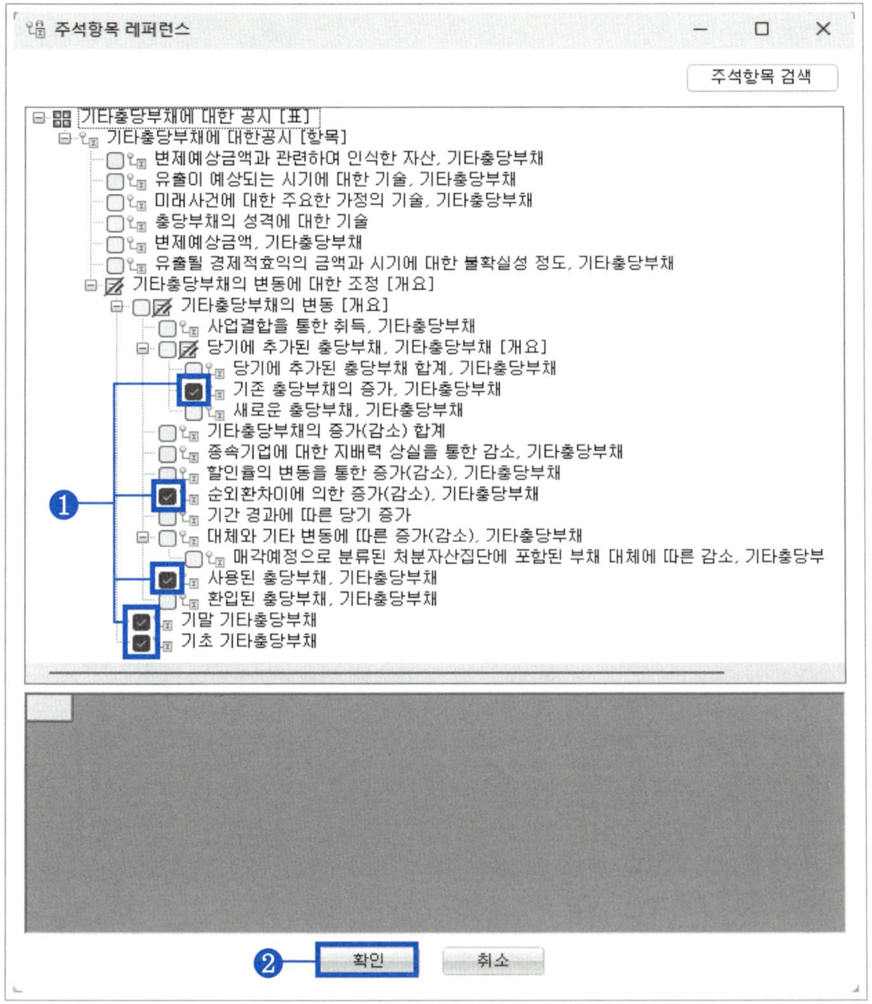

07 주석 예시의 순서 맞추기 위해, 추가된 Line Item를 선택하여 우클릭한 다음 [위로], [아래로]를 활용하여 순서를 일치시킵니다.

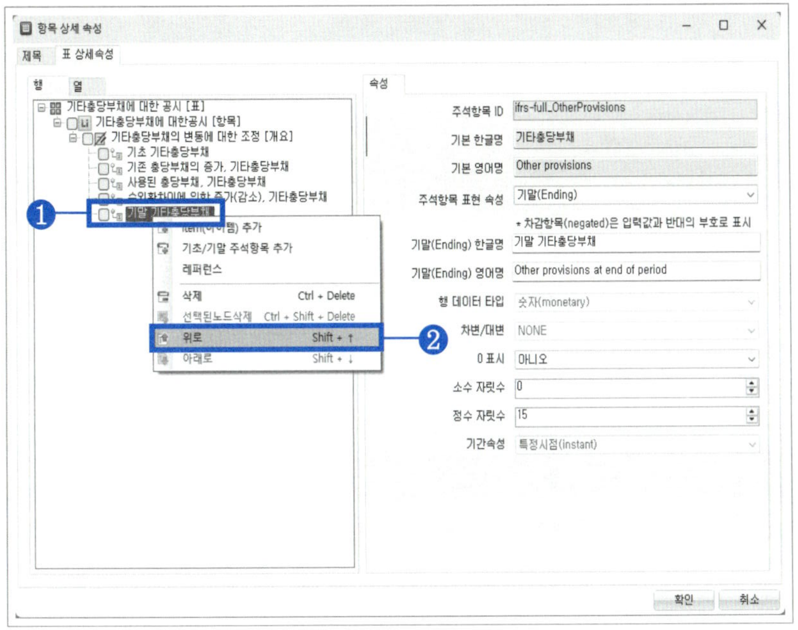

08 기타충당부채의 분류 [축]의 하위항목인 기타충당부채 [구성요소]를 선택하여 우클릭하고, [Member(멤버) 추가]를 클릭합니다.

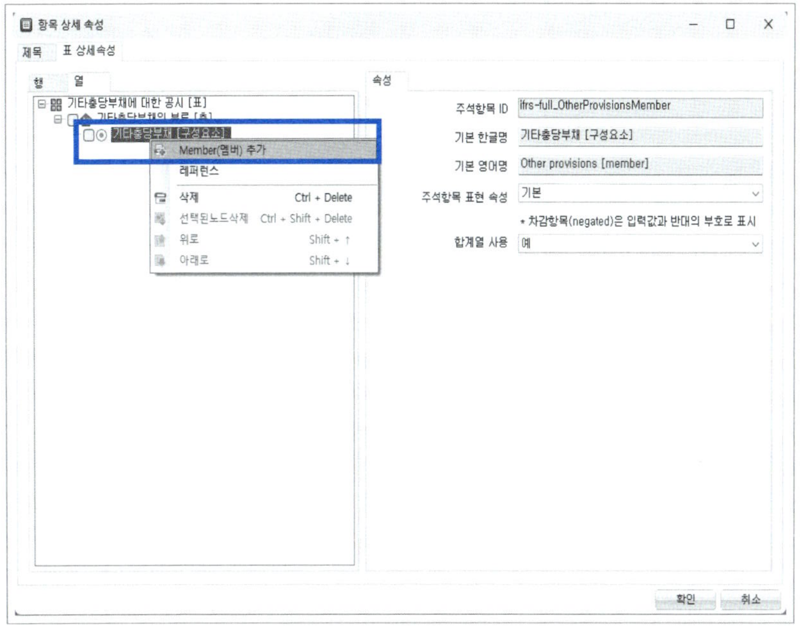

09 [주석항목 레퍼런스]에서 사후처리, 복구, 정화비용을 위한 충당부채 [구성요소], 법적소송충당부채 [구성요소] 체크박스 선택하여 추가하고, 순서를 조정합니다.

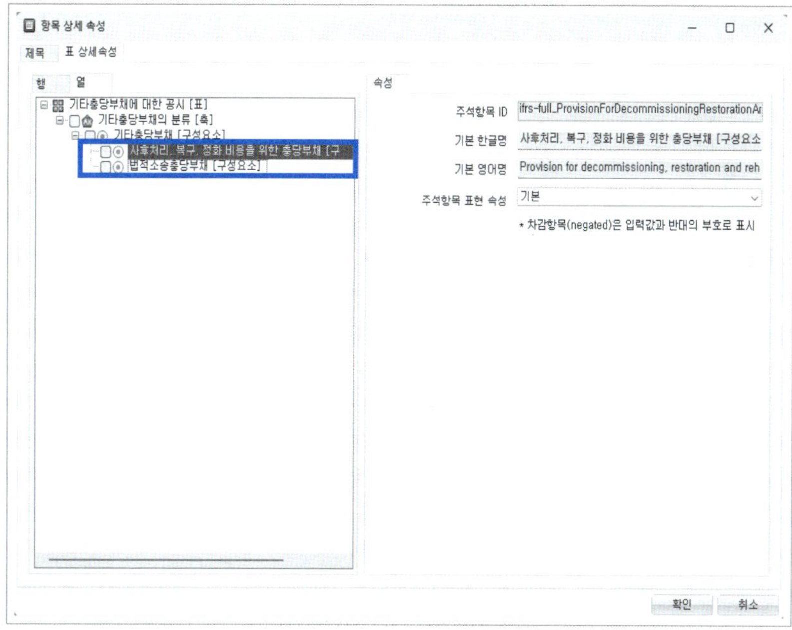

10 기타충당부채에 대한 공시 [표]에서 우클릭하여, 축 추가를 선택합니다.

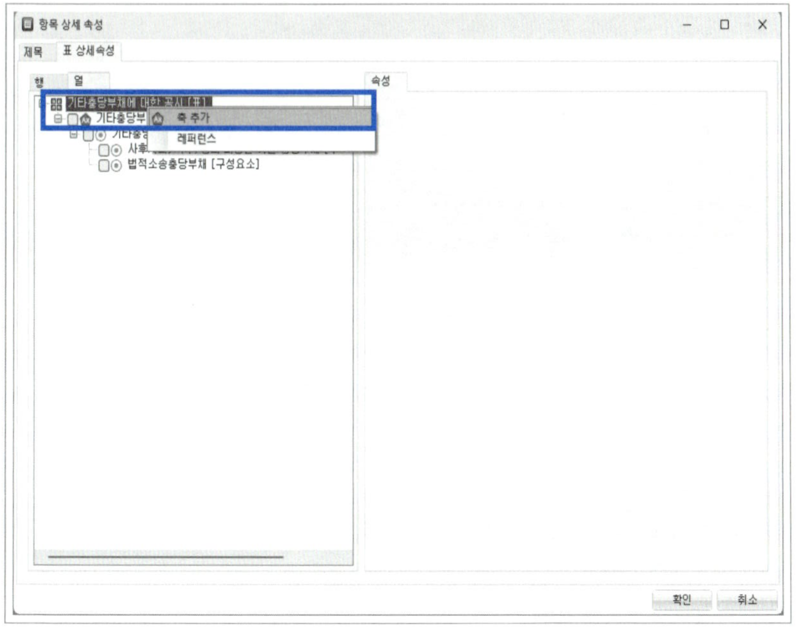

11 [주석항목 레퍼런스]에서 [주석항목 검색]을 클릭합니다.

12 [주석항목 검색]에서 "자산부채변동의 유동비유동 분류 [축]"을 검색하여 추가합니다.

13 유동 및 비유동으로 구분하여 기초 장부금액에서 기말 장부금액까지의 변동을 공시하는 행(Line Item)이 유동과 비유동으로 구분되어 있지 않아 변동내역을 모두 확장하여야 하므로, 변동을 공시하는 주석에 한정하여 "자산부채변동의 유동비유동 분류 [축]"을 사용할 수 있습니다.

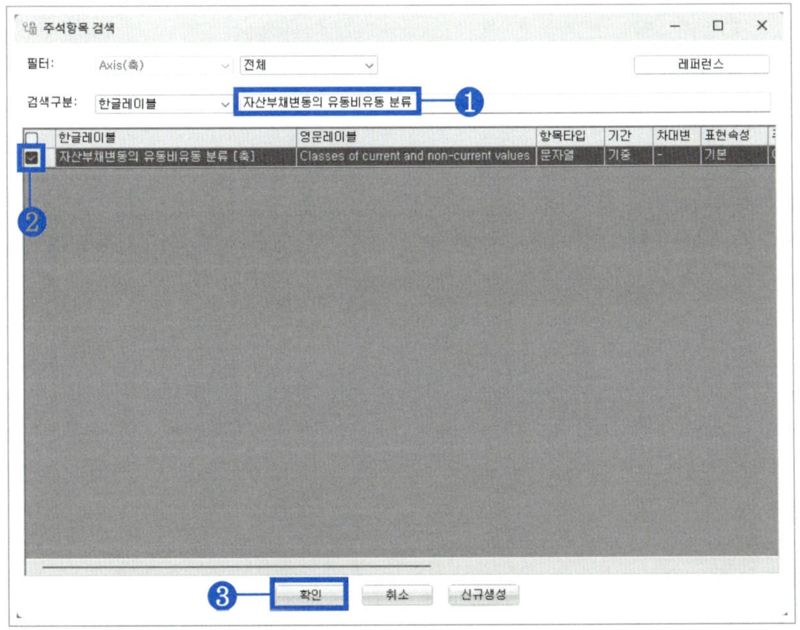

14 자산부채변동의 유동비유동 분류 **[구성요소]**에서 우클릭하여, 하위에 유동으로 분류되는 자산부채 **[구성요소]**, 비유동으로 분류되는 자산부채 **[구성요소]**를 추가합니다.

15 자산부채변동의 유동비유동 분류 **[구성요소]**의 속성에서 "합계열 사용" 여부를 아니오로 변경하고, 확인을 선택합니다.

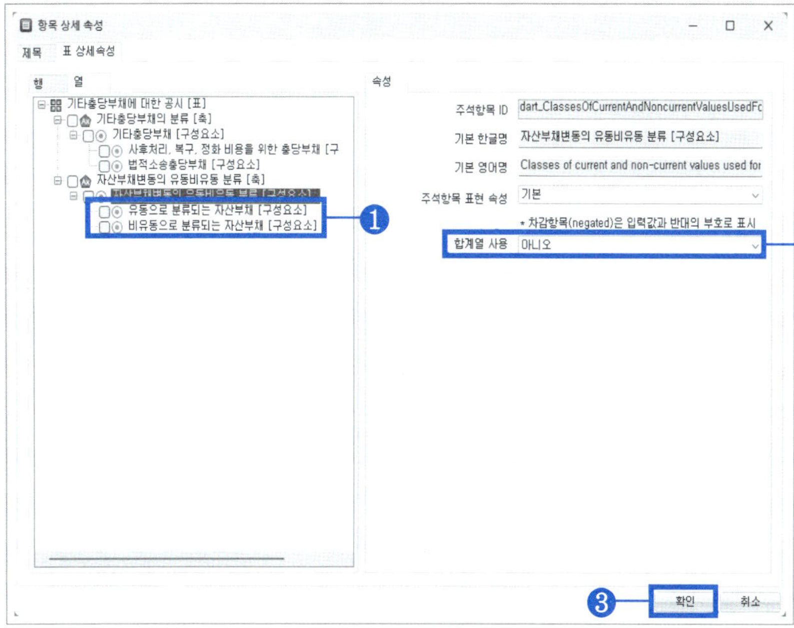

16 주석 작성 탭에서 완성된 표를 확인합니다.

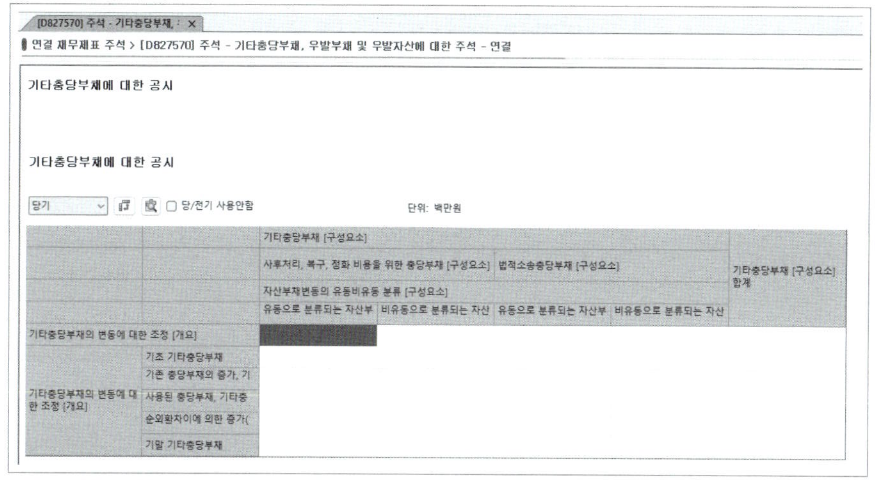

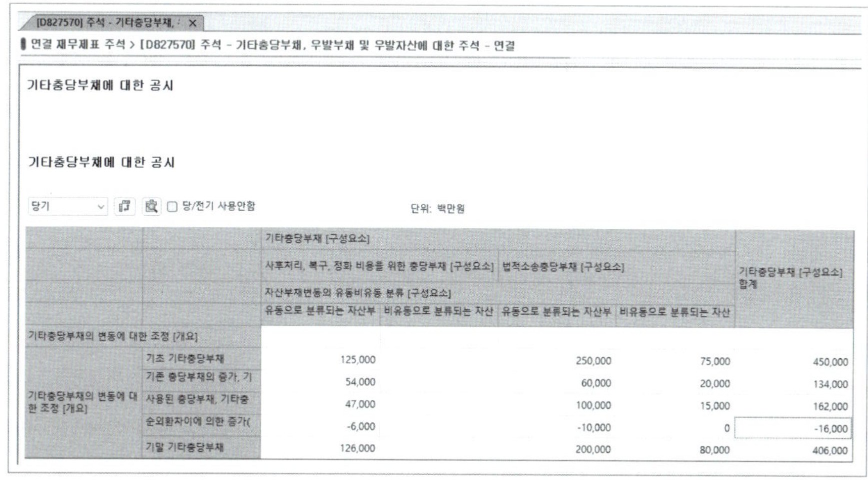

17 미리보기(한글) 탭에서 공시될 표의 형태를 미리 확인합니다.

[D827570] 주석 - 기타충당부채, ⋮ ×

연결 재무제표 주석 > [D827570] 주석 - 기타충당부채, 우발부채 및 우발자산에 대한 주석 - 연결

기타충당부채에 대한 공시

기타충당부채에 대한 공시

당기 (단위 : 백만원)

		기타충당부채				기타충당부채 합계
		사후처리, 복구, 정화 비용을 위한 충당부채		법적소송충당부채		
		자산부채변동의 유동비유동 분류				
		유동으로 분류되는 자산부채	비유동으로 분류되는 자산부채	유동으로 분류되는 자산부채	비유동으로 분류되는 자산부채	
기타충당부채의 변동에 대한 조정						
기타충당부채의 변동에 대한 조정	기초 기타충당부채	125,000		250,000	75,000	450,000
	기존 충당부채의 증가, 기타충당부채	54,000		60,000	20,000	134,000
	사용된 충당부채, 기타충당부채	(47,000)		(100,000)	(15,000)	(162,000)
	순외환차이에 의한 증가(감소), 기타충당부채	(6,000)		(10,000)	0	(16,000)
	기말 기타충당부채	126,000		200,000	80,000	406,000

MEMO

XBRL 비금융업 주석 작성 한 권으로 끝내기

9. 자본

가. 자본금

당기말 및 전기말 현재 회사의 자본금에 관련된 사항은 다음과 같습니다.

(단위 : 백만원)

구 분	당기말	전기말
1. 발행할 주식의 총수	600,000,000주	600,000,000주
2. 1주의 액면금액	5,000원	5,000원
3. 발행한 주식의 총수		
(1) 보통주	213,668,187주	213,668,187주
(2) 우선주	63,270,871주	63,270,871주
4. 자본금		
(1) 보통주	1,157,982	1,157,982
(2) 우선주	331,011	331,011
합 계	1,488,993	1,488,993

MEMO

≪ XBRL 편집기 작성 따라하기 ≫

▶ **표준 표 생성**

01 [연결 재무제표 주석]에 우클릭하고 [주석항목 리스트에서 가져오기]를 선택합니다.

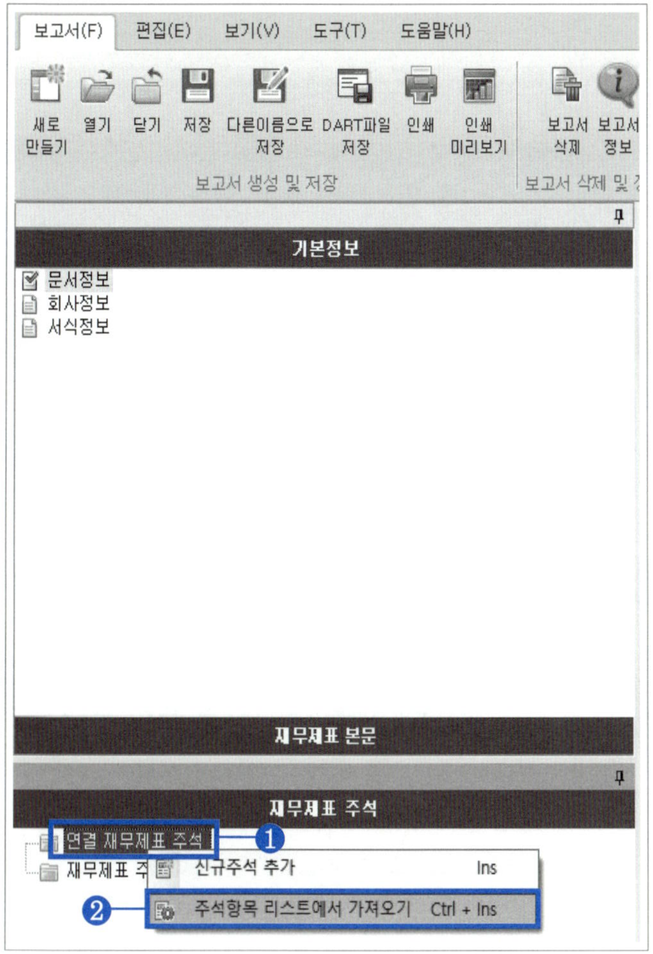

02 마우스 스크롤을 내리거나 자본금을 검색하여 [[D861200] 주석-자본금, 적립금, 기타지분-연결] 및 [주식의 분류에 대한 공시 [표]]를 모두 선택(체크박스 클릭)하고 [확인]을 클릭합니다.

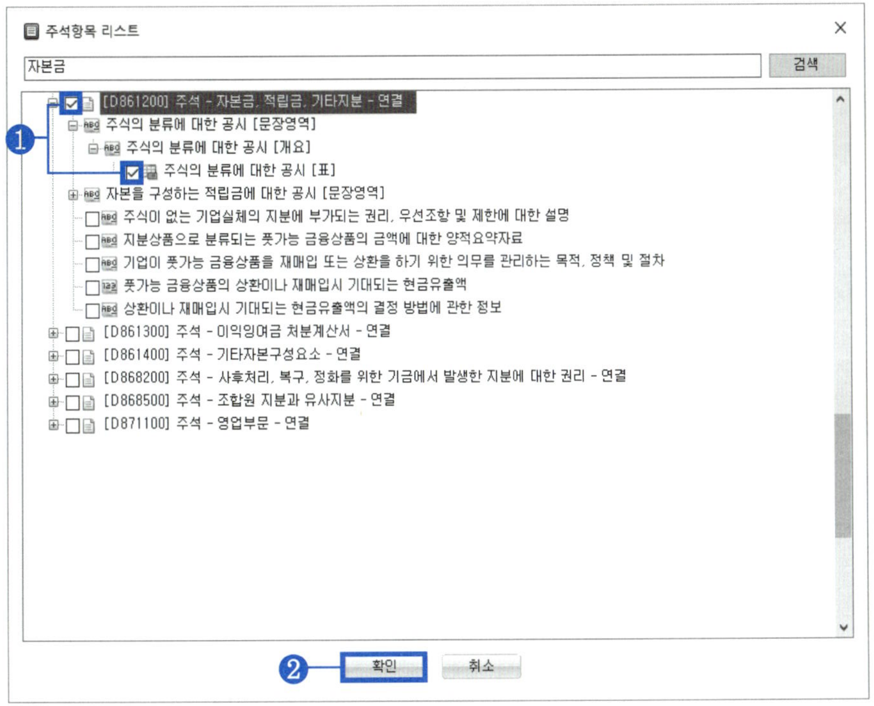

▶ 제목 탭 설정

01 [주식의 분류에 대한 공시 [표]]에 우클릭하여 [속성]을 선택합니다.

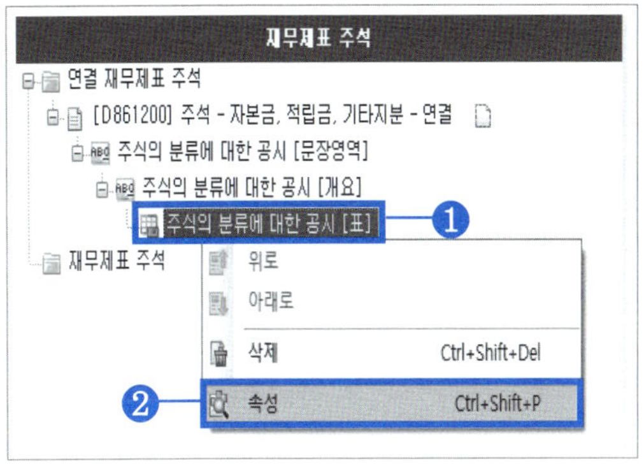

02 [단위설정]에서 [단위목록]을 클릭하여 [백만원]을 선택하고 [제목]*1과 [비교표시설정]*2을 확인합니다.

*1 표준 표가 아닌 신규 표를 추가하는 경우 별도 설정(한글/영문명) 필요

*2 분/반기 검토인 경우 [3개월/누적 사용] 설정 필요

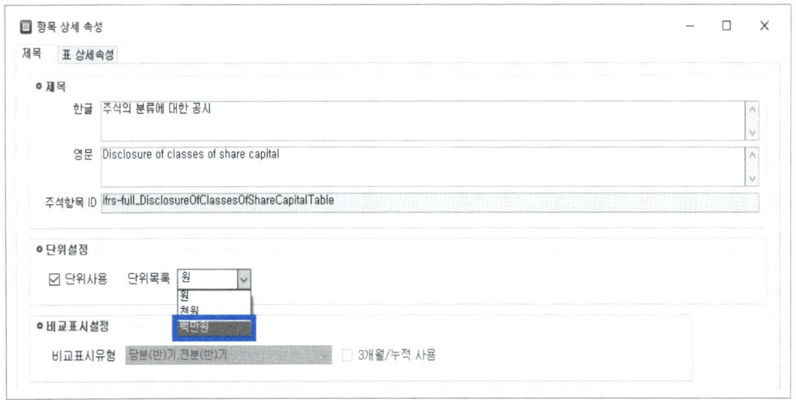

▶ 표 상세속성-행 탭 작업

01 [표 상세속성]을 클릭하고 사용하지 않는 항목을 선택(체크박스 클릭)하여 우클릭하고 [선택된노드삭제]를 선택합니다.

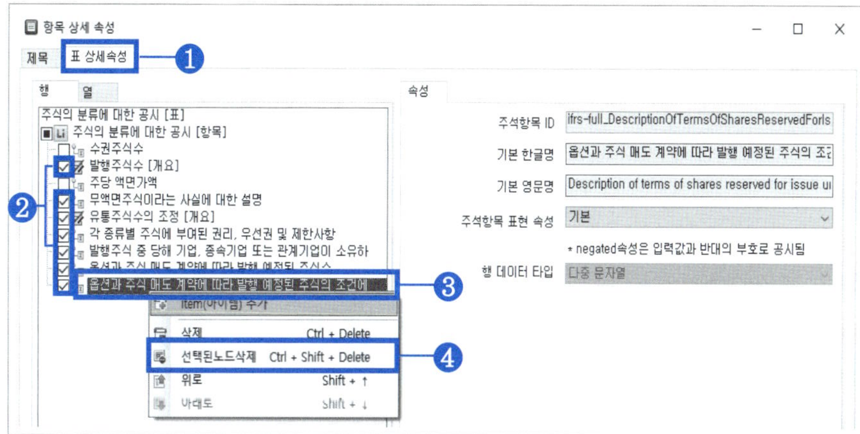

02 [주식의 분류에 대한 공시 [항목]]에 우클릭하여 [Item(아이템) 추가]를 선택합니다.

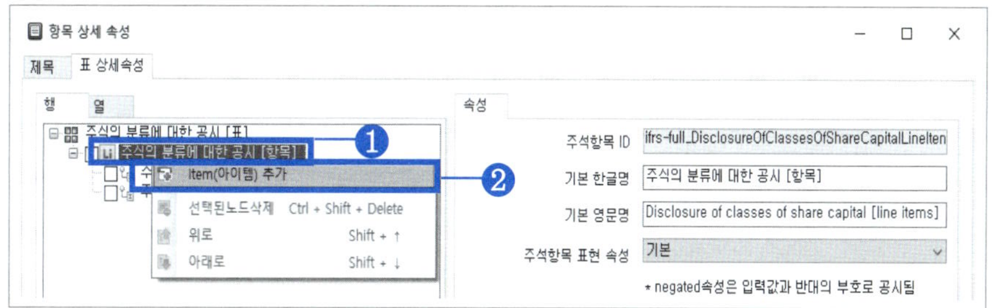

03 [발행주식수 [개요]] 왼쪽 아이콘⊞을 클릭하고 [총 발행주식수]를 선택(체크박스 클릭)한 후 [확인]을 클릭합니다.

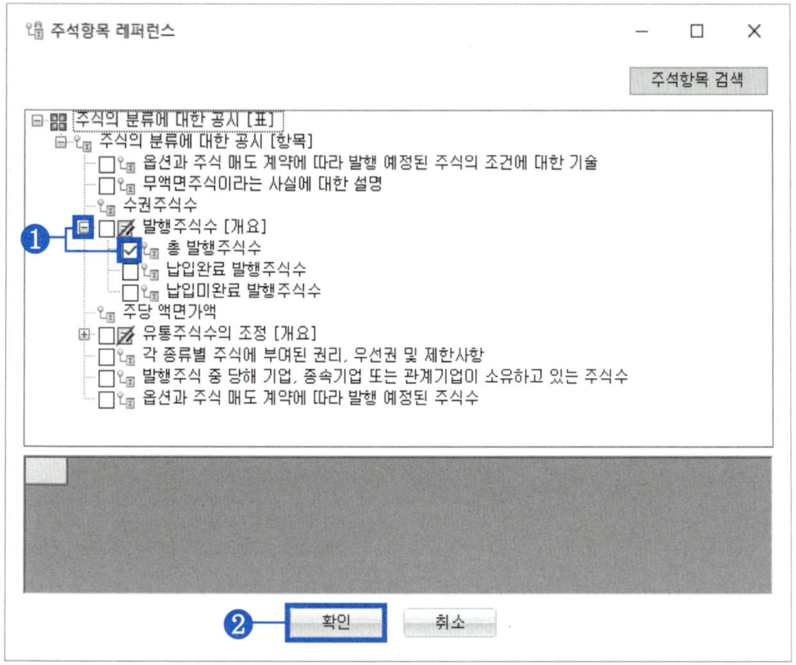

04 [주식의 분류에 대한 공시 [항목]]을 우클릭하여 [Item(아이템) 추가]를 선택합니다.

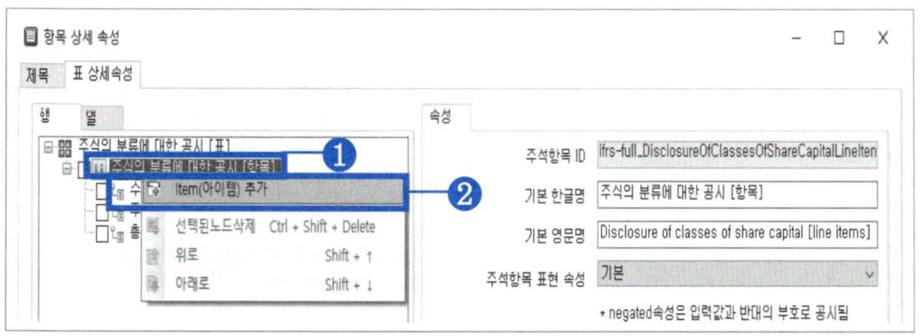

05 [주석항목 검색]을 클릭하고 "자본금"을 검색하여 [자본금]을 선택(체크박스 클릭)하고 [확인]을 클릭합니다.

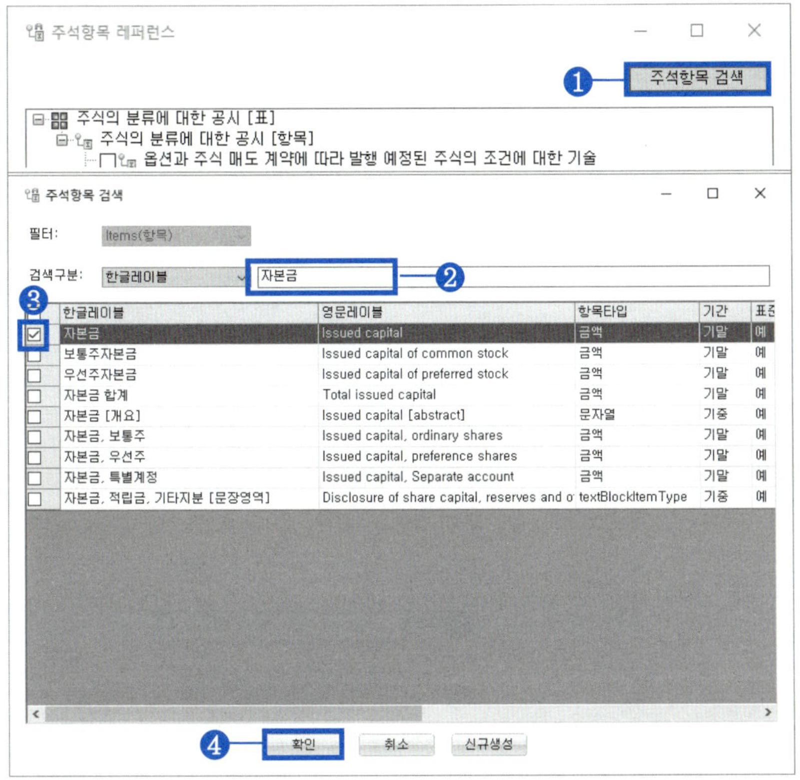

▶ 표 상세속성–열 탭 작업

01 [열] 탭으로 이동하여 [주식 [구성요소]]에 우클릭하고 [Member(멤버) 추가]를 선택합니다.

02 우선주 및 보통주를 선택하고 [확인]을 클릭합니다.

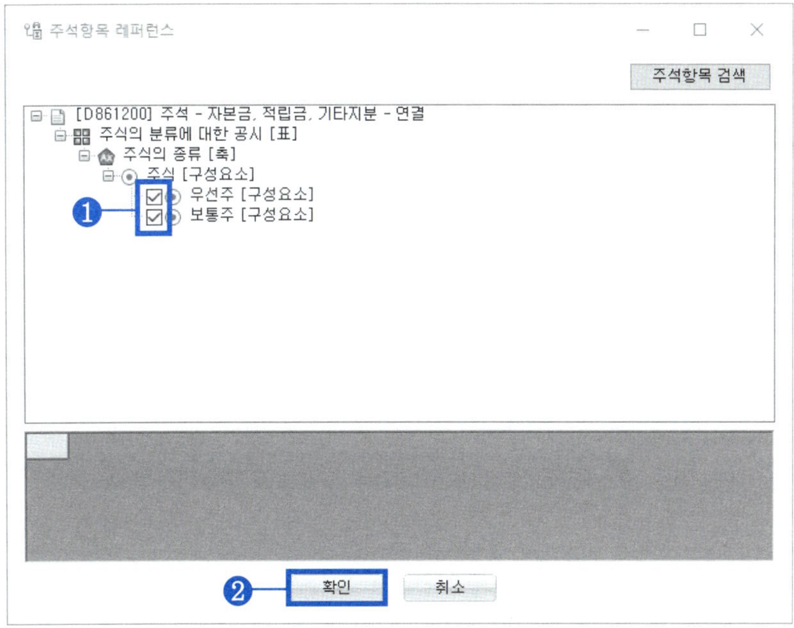

03 예시와 동일하게 순서를 조정하고 [확인]을 클릭합니다.

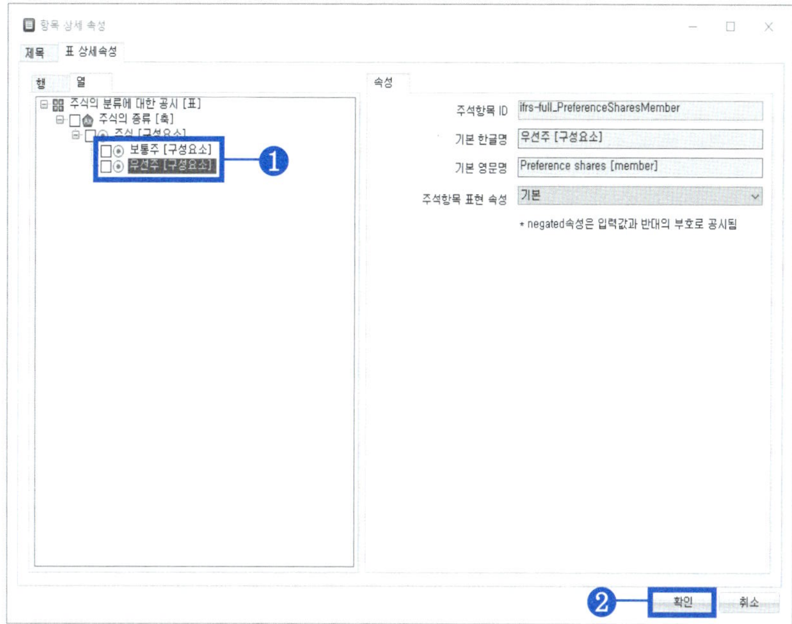

▶ 금액 입력

01 [[D861200] 주석 - 자본금, 적립금, 기타지분 - 연결] 우측의 아이콘을 클릭하여 표를 생성합니다.

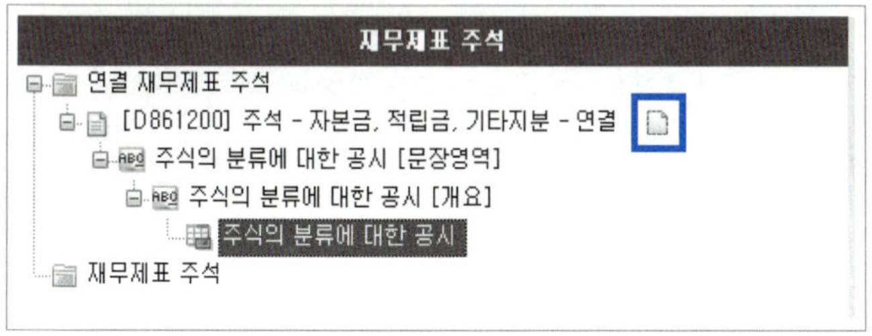

02 생성된 표에 예시를 참고하여 금액을 입력합니다.

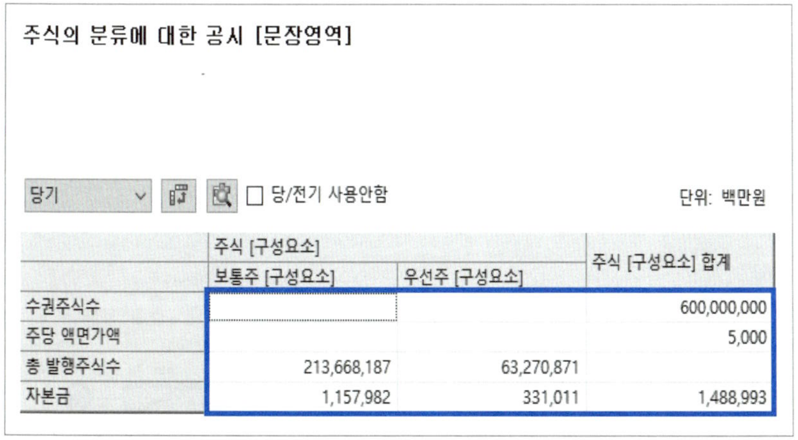

주식의 분류에 대한 공시 [문장영역]

당기 ☐ 당/전기 사용안함 단위: 백만원

	주식 [구성요소]		주식 [구성요소] 합계
	보통주 [구성요소]	우선주 [구성요소]	
수권주식수			600,000,000
주당 액면가액			5,000
총 발행주식수	213,668,187	63,270,871	
자본금	1,157,982	331,011	1,488,993

03 [미리보기(한글)]을 클릭하여 금액이 잘 반영되었는지 확인합니다.

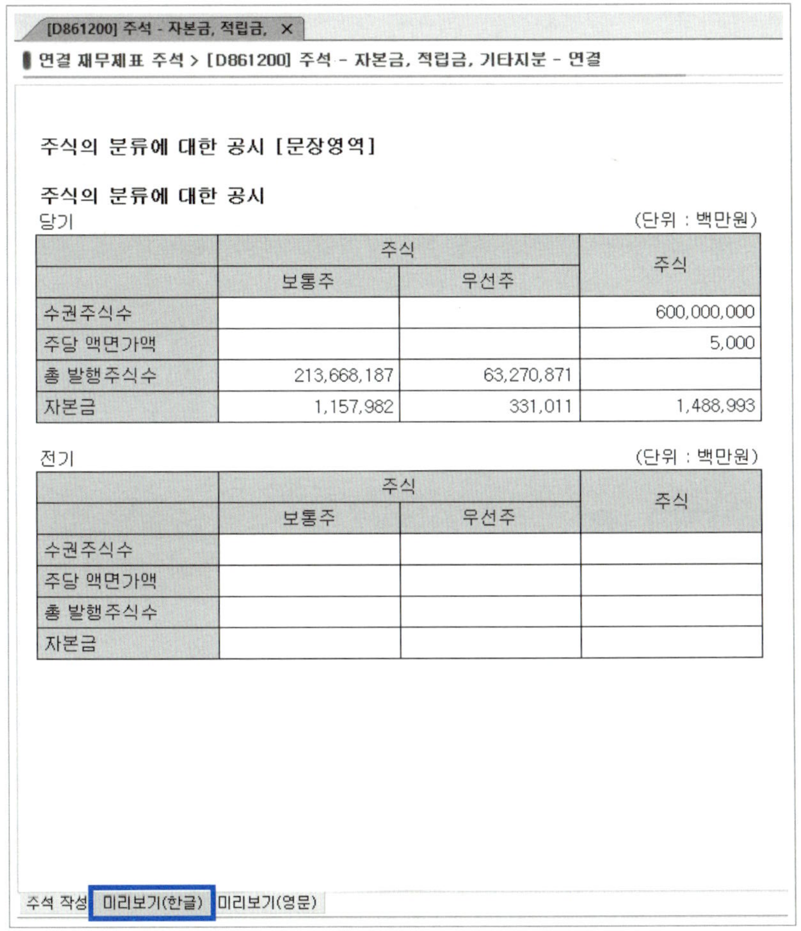

[D861200] 주석 - 자본금, 적립금, ×

연결 재무제표 주석 > [D861200] 주석 - 자본금, 적립금, 기타지분 - 연결

주식의 분류에 대한 공시 [문장영역]

주식의 분류에 대한 공시

당기 (단위 : 백만원)

	주식		주식
	보통주	우선주	
수권주식수			600,000,000
주당 액면가액			5,000
총 발행주식수	213,668,187	63,270,871	
자본금	1,157,982	331,011	1,488,993

전기 (단위 : 백만원)

	주식		주식
	보통주	우선주	
수권주식수			
주당 액면가액			
총 발행주식수			
자본금			

주석 작성 | 미리보기(한글) | 미리보기(영문)

나. 당기의 이익잉여금처분계산서는 다음과 같습니다.

(단위 : 백만원)

구 분	당 기
I. 미처분이익잉여금	410,000
전기이월미처분이익잉여금	360,000
확정급여제도의 재측정요소	−20,000
당기순손익	70,000
II. 이익잉여금처분액	15,000
배당금(*) 보통주배당금(율) 당기 : 1,300원(30%) 전기 : 1,200원(25%)	15,000
III. 차기이월미처분이익잉여금	425,000

MEMO

≪ XBRL 편집기 작성 따라하기 ≫

▶ 표준 표 생성

01 [재무제표 주석]에 우클릭하고 [주석항목 리스트에서 가져오기]를 선택합니다.

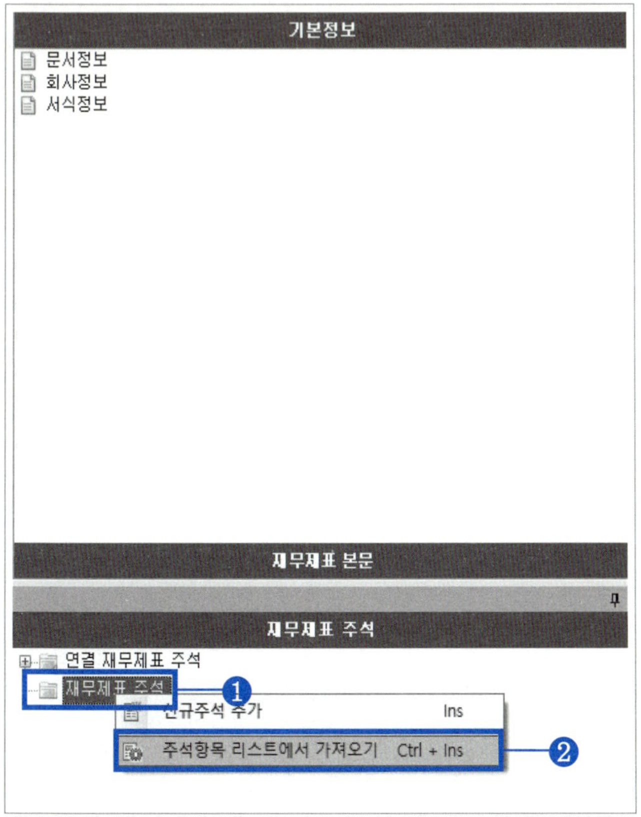

02 스크롤 또는 처분계산서를 검색하여 [이익잉여금 처분계산서 [표]] 체크박스를 선택하고 [확인]을 클릭합니다.

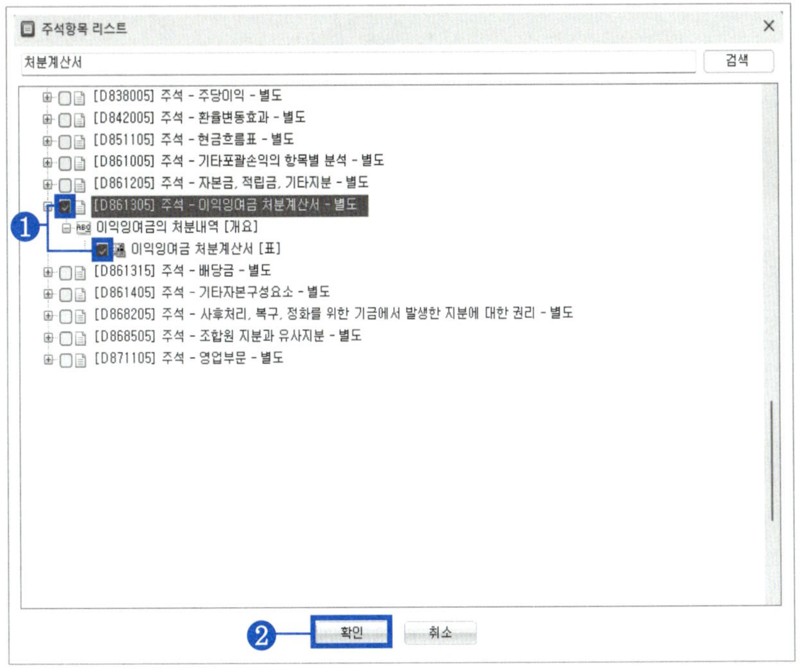

▶ 제목 탭 설정

01 [이익잉여금 처분계산서 [표]]에 우클릭하여 [속성]을 선택합니다.

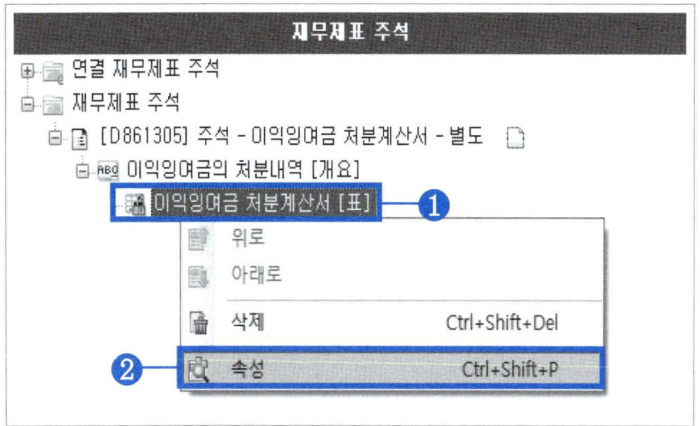

02 [단위설정]에서 [단위목록]을 클릭하여 [백만원]을 선택하고 [제목]*1과 [비교표시설정]*2을 확인합니다.

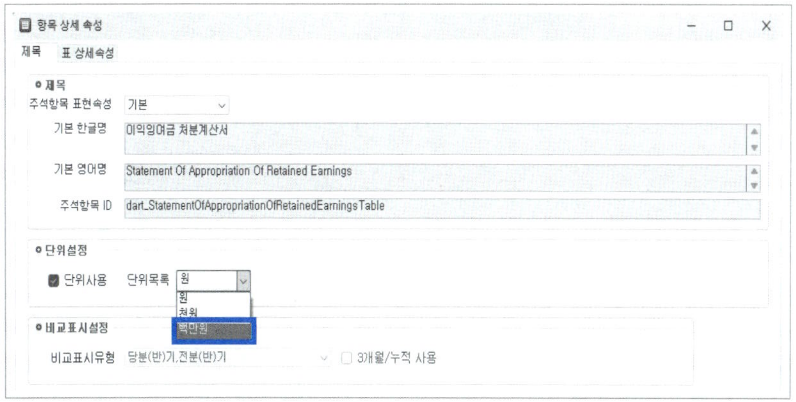

*1 표준 표가 아닌 신규 표를 추가하는 경우 별도 설정(한글/영문명) 필요

*2 분/반기 검토인 경우 [3개월/누적 사용] 설정 필요

▶ 표 상세속성-행 탭 작업

01 [표 상세속성]을 클릭하고 사용하지 않는 '임의적립금 등의 이입액' 및 '사용가능 이익잉여금'을 선택하고 우클릭하여 [선택된노드삭제]를 선택합니다.

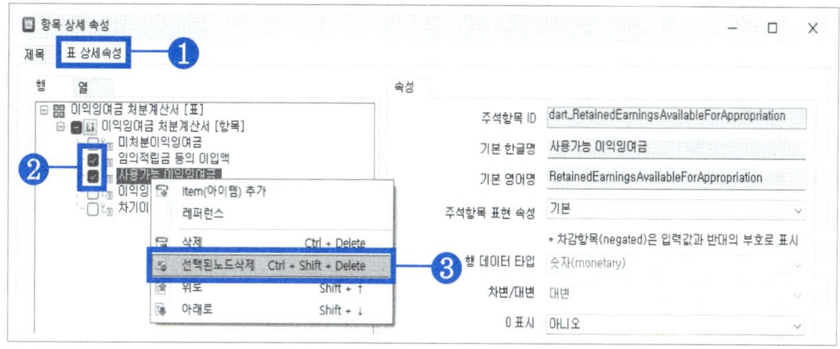

02 [미처분이익잉여금]에 우클릭하여 [Item(아이템) 추가]를 선택합니다.

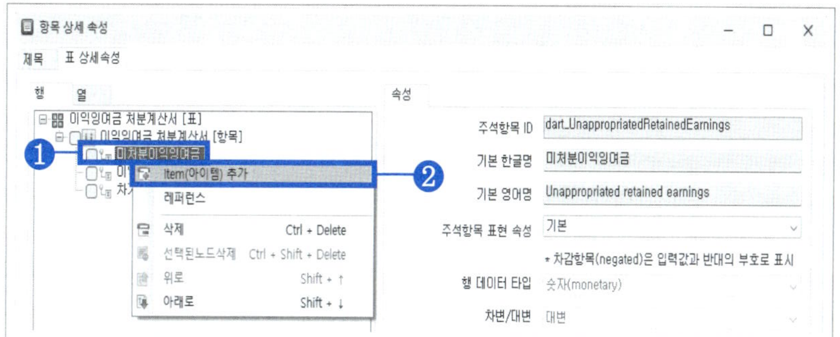

03 [미처분이익잉여금]의 왼쪽 아이콘⊞을 클릭하여 아래 항목들을 선택하고 [확인]을 클릭합니다.

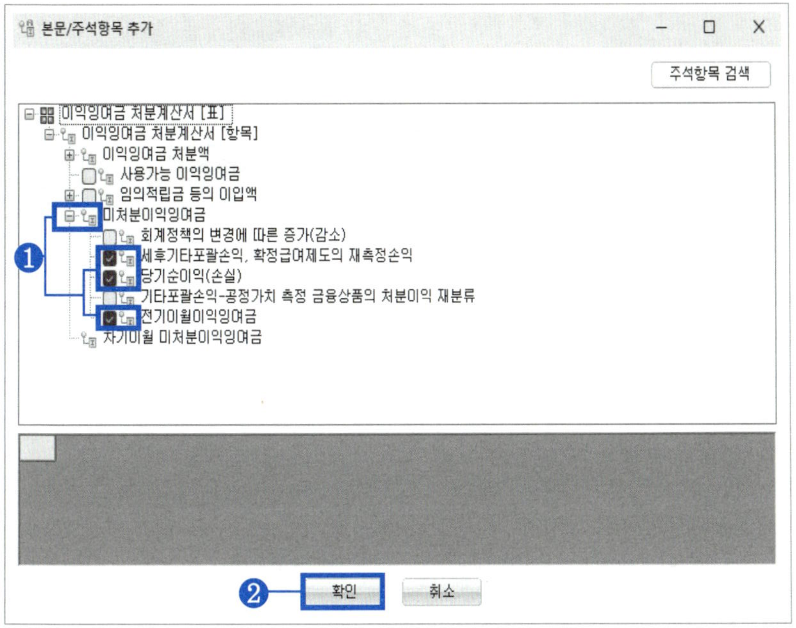

04 Shift + 방향키(↑ 또는 ↓)로 순서를 조정합니다.

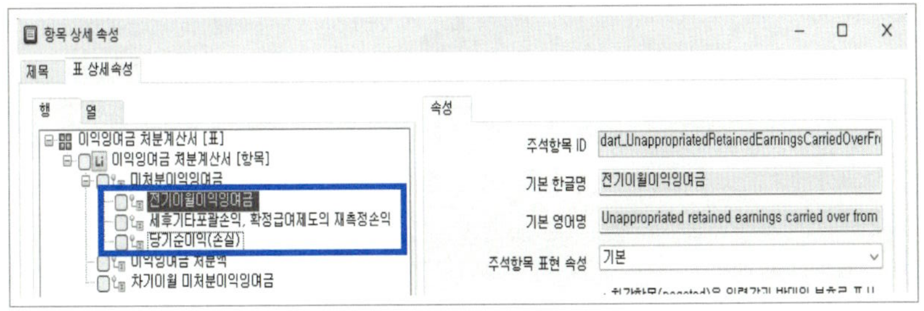

05 [이익잉여금 처분액]을 우클릭하여 [Item(아이템) 추가]를 선택합니다.

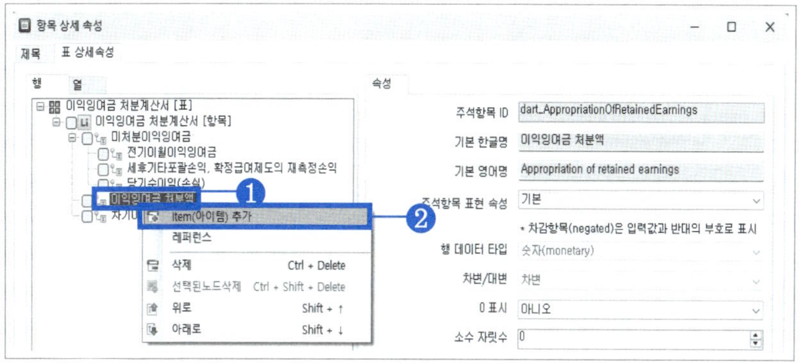

06 [이익잉여금 처분액] 왼쪽 아이콘 [⊞]을 클릭하여 아래 항목을 선택하고 [확인]을 클릭합니다.

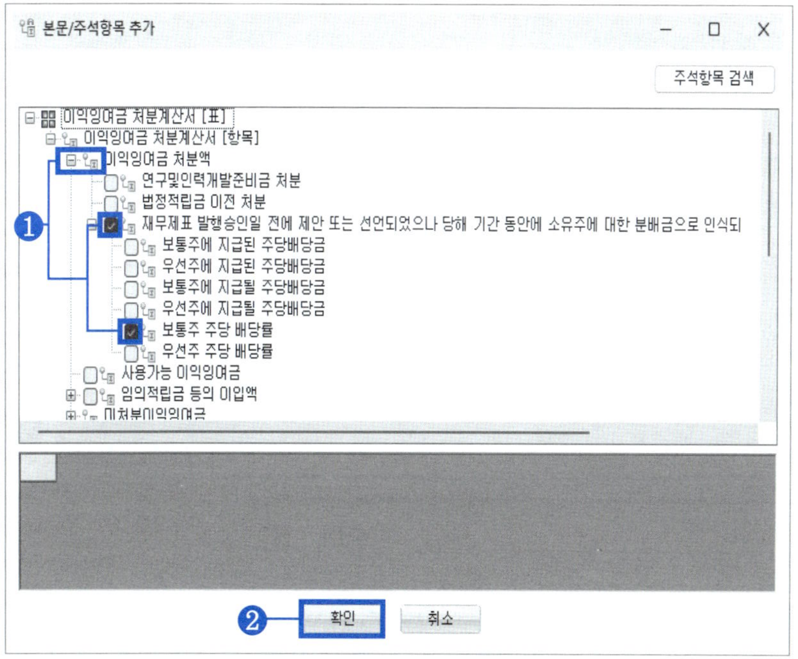

07 이익잉여금 처분액에 우클릭하여 [Item(아이템) 추가]–[주석항목 검색]을 선택합니다.

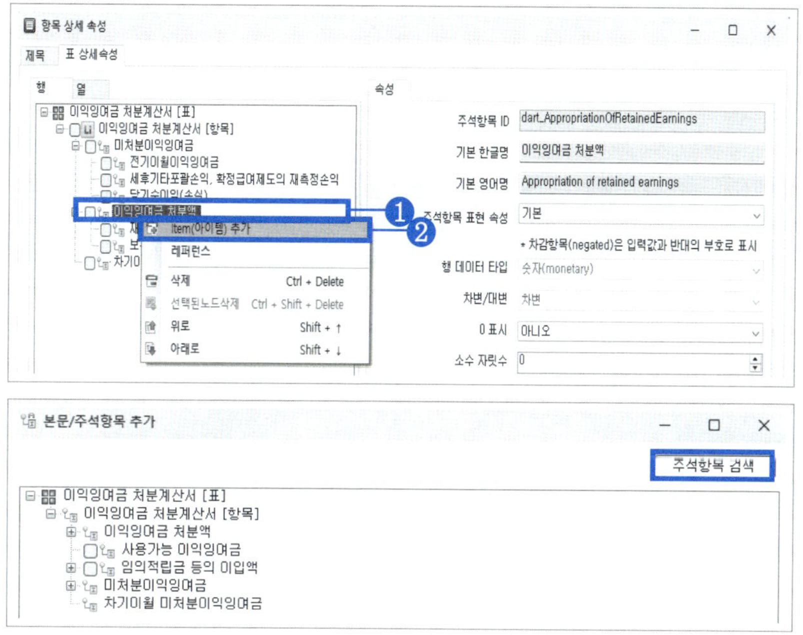

08 '재무제표 발행승인일 전에 제안 또는 선언되었으나 당해 기간 동안에 소유주에 대한 분배금으로 인식되지 아니한 주당배당금'을 검색 및 추가합니다.

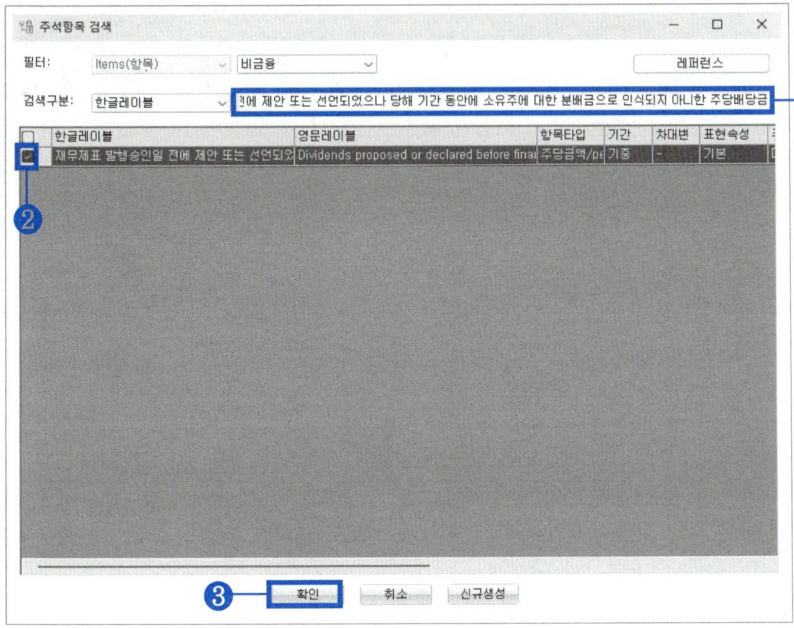

09 Shift + 방향키(↑ 또는 ↓)로 순서를 조정합니다.

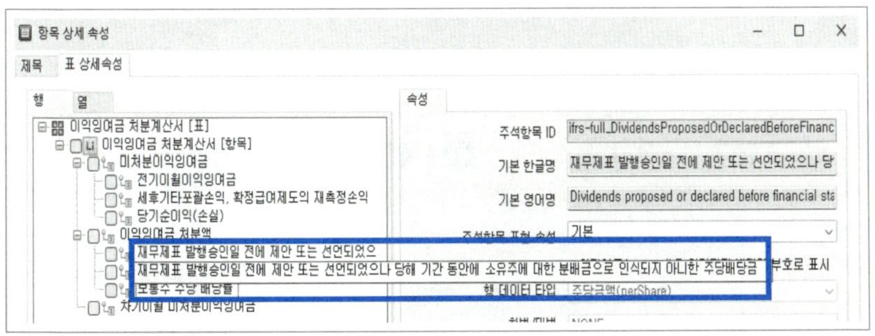

▶ 표 상세속성-열 탭 작업

01 [열] 탭으로 이동하여 [장부금액 [구성요소]]에 우클릭하고 [Member(멤버) 추가]를 선택합니다.

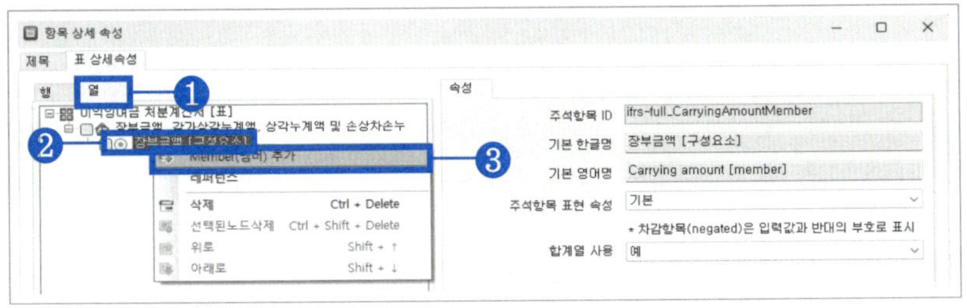

02 공시금액 [구성요소]를 선택하고 [확인]을 클릭합니다.

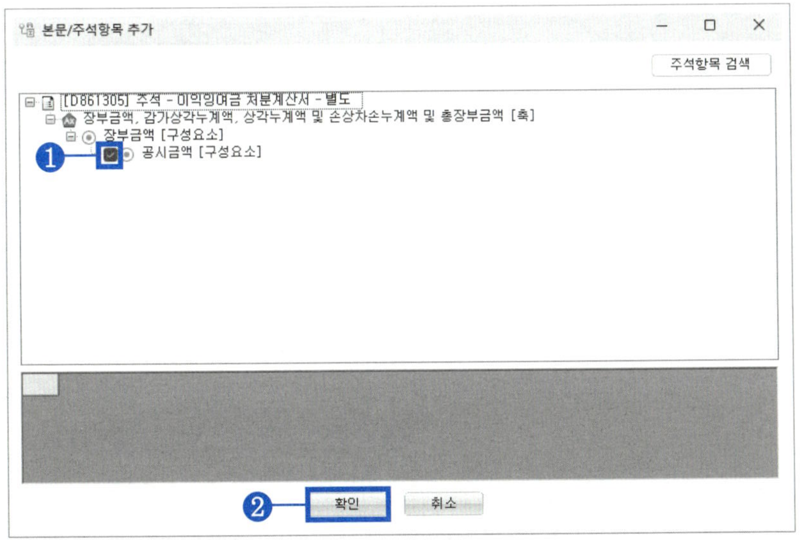

03 합계열은 사용하지 않으므로 장부금액 [구성요소]를 클릭하여 합계열 사용을 '아니오'로 선택하고 [확인]을 클릭합니다.

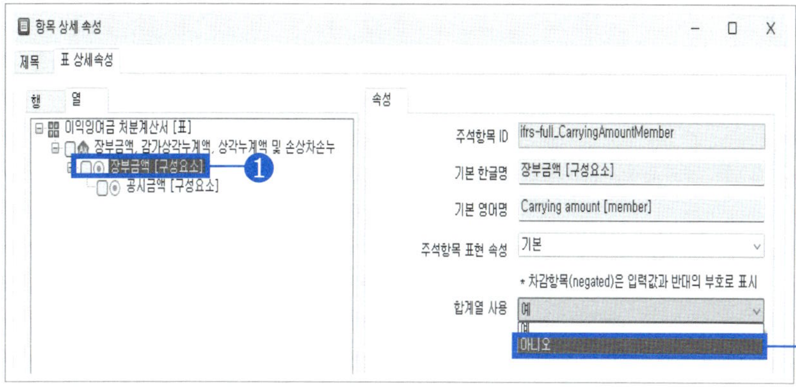

▶ **금액 입력**

01 [[D861305] 주석 - 이익잉여금처분 계산서 - 별도] 우측 아이콘을 [ ]클릭하여 표를 생성합니다.

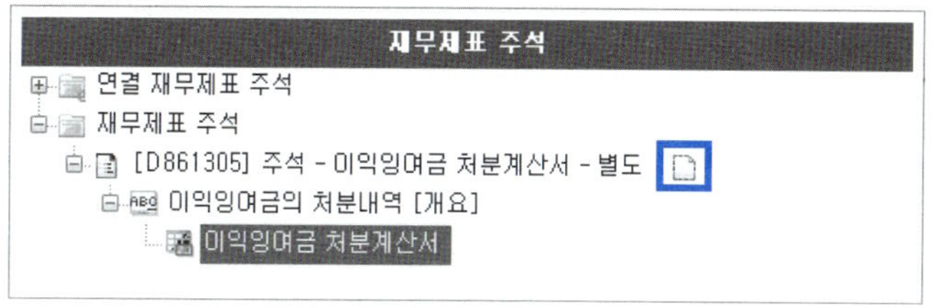

02 생성된 표에 예시를 참고하여 금액을 입력합니다.

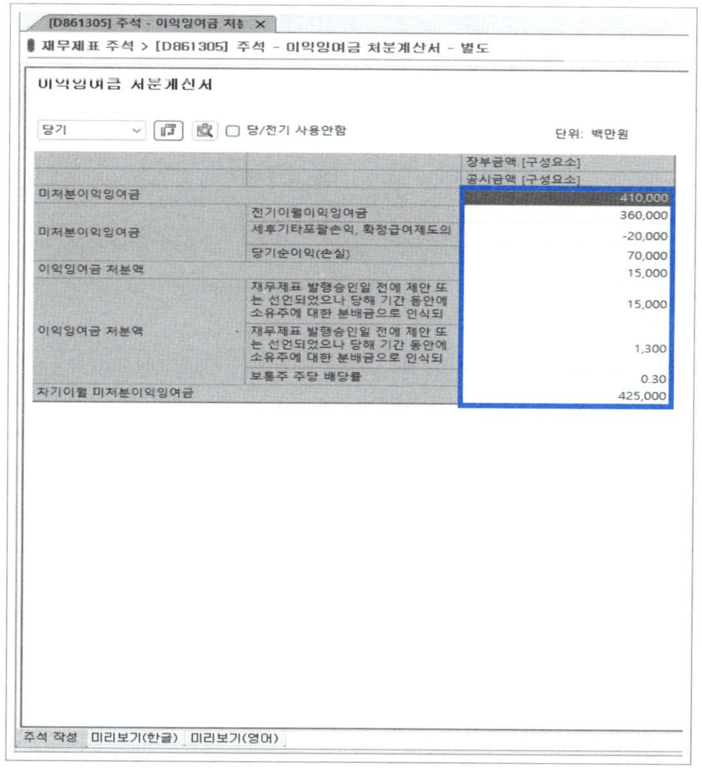

03 [미리보기(한글)]을 클릭하여 금액이 잘 반영되었는지 확인합니다.

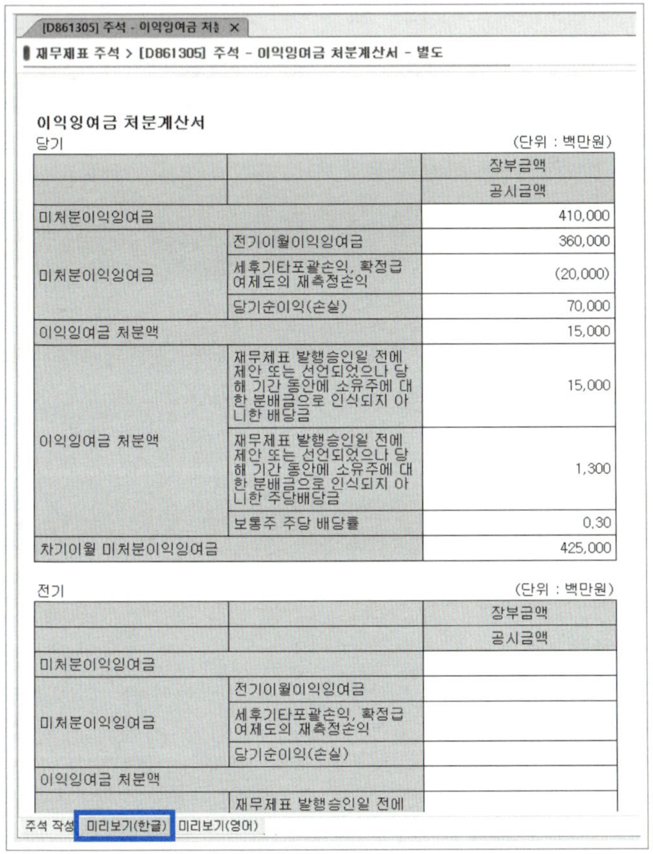

[D861305] 주석 - 이익잉여금 처분

재무제표 주석 > [D861305] 주석 - 이익잉여금 처분계산서 - 별도

이익잉여금 처분계산서

당기 (단위 : 백만원)

		장부금액
		공시금액
미처분이익잉여금		410,000
미처분이익잉여금	전기이월이익잉여금	360,000
	세후기타포괄손익, 확정급여제도의 재측정손익	(20,000)
	당기순이익(손실)	70,000
이익잉여금 처분액		15,000
이익잉여금 처분액	재무제표 발행승인일 전에 제안 또는 선언되었으나 당해 기간 동안에 소유주에 대한 분배금으로 인식되지 아니한 배당금	15,000
	재무제표 발행승인일 전에 제안 또는 선언되었으나 당해 기간 동안에 소유주에 대한 분배금으로 인식되지 아니한 주당배당금	1,300
	보통주 주당 배당률	0.30
차기이월 미처분이익잉여금		425,000

전기 (단위 : 백만원)

		장부금액
		공시금액
미처분이익잉여금		
미처분이익잉여금	전기이월이익잉여금	
	세후기타포괄손익, 확정급여제도의 재측정손익	
	당기순이익(손실)	
이익잉여금 처분액		
	재무제표 발행승인일 전에	

주석 작성 | 미리보기(한글) | 미리보기(영어)

▶ Check Point – 1

01 '세후기타포괄손익누계액, 확정급여제도의 재측정손익' 항목을 자본변동표에서 사용한 경우 자본변동표의 합계열 금액과 연동됩니다.

동일한 성격의 항목이지만 자본변동표의 합계열 금액과 이익잉여금 처분계산서의 금액이 다른 경우 이를 해소하기 위한 설계가 필요합니다.

따라서 자본변동표와 동일한 열 항목(자본의 구성요소 [축] – 자본 [구성요소] – 이익잉여금 [구성요소])으로 구성하면 자본변동표의 이익잉여금 금액과 연동되어 해소할 수 있습니다.

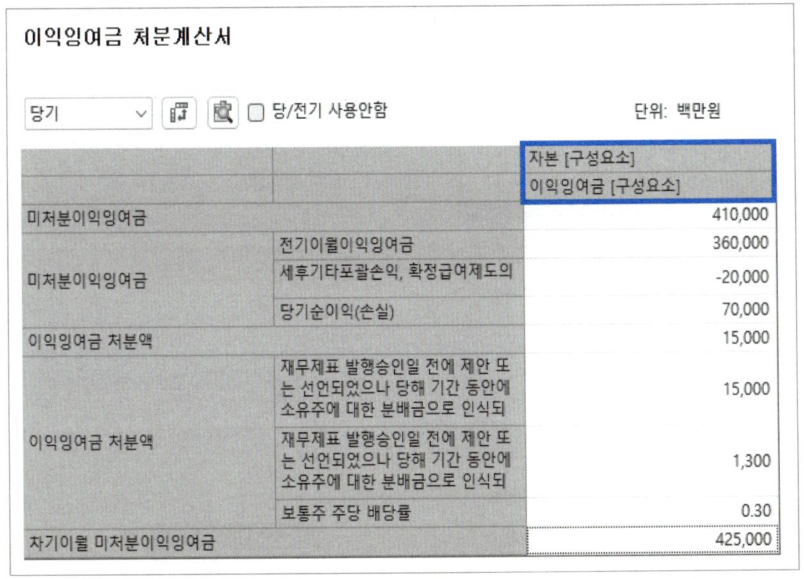

이익잉여금 처분계산서

당기 ☐ 당/전기 사용안함 단위: 백만원

		자본 [구성요소]
		이익잉여금 [구성요소]
미처분이익잉여금		410,000
미처분이익잉여금	전기이월이익잉여금	360,000
	세후기타포괄손익, 확정급여제도의	-20,000
	당기순이익(손실)	70,000
이익잉여금 처분액		15,000
이익잉여금 처분액	재무제표 발행승인일 전에 제안 또는 선언되었으나 당해 기간 동안에 소유주에 대한 분배금으로 인식되	15,000
	재무제표 발행승인일 전에 제안 또는 선언되었으나 당해 기간 동안에 소유주에 대한 분배금으로 인식되	1,300
	보통주 주당 배당률	0.30
차기이월 미처분이익잉여금		425,000

▶ Check Point–2

01 우선주가 존재하는 경우 '주식의 종류 [축]'을 사용하여 보통주와 우선주를 구분합니다. 단 주당 배당률의 경우 보통주, 우선주를 포괄하는 주당 배당률 표준 항목은 없으므로 각각의 행 항목을 사용하여 데이터를 입력합니다.

이익잉여금 처분계산서

당기 ☐ 당/전기 사용안함 단위: 백만원

		주식 [구성요소]		주식 [구성요소] 합계
		보통주 [구성요소]	우선주 [구성요소]	
미처분이익잉여금				410,000
미처분이익잉여금	전기이월이익잉여금			360,000
	세후기타포괄손익, 확정급여제도의 재측정손익			-20,000
	당기순이익(손실)			70,000
이익잉여금 처분액				15,000
이익잉여금 처분액	재무제표 발행승인일 전에 제안 또는 선언되었으나 당해 기간 동안에 소유주에 대한 분배금으로 인식되지 아니한 배당금			15,000
	재무제표 발행승인일 전에 제안 또는 선언되었으나 당해 기간 동안에 소유주에 대한 분배금으로 인식되지 아니한 주당배당금	1,300	1,350	
	보통주 주당 배당률	0.30		
	우선주 주당 배당률		0.31	
차기이월 미처분이익잉여금				425,000

▶ Check Point–3

01 이익잉여금 처분액 및 하위 항목을 음수로 표시하는 경우, 작성기에 음수로 데이터를 입력하는 것이 아닌 해당 항목의 속성을 negated로 설정 후 양수로 입력합니다.

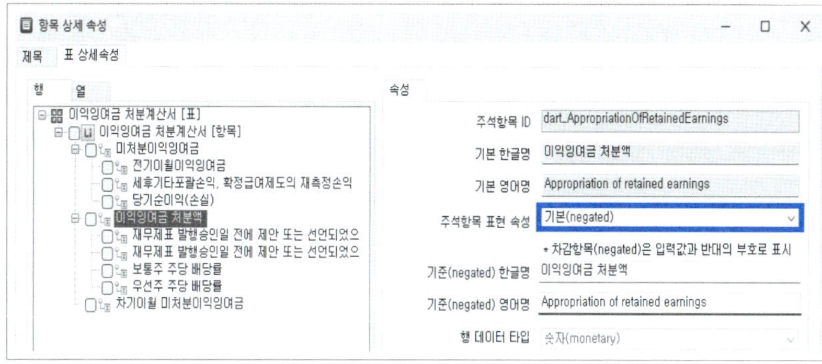

이익잉여금 처분계산서

당기 ☐ 당/전기 사용안함 단위: 백만원

		장부금액 [구성요소]
		공시금액 [구성요소]
미처분이익잉여금		410,000
미처분이익잉여금	전기이월이익잉여금	360,000
	세후기타포괄손익, 확정급여제도의	-20,000
	당기순이익(손실)	70,000
이익잉여금 처분액		15,000
이익잉여금 처분액	재무제표 발행승인일 전에 제안 또는 선언되었으나 당해 기간 동안에 소유주에 대한 분배금으로 인식되	15,000
	재무제표 발행승인일 전에 제안 또는 선언되었으나 당해 기간 동안에 소유주에 대한 분배금으로 인식되	1,300
	보통주 주당 배당률	0.30
차기이월 미처분이익잉여금		425,000

02 미리보기(한글)을 클릭하면 음수로 표시되는 것을 확인할 수 있습니다.

이익잉여금 처분계산서

당기 (단위 : 백만원)

		장부금액
		공시금액
미처분이익잉여금		410,000
미처분이익잉여금	전기이월이익잉여금	360,000
	세후기타포괄손익, 확정급여제도의 재측정손익	(20,000)
	당기순이익(손실)	70,000
이익잉여금 처분액		(15,000)
이익잉여금 처분액	재무제표 발행승인일 전에 제안 또는 선언되었으나 당해 기간 동안에 소유주에 대한 분배금으로 인식되지 아니한 배당금	(15,000)
	재무제표 발행승인일 전에 제안 또는 선언되었으나 당해 기간 동안에 소유주에 대한 분배금으로 인식되지 아니한 주당배당금	1,300
	보통주 주당 배당률	0.30
차기이월 미처분이익잉여금		425,000

MEMO

10 고객과의 계약에서 생기는 수익–실습을 위한 예시 주석

10. 고객과의 계약에서 생기는 수익 주석 예시

당기와 전기 중 고객과의 계약에서 생기는 수익의 구분내역은 다음과 같습니다.

(단위 : 백만원)

구 분	당 기	전 기
한시점에 인식하는 수익		
제품매출	938,000	1,554,000
상품매출	1,119,000	1,383,000
기타매출	63,000	57,000
소 계	2,120,000	2,994,000
기간에 걸쳐 인식하는 수이		
제품매출	1,000	3,000
서비스매출	1,747,000	931,000
기타매출	12,000	11,000
소 계	1,760,000	945,000
합 계	3,880,000	3,939,000

MEMO

XBRL 비금융업 주석 작성 한 권으로 끝내기

≪ XBRL 편집기 작성 따라하기 ≫

01 [연결 또는 별도 재무제표 주석]에 마우스 우클릭하고, [주석항목 리스트에서 가져오기]를 선택합니다.

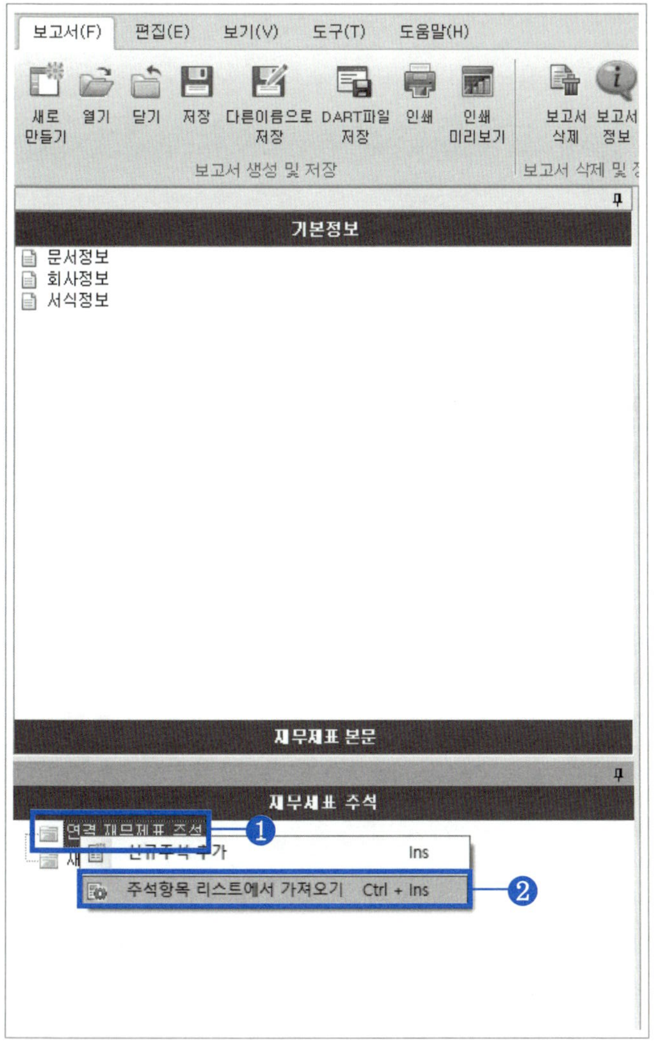

02 스크롤 또는 "고객과의 계약에서 생기는 수익"을 검색하여 [[D831150] 주석 – 고객과의 계약에서 생기는 수익 – 연결]에서 고객과의 계약에서 생기는 수익의 구분에 대한 공시 [표]의 체크박스를 선택하고 [확인]을 클릭합니다.

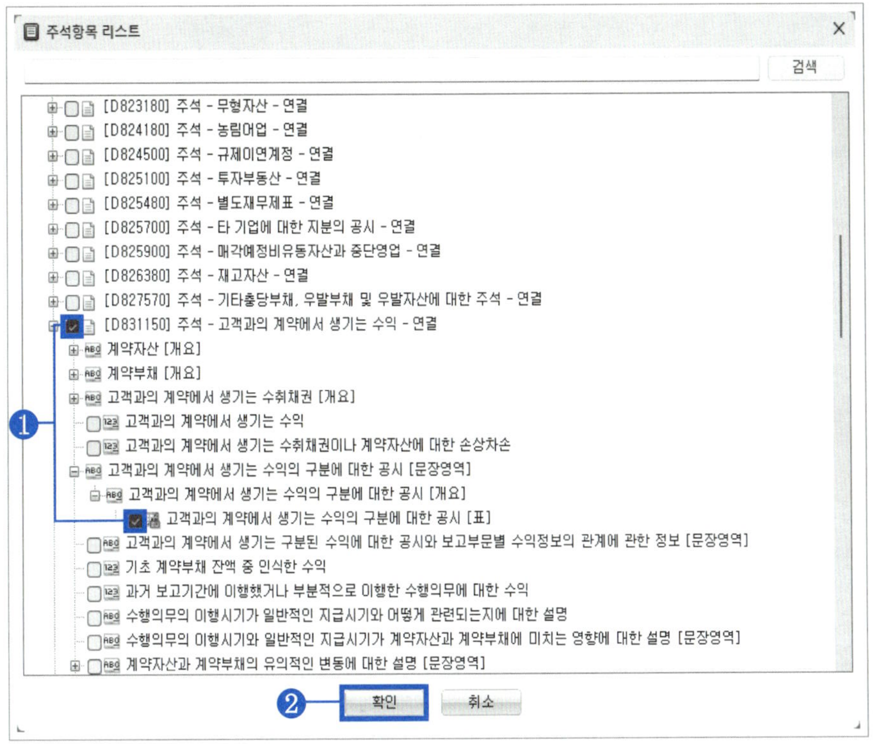

03 좌측 창에 [[D832610] 주석-고객과의 계약에서 생기는 수익-연결] 우측의 아이콘을 클릭하여, 기본으로 설정된 Taxonomy를 확인하고, 아이콘을 클릭합니다.

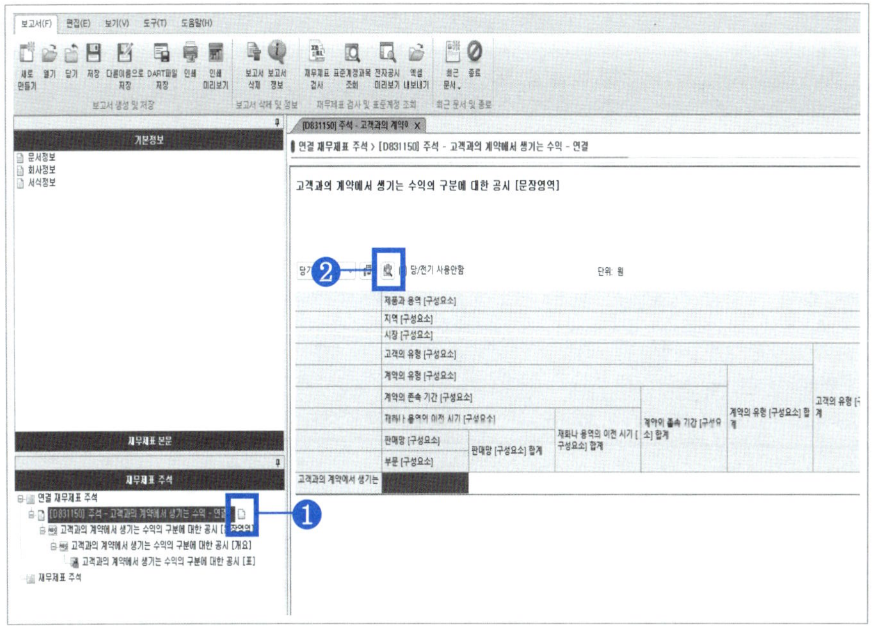

04 [항목 상세 속성]에서 단위설정을 예시에 따라 [백만원] 단위로 변경합니다.

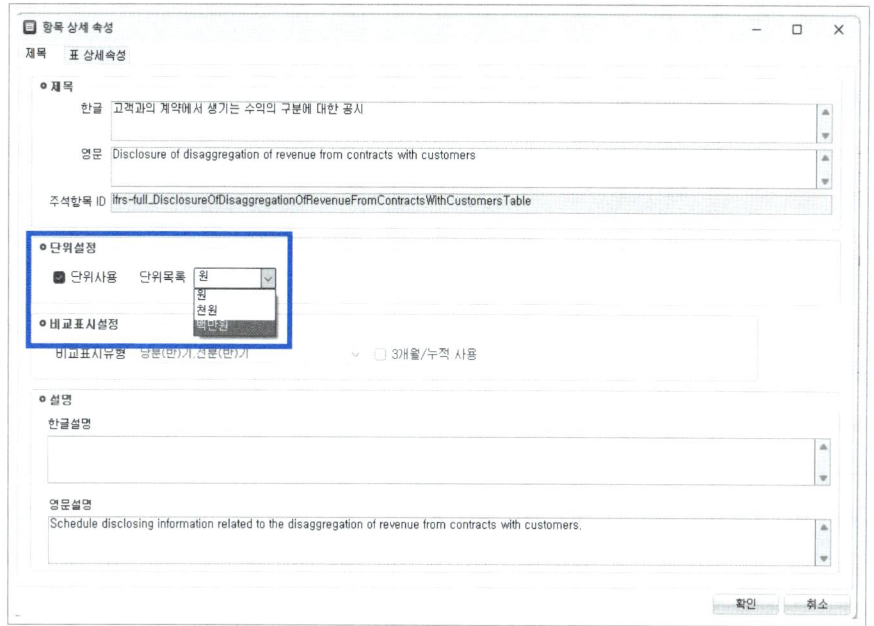

05 [표 상세속성] 탭을 선택하여, [열]에서 사용하지 않는 Taxonomy ID에 체크박스를 선택하고, 우클릭하여 [선택된노드삭제]를 선택하여 일괄로 삭제합니다.

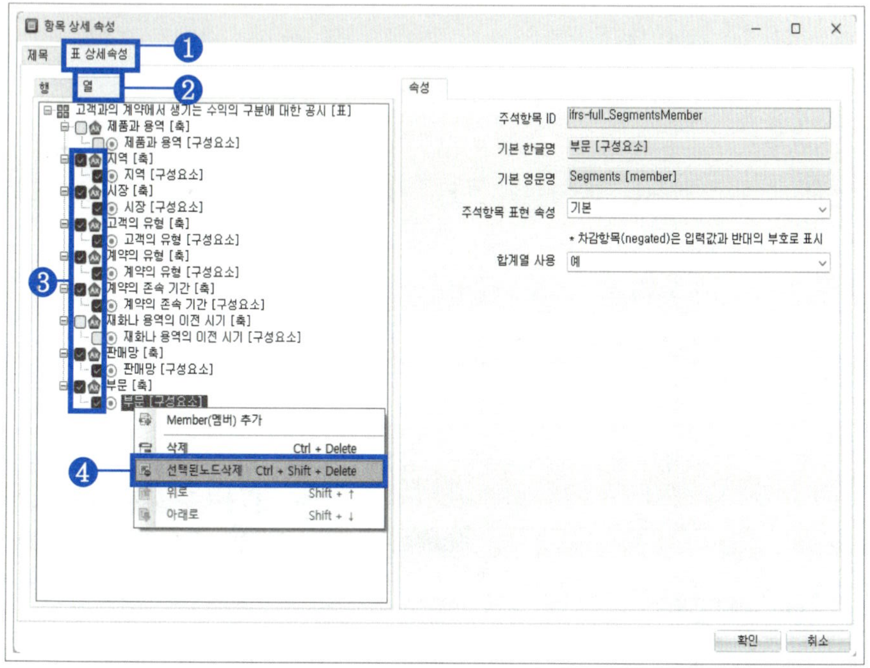

06 재화나 용역의 이전 시기 [축]을 선택하고, 우클릭하여 [위로]를 클릭하여 순서를 변경합니다.

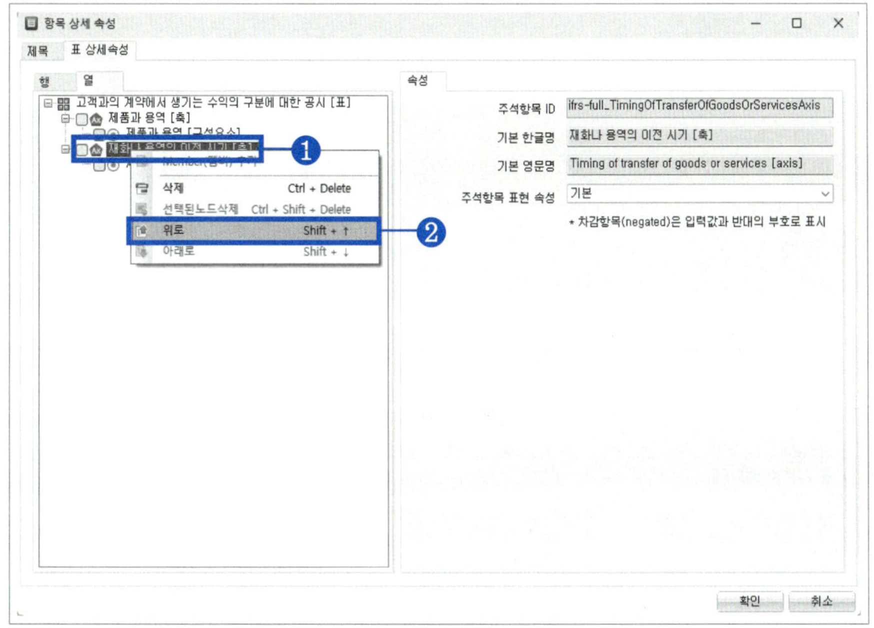

07 재화나 용역의 이전 시기 [축]의 하위 항목인 재화나 용역의 이전 시기 [구성요소]를 선택하고, 우클릭하여 [Member(멤버) 추가]를 선택합니다.

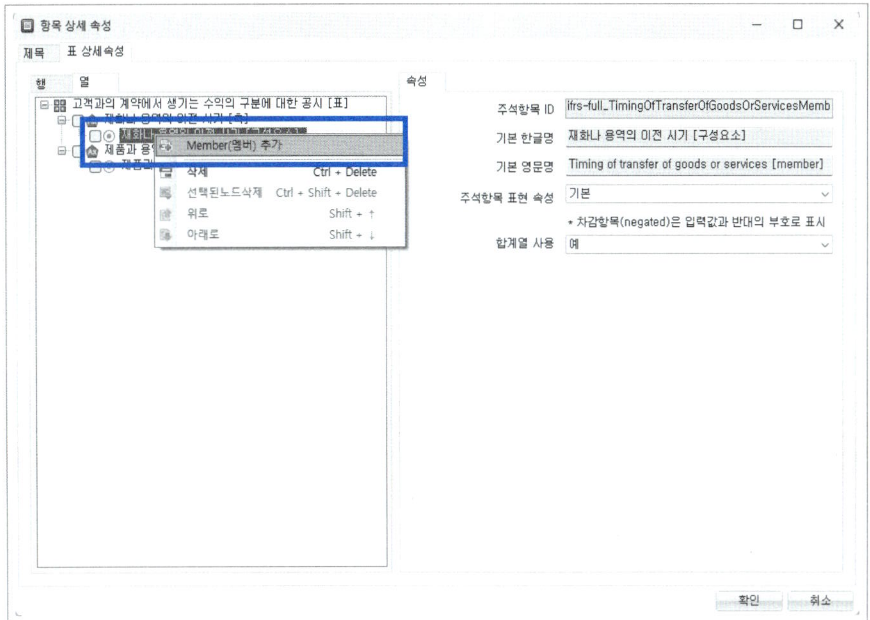

08 [주석항목 레퍼런스]에서 기간에 걸쳐 이전하는 재화나 서비스 [구성요소], 한 시점에 이전하는 재화나 서비스 [구성요소] 체크박스를 선택하고 [확인]을 클릭합니다.

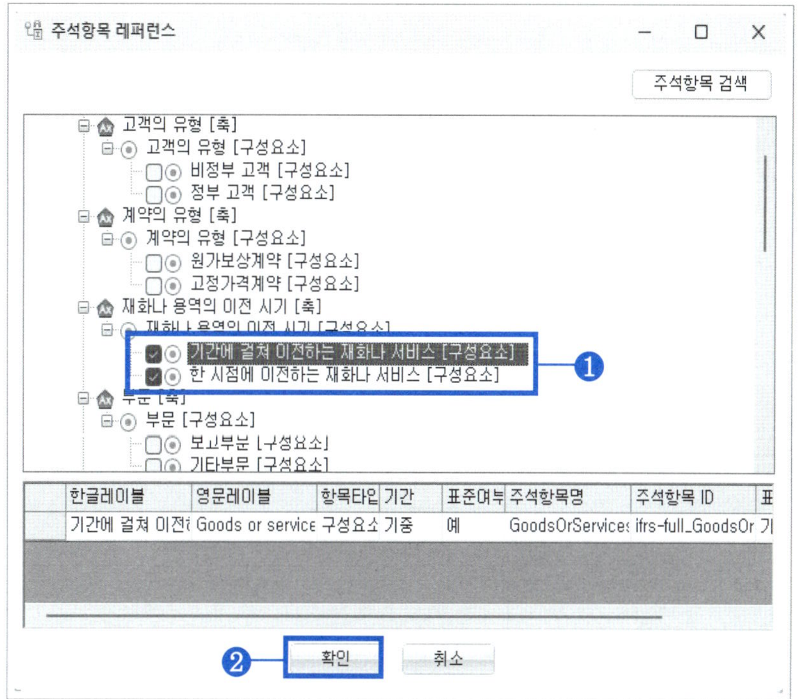

09 한 시점에 이전하는 재화나 서비스 [구성요소]를 선택하고, 우클릭하여 [위로]를 클릭하여 순서를 변경합니다.

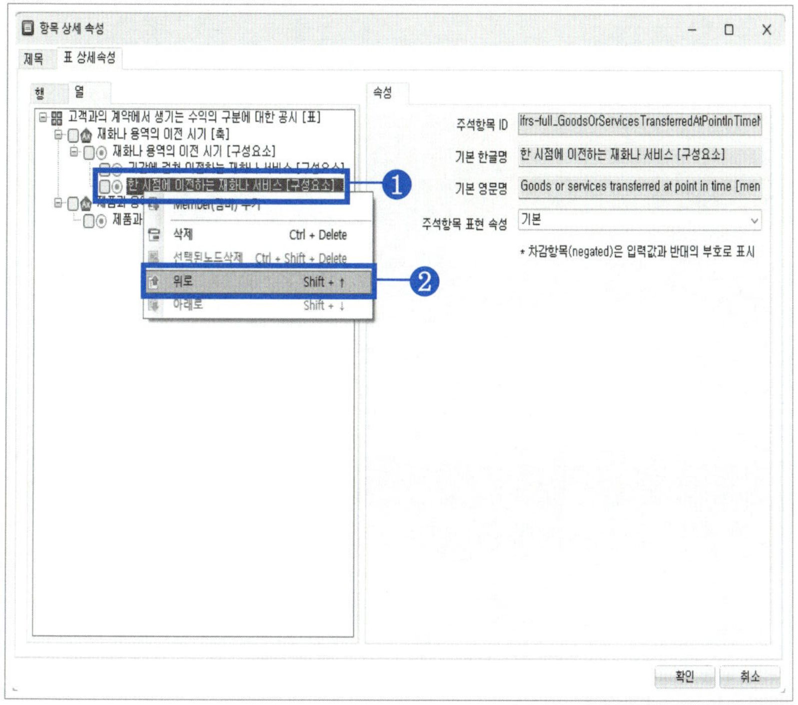

10 **제품과 용역 [축]**의 하위 항목인 **제품과 용역 [구성요소]**를 선택하고, 우클릭하여 [Member(멤버) 추가]를 선택합니다.

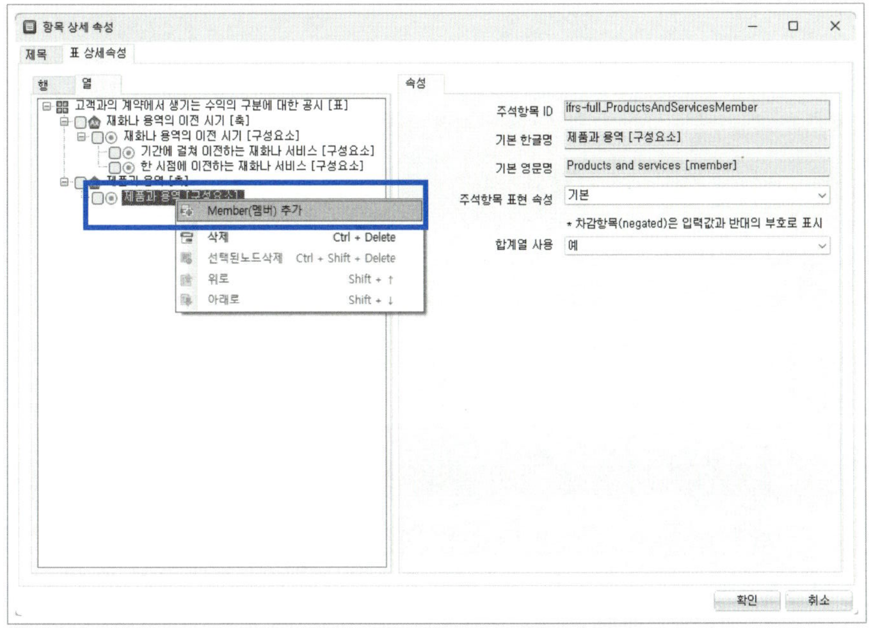

11 [주석항목 레퍼런스]에서 [주석항목 검색]을 클릭합니다.

12 [주석항목 검색]에서 제품매출, 상품매출, 서비스매출, 기타매출은 검색되지 않으므로, [신규생성]을 클릭합니다.

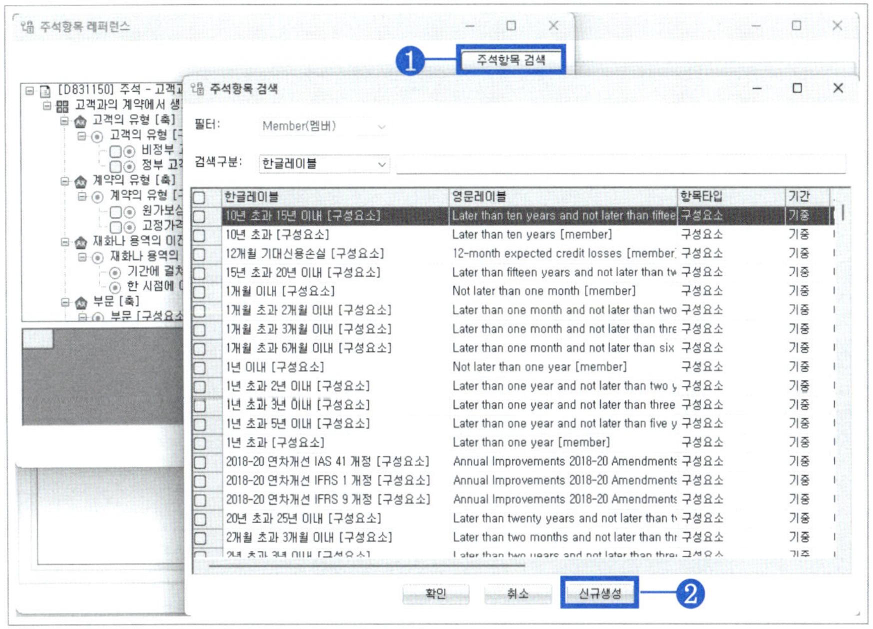

13 신규생성을 통해 **제품매출 [구성요소]**(sales of products), **상품매출 [구성요소]**(sales of goods), **서비스매출 [구성요소]**(sales of services), **기타매출 [구성요소]**(other sales)를 확장(Extention)하고, **[확인]**을 클릭합니다.

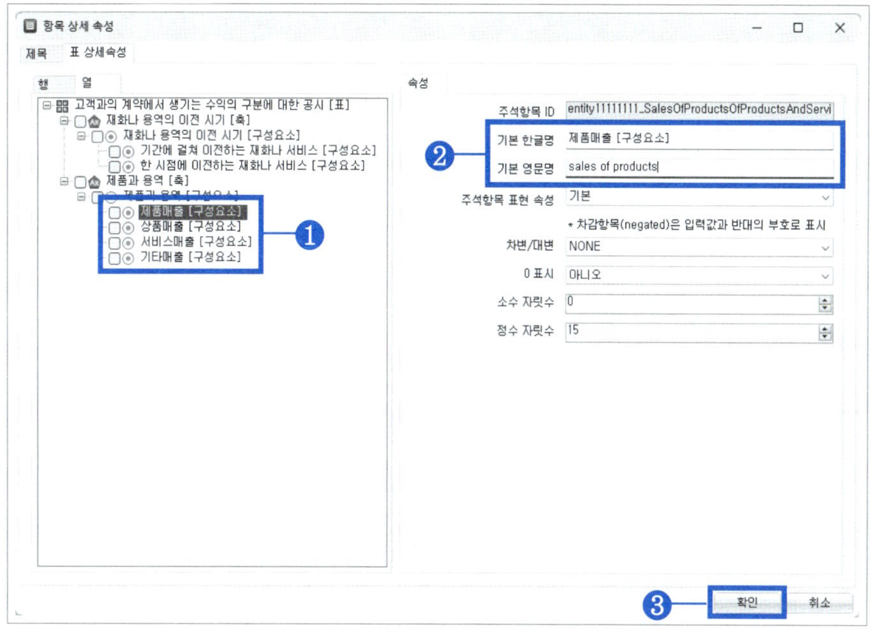

14 주석 작성 탭에서 완성된 표를 확인하고, 금액을 입력합니다.

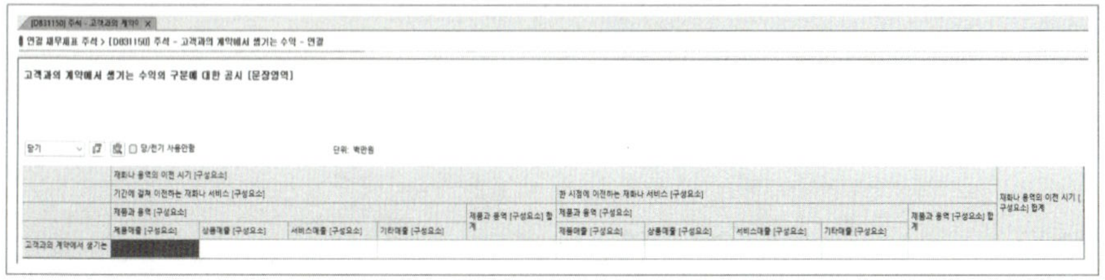

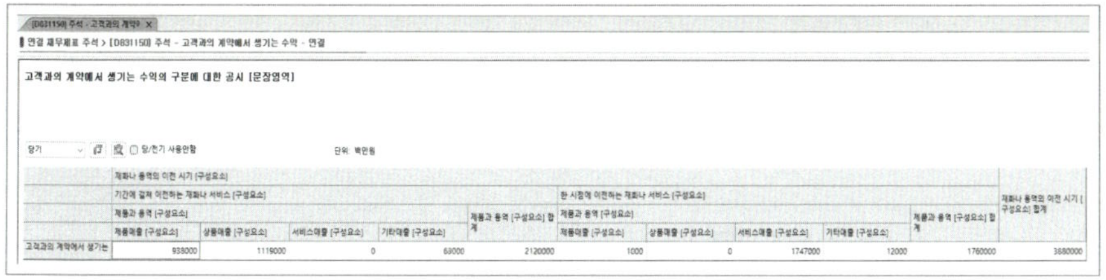

15 미리보기(한글) 탭에서 공시될 표의 형태를 미리 확인합니다.

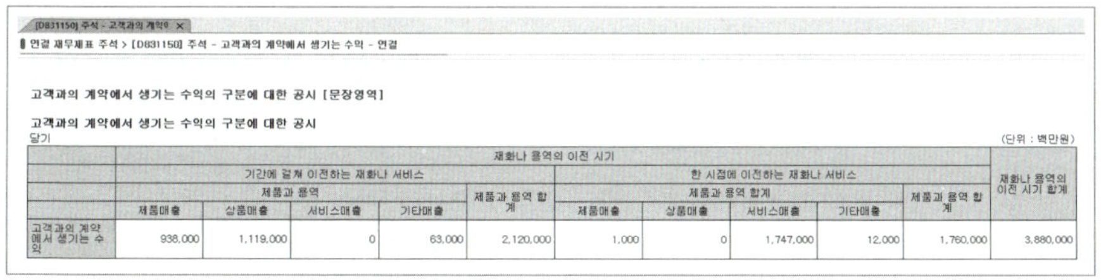

고객과의 계약에서 생기는 수익의 구분에 대한 공시 [문장영역]

고객과의 계약에서 생기는 수익의 구분에 대한 공시

당기 (단위 : 백만원)

	재화나 용역의 이전 시기										
	기간에 걸쳐 이전하는 재화나 서비스					한 시점에 이전하는 재화나 서비스					재화나 용역의 이전 시기 합계
	제품과 용역				제품과 용역 합계	제품과 용역 합계				제품과 용역 합계	
	제품매출	상품매출	서비스매출	기타매출		제품매출	상품매출	서비스매출	기타매출		
고객과의 계약에서 생기는 수익	938,000	1,119,000	0	63,000	2,120,000	1,000	0	1,747,000	12,000	1,760,000	3,880,000

MEMO

11 기타수익과 기타비용–실습을 위한 예시 주석

11. 기타수익과 기타비용

당기 및 전기 중 기타수익과 기타비용의 내역은 다음과 같습니다.

(단위 : 백만원)

구 분	당 기	전 기
(1) 기타수익 :		
유형자산처분이익	49,000	24,000
사용권자산처분이익	35,000	25,000
수입임대료	98,000	94,000
외환차익	828,000	624,000
외화환산이익	688,000	220,000
계	1,698,000	987,000
(2) 기타비용 :		
유형자산처분손실	177,000	57,000
유형자산폐기손실	3,000	2,000
사용권자산처분손실	5,000	6,000
외환차손	738,000	527,000
외화환산손실	814,000	231,000
계	1,737,000	823,000

MEMO

XBRL 비금융업 주석 작성 한 권으로 끝내기

≪ XBRL 편집기 작성 따라하기 ≫

01 [연결 또는 별도 재무제표 주석]에 마우스 우클릭하고, [주석항목 리스트에서 가져오기]를 선택합니다.

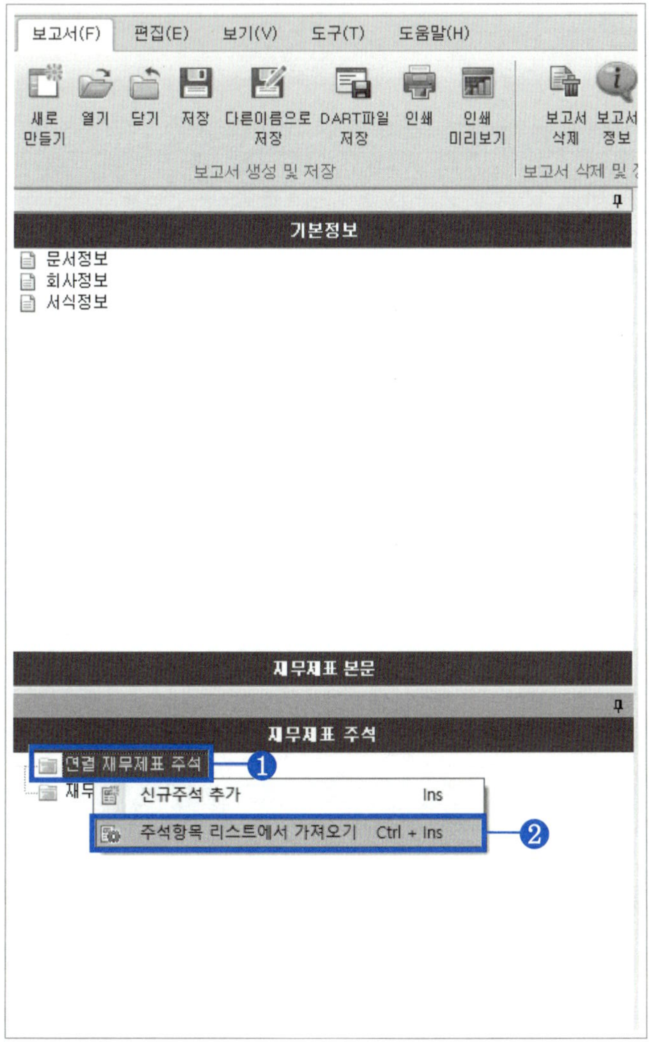

02 스크롤 또는 "기타수익과 기타비용"을 검색하여 [[D834320] 주석 – 기타수익과 기타비용 – 연결]에서 기타수익 및 기타비용 [표]의 체크박스를 선택하고 [확인]을 클릭합니다.

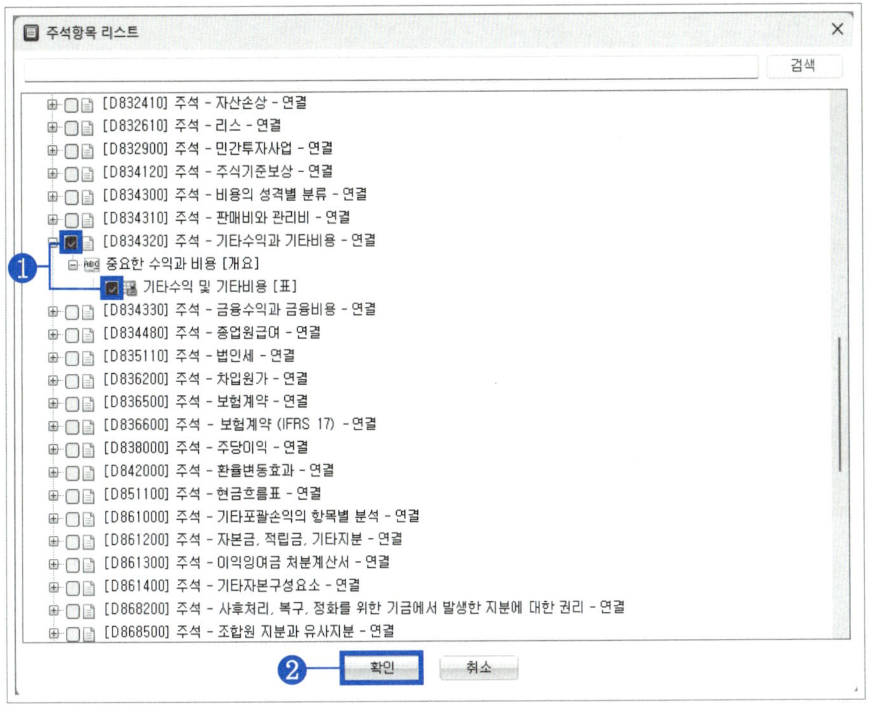

03 좌측 창에 **[[D834320] 주석 - 기타수익 및 기타비용 - 연결]** 우측의 아이콘을 클릭하여, 기본으로 설정된 Taxonomy를 확인하고, 아이콘 을 클릭합니다.

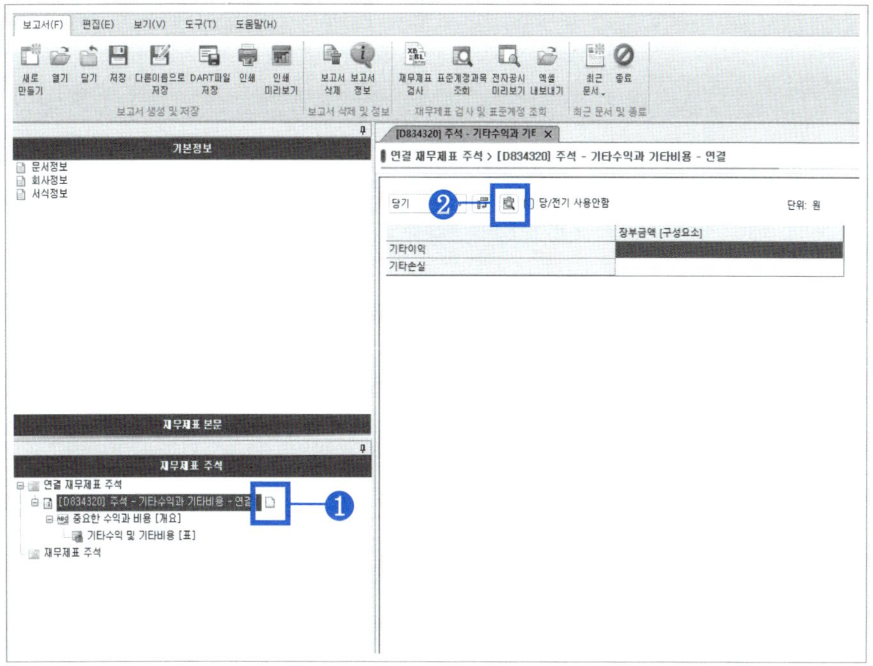

04 [항목 상세 속성]에서 **단위설정**을 예시에 따라 **[백만원]** 단위로 변경합니다.

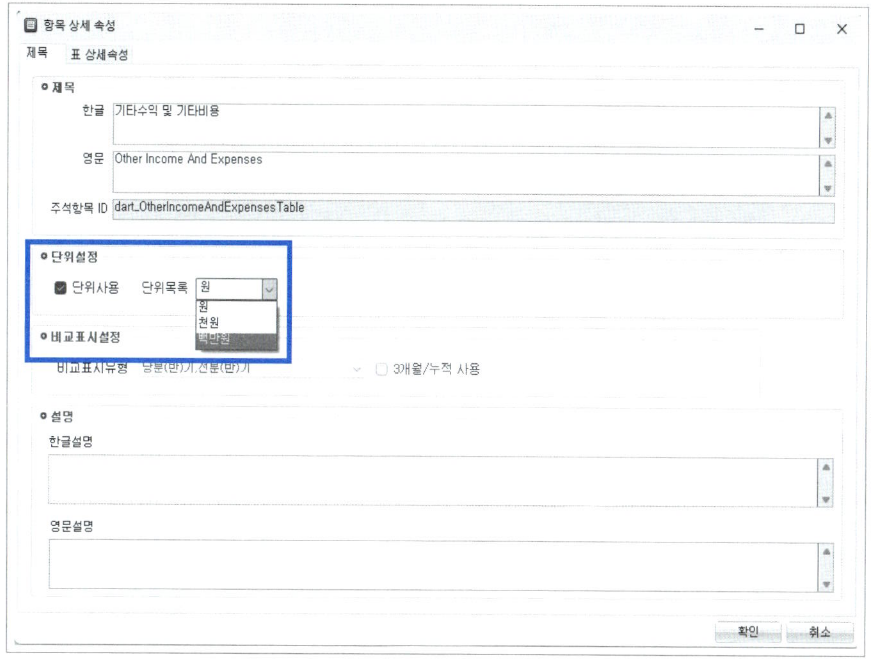

05 [표 상세속성] 탭을 선택하여, [행]에서 [기타이익]을 선택, 우클릭하여 [Item(아이템) 추가]를 선택합니다.

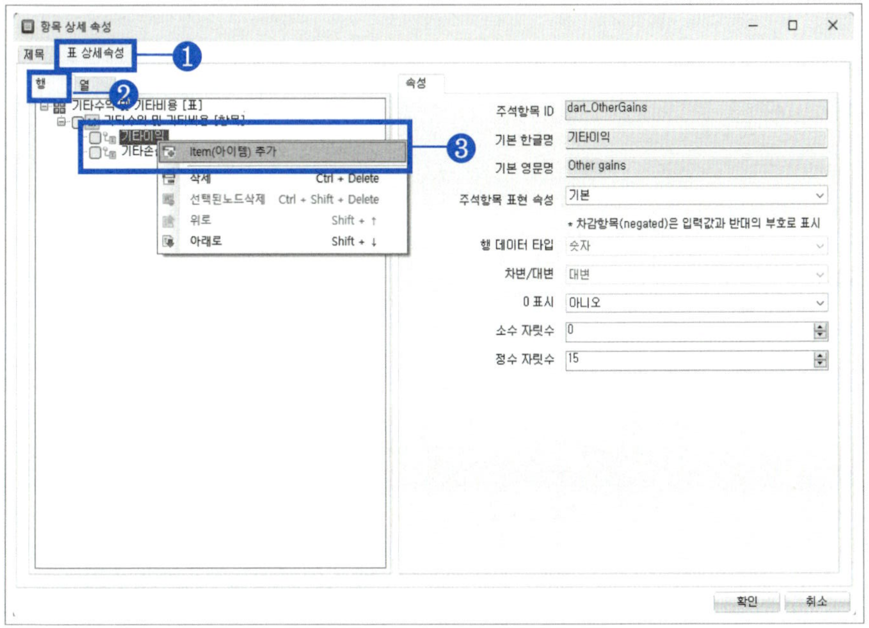

06 [주석항목 레퍼런스]에서 기타이익의 하위계정과목을 확인하고, 주석 예시와 일치하는 항목의 체크박스를 선택하고, [확인]을 클릭합니다.(외화환산이익, 유형자산처분이익, 수입임대료)

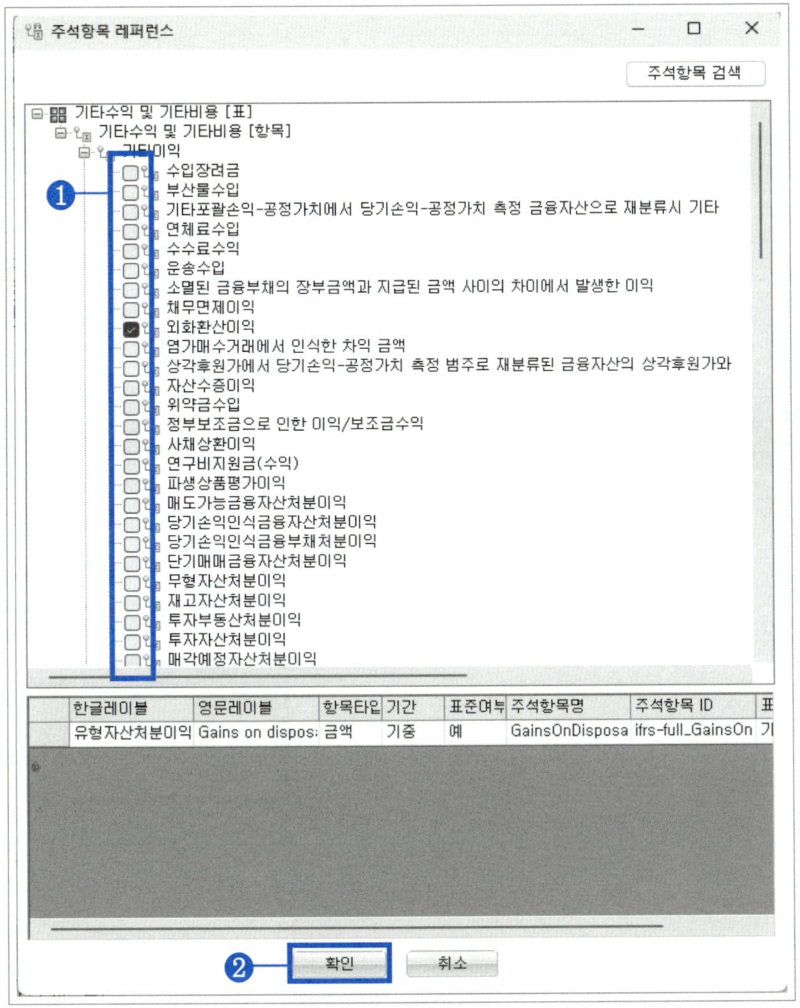

07 외환차익을 추가하기 위해 [기타이익]을 선택하여 우클릭하고, [Item(아이템) 추가]를 클릭합니다.

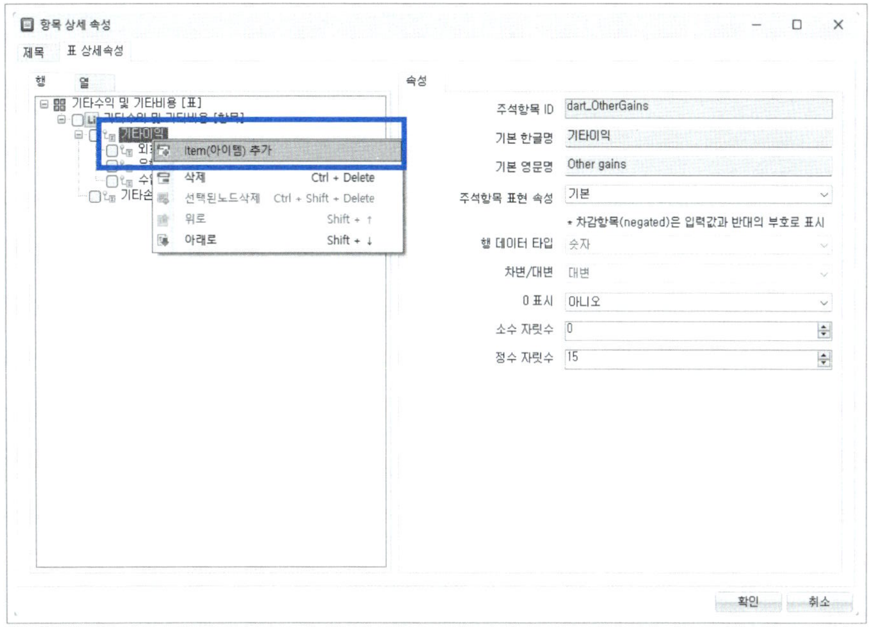

08 [주석항목 레퍼런스]에서 [주석항목 검색]을 클릭합니다.

09 [주석항목 검색]에서 "외화거래이익"을 검색하여 [외화거래이익]의 체크박스를 선택하여 [확인]을 클릭합니다.

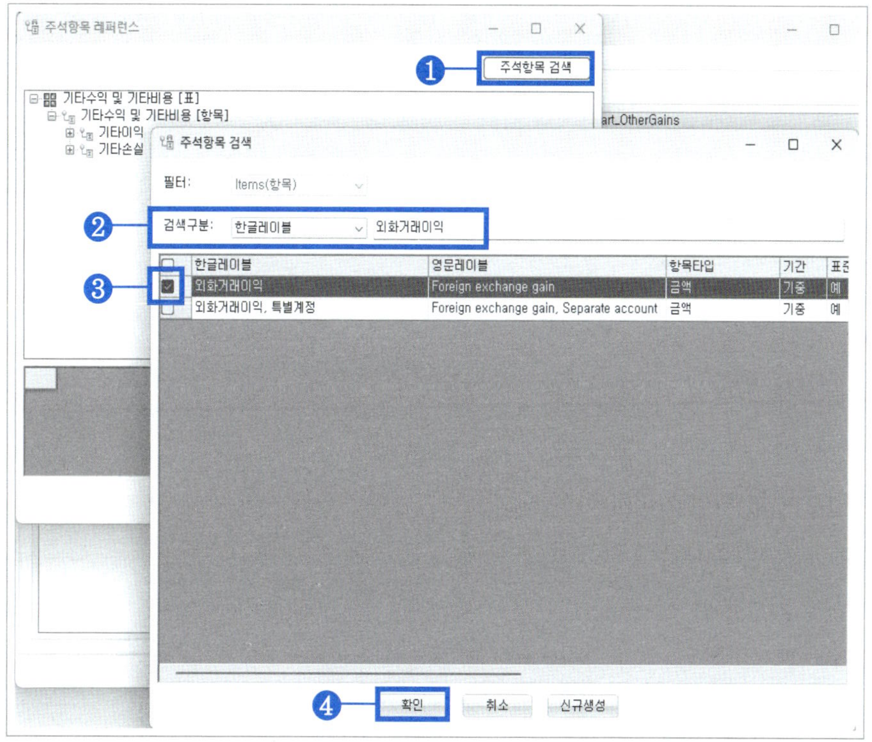

10 추가된 외화거래이익을 선택하여 우측 속성 탭의 [주석항목 표현 속성]을 별칭1로 변경합니다.

11 별칭1의 한글명을 예시의 명칭과 동일하게 "외환차익"으로 변경합니다.

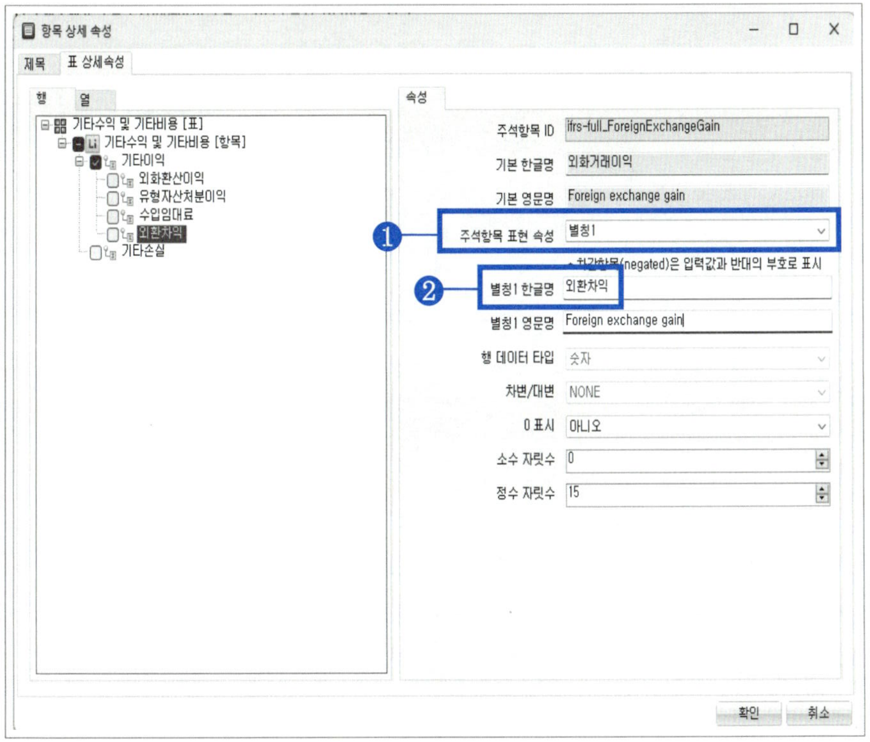

12 사용권자산처분이익을 추가하기 위해 [기타이익]을 선택하여 우클릭하고, [Item(아이템) 추가]를 클릭합니다.

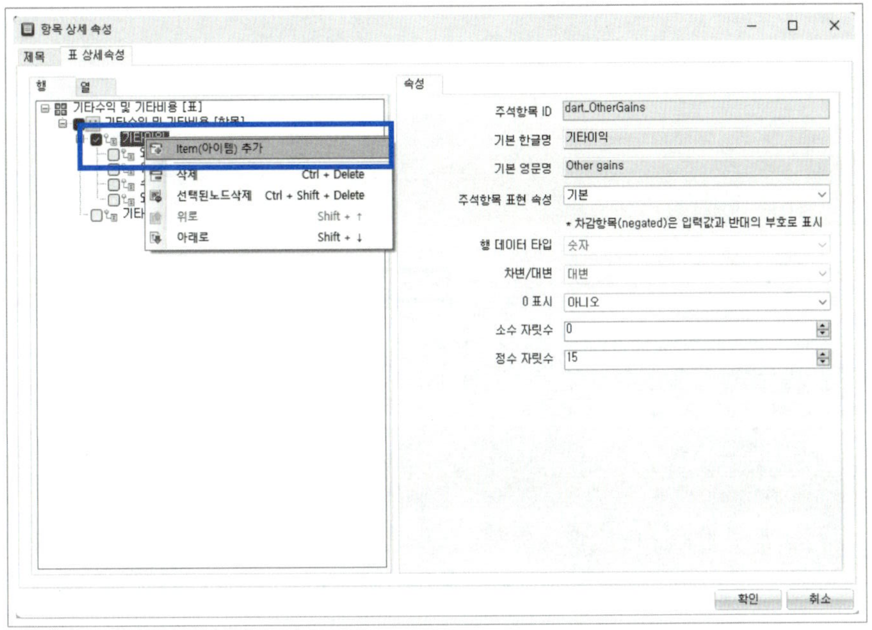

13 [주석항목 레퍼런스]에서 [주석항목 검색]을 클릭합니다.

14 사용권자산처분이익은 표준 Taxonomy ID가 없으므로, [신규생성] 버튼을 클릭합니다.

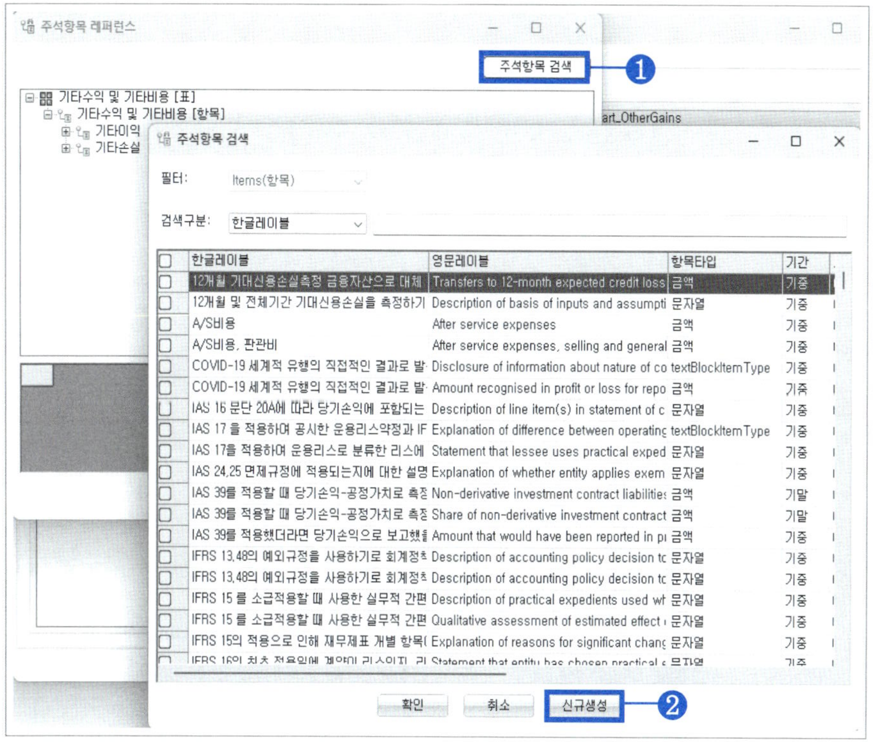

15 신규생성을 통해 사용권자산처분이익(Profits from disposal of right–of–use–assets)을 확장(Extention)하고, [확인]을 클릭합니다.

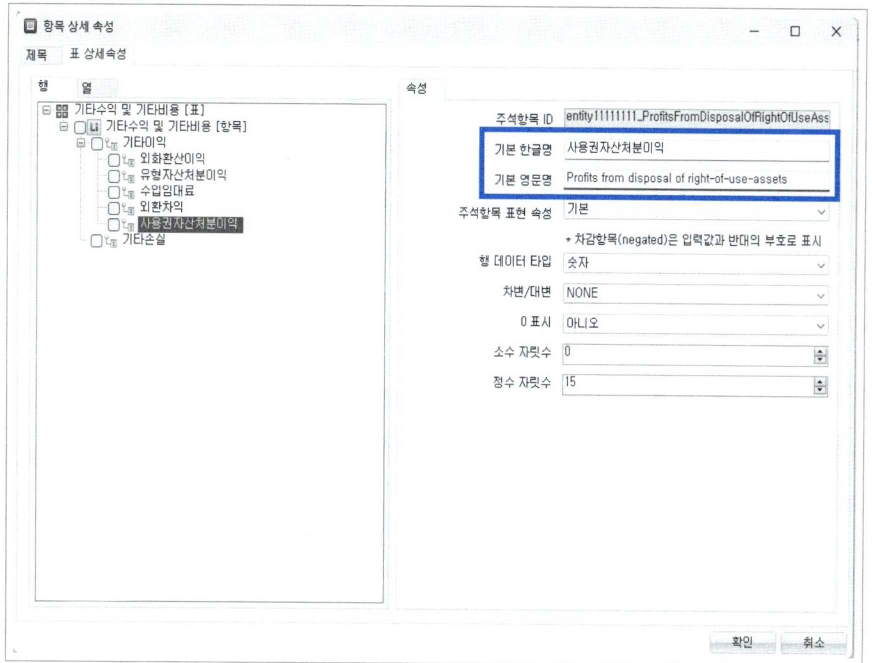

16 세부계정들의 순서를 공시순서와 일치하도록 우클릭하여 **"위로"**, **"아래로"**를 활용하여 순서를 변경합니다.

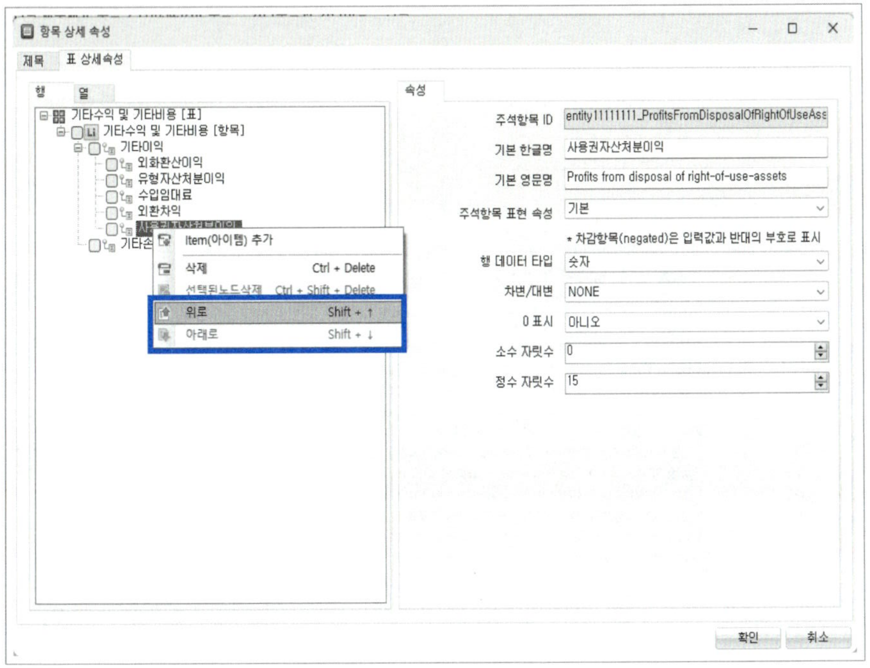

17 유형자산처분손실, 외화환산손실은 기타손실의 하위 계정과목 체크박스를 선택하여 추가합니다.

18 외환차손은 "외화거래손실"로 검색하여 별칭을 사용하여 한글레이블을 변경하여 추가합니다.

19 유형자산폐기손실(Loss on retirements of property, plant and equipment), 사용권자산처분손실(Losses on disposal of right-of-use-assets)은 확장하여 추가합니다.

20 공시순서에 맞춰서 순서를 변경합니다.

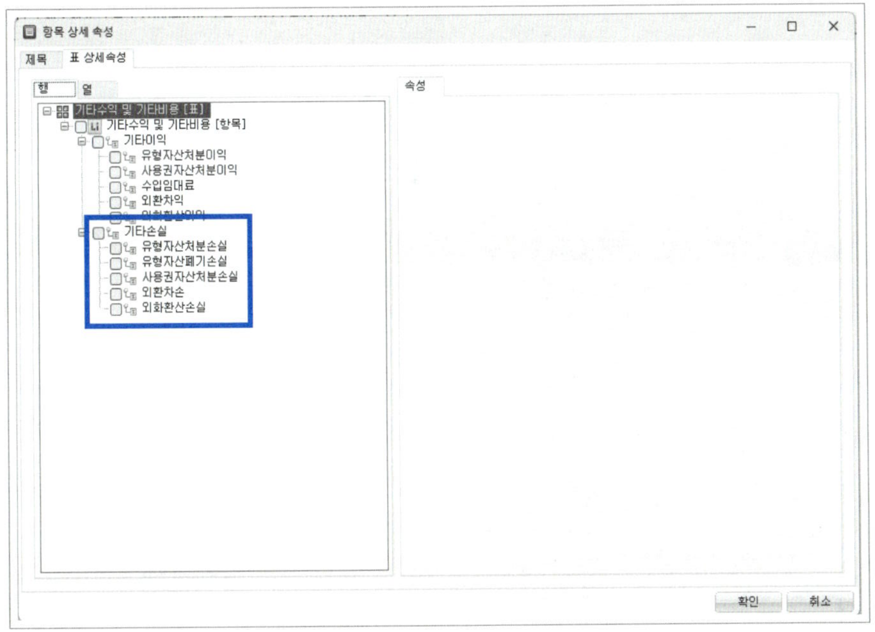

21 장부금액, 감가상각누계액, 상각누계액 및 손상차손누계액 및 총장부금액 [축]의 하위항목인 **장부금액 [구성요소]**를 선택하여 우클릭하고, **[Member(멤버) 추가]**를 클릭합니다.

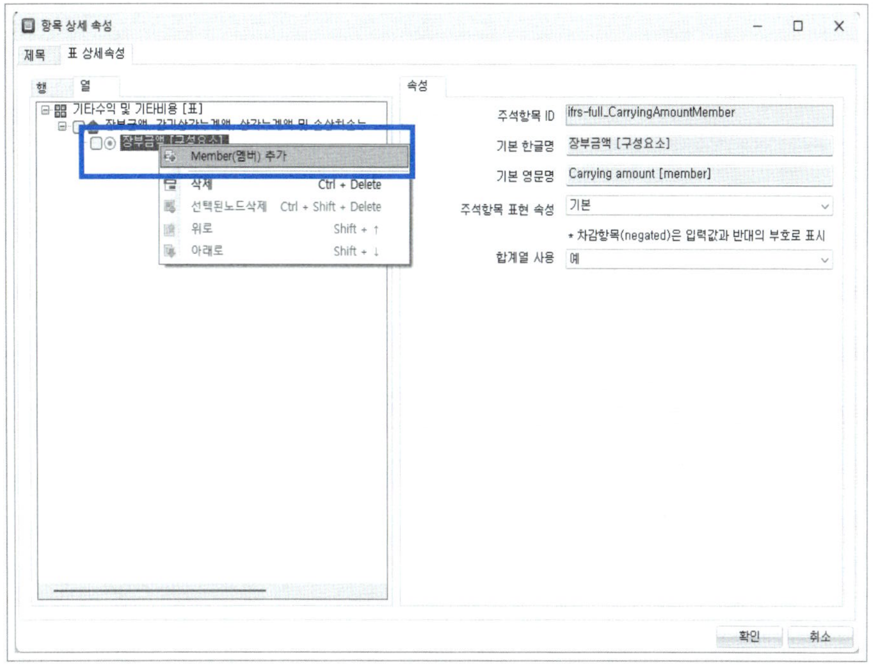

22 **[주석항목 레퍼런스]**에서 **공시금액 [구성요소]** 체크박스를 선택하고, **[확인]**을 클릭합니다.

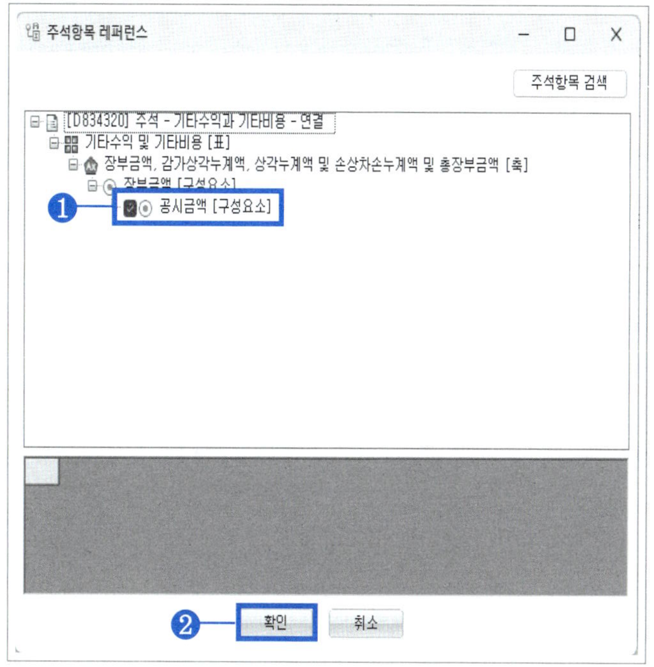

23 장부금액 [구성요소]를 선택하고, 우측의 [속성]에서 [합계열 사용]을 “아니오”로 변경하고, [확인]을 클릭합니다.

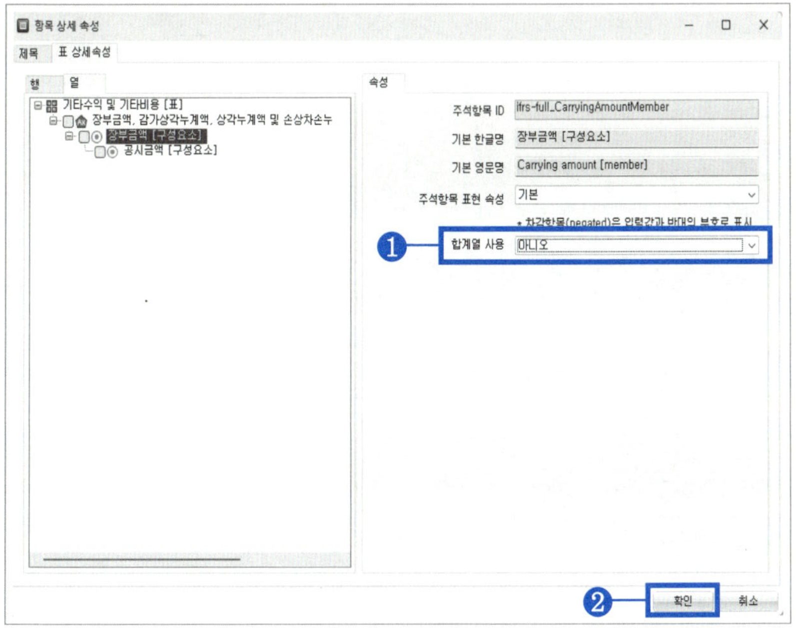

24 주석 작성 탭에서 완성된 표를 확인하고, 금액을 입력합니다.

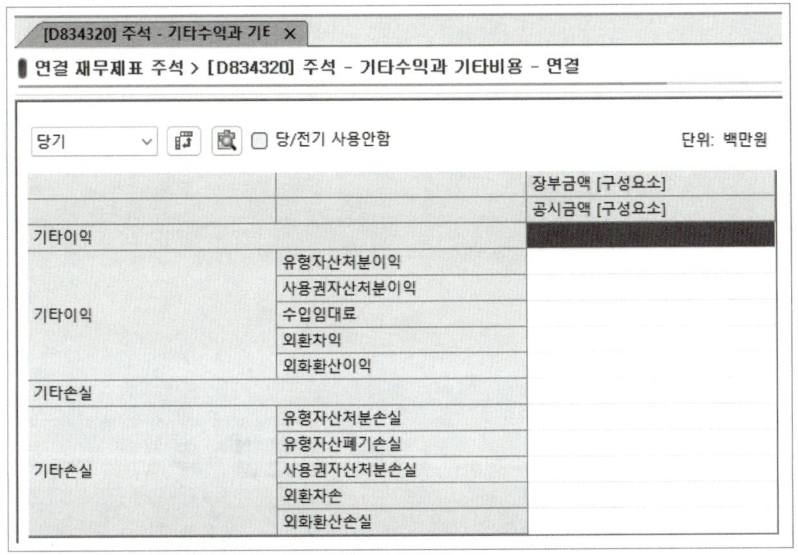

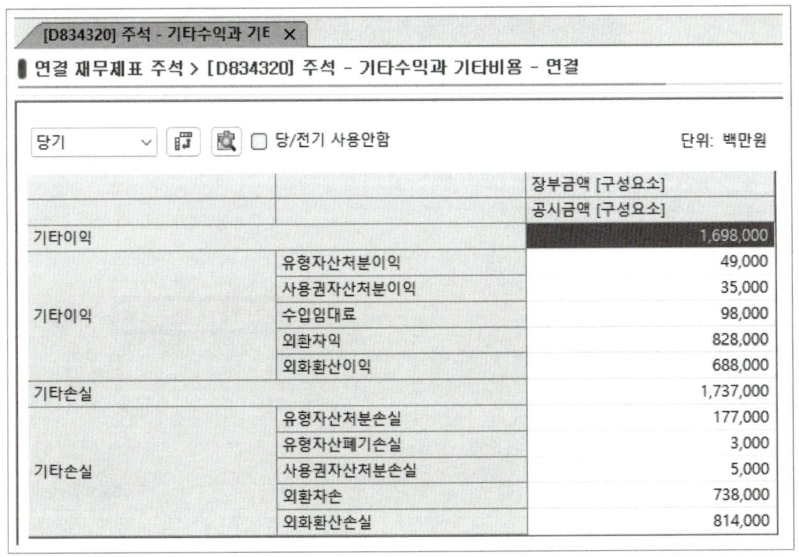

25 미리보기(한글) 탭에서 공시될 표의 형태를 미리 확인합니다.

[D834320] 주석 - 기타수익과 기E ×

연결 재무제표 주석 > [D834320] 주석 - 기타수익과 기타비용 - 연결

기타수익 및 기타비용

당기 (단위 : 백만원)

		장부금액
		공시금액
기타이익		1,698,000
기타이익	유형자산처분이익	49,000
	사용권자산처분이익	35,000
	수입임대료	98,000
	외환차익	828,000
	외화환산이익	688,000
기타손실		1,737,000
기타손실	유형자산처분손실	177,000
	유형자산폐기손실	3,000
	사용권자산처분손실	5,000
	외화거래손실	738,000
	외화환산손실	814,000

MEMO

XBRL 비금융업 주석 작성 한 권으로 끝내기

12. 주당이익

가. 기본주당이익

당기 및 전기 중 보통주 기본주당이익 계산내역은 다음과 같습니다.

(단위 : 백만원, 주, 원)

구 분	당 기	전 기
지배주주지분 보통주 순이익(A)	1,094,000	1,961,000
가중평균유통보통주식수(B)*	55,974,123주	52,545,345주
보통주 기본주당순이익(C=A÷B) (원)	19,545원	37,320원

* 가중평균유통보통주식수는 발행주식수를 유통기간으로 가중 평균하여 산정하였으며, 취득시점 이후부터 매각시점까지의 기간 동안 보유한 자기주식은 유통보통주식수에 포함하지 않았습니다.

당기 및 전기의 주당이익을 계산하기 위한 가중평균유통보통주식의 산출근거는 다음과 같습니다.

(단위 : 주)

구 분	당 기	전 기
가중평균발행주식수	75,149,333	70,599,070
가중평균자기주식수	(19,175,210)	(18,053,725)
가중평균유통보통주식수	55,974,123	52,545,345

나. 희석주당이익

당기 및 전기의 보통주 희석주당이익은 보통주 기본주당이익과 동일합니다.

MEMO

XBRL 비금융업 주석 작성 한 권으로 끝내기

≪ XBRL 편집기 작성 따라하기 ≫

(1) 주당이익 : 기본 및 희석 주당이익

▶ 표준 표 생성

01 [연결 재무제표 주석]에 우클릭하고 [주석항목 리스트에서 가져오기]를 선택합니다.

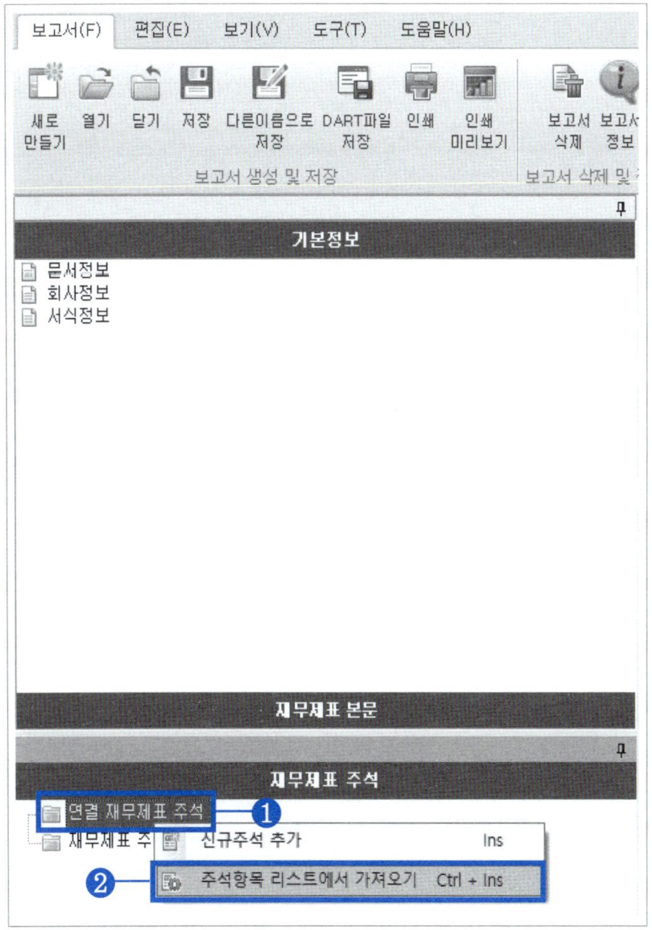

02 스크롤 또는 "주당이익"을 검색하여 [주당이익 [표]]와 [[D838000] 주석 – 주당이익 – 연결]의 체크박스를 모두 선택하고 [확인]을 클릭합니다.

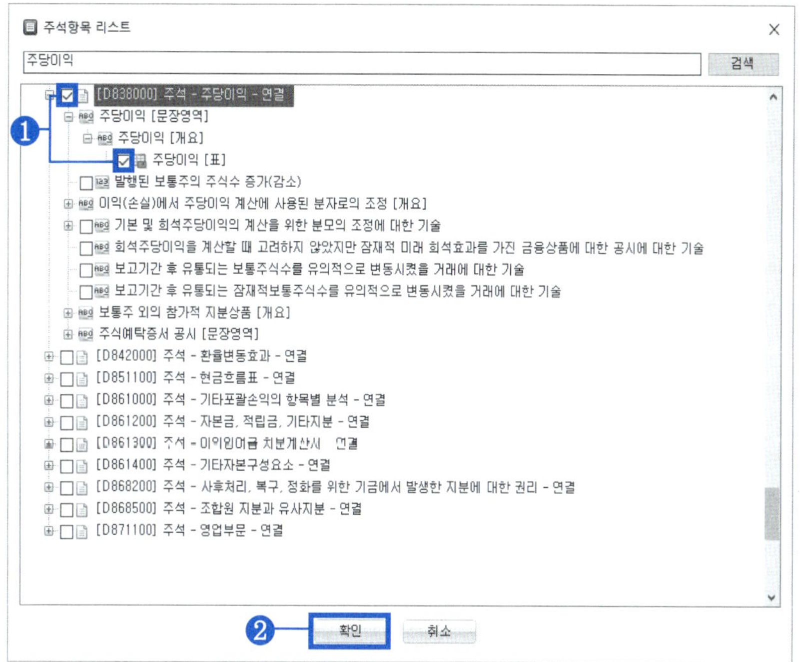

▶ 제목 탭 설정

01 [주당이익 [표]]에 우클릭하여 [속성]을 선택합니다.

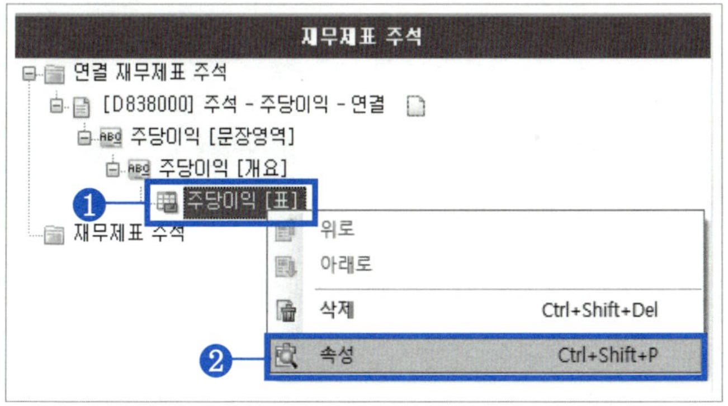

02 [단위설정]에서 [단위목록]을 클릭하여 [백만원]을 선택하고 [제목]*1과 [비교표시설정]*2을 확인합니다.

*1 표준 표가 아닌 신규 표를 추가하는 경우 별도 설정(한글명/영문명) 필요

*2 분/반기 검토인 경우 [3개월/누적 사용] 설정 필요

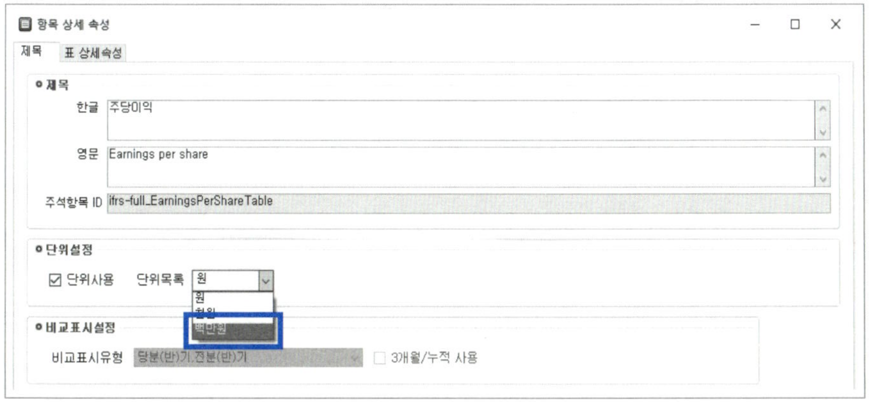

▶ 표 상세속성-행 탭 작업

01 [표 상세속성] 탭으로 이동하여 사용하지 않는 항목을 선택(체크박스 클릭)하고 우클릭하여 [선택된노드삭제]를 선택합니다.

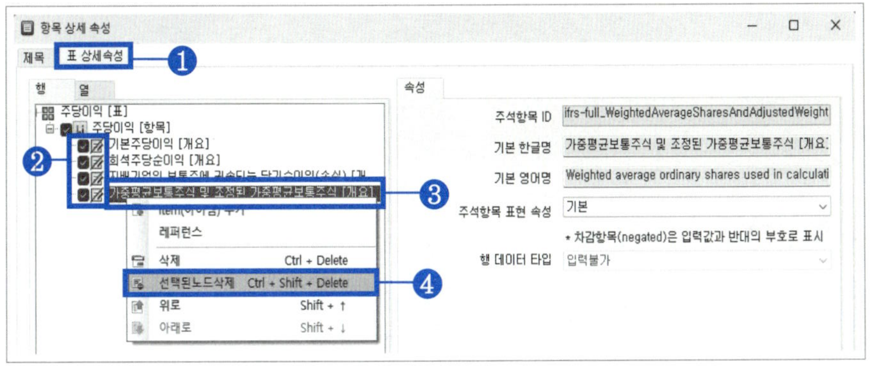

02 [주당이익 [항목]]에 우클릭하여 [Item(아이템) 추가]를 선택합니다.

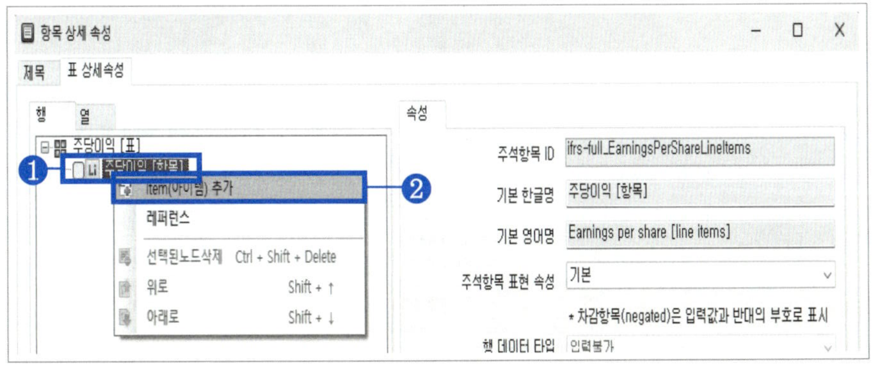

03 상위항목들의 왼쪽 아이콘[⊞]을 클릭하고 사용할 항목들을 선택(체크박스 클릭)한 후 **[확인]**을 클릭합니다.

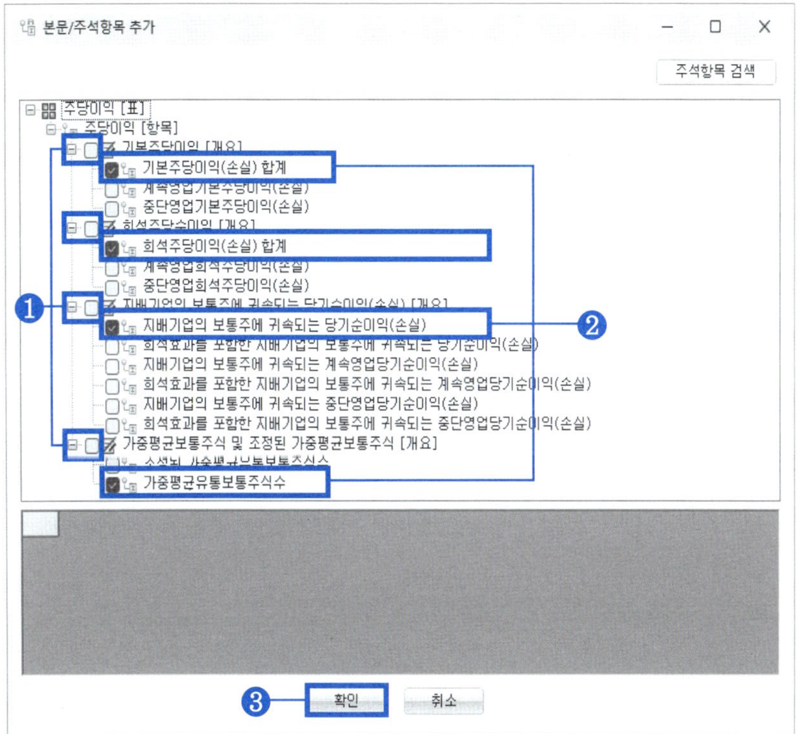

04 우클릭하여 **[위로 또는 아래로]**를 선택하거나 단축키(Shift + ↑ 또는 ↓)를 사용하여 순서 조정합니다.

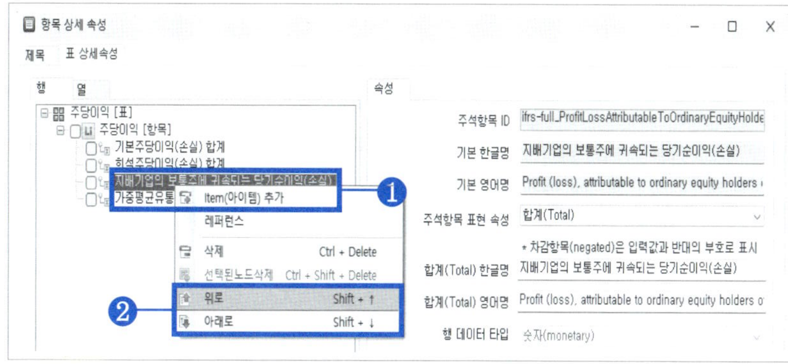

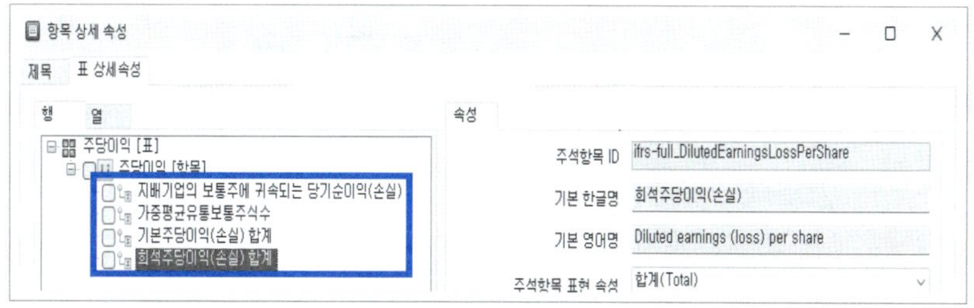

▶ 표 상세속성-열 탭 작업

01 [열] 탭으로 이동하여 [보통주의 분류 [축]]에 우클릭하여 [삭제]를 선택합니다.

✓ 현재 편집기 버전에서 '[축]-[구성요소]' 상태로 데이터 입력 시 입력이 되지 않으므로 하위 항목이 필요. 하지만 하위 항목으로 추가할 표준 항목이 존재하지 않으므로 [축]을 교체

✓ 지속적으로 편집기 업데이트 중이며 추후 해당 사항은 반영 예정

02 [주당이익 [표]]에 우클릭하여 [축 추가]를 선택하고 [주석항목 검색]을 클릭합니다.

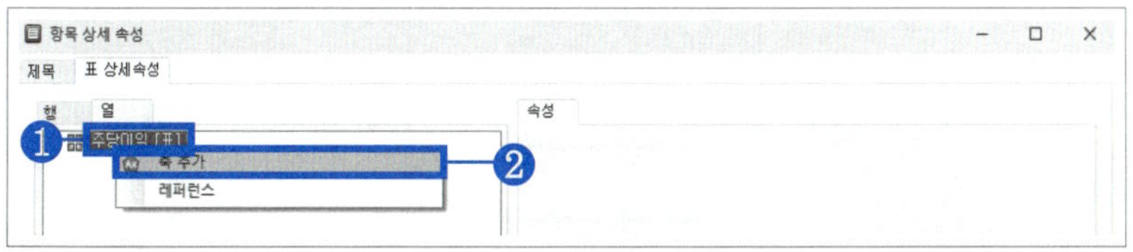

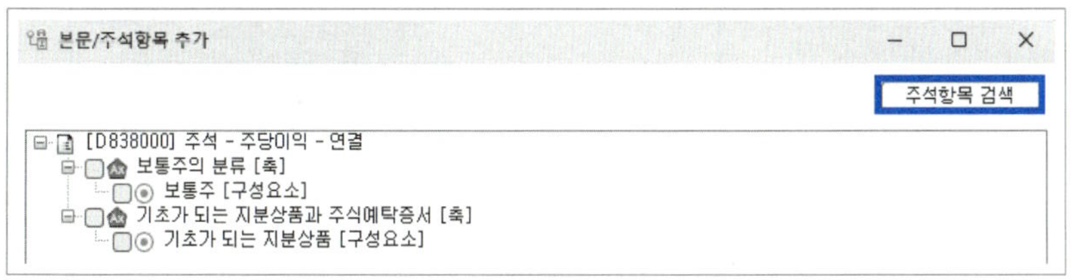

03 주석의 종류를 검색하고 [주석의 종류 [축]]을 선택(체크박스 클릭)하여 [확인]을 클릭합니다.

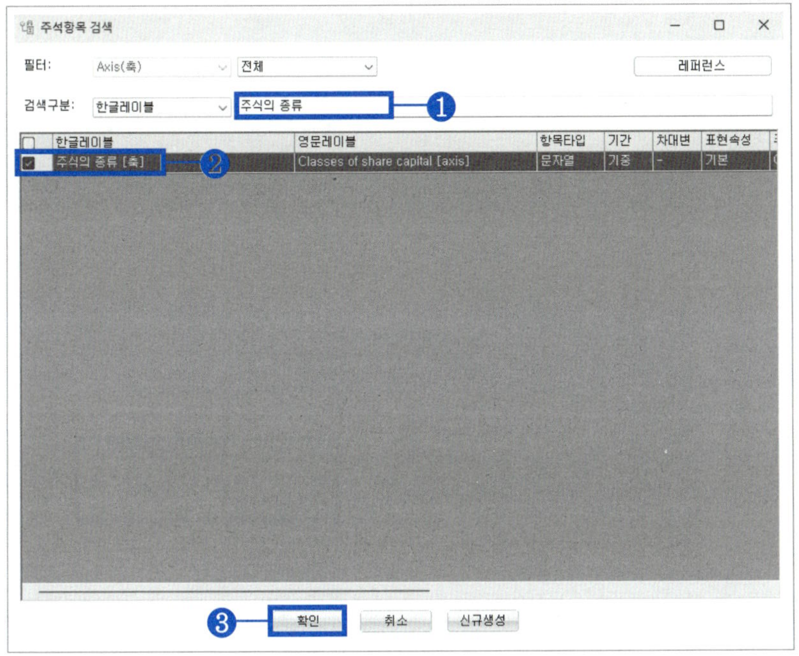

04 [주석 [구성요소]]에 우클릭하여 [Member(멤버) 추가]를 선택하고 [주석항목 검색]을 클릭합니다.

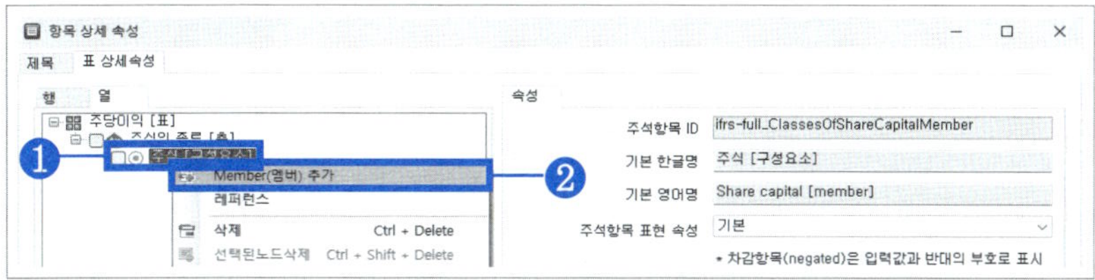

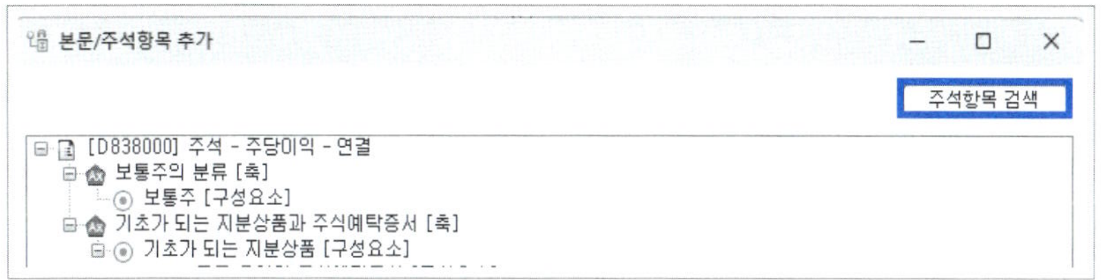

05 보통주를 검색하고 [보통주 [구성요소]]를 선택(체크박스 클릭)하여 [확인]을 클릭합니다.

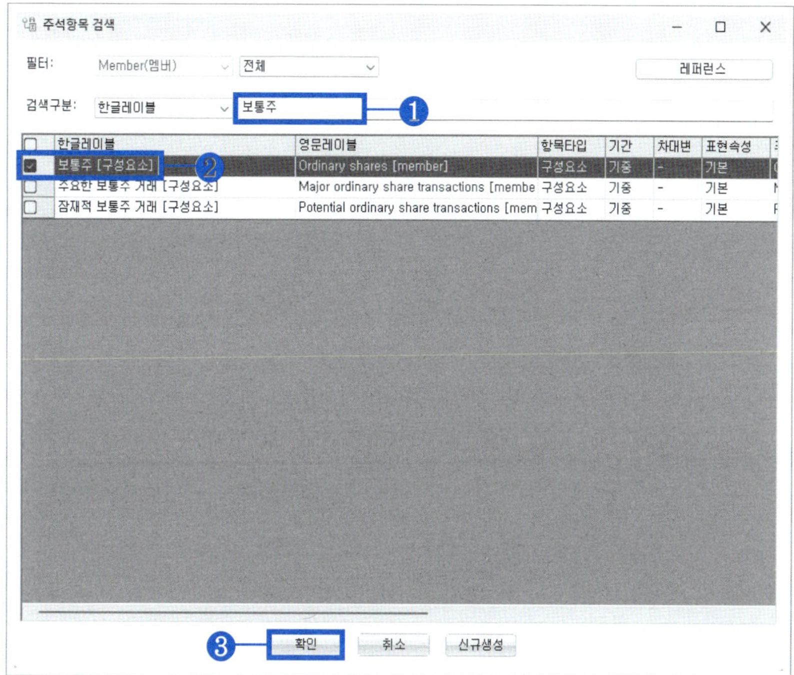

06 [주석 [구성요소]]를 클릭하여 합계열 사용을 '아니오'로 선택하고 [확인]을 클릭합니다.

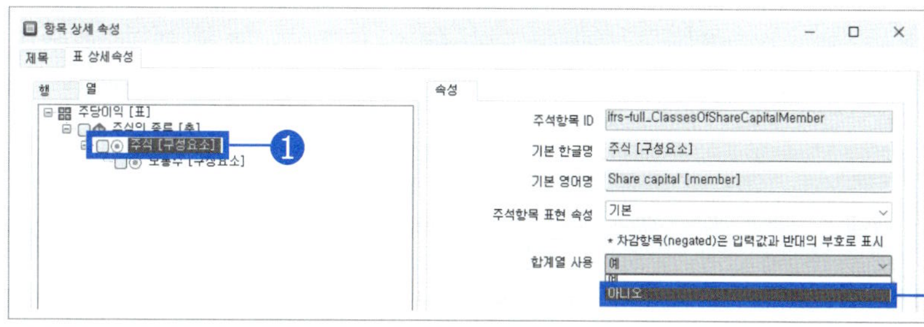

▶ 금액 입력

01 [[D838000] 주석-주당이익-연결] 우측의 아이콘을 [🗋] 클릭하여 표를 생성합니다.

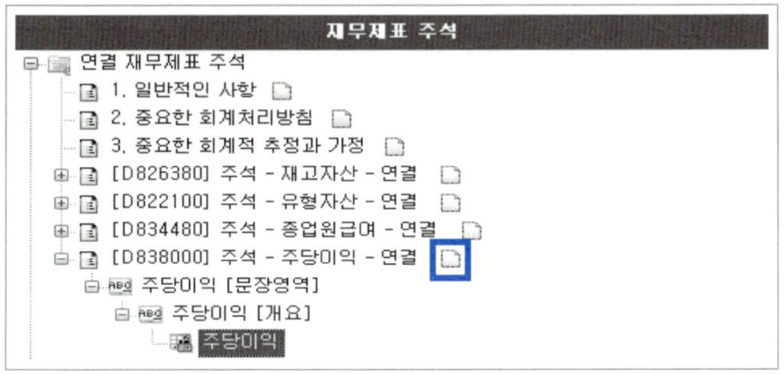

02 생성된 표에 예시를 참고하여 금액을 입력합니다.

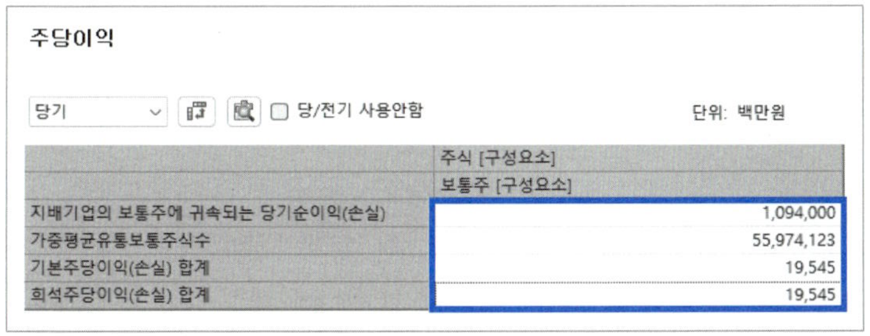

	주식 [구성요소]
	보통주 [구성요소]
지배기업의 보통주에 귀속되는 당기순이익(손실)	1,094,000
가중평균유통보통주식수	55,974,123
기본주당이익(손실) 합계	19,545
희석주당이익(손실) 합계	19,545

03 [미리보기(한글)]을 클릭하여 금액이 잘 반영되었는지 확인합니다.

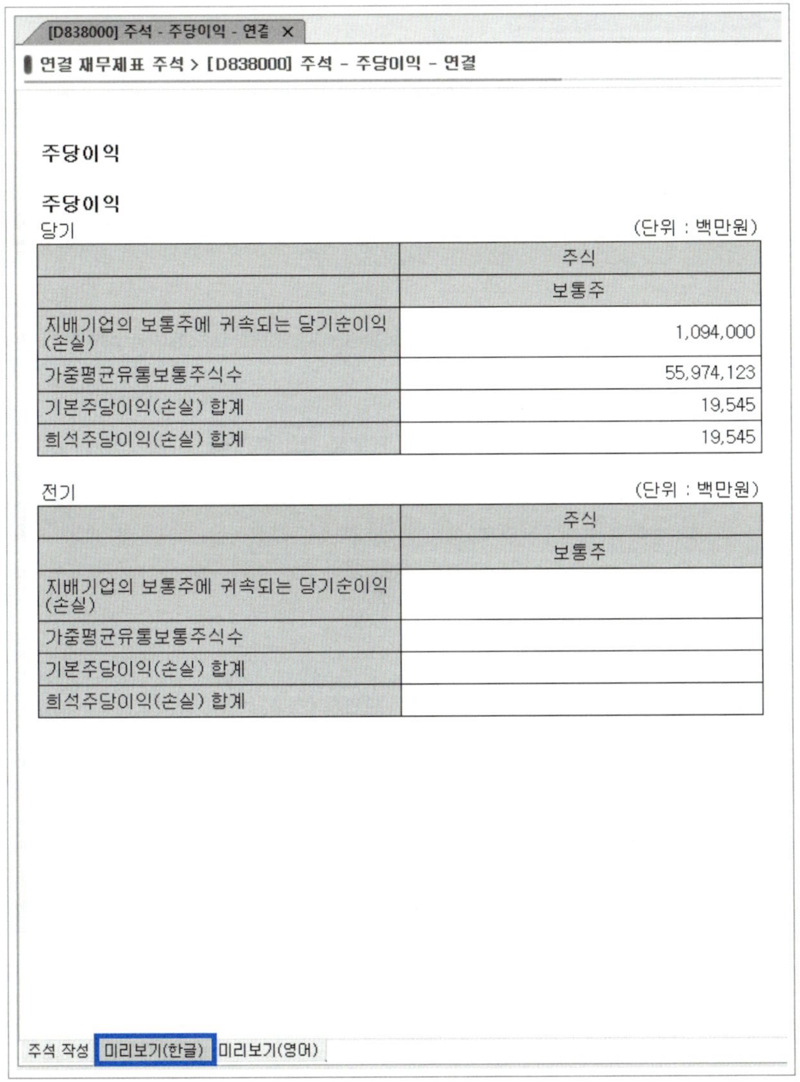

당기 (단위 : 백만원)

	주식
	보통주
지배기업의 보통주에 귀속되는 당기순이익(손실)	1,094,000
가중평균유통보통주식수	55,974,123
기본주당이익(손실) 합계	19,545
희석주당이익(손실) 합계	19,545

전기 (단위 : 백만원)

	주식
	보통주
지배기업의 보통주에 귀속되는 당기순이익(손실)	
가중평균유통보통주식수	
기본주당이익(손실) 합계	
희석주당이익(손실) 합계	

(2) 주당이익 : 가중평균유통보통주식수

▶ 신규표 생성

01 [[D838000] 주석 – 주당이익 – 연결]에 우클릭하여 [주석항목 리스트에서 가져오기]를 선택합니다.

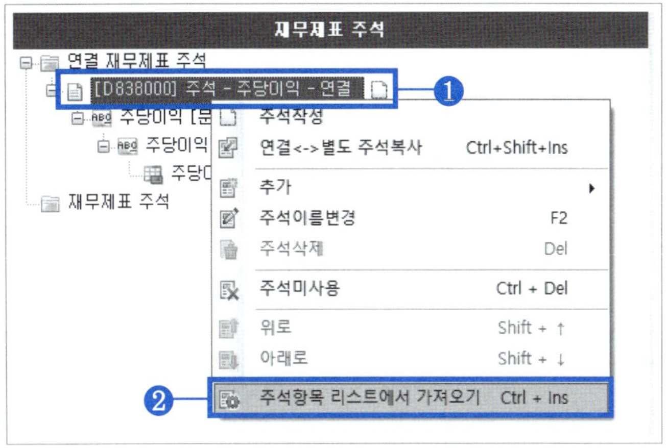

✓ 주당이익 주석 안에서 표를 생성해야 하므로 '연결 재무제표 주석'이 아닌 '주당이익'에 우클릭하여 주석항목 리스트 가져오기

02 예시와 관련된 표가 없으므로 [취소]를 클릭하고 [[D838000] 주석 – 주당이익 – 연결]에 우클릭하여 [추가] 및 [표상자 추가]를 선택합니다.

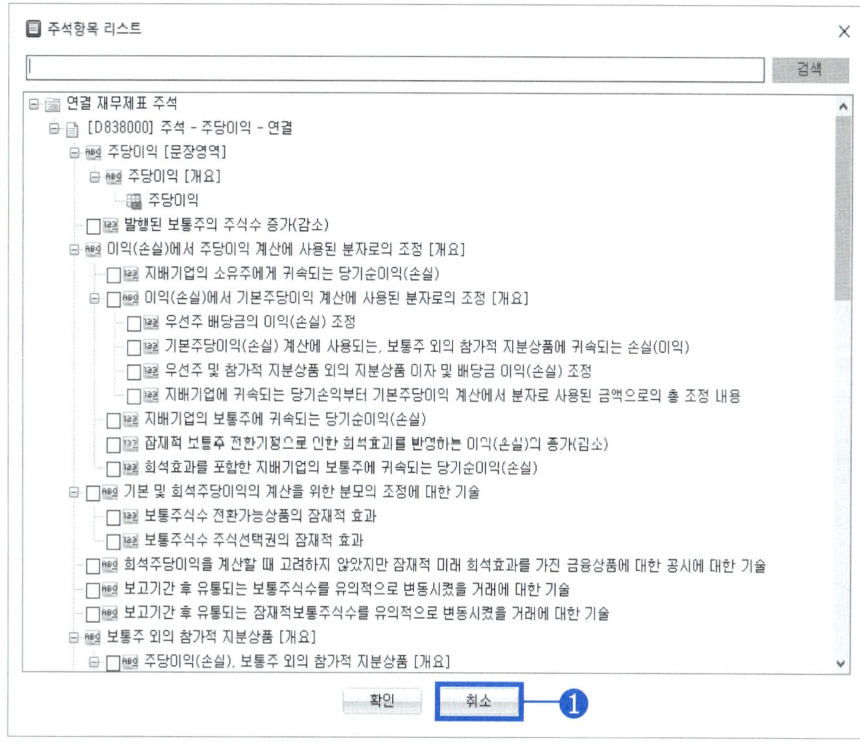

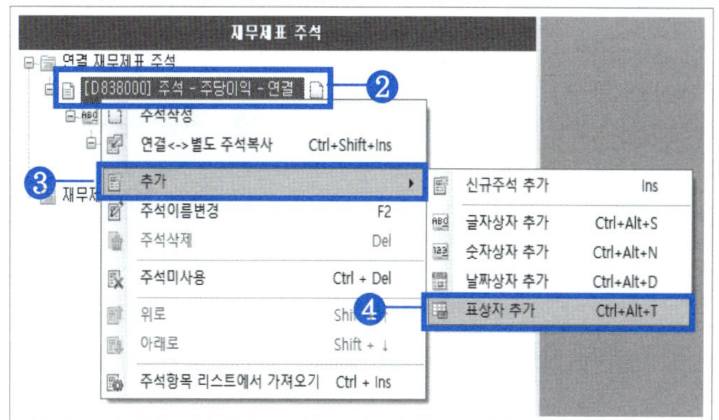

▶ 제목 탭 설정

01 [제목]에서 한글 및 영문명을 설정하고 [단위설정]에서 [단위사용]의 체크박스를 해제합니다. 그리고 [비교표시설정]*을 확인합니다.

* 분/반기 검토인 경우 [3개월/누적 사용] 설정 필요

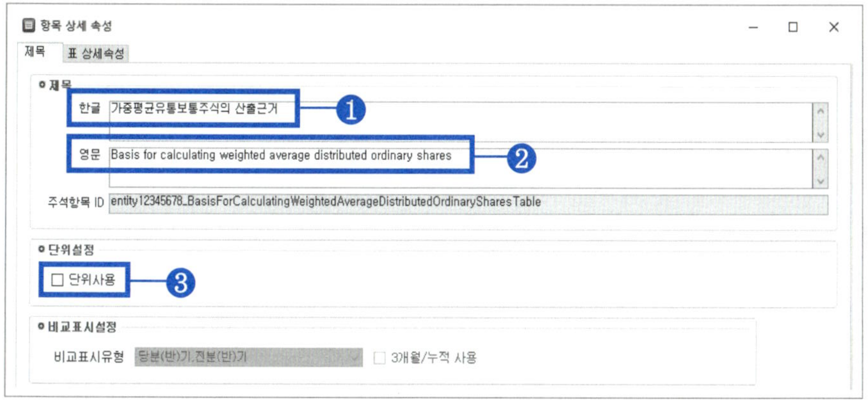

✓ 한글명 : 가중평균유통보통주식의 산출근거
영문명 : Basis for calculating weighted average distributed ordinary shares

✓ '주'를 입력해야 되므로 단위사용 체크박스 해제

▶ 표 상세속성-행 탭 작업

01 [표 상세속성] 탭으로 이동하여 [제목 [항목]]에 우클릭하여 [Item(아이템) 추가]를 선택합니다.

✓ 제목 [항목]의 기본 한글명과 영문명도 [제목] 탭과 동일하게 입력

02 [주석항목 검색]을 클릭하여 "가중평균"을 검색하면 '가중평균발행주식수'와 관련된 항목은 없으므로 [신규생성]을 클릭하여 [기본 한글명] 및 [기본 영문명]을 입력합니다.

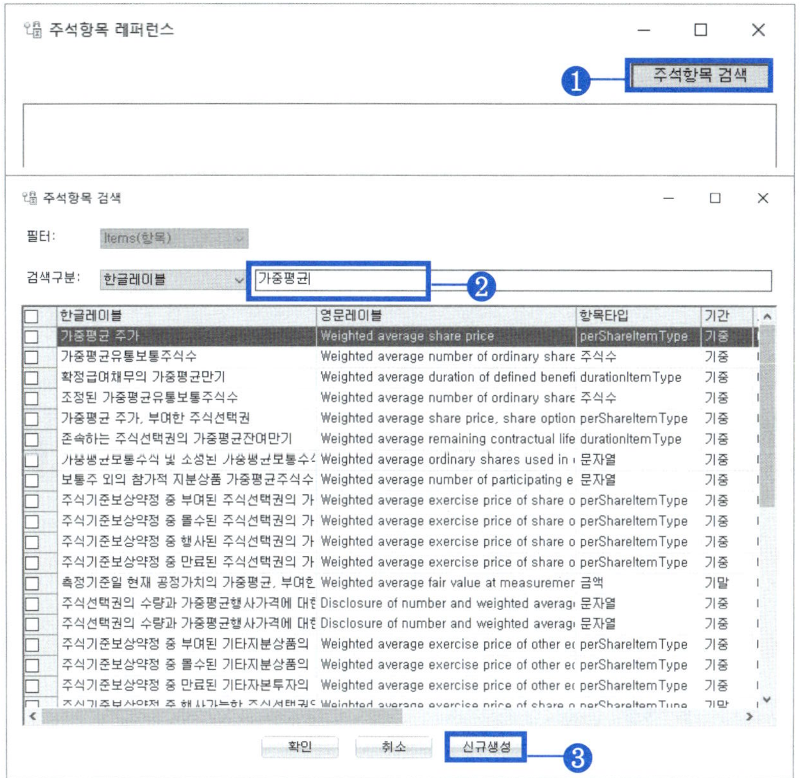

✓ 기본 한글명 : 가중평균발행주식수

✓ 기본 영문명 : Weighted average number of shares issued

03 '가중평균자기주식수'도 동일한 방법으로 신규생성합니다. 단, '가중평균자기주식수'는 가중평균발행주식수에서 차감 표시되어야 하므로 [주석항목 표현 속성]을 [기본(Negated)]로 선택하고, [기준(negated) 한글명] 및 [기준(negated) 영문명]을 입력합니다.

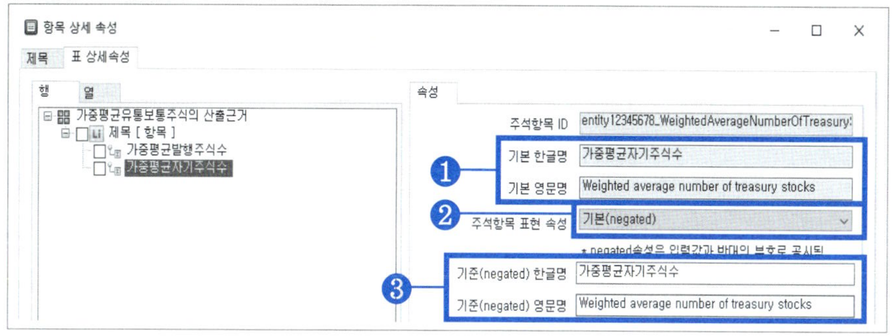

✓ 기본 한글명 : 가중평균자기주식수

✓ 기본 영문명 : Weighted average number of treasury stocks

04 [제목 [항목]]에 우클릭하여 [Item(아이템) 추가]를 선택합니다. [주석항목 검색]을 클릭하여 "가중평균유통보통주식수"를 검색하고 [가중평균유통보통주식수]를 선택(체크박스 클릭)한 후 [확인]을 클릭합니다.

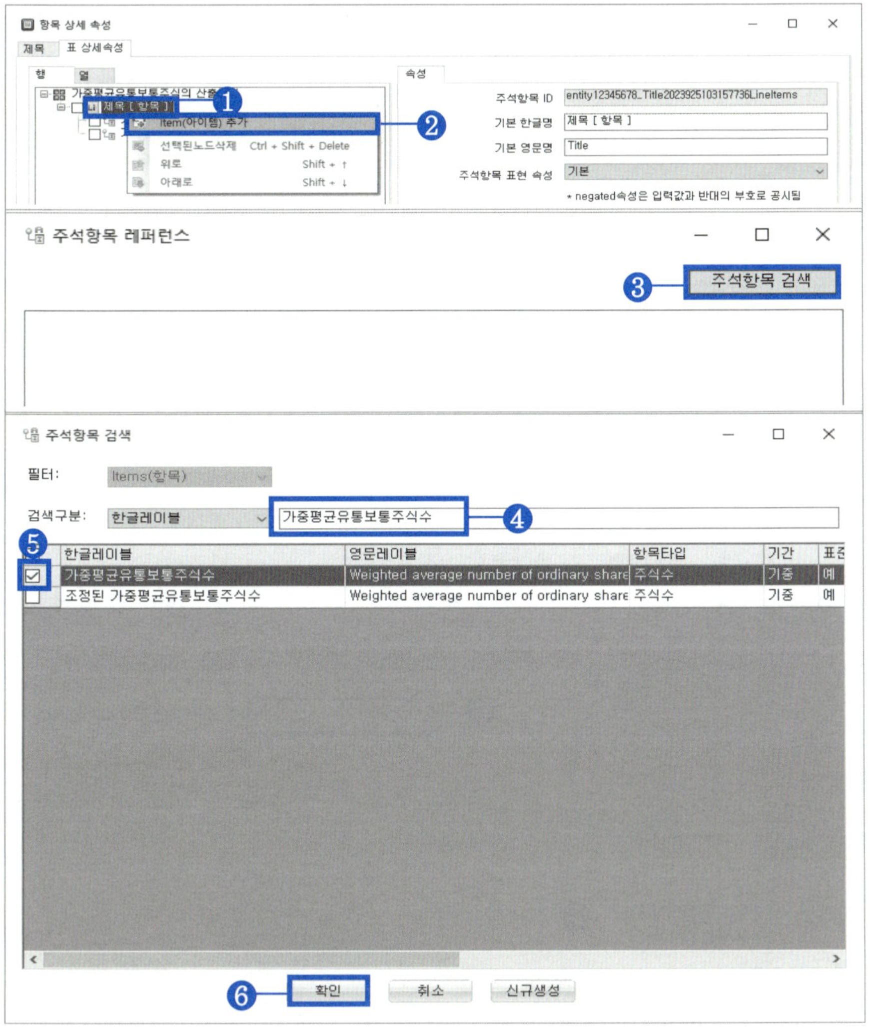

✓ 제목 [항목]의 기본 한글명과 영문명도 [제목] 탭과 동일하게 입력

▶ 표 상세속성-열 탭 작업

01 [열] 탭으로 이동하여 [가중평균유통보통주식의 산출근거]에 우클릭하고 [축 추가]를 선택합니다. [주석항목 검색] 클릭 및 "장부금액"을 검색하여 [장부금액, 감가상각누계액, 상각누계액 및 손상차손누계액 및 총장부금액 [축]]을 선택(체크박스 클릭)하고 [확인]을 클릭합니다.

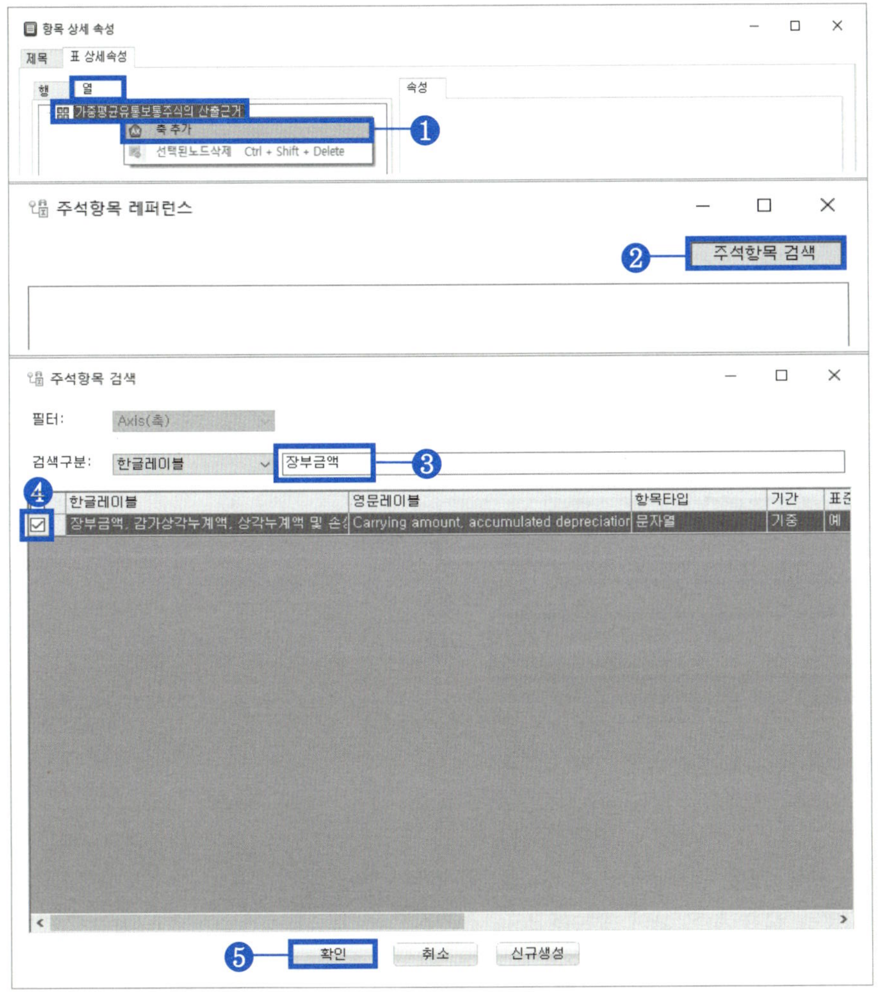

02 [장부금액 [구성요소]]를 우클릭하여 [Member(멤버) 추가]를 선택합니다. [주석항목 검색]을 클릭하고 “공시금액”을 검색하여 [공시금액 [구성요소]]를 선택(체크박스 클릭)한 후 [확인]을 누릅니다.

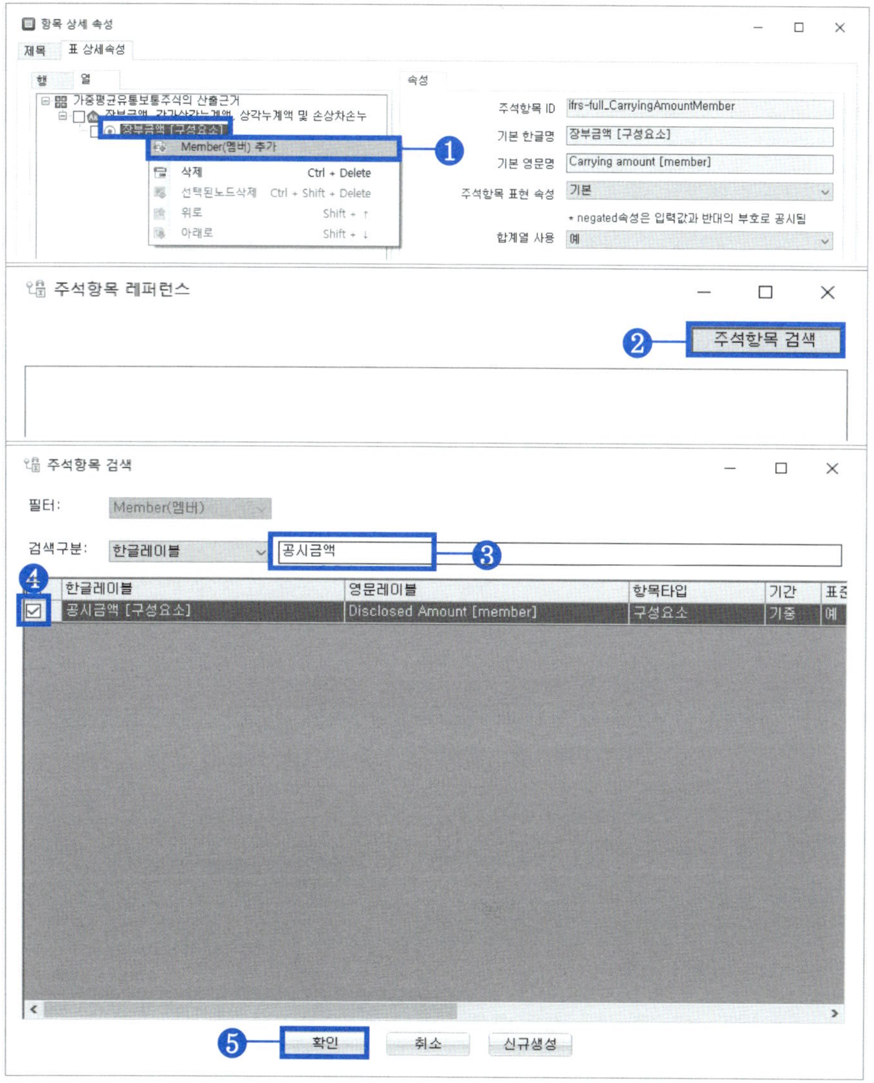

03 [장부금액 [구성요소]]를 클릭하여 [합계열 사용]을 [아니오]로 선택하고 [확인]을 클릭합니다.

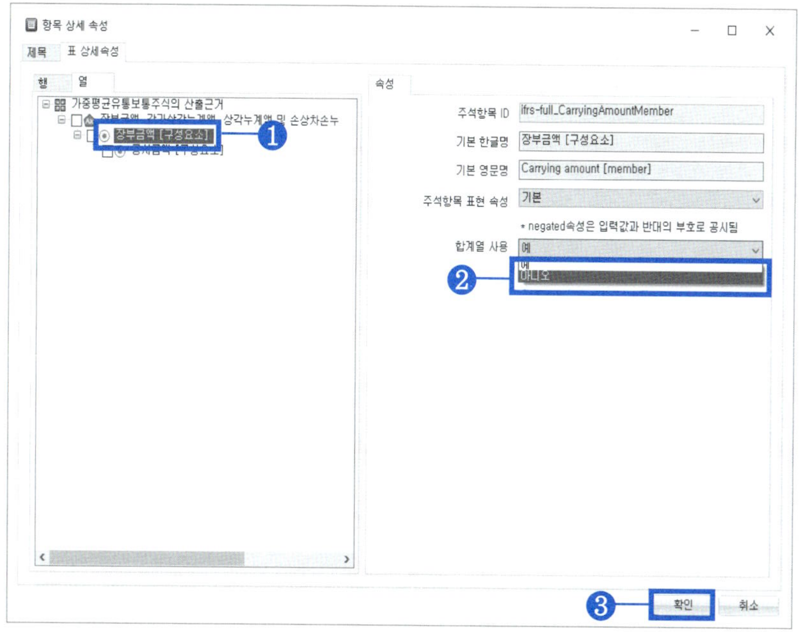

04 [[D834480] 주석 – 종업원급여 – 연결] 우측 아이콘을 클릭하여 표를 생성합니다.

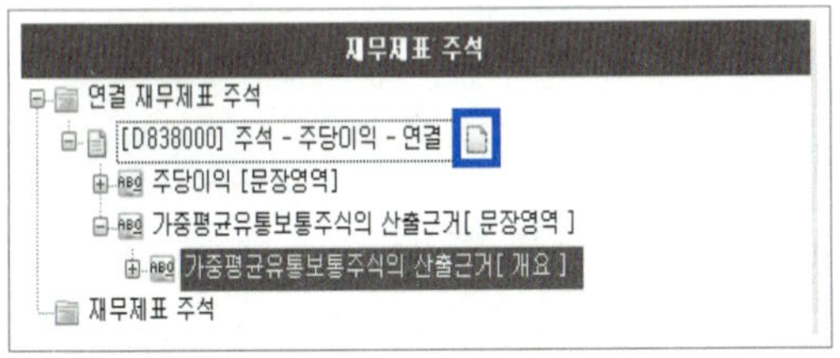

05 생성된 표에 예시를 참고하여 금액을 입력합니다.

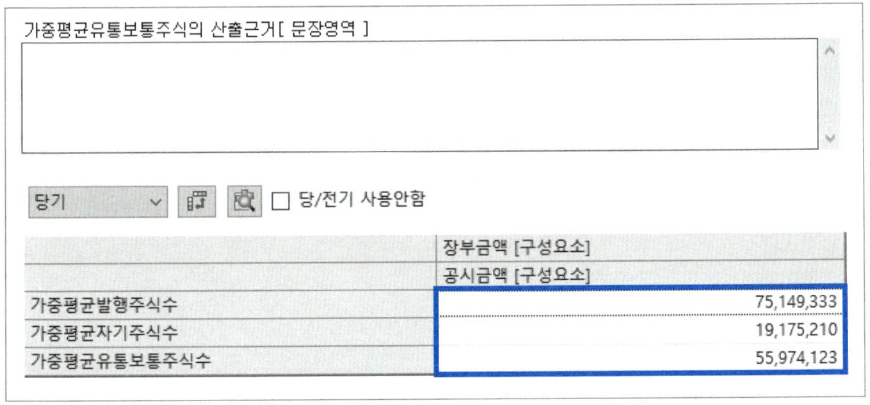

	장부금액 [구성요소]
	공시금액 [구성요소]
가중평균발행주식수	75,149,333
가중평균자기주식수	19,175,210
가중평균유통보통주식수	55,974,123

✓ 가중평균자기주식수는 차감항목으로 표시되기 때문에 양수 입력

06 [미리보기(한글)]을 클릭하여 금액이 잘 반영되었는지 확인합니다.

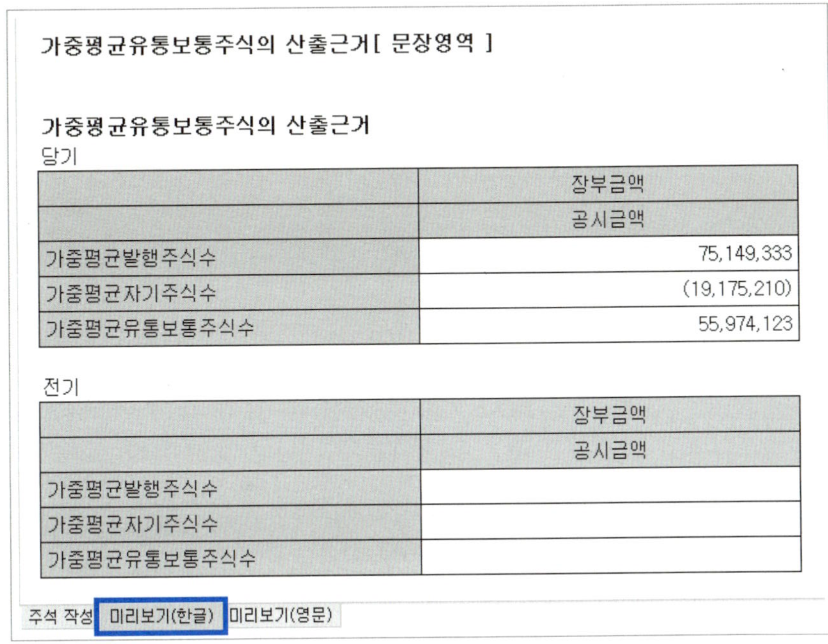

가중평균유통보통주식의 산출근거[문장영역]

가중평균유통보통주식의 산출근거

당기

	장부금액
	공시금액
가중평균발행주식수	75,149,333
가중평균자기주식수	(19,175,210)
가중평균유통보통주식수	55,974,123

전기

	장부금액
	공시금액
가중평균발행주식수	
가중평균자기주식수	
가중평균유통보통주식수	

13 금융상품–실습을 위한 예시 주석

13. 금융상품

(1) **당기말 현재 범주별 금융상품 내역은 다음과 같습니다.**

(단위 : 백만원)

구 분	당기손익 – 공정가치측정 금융자산	기타포괄손익 – 공정가치측정 금융자산	상각후원가측정 금융자산	장부금액
현금및현금성자산	–	–	100,000	100,000
매출채권	–	–	250,000	250,000
기타포괄손익 – 공정가치금융자산	–	180,000	–	180,000
당기손익 – 공정가치금융자산	130,000	–	–	130,000
합 계	130,000	180,000	350,000	660,000

MEMO

XBRL 비금융업 주석 작성 한 권으로 끝내기

≪ XBRL 편집기 작성 따라하기 ≫

01 [연결 또는 별도 재무제표 주석]에 마우스 우클릭하고, [주석항목 리스트에서 가져오기]를 선택합니다.

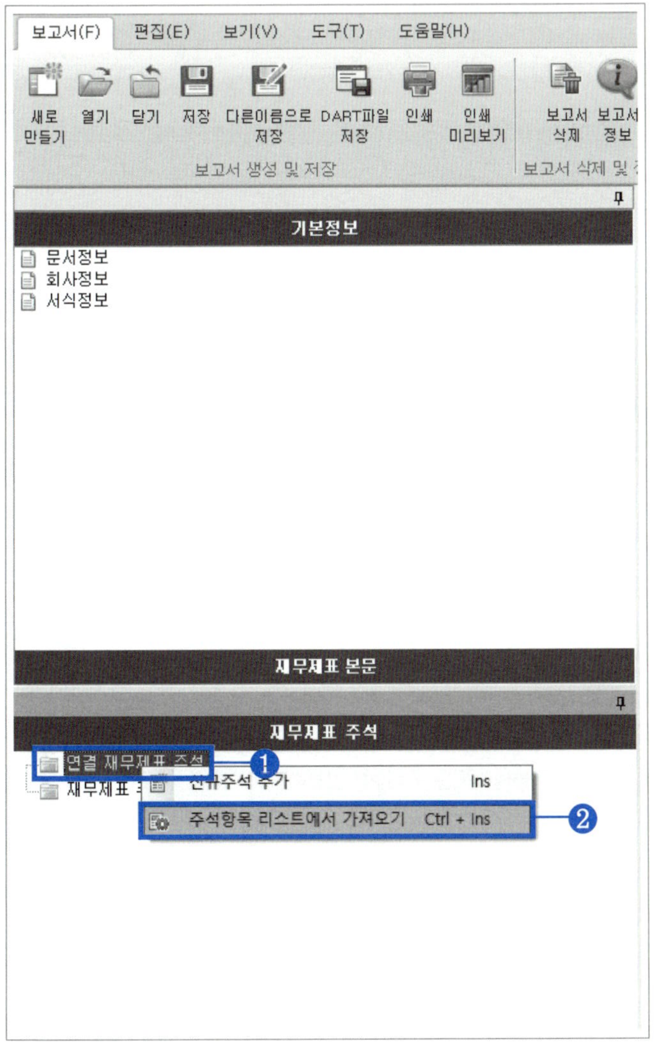

02 스크롤 또는 금융자산을 검색하여 [[822430] 주석 – 범주별 금융상품 – 연결]에서 금융자산의 범주별 공시 [표]의 체크박스를 선택하고 [확인]을 클릭합니다.

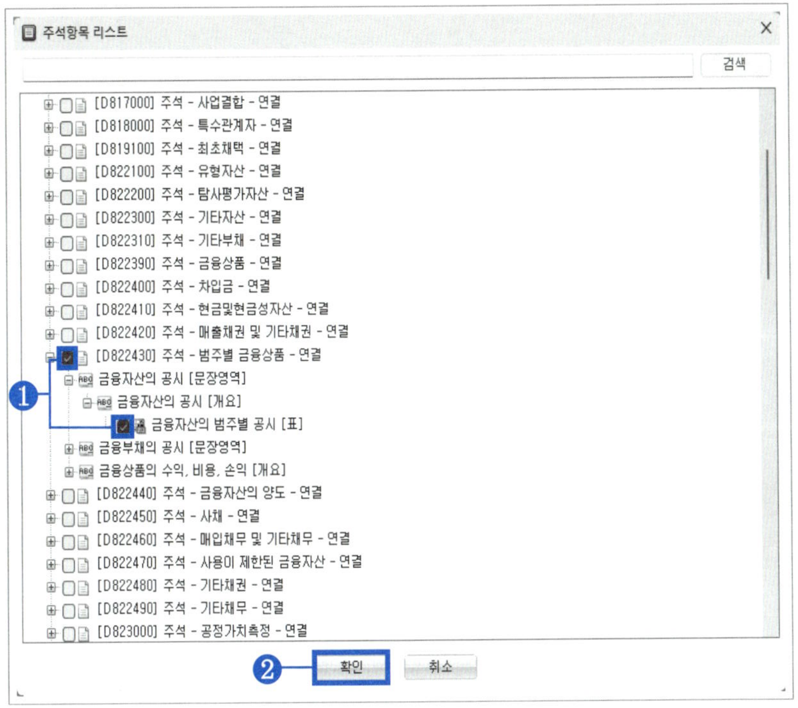

03 좌측 창에 [[D8822430] **주석 – 범주별 금융상품 – 연결**] 우측의 아이콘을 클릭하여, 기본으로 설정된 Taxonomy를 확인하고, 아이콘을 클릭합니다.

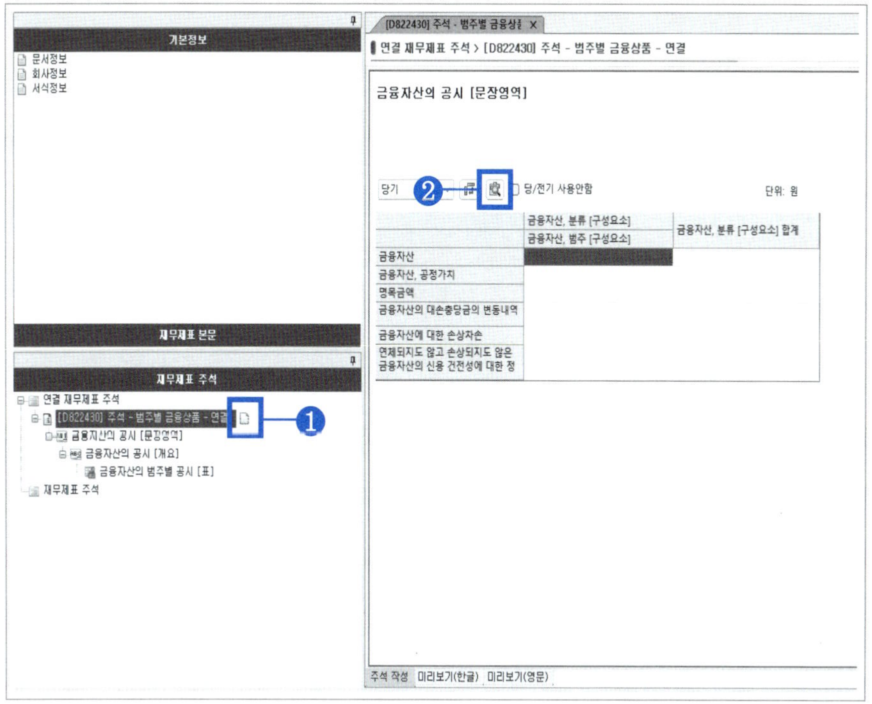

04 [**항목 상세 속성**] 창에서 **단위설정**을 예시에 따라 [**백만원**] 단위로 변경합니다.

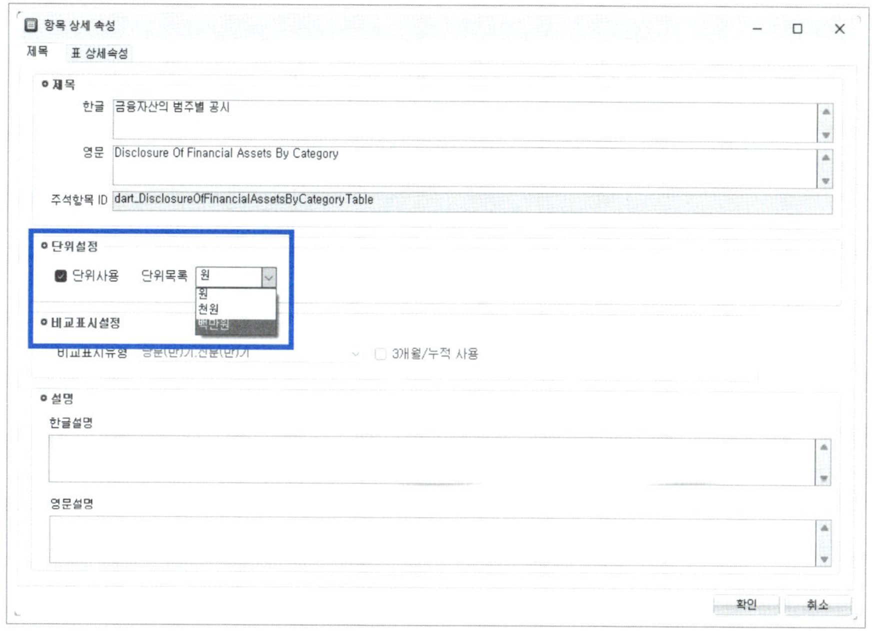

05 [표 상세속성] 탭을 선택하여, [행]에서 사용하지 않는 Taxonomy ID에 체크 박스를 선택하고, 우클릭하여 **[선택된노드삭제]**를 선택하여 일괄로 삭제합니다.

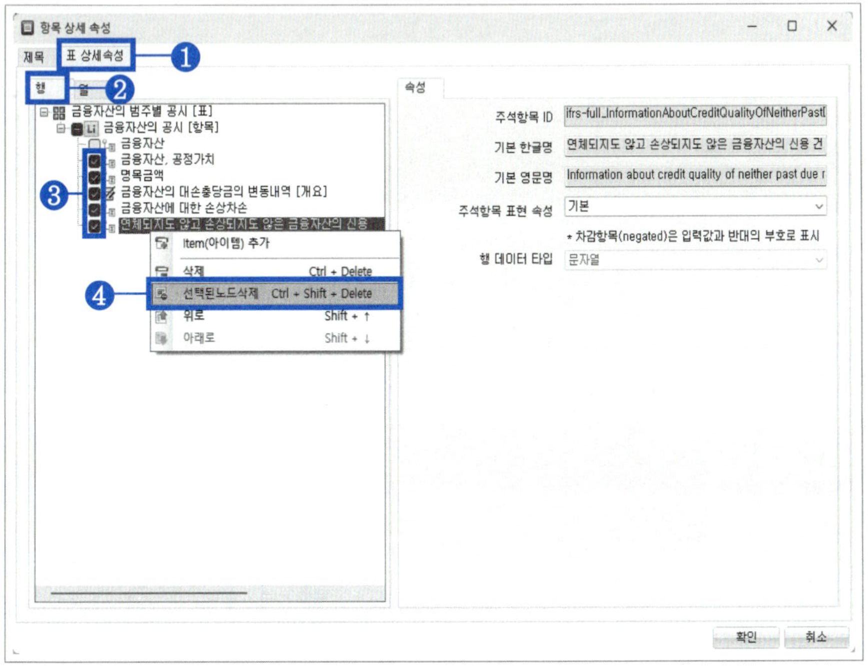

06 금융자산 하위로 현금및현금성자산, 매출채권, 기타포괄손익-공정가치측정금융자산당기손익인식금융자산을 검색하여 추가합니다.

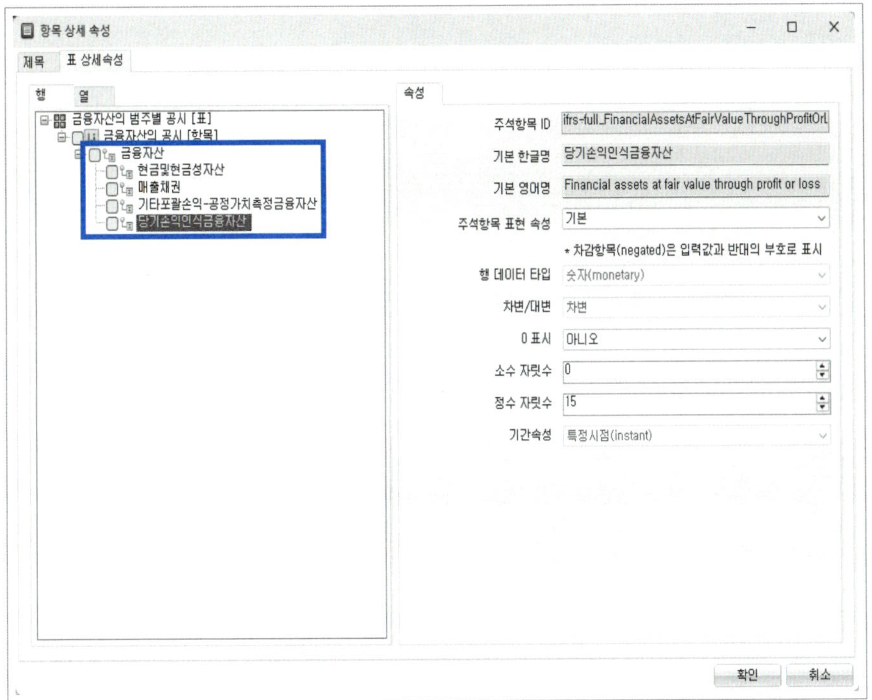

07 [열]에서 사용하지 않는 Taxonomy ID에 체크박스를 선택하고, 우클릭하여 [삭제]를 선택합니다.

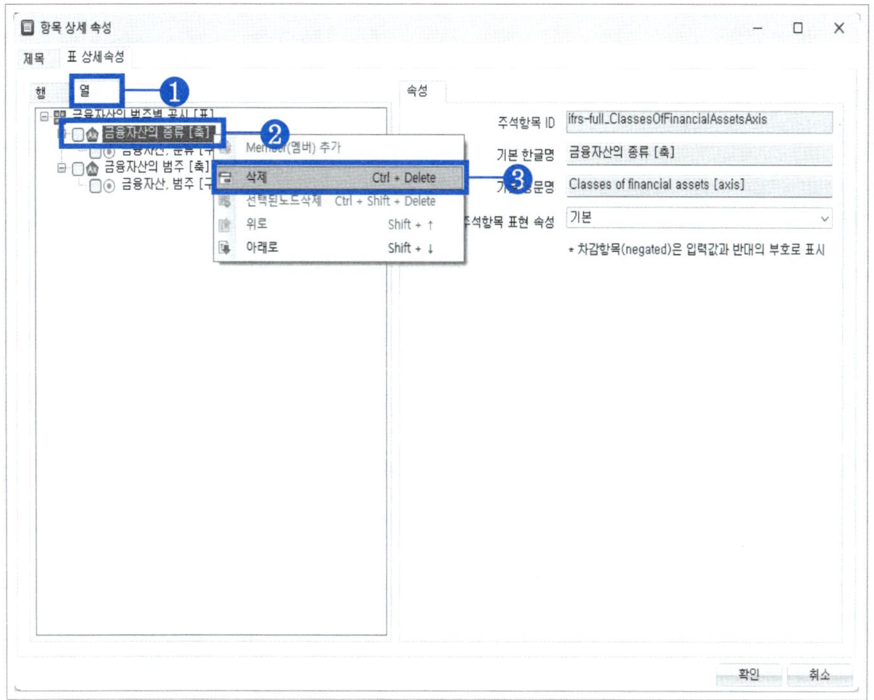

08 금융자산의 범주 [축]의 하위 항목인 금융자산, 범주 [구성요소]를 선택하고, 우클릭하여 [Member(멤버) 추가]를 선택합니다.

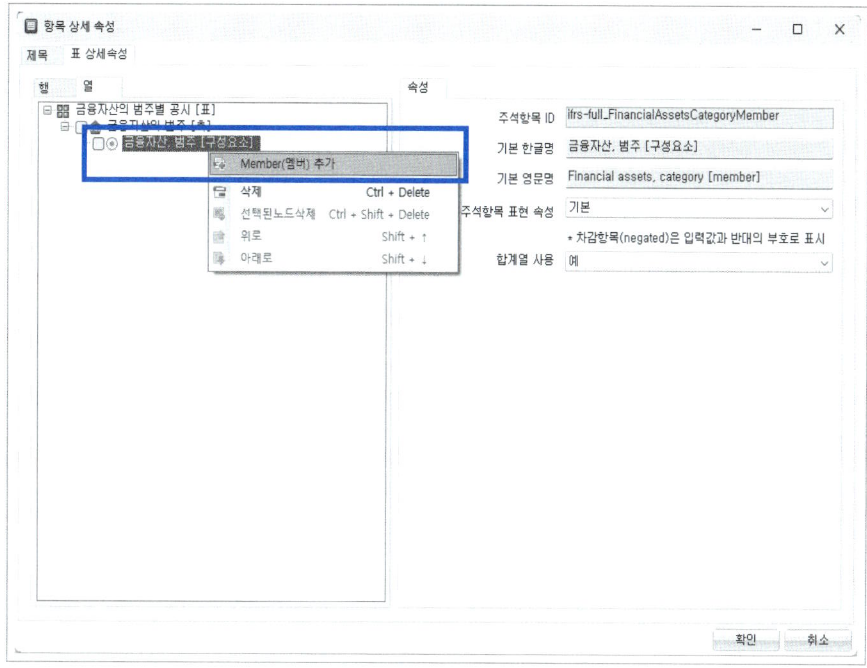

09 [주석항목 레퍼런스] 창에서 당기손익인식금융자산 [구성요소], 공정가치평가를 기타포괄손익으로 인식하는 금융자산 [구성요소], 상각후원가로 측정하는 금융자산, 범주 [구성요소] 체크박스를 선택하고 [확인]을 클릭합니다.

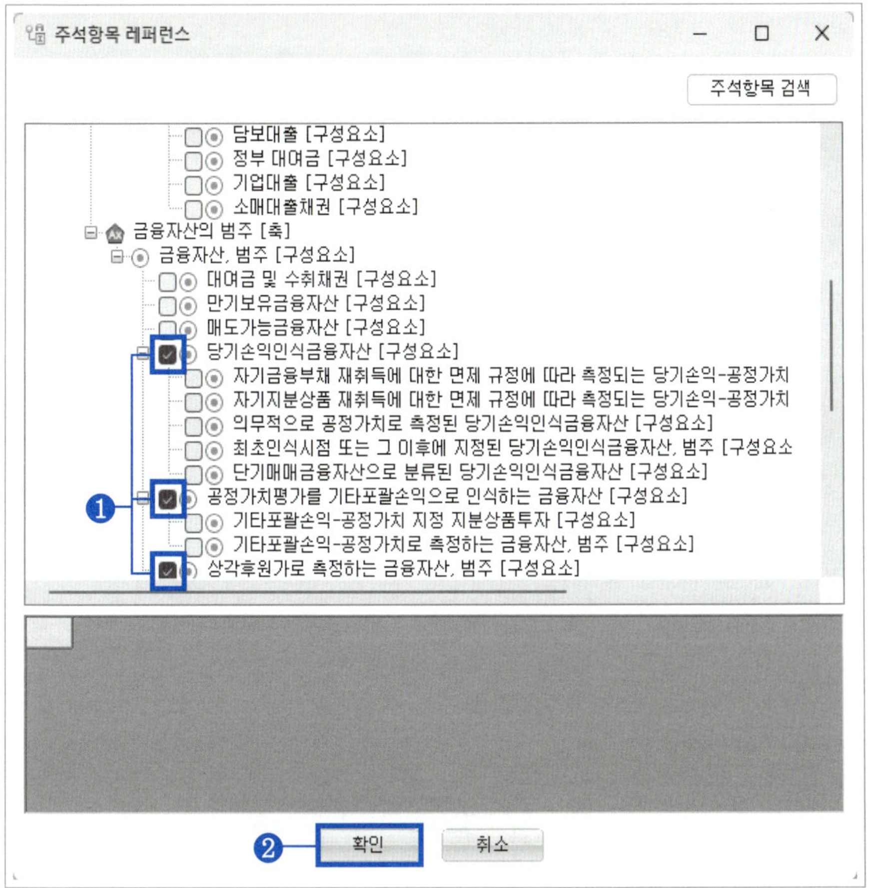

10 추가된 당기손익인식금융자산 [구성요소], 공정가치평가를 기타포괄손익으로 인식하는 금융자산 [구성요소], 상각후원가로 측정하는 금융자산 [구성요소]를 순서에 맞춰 조정하고, 확인을 선택합니다.

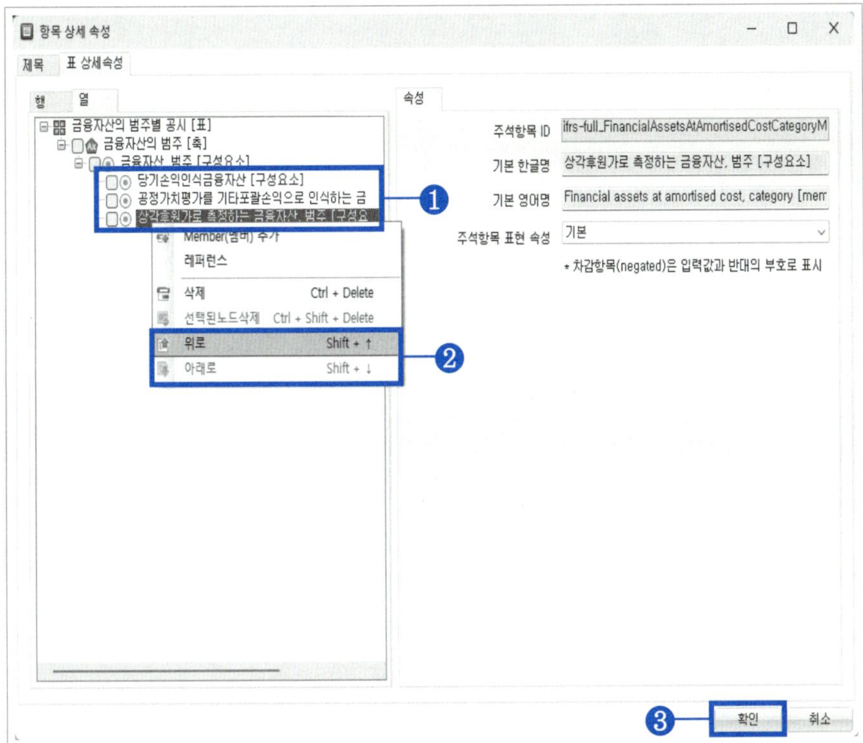

11 주석 작성 탭에서 완성된 표를 확인하고, 금액을 입력합니다.

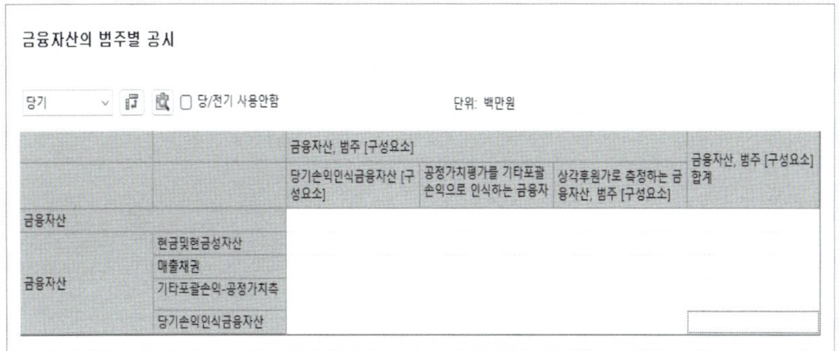

금융자산의 범주별 공시

당기 ▢ 당/전기 사용안함 단위: 백만원

		금융자산, 범주 [구성요소]			금융자산, 범주 [구성요소] 합계
		당기손익인식금융자산 [구성요소]	공정가치평가를 기타포괄손익으로 인식하는 금융자	상각후원가로 측정하는 금융자산, 범주 [구성요소]	
금융자산					
금융자산	현금및현금성자산				
	매출채권				
	기타포괄손익-공정가치측				
	당기손익인식금융자산				

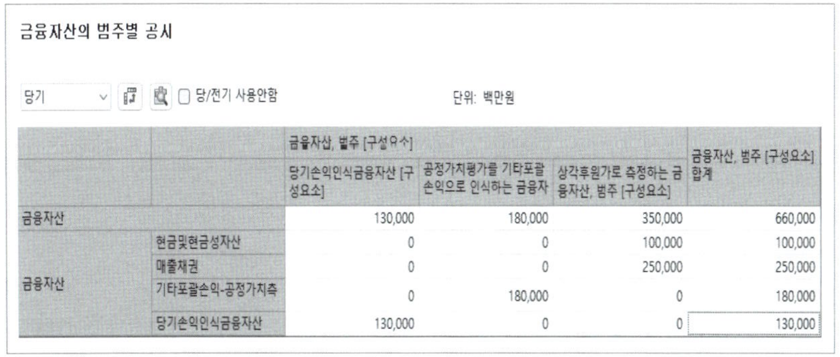

금융자산의 범주별 공시

당기 ▢ 당/전기 사용안함 단위: 백만원

		금융자산, 범주 [구성요소]			금융자산, 범주 [구성요소] 합계
		당기손익인식금융자산 [구성요소]	공정가치평가를 기타포괄손익으로 인식하는 금융자	상각후원가로 측정하는 금융자산, 범주 [구성요소]	
금융자산		130,000	180,000	350,000	660,000
금융자산	현금및현금성자산	0	0	100,000	100,000
	매출채권	0	0	250,000	250,000
	기타포괄손익-공정가치측	0	180,000	0	180,000
	당기손익인식금융자산	130,000	0	0	130,000

12 주석 작성 탭에서 완성된 표를 확인하고, 금액을 입력합니다.

금융자산의 범주별 공시

당기 (단위 : 백만원)

		금융자산, 범주			금융자산, 범주 합계
		당기손익인식금융자산	공정가치평가를 기타포괄손익으로 인식하는 금융자산	상각후원가로 측정하는 금융자산, 범주	
금융자산		130,000	180,000	350,000	660,000
금융자산	현금및현금성자산	0	0	100,000	100,000
	매출채권	0	0	250,000	250,000
	기타포괄손익-공정가치측정금융자산	0	180,000	0	180,000
	당기손익인식금융자산	130,000	0	0	130,000

MEMO

13. 금융상품

⑵ **당기말 현재 외화금융자산 및 외화금융부채의 내역은 다음과 같습니다.**

(외화단위 : 천단위, 원화단위 : 백만원)

구 분	외 화	당기말	
		원화환산액	외 화
외화금융자산	USD	15,253,000	10,376,000
	JPY	118,000	12,605,000
	EUR	264,000	172,000
	기타	167,000	
외화금융부채	USD	20,152,000	13,709,000
	JPY	91,000	9,756,000
	EUR	301,000	196,000
	기타	589,000	

MEMO

≪ XBRL 편집기 작성 따라하기 ≫

▶ 표준 표 생성

01 [연결 재무제표 주석]에 우클릭하고 [주석항목 리스트에서 가져오기]를 선택합니다.

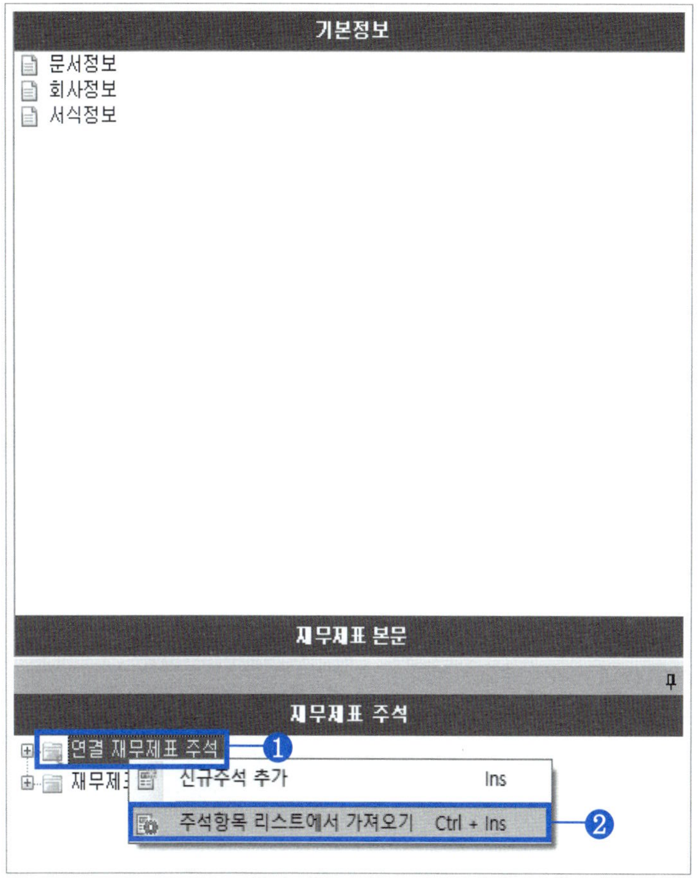

02 스크롤 또는 위험관리를 검색하여 [외화금융자산의 통화별 내역 [표]] 체크박스를 선택하고 [확인]을 클릭합니다.

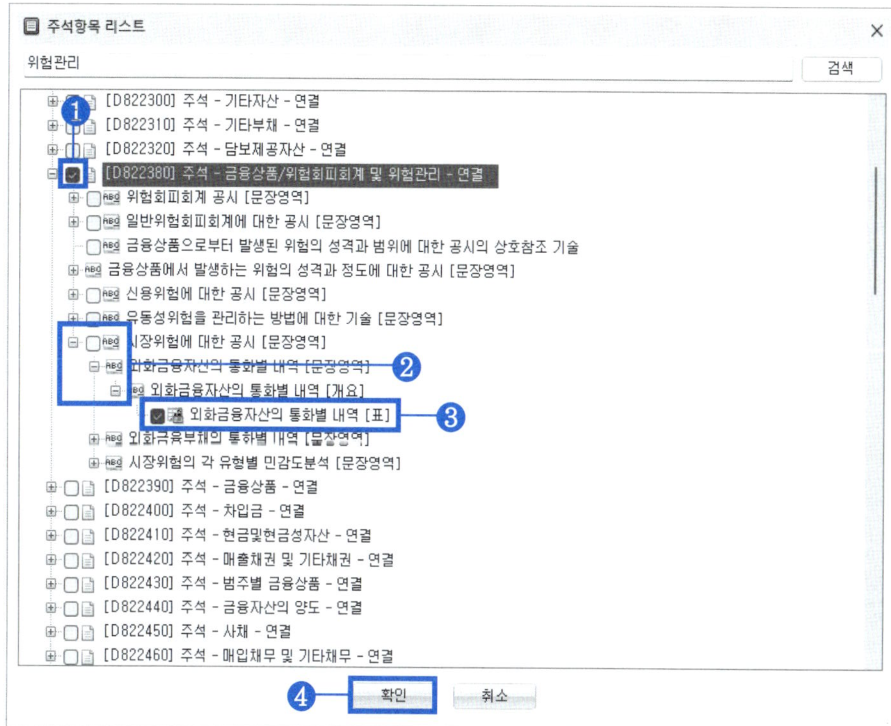

▶ 제목 탭 설정

01 [외화금융자산의 통화별 내역 [표]]에 우클릭하여 [속성]을 선택합니다.

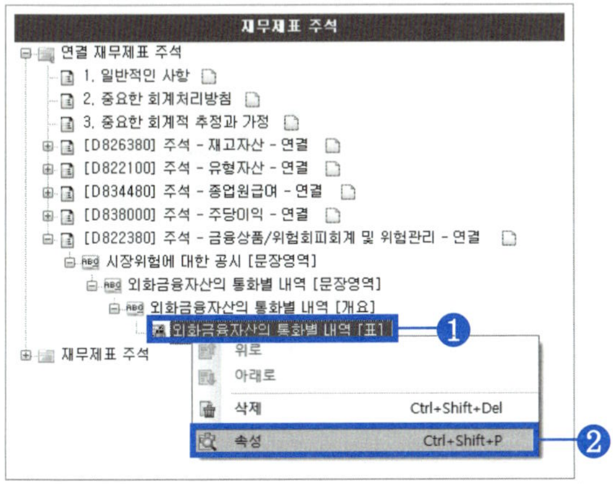

02 [단위설정]에서 [단위목록]을 클릭하여 [백만원]을 선택하고 [제목][*1]과 [비교표시설정][*2]을 확인합니다.

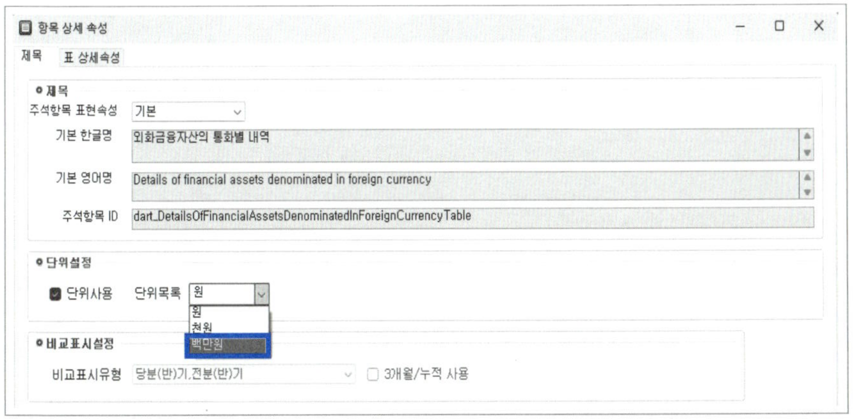

*1 표준 표가 아닌 신규 표를 추가하는 경우 별도 설정(한글/영문명)필요

*2 분/반기 검토인 경우 [3개월/누적 사용] 설정 필요

▶ 표 상세속성-행 탭 작업

01 [표 상세속성]을 클릭하고 외화금융자산, 기초통화금액에 우클릭하여 [삭제]를 선택합니다.

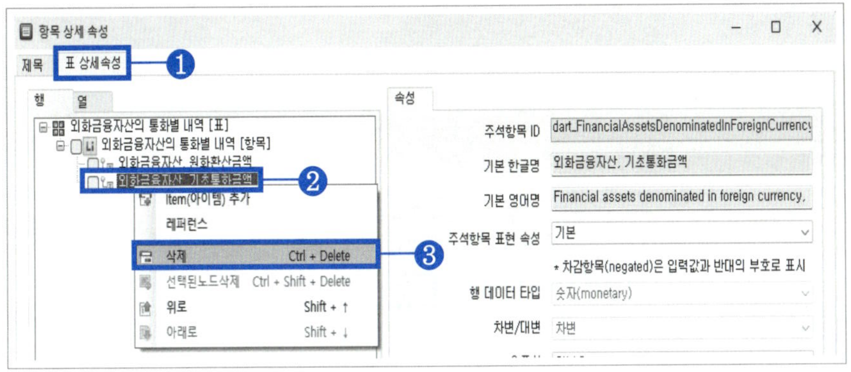

02 [외화금융자산의 통화별 내역 [항목]]에 우클릭하여 [Item(아이템) 추가]를 선택합니다.

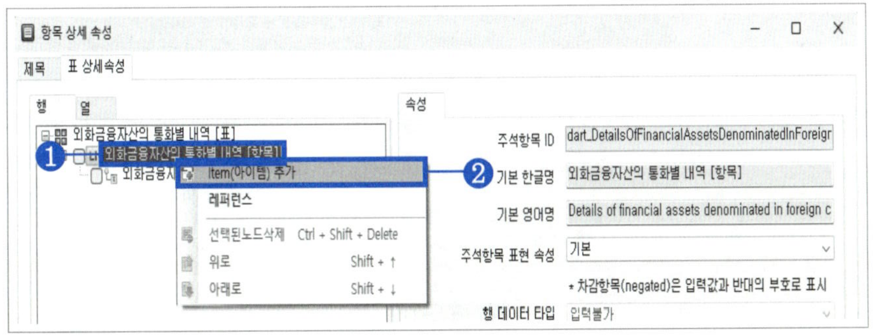

03 외화를 입력하기 위해서는 각 외화별로 확장이 필요하므로 [주석항목 검색]-[신규생성]을 클릭합니다.

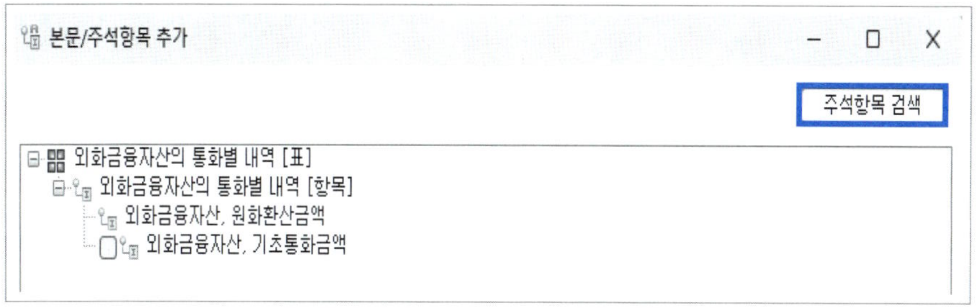

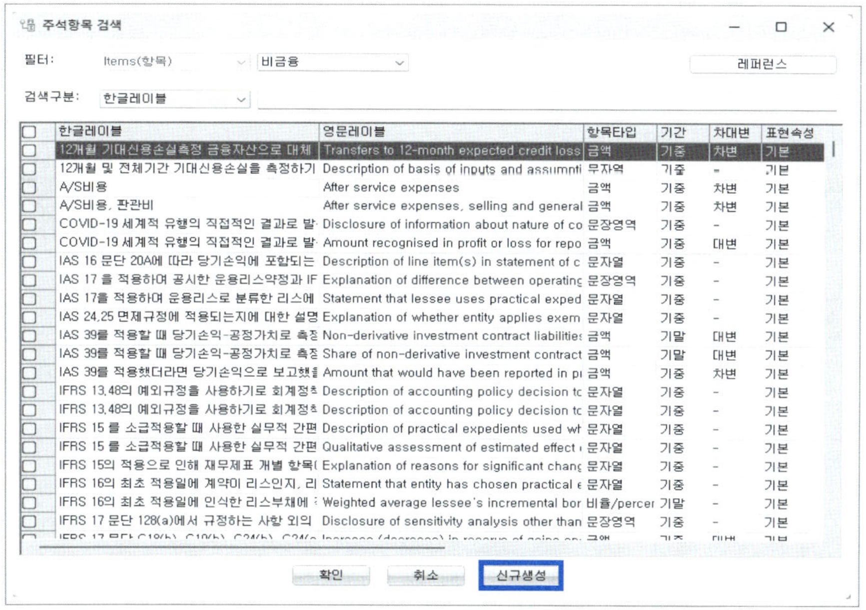

04 (1)기본 한글명 및 영어명, (2)차/대변, (3)기간속성, (4)외화속성 및 (5)외화단위를 선택합니다.

(1) 한글명 : 외화금융자산, USD 영어명 : Financial assets denominated in foreign currency, USD

(2) 차변

(3) instant

(4) USD–미국 달러

(5) 천

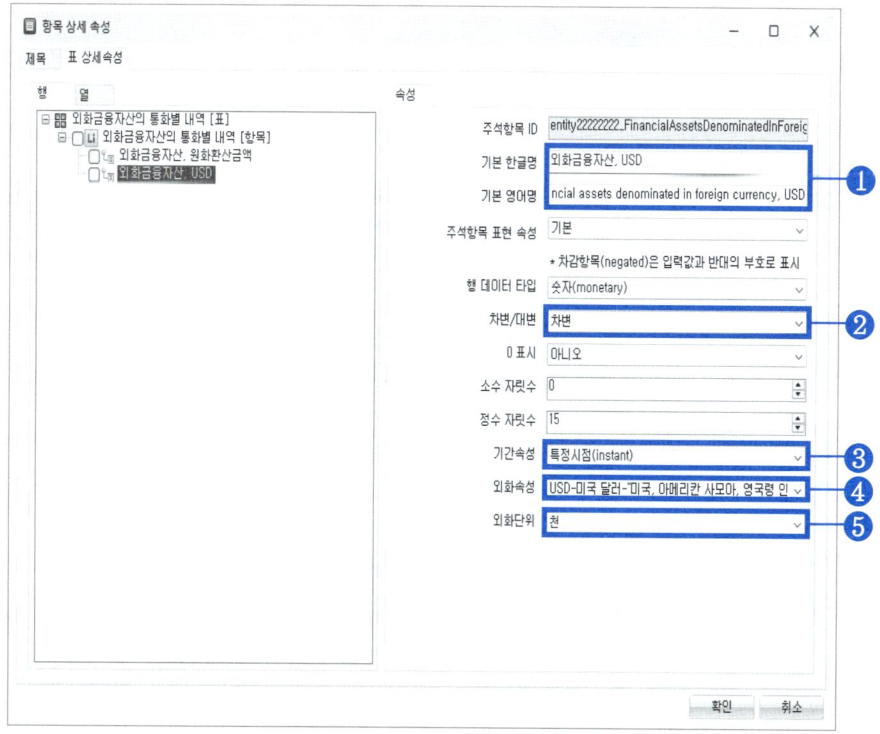

05 JPY, EUR도 동일한 방법으로 확장합니다.

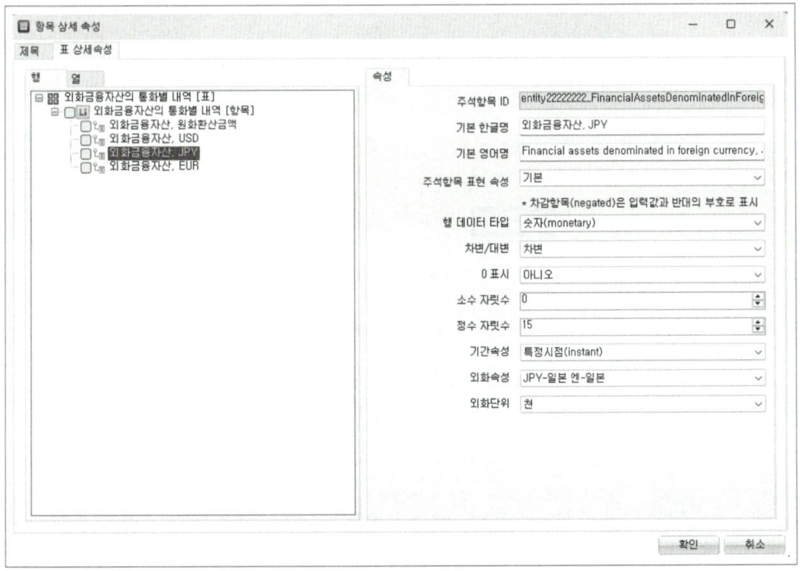

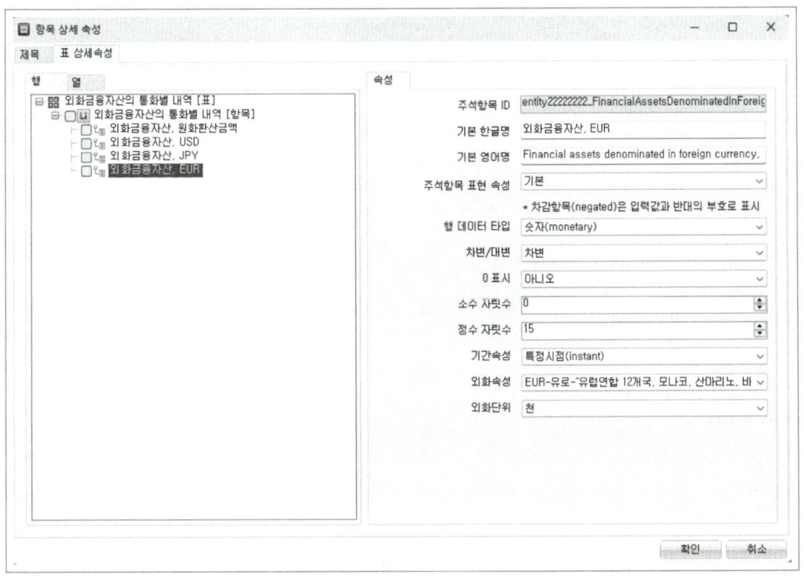

▶ 표 상세속성-열 탭 작업

01 열 탭으로 이동하여 금융자산의 범주 [축]에 우클릭하여 [삭제]를 선택합니다.

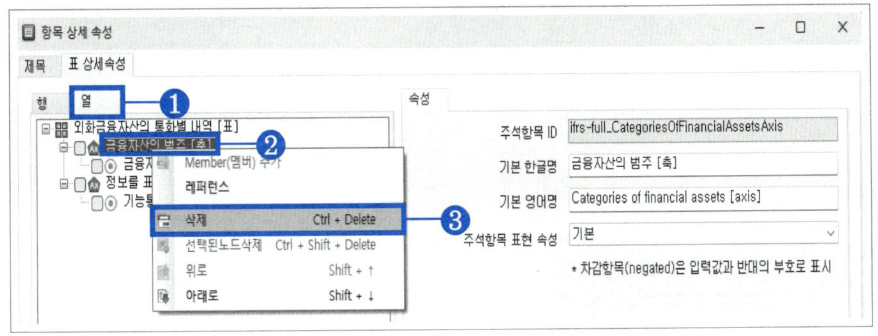

02 [외화금융자산의 통화별 내역 [표]]를 우클릭하여 [축 추가]를 선택합니다.

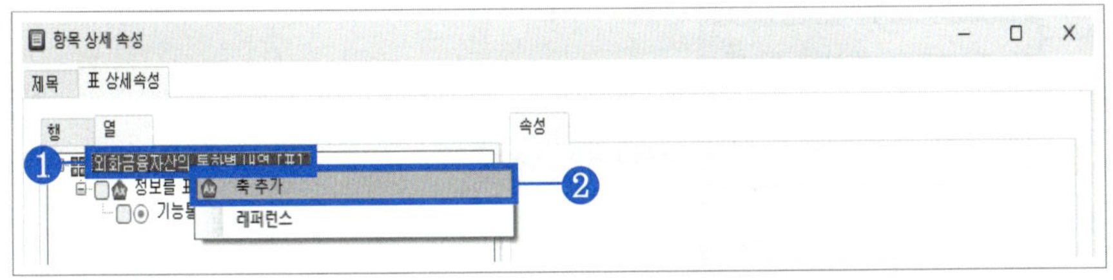

03 [위험 유형 [축]]을 클릭하고 [확인]을 클릭합니다.

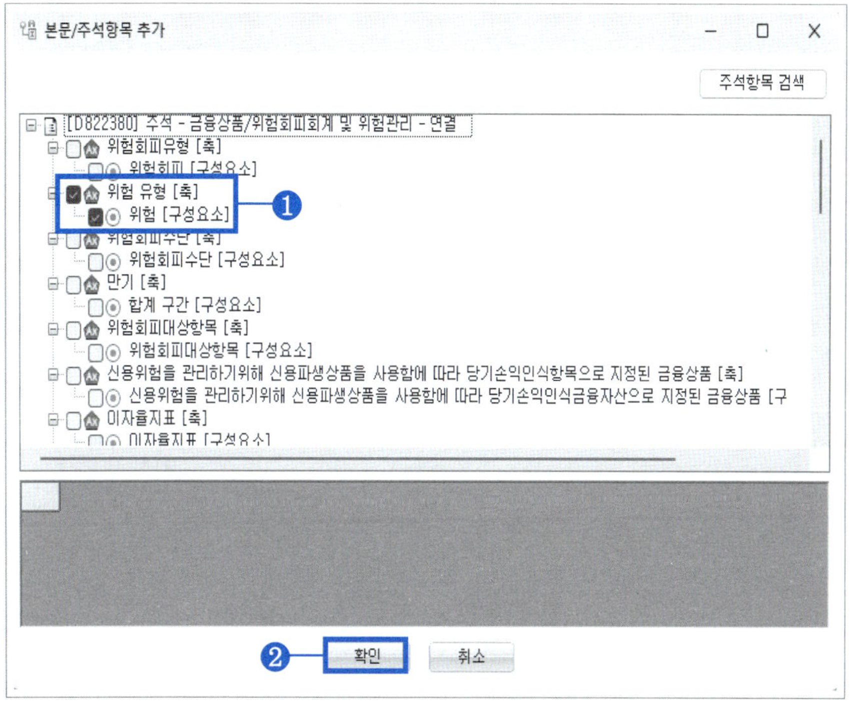

04 [위험 [구성요소]]를 우클릭하여 [Member(멤버) 추가]를 선택합니다.

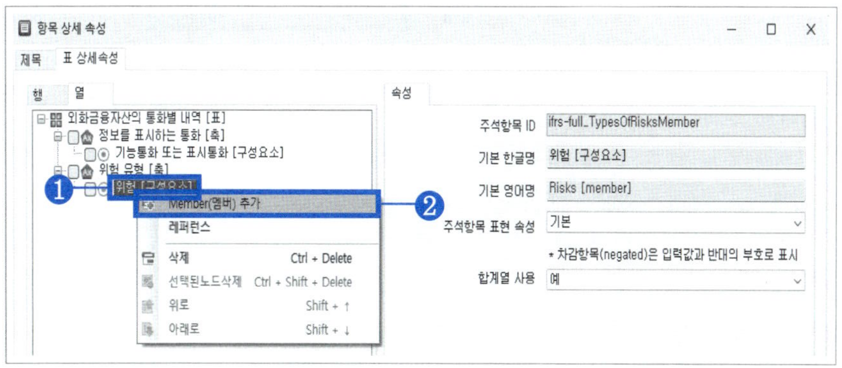

05 [시장위험 [구성요소]] 및 [환위험 [구성요소]]를 선택하고 [확인]을 클릭합니다.

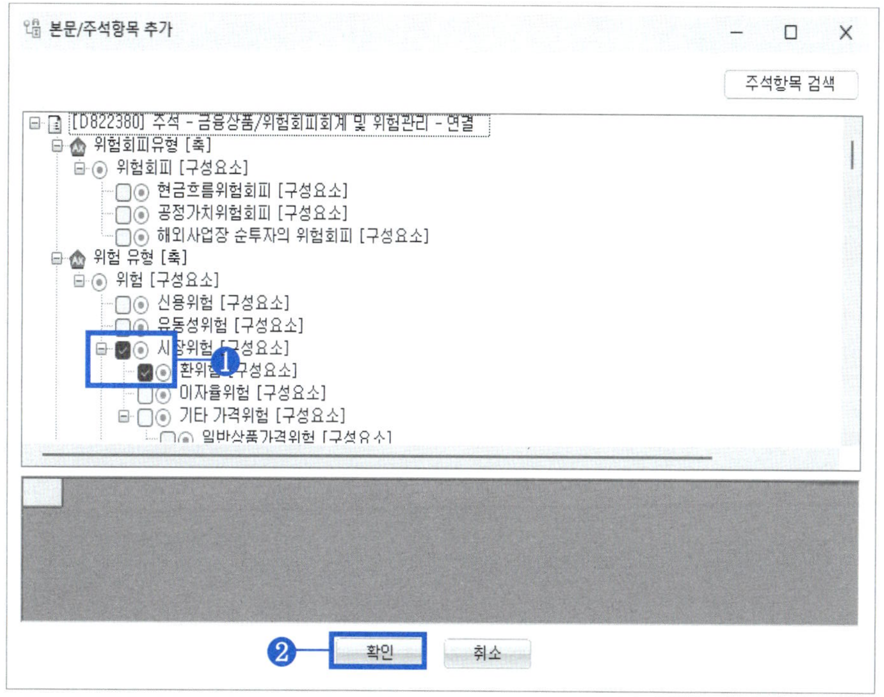

✓ 위험 유형 [축]은 표준 표에 제시되어 있지 않으나 금융감독원에서 배포한 《금융감독원 DART XBRL 재무제표 본문 · 주석 작성 가이드》를 참조하여 추가하였습니다.

06 [정보를 표시하는 통화 [축]]에 우클릭하고 [아래로]를 선택하여 순서를 조정합니다.

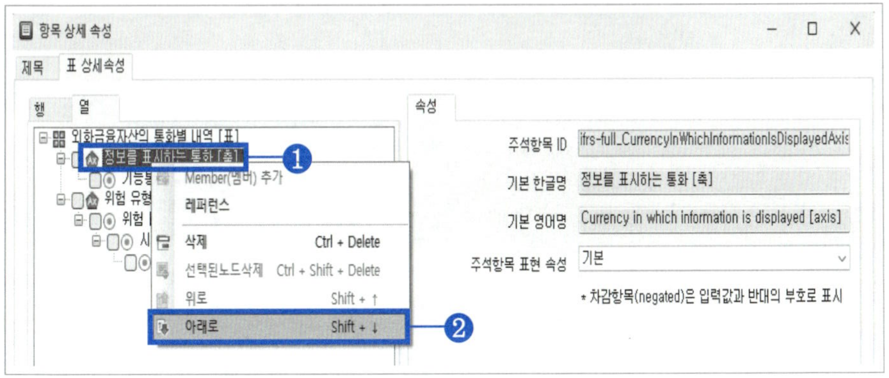

07 [기능통화 또는 표시통화 [구성요소]]에 우클릭하고 [Member(멤버) 추가]를 선택합니다.

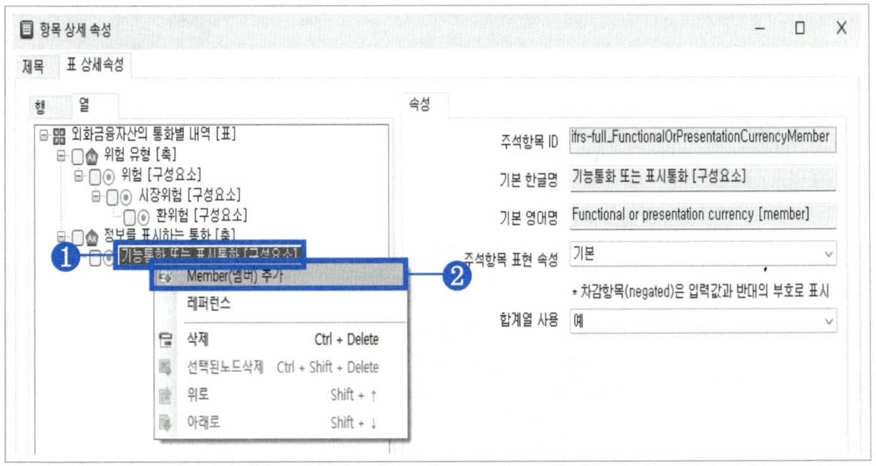

08 스크롤을 내려 [정보를 표시하는 통화 [축]] 하위에 있는 EUR, JPY, 그밖의 통화, USD [구성요소]를 선택하고 [확인]을 클릭합니다.

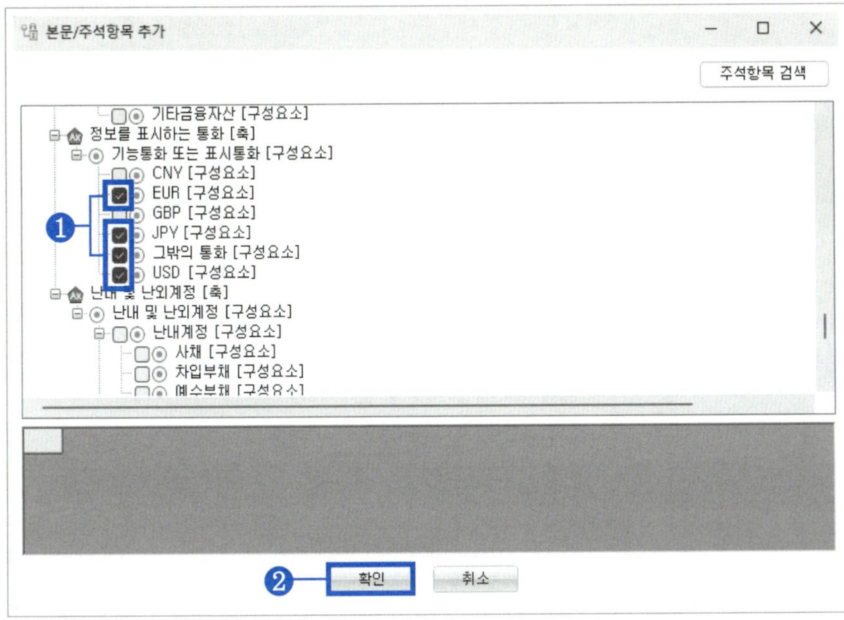

09 shift + 방향키(↑ 또는 ↓)로 순서를 조정합니다.

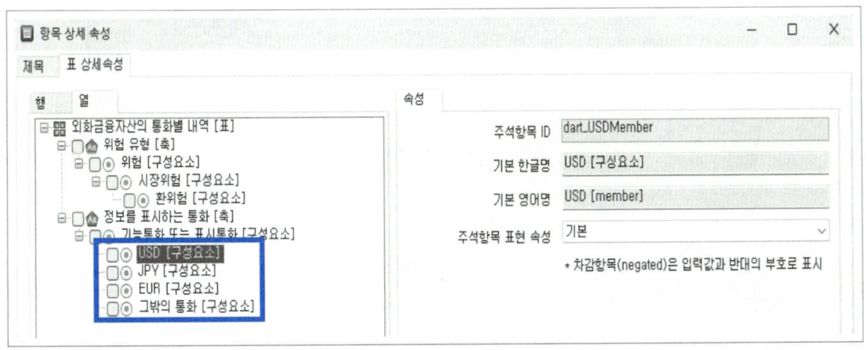

10 2개의 축 모두 합계열을 사용하지 않을 예정이므로 [축] 바로 하위에 있는 [구성요소]를 클릭하여 합계열 사용을 "아니오"로 선택합니다.

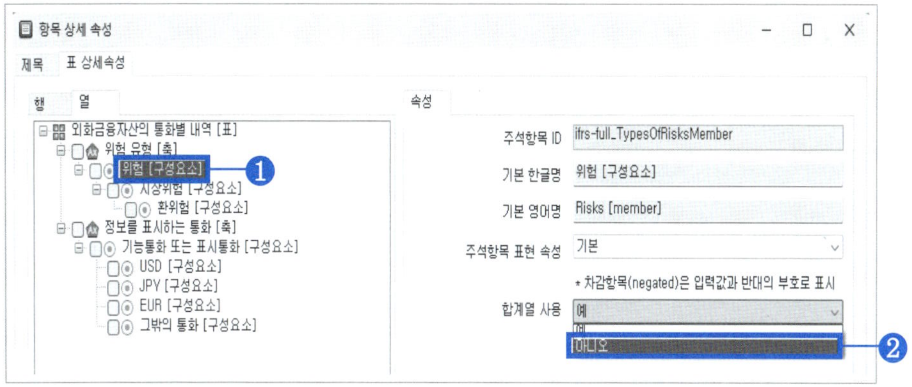

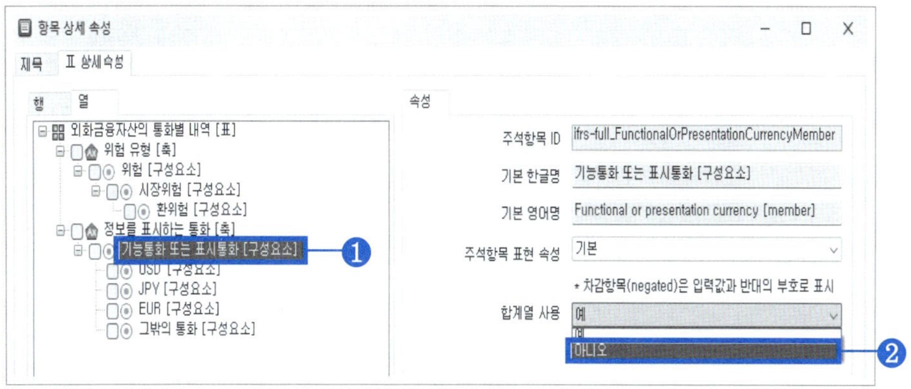

▶ 금액 입력

01 [[D822380] 주석 - 금융상품/위험회피회계 및 위험관리 - 연결] 우측 아이콘을 [ ] 클릭하여 표를 생성합니다.

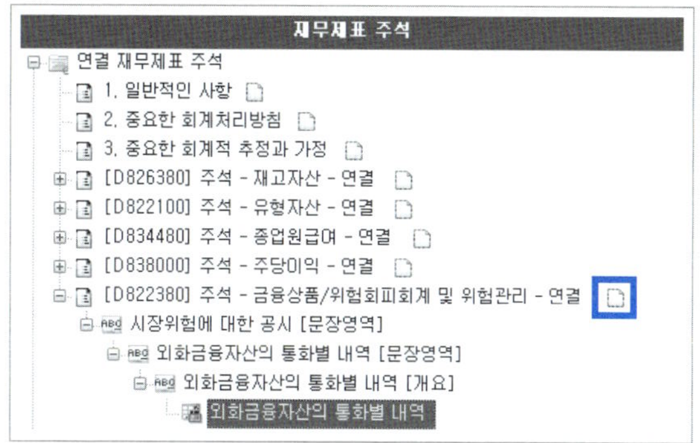

02 생성된 표에 예시를 참고하여 금액을 입력합니다.

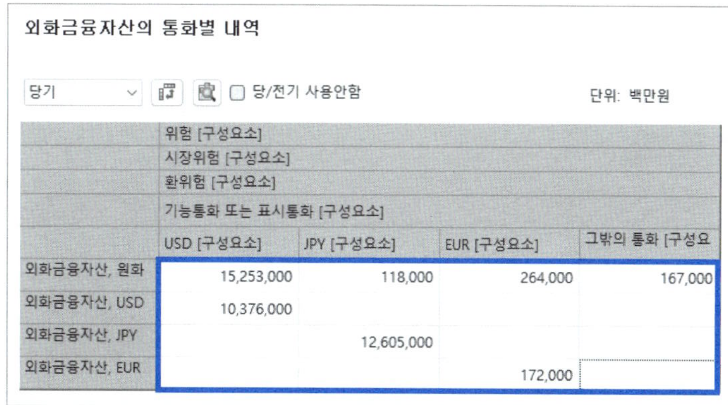

03 [미리보기(한글)]을 클릭하여 금액이 잘 반영되었는지 확인합니다.

외화금융자산의 통화별 내역

당기 (단위 : 백만원)

	위험			
	시장위험			
	환위험			
	기능통화 또는 표시통화			
	USD	JPY	EUR	그밖의 통화
외화금융자산, 원화환산금액	15,253,000	118,000	264,000	167,000
외화금융자산, USD [USD, 천]	10,376,000			
외화금융자산, JPY [JPY, 천]		12,605,000		
외화금융자산, EUR [EUR, 천]			172,000	

전기 (단위 : 백만원)

	위험			
	시장위험			
	환위험			
	기능통화 또는 표시통화			
	USD	JPY	EUR	그밖의 통화
외화금융자산, 원화환산금액				
외화금융자산, USD [USD, 천]				
외화금융자산, JPY [JPY, 천]				
외화금융자산, EUR [EUR, 천]				

주석 작성 | 미리보기(한글) | 미리보기(영어)

04 외화금융부채도 외화금융자산과 동일한 방법으로 수행합니다(단, 부채이므로 확장 시 '대변'으로 설정 주의).

외화금융부채의 통화별 내역

당기 ☐ 당/전기 사용안함 단위: 백만원

	위험 [구성요소]			
	시장위험 [구성요소]			
	환위험 [구성요소]			
	기능통화 또는 표시통화 [구성요소]			
	USD [구성요소]	JPY [구성요소]	EUR [구성요소]	그밖의 통화 [구성요
외화금융부채, 원화	20,152,000	91,000	301,000	589,000
외화금융부채, USD	13,709,000			
외화금융부채, JPY		9,756,000		
외화금융부채, EUR			196,000	

주석 작성 | 미리보기(한글) | 미리보기(영어)

외화금융부채의 통화별 내역

당기 (단위 : 백만원)

	위험			
	시장위험			
	환위험			
	기능통화 또는 표시통화			
	USD	JPY	EUR	그밖의 통화
외화금융부채, 원화환산금액	20,152,000	91,000	301,000	589,000
외화금융부채, USD [USD, 천]	13,709,000			
외화금융부채, JPY [JPY, 천]		9,756,000		
외화금융부채, EUR [EUR, 천]			196,000	

주석 작성 | 미리보기(한글) | 미리보기(영어)

14 차입부채–실습을 위한 예시 주석

14. 차입부채

가. 보고기간 말 현재 원화장기차입금의 내역은 다음과 같습니다.

(단위 : 백만원)

구 분	차입처	연이자율(%)	당기말	당기말
시설자금대출	한국산업은행 등	1.69~5.46	1,400,000	1,110,000
일반자금대출	신한은행 등*	2.17~5.96	600,000	700,000
총 차입금			2,000,000	1,810,000
유동성 장기차입금			(900,000)	(1,110,000)
장기차입금			1,100,000	700,000

* 변동금리부차입금 300,000백만원을 보유하고 있으며, 해당 차입금의 금리는 3M CD+ 0.80% ~2.00%입니다.

나. 보고기간 말 현재 외화장기차입금의 내역은 다음과 같습니다.

(외화단위 : 백만, 원화단위 : 백만원)

차입처	내 역	만기일	연이자율(%)	당기말	전기말
하나은행 등	외화시설자금 등	2024.11~ 2029.07	2.46~7.69	7,410,000	8,670,000
외화상당액				USD 2,500	USD 3,200
				CNY 21,000	CNY 24,000
차감 : 유동성대체				(2,410,000)	(2,150,000)
합 계				5,000,000	6,520,000

(1) 원화장기차입금의 내역 주석 작성

가. 보고기간 말 현재 원화장기차입금의 내역은 다음과 같습니다.

(단위 : 백만원)

구 분	차입처	연이자율(%)	당기말	당기말
시설자금대출	한국산업은행 등	1.69~5.46	1,400,000	1,110,000
일반자금대출	신한은행 등*	2.17~5.96	600,000	700,000
총 차입금			2,000,000	1,810,000
유동성 장기차입금			(900,000)	(1,110,000)
장기차입금			1,100,000	700,000

* 변동금리부차입금 300,000백만원을 보유하고 있으며, 해당 차입금의 금리는 3M CD+ 0.80% ~2.00%입니다.

≪ XBRL 편집기 작성 따라하기 ≫

01 [연결 또는 별도 재무제표 주석]에 마우스 우클릭하고, [주석항목 리스트에서 가져오기]를 선택합니다.

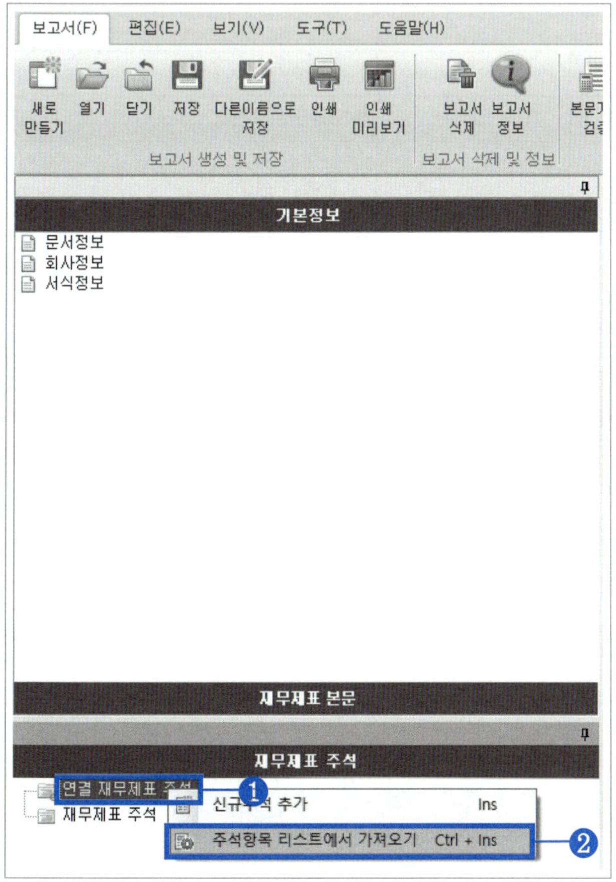

02 스크롤 또는 차입금을 검색하여 [[D822400] 주석 – 차입금에 대한 세부 정보 [표]]의 체크박스 선택하고 [확인]을 클릭합니다.

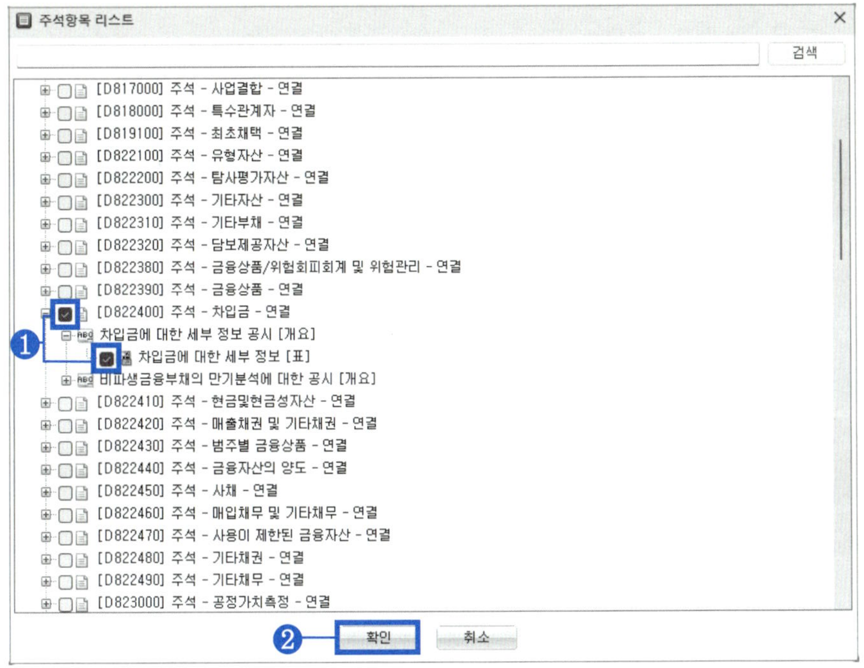

03 좌측 창에 "[[D822400] 주석 - 차입금 - 연결]" 우측의 버튼을 클릭하여, 기본으로 설정된 Taxonomy를 확인하고, 를 아이콘을 클릭합니다.

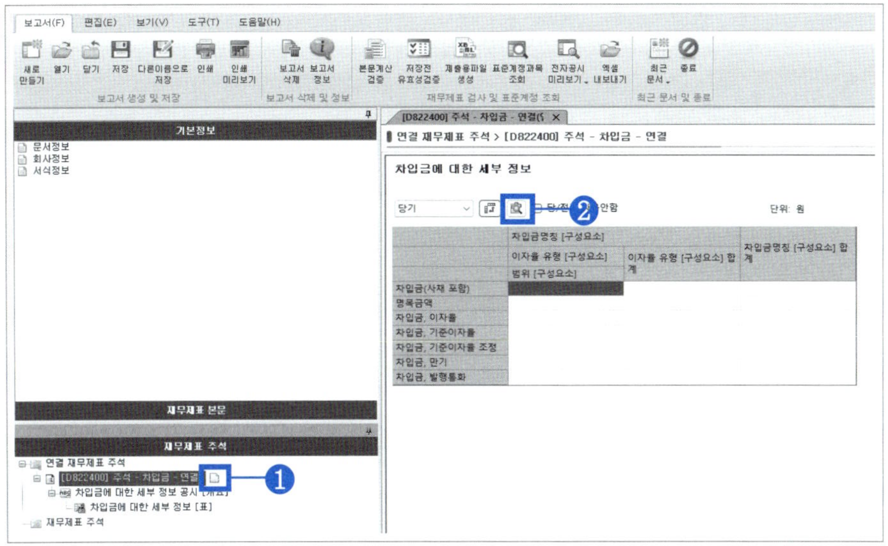

04 [항목 상세 속성]에서 단위설정을 예시에 따라 [백만원]단위로 변경합니다.

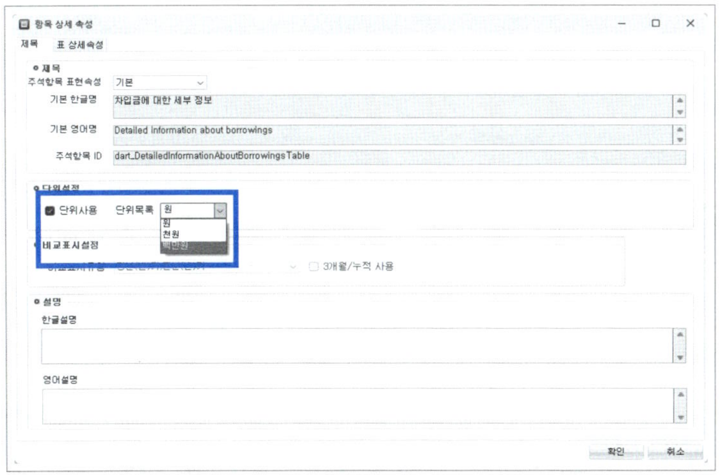

05 [표 상세속성] Tab 선택하여, [행]에서 사용하지 않는 Taxonomy ID에 체크박스를 선택하고, 우클릭하여 [선택된노드삭제]를 선택하여 일괄 삭제합니다.

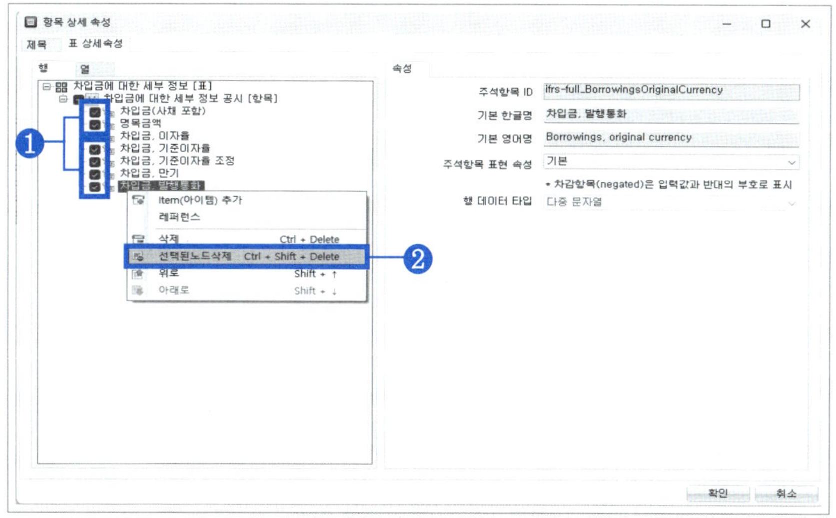

06 차입금, 이자율의 속성에서 소수 자릿수를 0에서 4로 변경합니다.

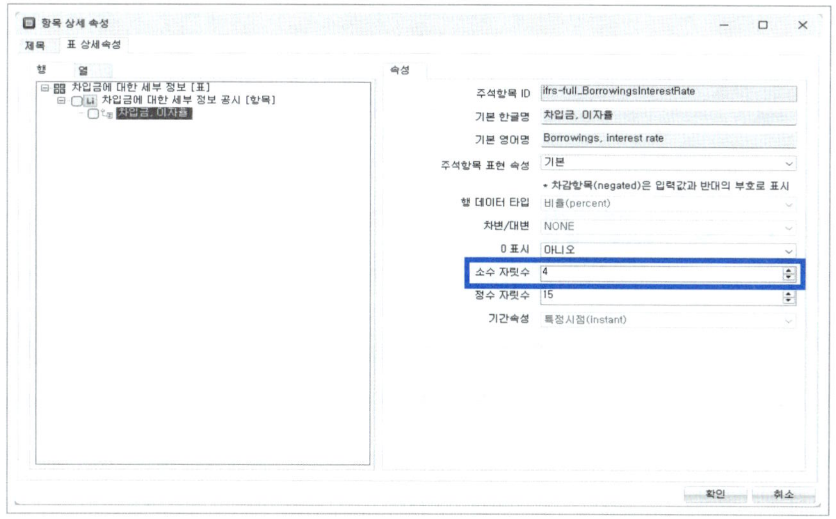

07 차입금에 대한 세부 정보 공시 [항목]을 선택하여, 우클릭하고 [Item(아이템) 추가]를 선택합니다.

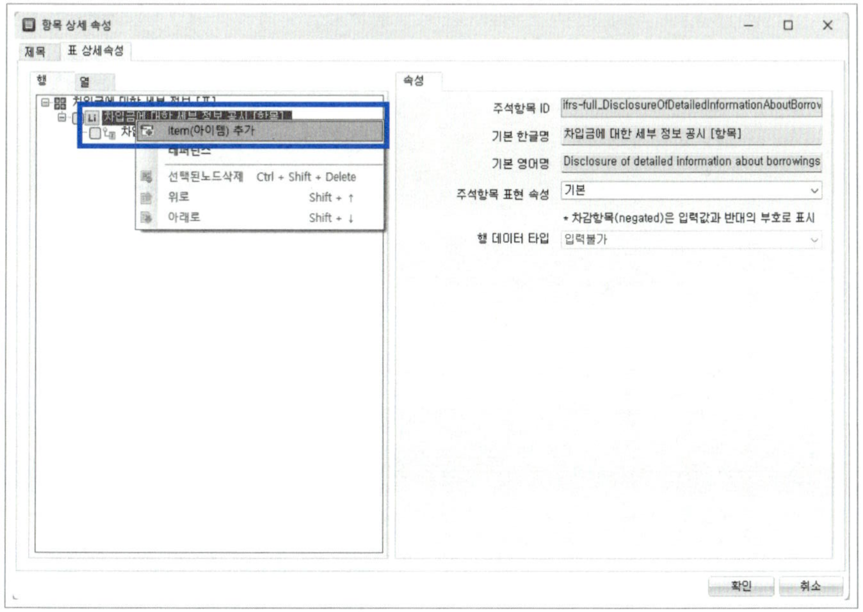

08 [본문/주석항목 추가] 창에서 [주석항목 검색]을 클릭하고, [주석항목 검색] 창에서 아래의 ID를 검색하여 추가합니다.

09 금융기관 차입금(사채 제외) / 유동 금융기관 차입금 및 비유동 금융기관 차입금(사채 제외)의 유동성 대체 부분 / 비유동 금융기관 차입금(사채 제외)의 비유동성 대체 부분

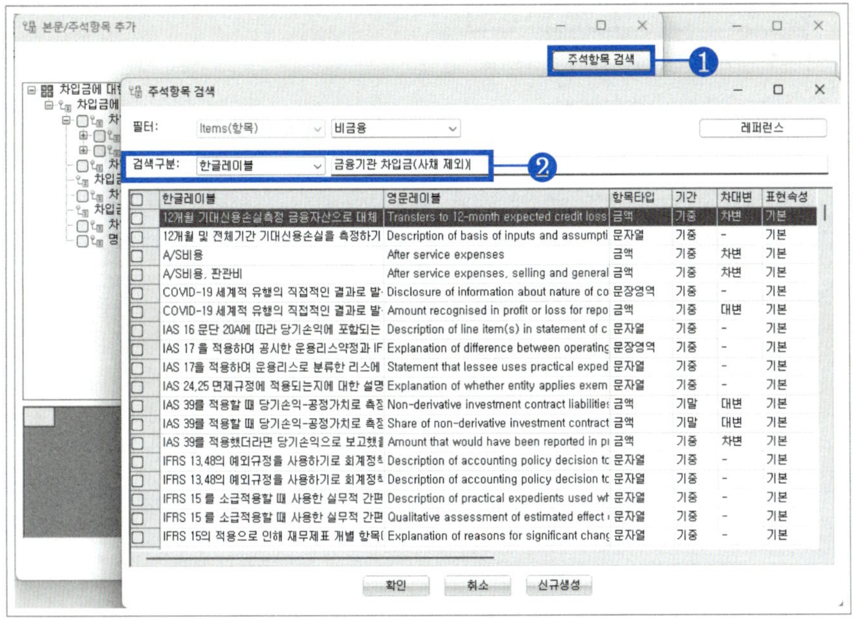

10 예시와 같이 유동성 장기차입금을 음수표시 하기 위해 추가된 "유동 금융기관 차입금 및 비유동 금융기관 차입금(사채 제외)의 유동성 대체 부분"를 선택하고, 우측의 속성에서 주석항목 표현 속성을 기본(negated)로 변경하고, 기준(negated) 한글명 / 영어명을 입력 합니다.

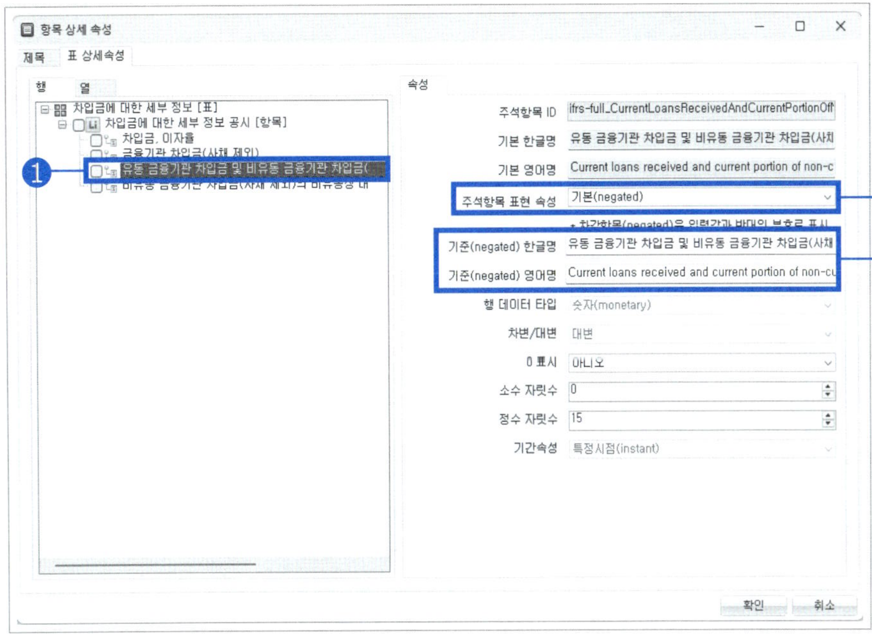

11 [열] 탭을 선택하고, 사용하지 않을 이자율 유형 [축]을 선택하여, 우클릭하고 삭제합니다.

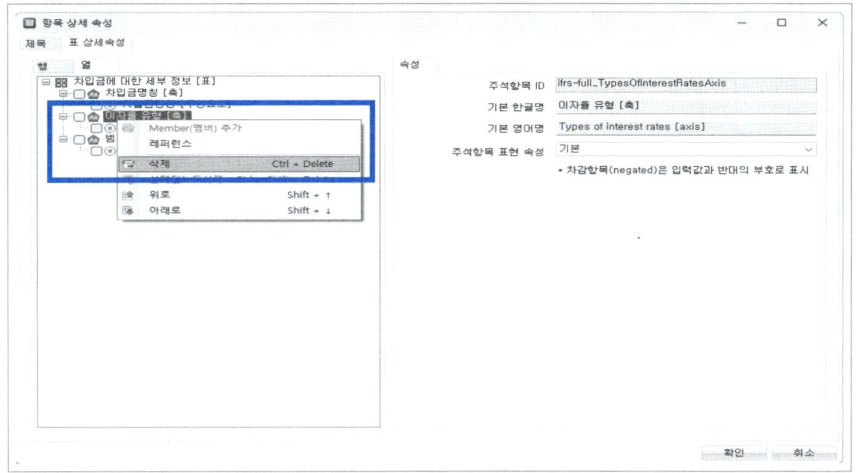

12 차입금명칭 [구성요소]의 하위로 시설자금대출–한국산업은행 등 [구성요소] / 일반자금대출–신한은행 등 [구성요소]를 확장하여 추가합니다.

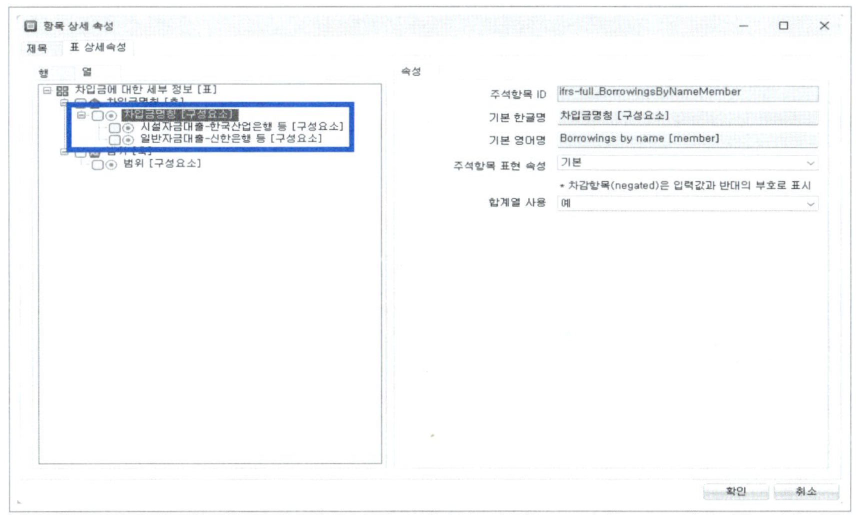

13 범위 [구성요소]의 하위로 하위범위 [구성요소] / 상위범위 [구성요소]를 추가하고, 확인을 선택합니다.

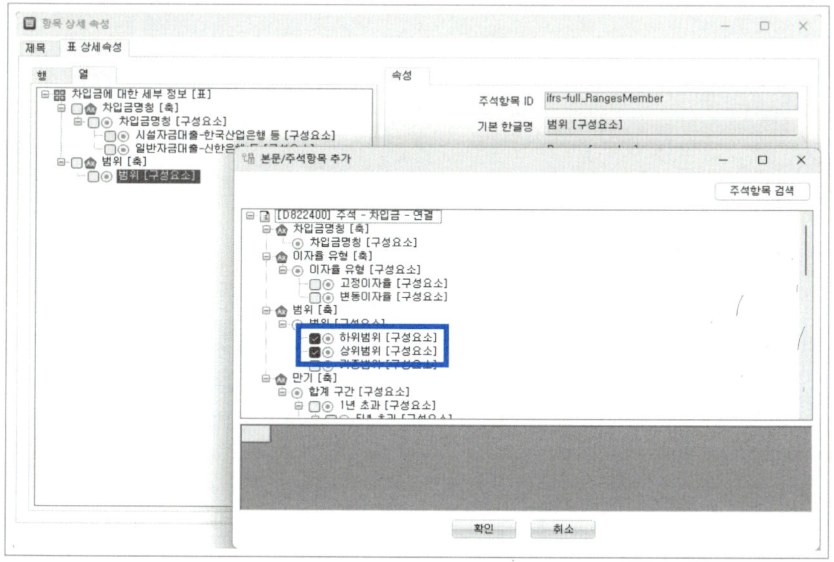

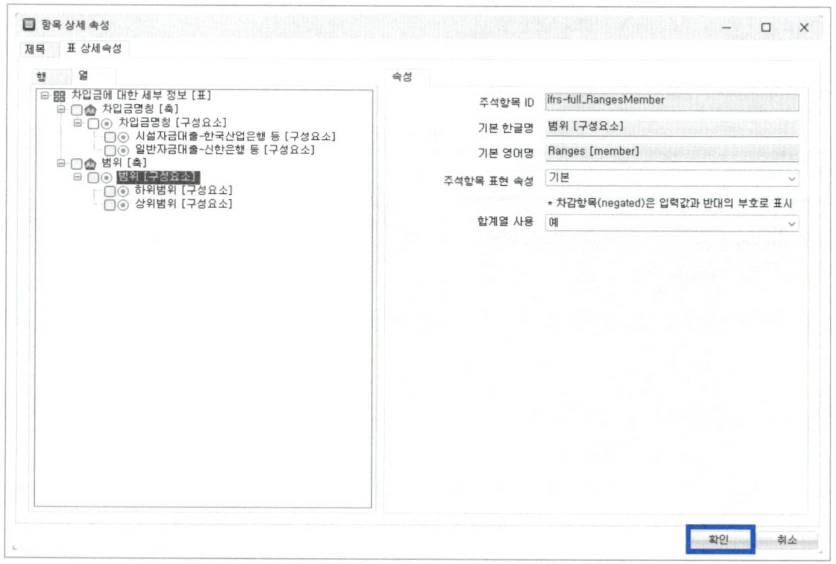

14 주석 작성 Tab에서 완성된 표를 확인하고, 금액을 입력합니다.

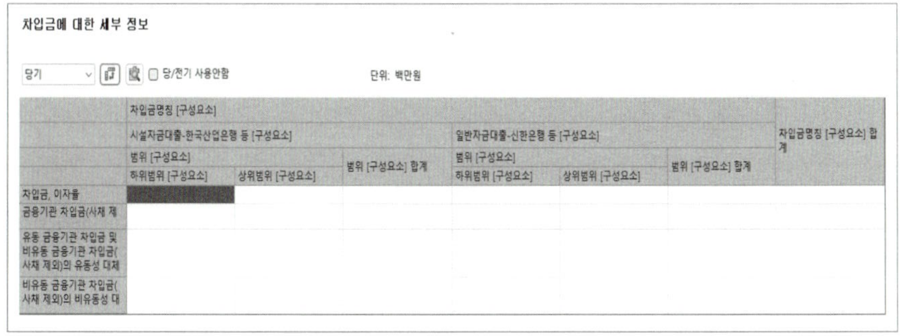

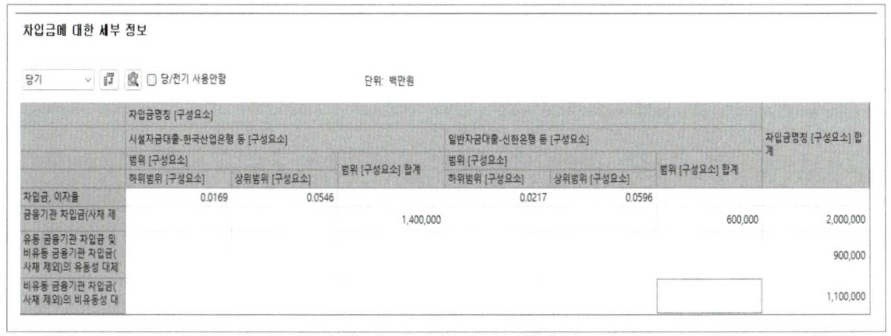

15 미리보기(한글) Tab에서 공시될 표의 형태를 미리 확인합니다.

차입금에 대한 세부 정보

당기 (단위 : 백만원)

	차입금명칭						차입금명칭 합계
	시설자금대출-한국산업은행 등			일반자금대출-신한은행 등			
	범위		범위 합계	범위		범위 합계	
	하위범위	상위범위		하위범위	상위범위		
차입금, 이자율	0.0169	0.0546		0.0217	0.0596		
금융기관 차입금(사채 제외)			1,400,000			600,000	2,000,000
유동 금융기관 차입금 및 비유동 금융기관 차입금(사채 제외)의 유동성 대체 부분							(900,000)
비유동 금융기관 차입금(사채 제외)의 비유동성 대체 부분							1,100,000

(2) 외화장기차입금의 내역 주석 작성

나. 보고기간 말 현재 외화장기차입금의 내역은 다음과 같습니다.

(외화단위 : 백만, 원화단위 : 백만원)

차입처	내 역	만기일	연이자율(%)	당기말	전기말
하나은행 등	외화시설자금 등	2024.11~ 2029.07	2.46~7.69	7,410,000	8,670,000
외화상당액				USD 2,500	USD 3,200
				CNY 21,000	CNY 24,000
차감 : 유동성대체				(2,410,000)	(2,150,000)
합 계				5,000,000	6,520,000

MEMO

≪ XBRL 편집기 작성 따라하기 ≫

01 [[D822400] 주석 - 차입금 - 연결]에서 우클릭하여 [추가] - [표상자 추가]를 선택합니다.

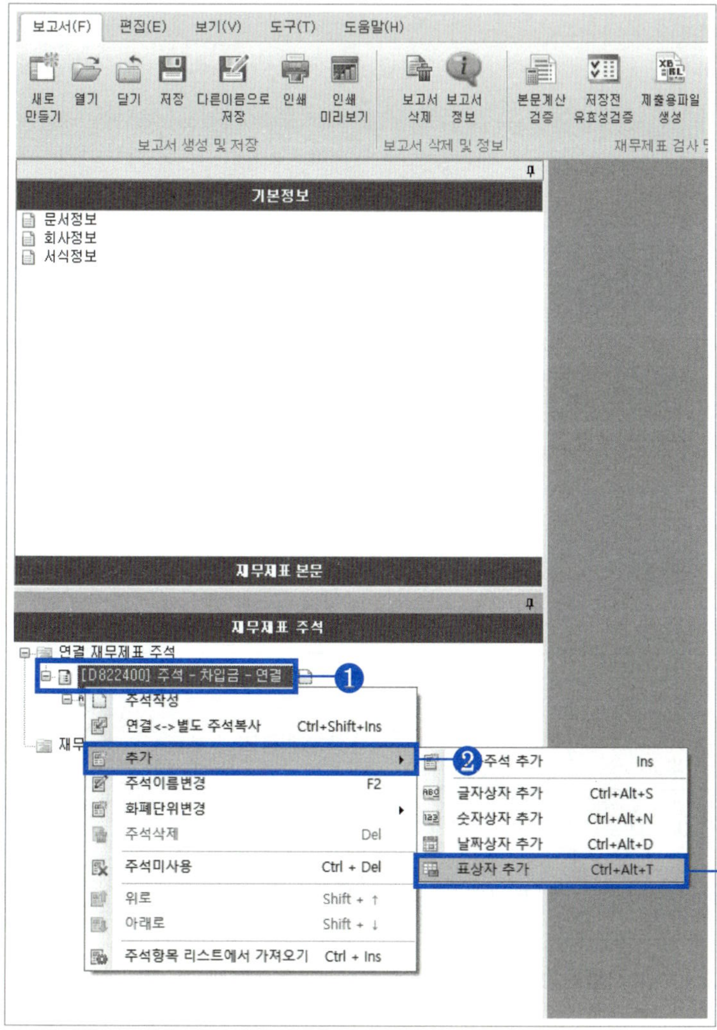

02 [항목 상세 속성]에서 제목의 한글과 영문 입력(외화장기차입금에 대한 세부 정보 공시 / Disclosure of details on long-term foreign currency borrowings) 합니다.

03 단위설정을 예시에 따라 [백만원]단위로 변경합니다.

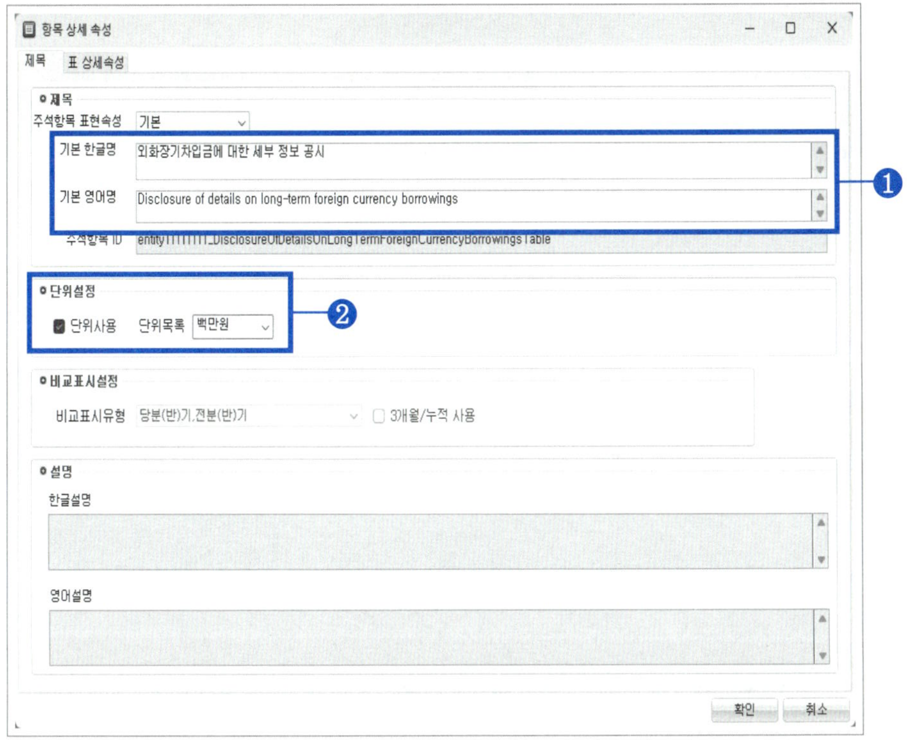

04 [표 상세속성] Tab의 [행]에서 "외화장기차입금에 대한 세부 정보 공시" 하위의 "제목 [항목]"을 선택합니다.

05 우측 [속성] Tab에서 기본 한글명과 기본 영문명을 변경(외화장기차입금에 대한 세부 정보 공시 [항목] / Disclosure of details on long-term foreign currency borrowings)합니다.

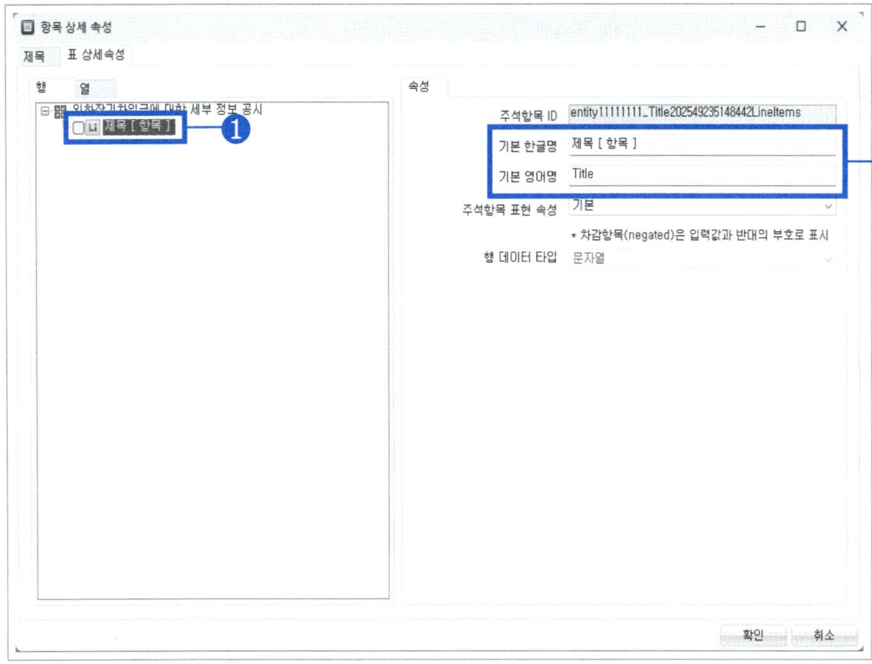

06 리스부채의 만기분석에 대한 공시 [항목]에서 우클릭하여 [Item(아이템) 추가]를 선택하여 "차입금, 만기 / 차입금, 이자율 / 금융기관 차입금(사채 제외) / 유동 금융기관 차입금 및 비유동 금융기관 차입금(사채 제외)의 유동성 대체 부분 / 비유동 금융기관 차입금(사채 제외)의 비유동성 대체 부분"을 추가합니다.

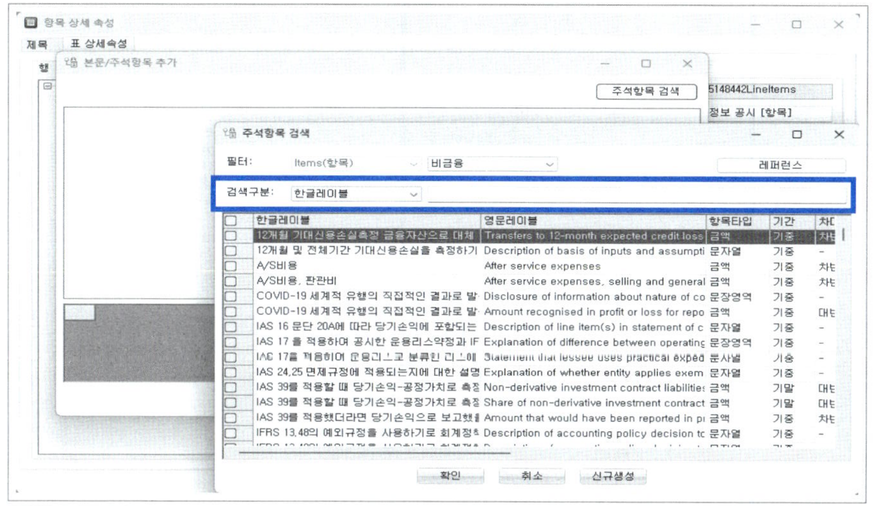

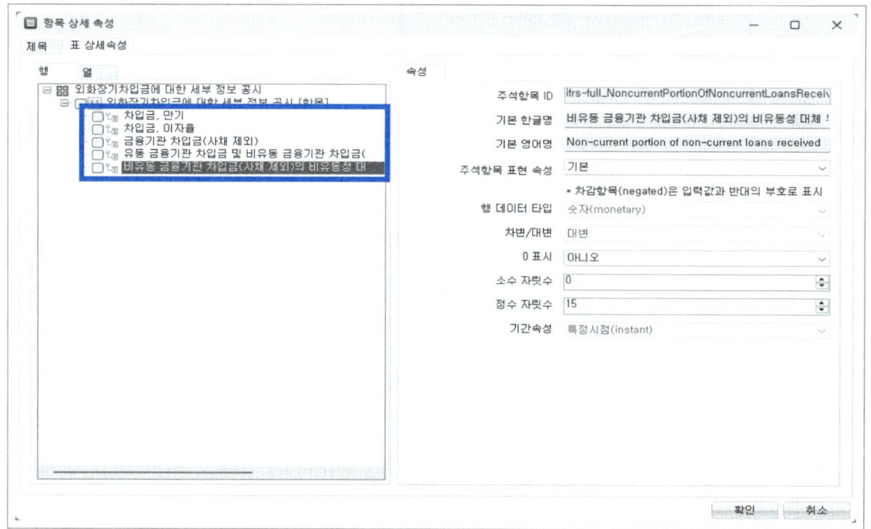

07 차입금, 이자율을 선택하여, 속성에서 소수 자릿수를 4로 변경합니다.

08 유동 금융기관 차입금 및 비유동 금융기관 차입금(사채 제외)의 유동성 대체 부분은 기본(negated)로 변경합니다.

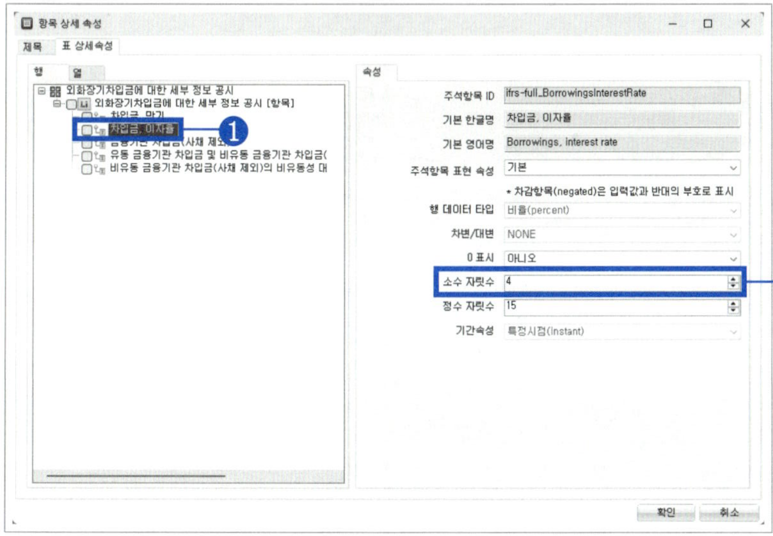

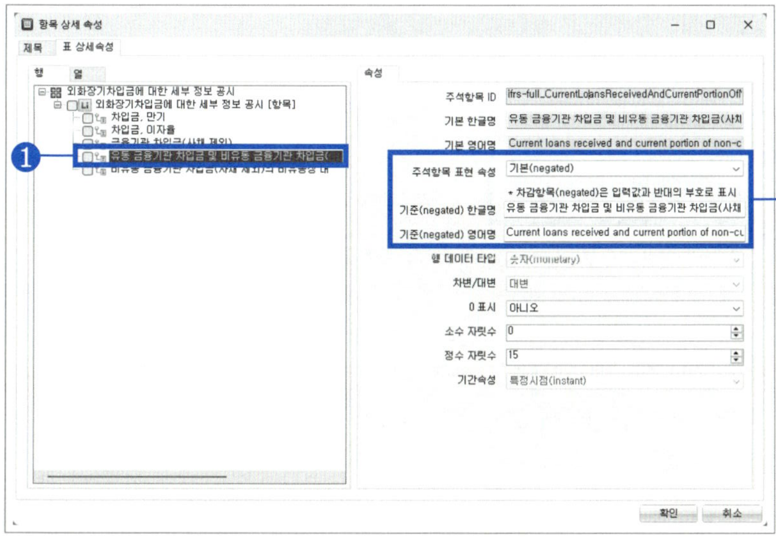

09 외화상당액을 표현하기 위해 [차입금, 외화상당액(USD) / Borrowings, foreign currency amount, USD] / [차입금, 외화상당액(CNY) / Borrowings, foreign currency amount, CNY]를 추가합니다.

10 각 외화에 따라 외화속성과 외화단위를 변경합니다.

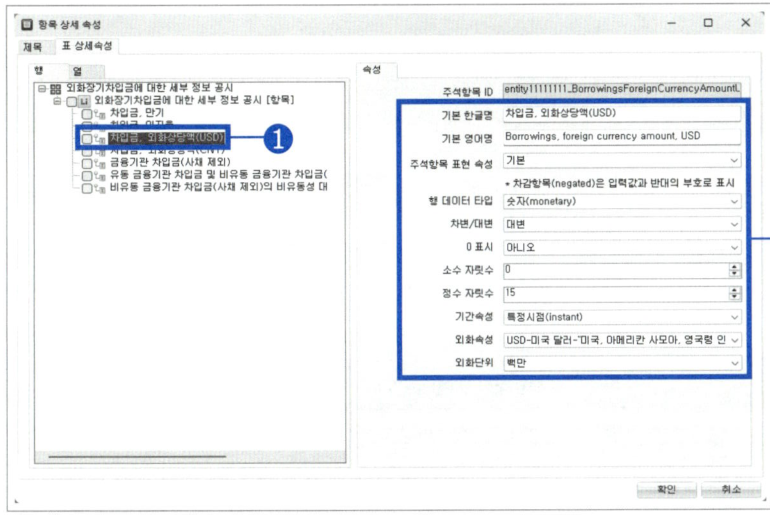

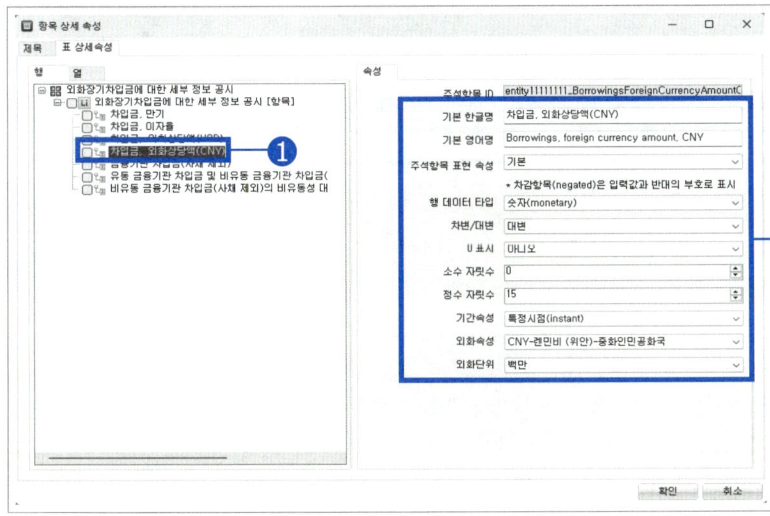

11 [열]에서 우클릭 하여, [통화별 금융상품 [축]-통화별 금융상품 [구성요소]-외화 [구성요소]]를 추가합니다.

12 [차입금명칭 [축]-차입금명칭 [구성요소]-시설자금대출-하나은행 등 [구성요소]]를 추가합니다.

13 [범위 [축]-범위 [구성요소]-시설자금대출-하위범위 [구성요소] / 상위범위 [구성요소]]를 추가합니다.

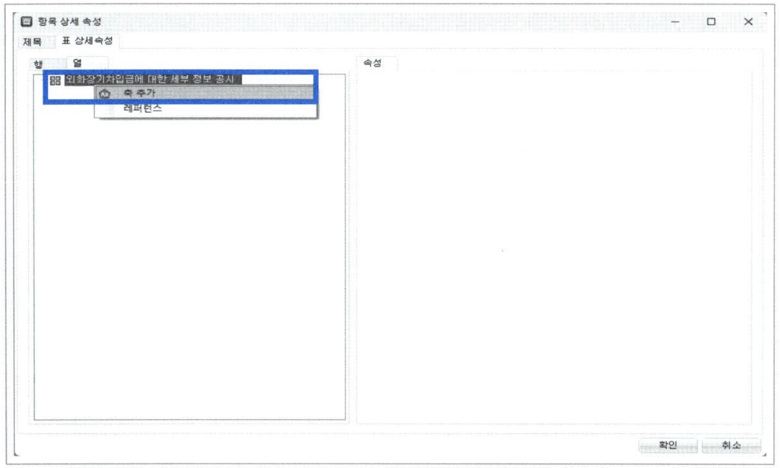

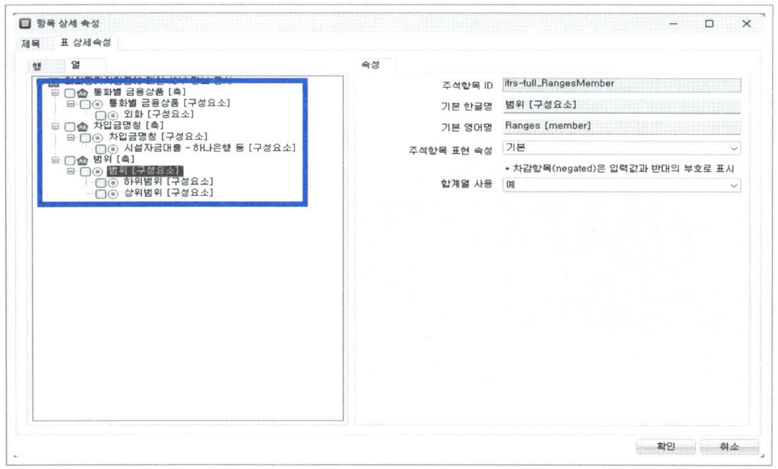

14 통화별 금융상품 [축] / 차입금 명칭 [축]의 합계열 사용 여부를 "아니오"로 변경하고 확인을 선택합니다.

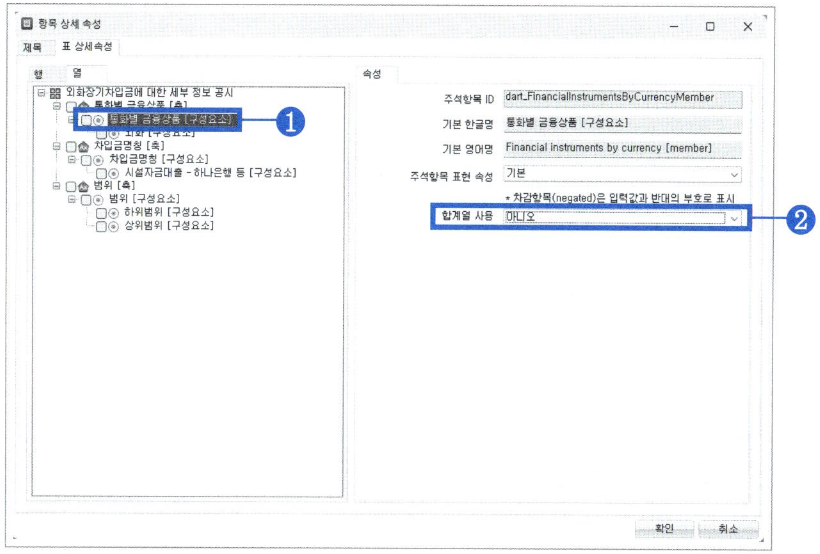

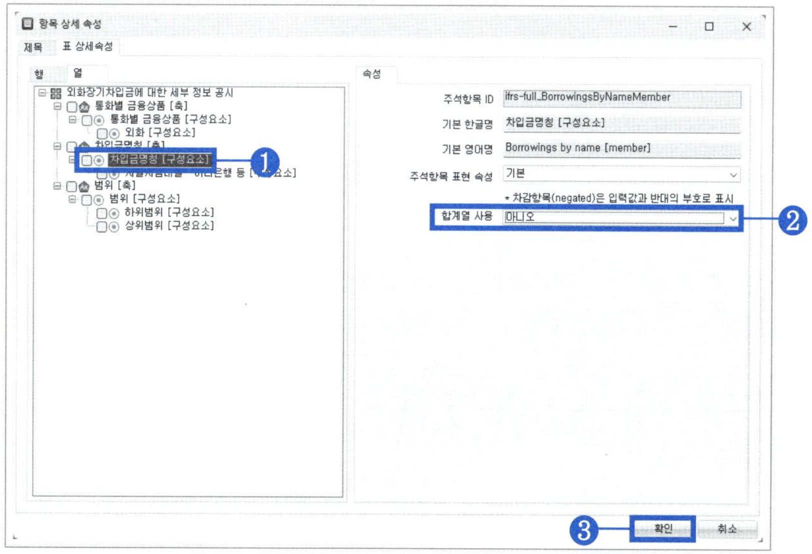

15 주석 작성 Tab에서 완성된 표를 확인하고, 금액을 입력합니다.

외화장기차입금에 대한 세부 정보 공시

당기 ☐ 당/전기 사용안함 단위: 백만원

	통화별 금융상품 [구성요소]		
	외화 [구성요소]		
	차입금명칭 [구성요소]		
	시설자금대출 - 하나은행 등 [구성요소]		
	범위 [구성요소]		범위 [구성요소] 합계
	하위범위 [구성요소]	상위범위 [구성요소]	
차입금, 만기			
차입금, 이자율			
차입금, 외화상당액(USD)			
차입금, 외화상당액(CNY)			
금융기관 차입금(사채 제			
유동 금융기관 차입금 및 비유동 금융기관 차입금(사채 제외)의 유동성 대체			
비유동 금융기관 차입금(사채 제외)의 비유동성 대			

외화장기차입금에 대한 세부 정보 공시

당기 ☐ 당/전기 사용안함 단위: 백만원

	통화별 금융상품 [구성요소]		
	외화 [구성요소]		
	차입금명칭 [구성요소]		
	시설자금대출 - 하나은행 등 [구성요소]		
	범위 [구성요소]		범위 [구성요소] 합계
	하위범위 [구성요소]	상위범위 [구성요소]	
차입금, 만기	2024.11	2029.07	
차입금, 이자율	0.0246	0.0769	
차입금, 외화상당액(USD)			2,500
차입금, 외화상당액(CNY)			21,000
금융기관 차입금(사채 제			7,410,000
유동 금융기관 차입금 및 비유동 금융기관 차입금(사채 제외)의 유동성 대체			2,410,000
비유동 금융기관 차입금(사채 제외)의 비유동성 대			5,000,000

16 미리보기(한글) Tab에서 공시될 표의 형태를 미리 확인합니다.

외화장기차입금에 대한 세부 정보 공시

당기 (단위 : 백만원)

	통화별 금융상품		
	외화		
	차입금명칭		
	시설자금대출 – 하나은행 등		
	범위		범위 합계
	하위범위	상위범위	
차입금, 만기	2024.11	2029.07	
차입금, 이자율	0.0246	0.0769	
차입금, 외화상당액(USD) [USD, 백만]			2,500
차입금, 외화상당액(CNY) [CNY, 백만]			21,000
금융기관 차입금(사채 제외)			7,410,000
유동 금융기관 차입금 및 비유동 금융기관 차입금(사채 제외)의 유동성 대체 부분			(2,410,000)
비유동 금융기관 차입금(사채 제외)의 비유동성 대체 부분			5,000,000

(3) 원화 및 외화장기차입금의 내역 주석 작성

가. 보고기간 말 현재 원화장기차입금의 내역은 다음과 같습니다.

(단위 : 백만원)

구 분	차입처	연이자율(%)	당기말	당기말
시설자금대출	한국산업은행 등	1.69~5.46	1,400,000	1,110,000
일반자금대출	신한은행 등*	2.17~5.96	600,000	700,000
총 차입금			2,000,000	1,810,000
유동성 장기차입금			(900,000)	(1,110,000)
장기차입금			1,100,000	700,000

* 변동금리부차입금 300,000백만원을 보유하고 있으며, 해당 차입금의 금리는 3M CD+ 0.80% ~2.00%입니다.

나. 보고기간 말 현재 외화장기차입금의 내역은 다음과 같습니다.

(외화단위 : 백만, 원화단위 : 백만원)

차입처	내 역	만기일	연이자율(%)	당기말	전기말
하나은행 등	외화시설자금 등	2024.11~ 2029.07	2.46~7.69	7,410,000	8,670,000
외화상당액				USD 2,500	USD 3,200
				CNY 21,000	CNY 24,000
차감 : 유동성대체				(2,410,000)	(2,150,000)
합 계				5,000,000	6,520,000

MEMO

≪ XBRL 편집기 작성 따라하기 ≫

01 원화장기차입금과 외화장기차입금을 하나의 표로 구성하는 것으로, 위에서 실습한 원화장기차입금을 수정하여 표를 구성하겠습니다.

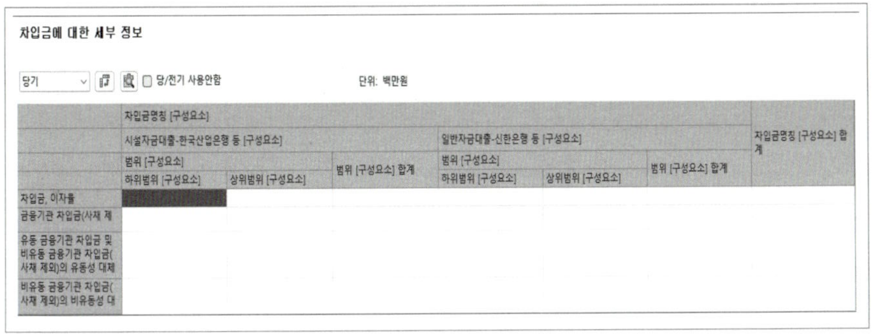

02 외화장기차입금에서 추가하였던 [차입금, 만기 / 차입금, 외화상당액(USD) / 차입금, 외화상당액(CNY)]를 추가합니다.

03 [차입금, 외화상당액(USD) / 차입금, 외화상당액(CNY)]의 외화 속성을 수정합니다.

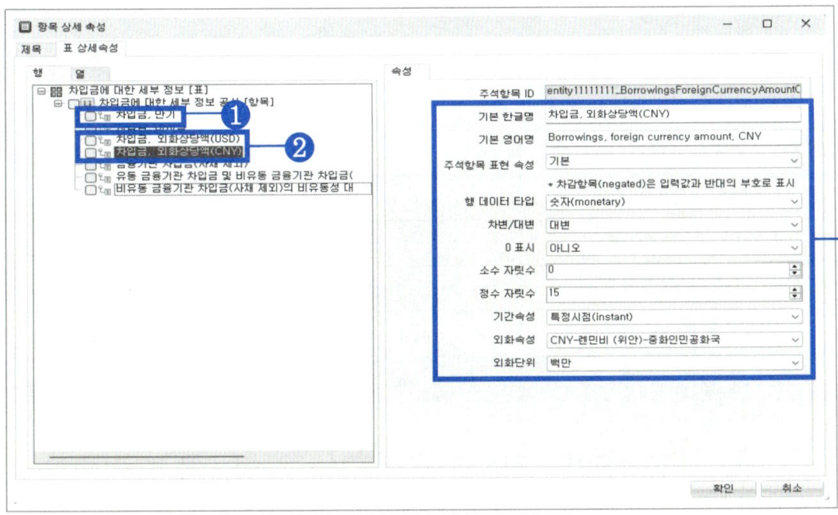

04 [차입금명칭 [축] – 차입금명칭 [구성요소]]의 하위로 시설자금대출–하나은행 등 [구성요소]를 추가합니다.

05 [열]에서 우클릭 하여, [통화별 금융상품 [축]–통화별 금융상품 [구성요소]–원화 [구성요소] / 외화 [구성요소]]를 추가하고 순서를 조정하고 확인을 선택합니다.

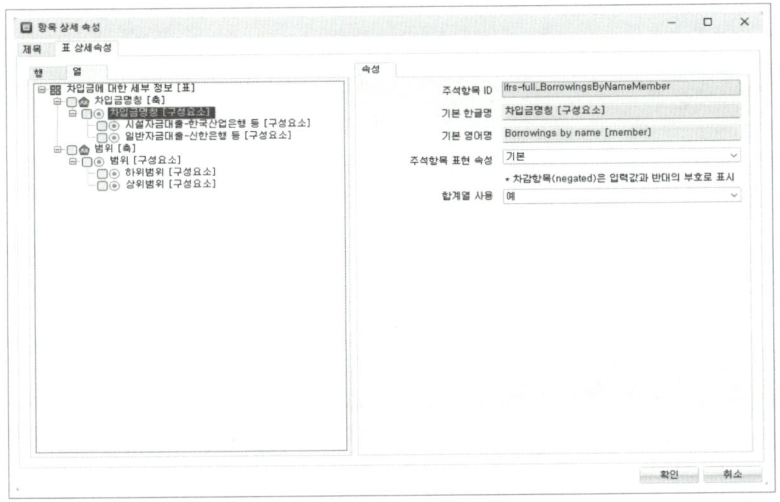

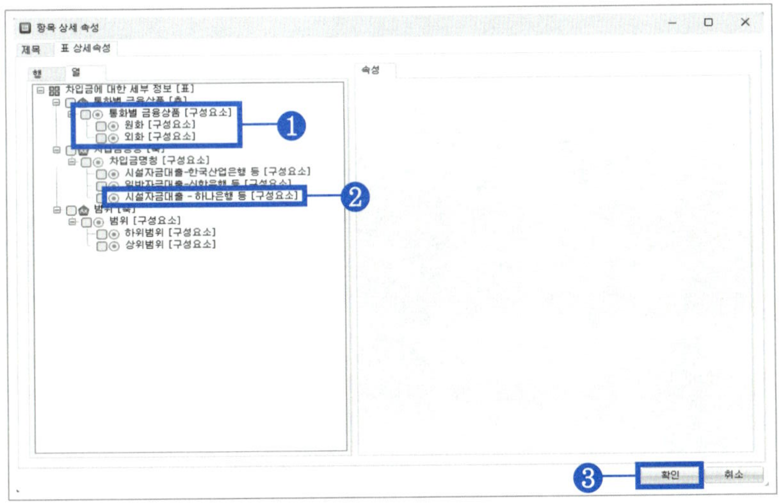

06 주석 작성 Tab에서 완성된 표를 확인하고, 금액을 입력합니다.

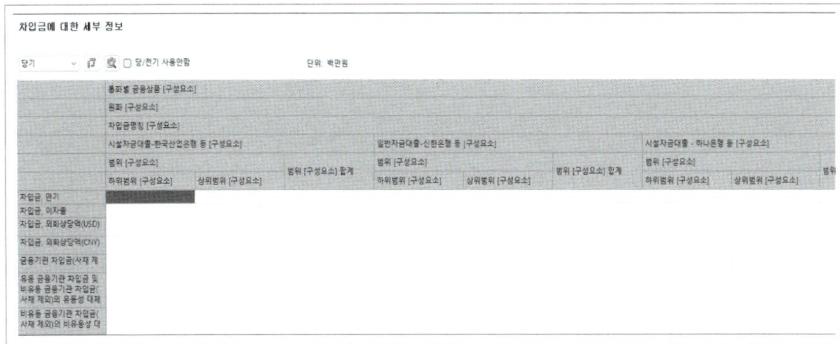

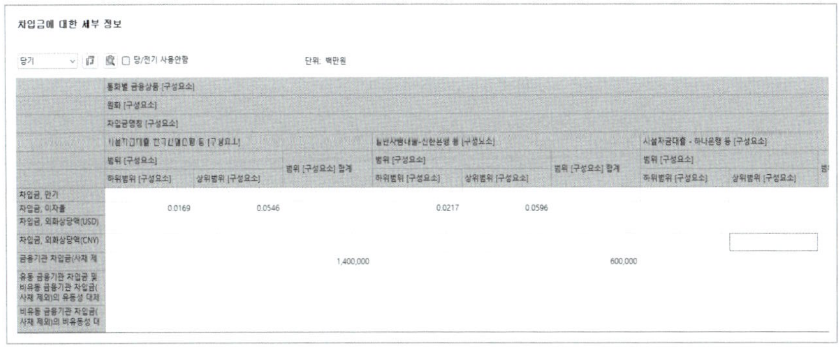

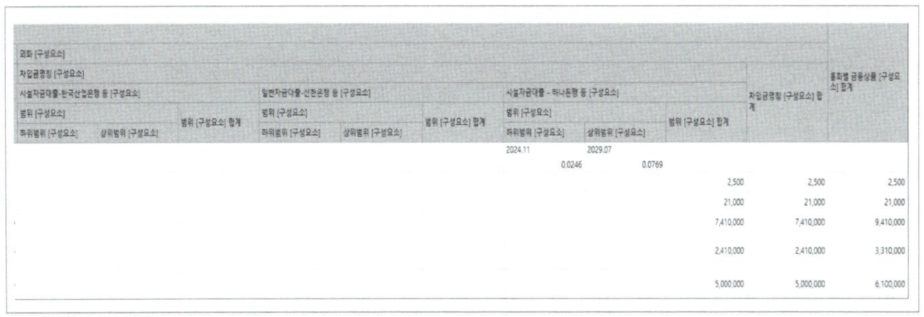

07 미리보기(한글) Tab에서 공시될 표의 형태를 미리 확인합니다.

차입금에 대한 세부 정보

당기

	통화별 금융상품										
	원화										
	차입금명칭										
	시설자금대출-한국산업은행 등			일반자금대출-신한은행 등			시설자금대출 - 하나은행 등			차입금명칭 합계	시
	범위		범위 합계	범위		범위 합계	범위		범위 합계		
	하위범위	상위범위		하위범위	상위범위		하위범위	상위범위			하위범위
차입금, 만기											
차입금, 이자율	0.0169	0.0546		0.0217	0.0596						
차입금, 외화상당액(USD) [USD, 백만]											
차입금, 외화상당액(CNY) [CNY, 백만]											
금융기관 차입금(사채 제외)			1,400,000			600,000				2,000,000	
유동 금융기관 차입금 및 비유동 금융기관 차입금(사채 제외)의 유동성 대체 부분										(900,000)	
비유동 금융기관 차입금(사채 제외)의 비유동성 대체 부분										1,100,000	

(단위 : 백만원)

금융상품										
외화										통화별 금융상품 합계
차입금명칭										
시설자금대출-한국산업은행 등			일반자금대출-신한은행 등			시설자금대출 - 하나은행 등			차입금명칭 합계	
범위		범위 합계	범위		범위 합계	범위		범위 합계		
하위범위	상위범위		하위범위	상위범위		하위범위	상위범위			
						2024.11	2029.07			
						0.0246	0.0769			
								2,500	2,500	2,500
								21,000	21,000	21,000
								7,410,000	7,410,000	9,410,000
								(2,410,000)	(2,410,000)	(3,310,000)
								5,000,000	5,000,000	6,100,000

(4) 변동금리부차입금의 주석 작성

가. 보고기간 말 현재 원화장기차입금의 내역은 다음과 같습니다.

(단위 : 백만원)

구 분	차입처	연이자율(%)	당기말	당기말
시설자금대출	한국산업은행 등	1.69~5.46	1,400,000	1,110,000
일반자금대출	신한은행 등*	2.17~5.96	600,000	700,000
총 차입금			2,000,000	1,810,000
유동성 장기차입금			(900,000)	(1,110,000)
장기차입금			1,100,000	700,000

* 변동금리부차입금 300,000백만원을 보유하고 있으며, 해당 차입금의 금리는 3M CD+ 0.80% ~2.00%입니다.

MEMO

≪ XBRL 편집기 작성 따라하기 ≫

01 [[D822400] 주석–차입금–연결]에서 우클릭하여 [추가]–[표상자 추가]를 선택합니다.

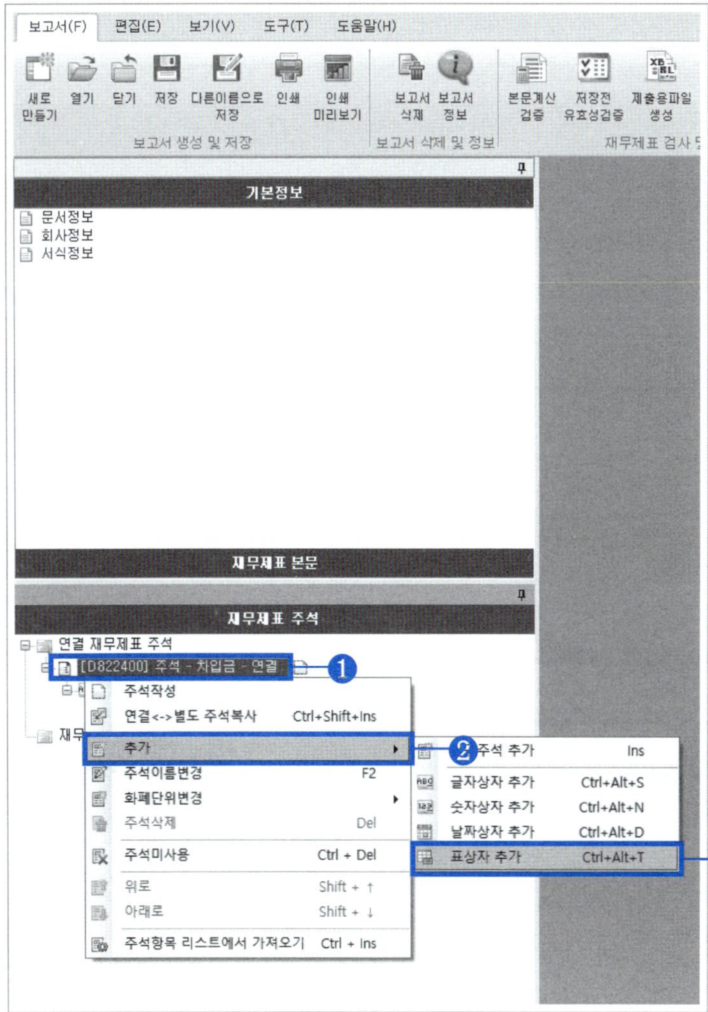

02 [항목 상세 속성]에서 제목의 한글과 영문 입력(변동금리부차입금에 대한 세부 정보 공시 / Details of floating rate borrowings) 합니다.

03 단위설정을 예시에 따라 [백만원]단위로 변경합니다.

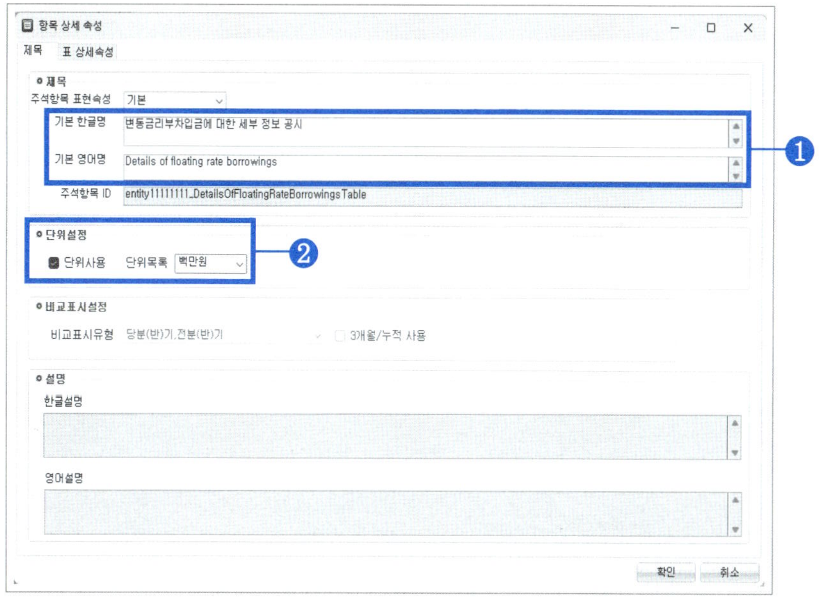

04 [표 상세속성] Tab의 [행]에서 "변동금리부차입금에 대한 세부 정보 공시" 하위의 "제목 [항목]"을 선택합니다.

05 우측 [속성] Tab에서 기본 한글명과 기본 영문명을 변경(변동금리부차입금에 대한 세부 정보 공시 [항목] / Details of floating rate borrowings) 합니다.

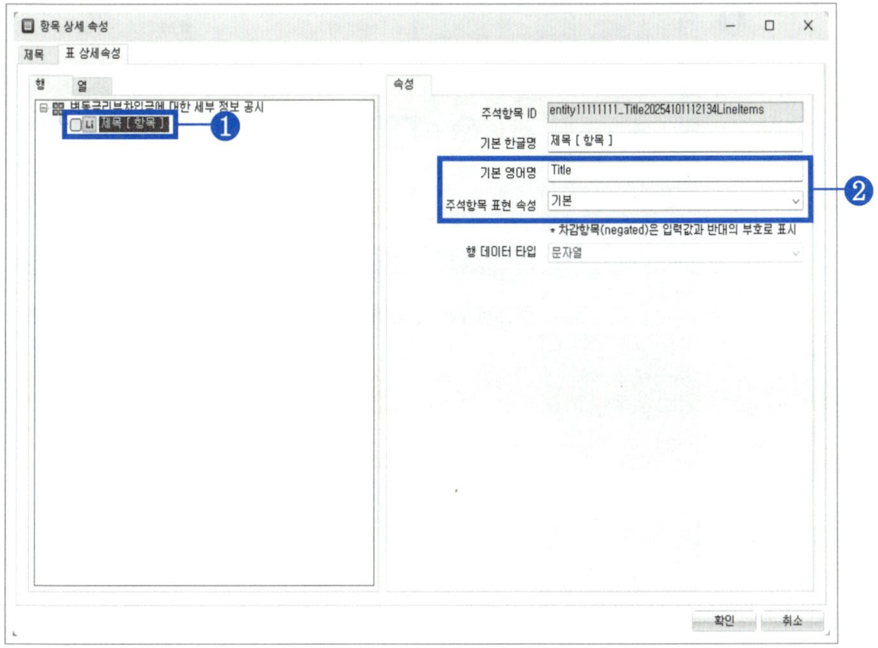

06 변동금리부차입금에 대한 세부 정보 공시 [항목]에서 우클릭하여 [Item(아이템) 추가]를 선택하여 "금융기관 차입금(사채 제외) / 차입금, 기준이자율 / 차입금, 기준이자율 조정"를 추가합니다.

07 차입금, 기준이자율 조정의 속성에서 소수 자릿수를 4로 변경합니다.

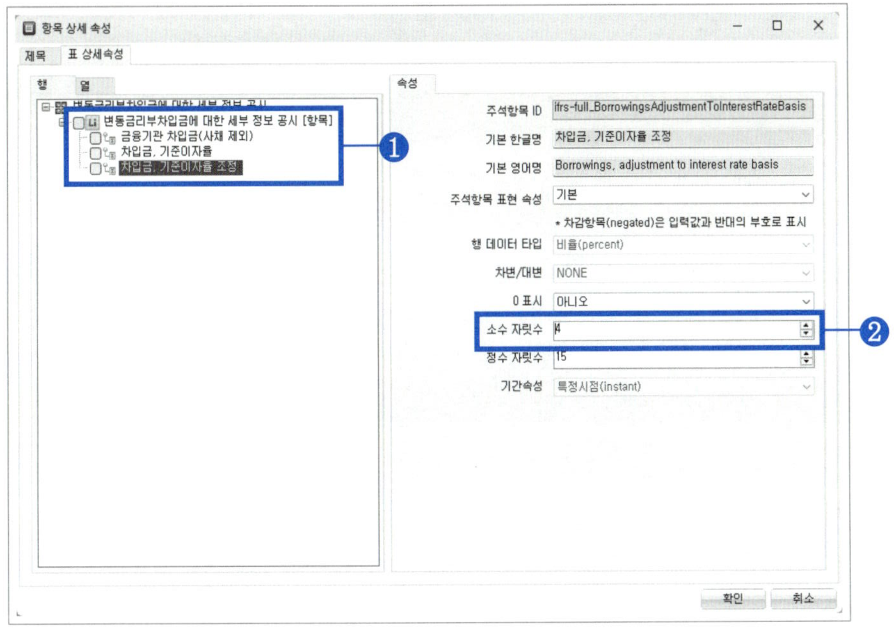

08 [열]에서 우클릭 하여, [이자율 유형 [축]-이자율 유형 [구성요소]-변동이자율 [구성요소]]를 추가합니다.

09 [범위 [축]-범위 [구성요소]-시설자금대출-하위범위 [구성요소] / 상위범위 [구성요소]]를 추가합니다.

10 이자율 유형 [축]의 합계열 사용 여부를 "아니오"로 변경하고 확인을 선택합니다.

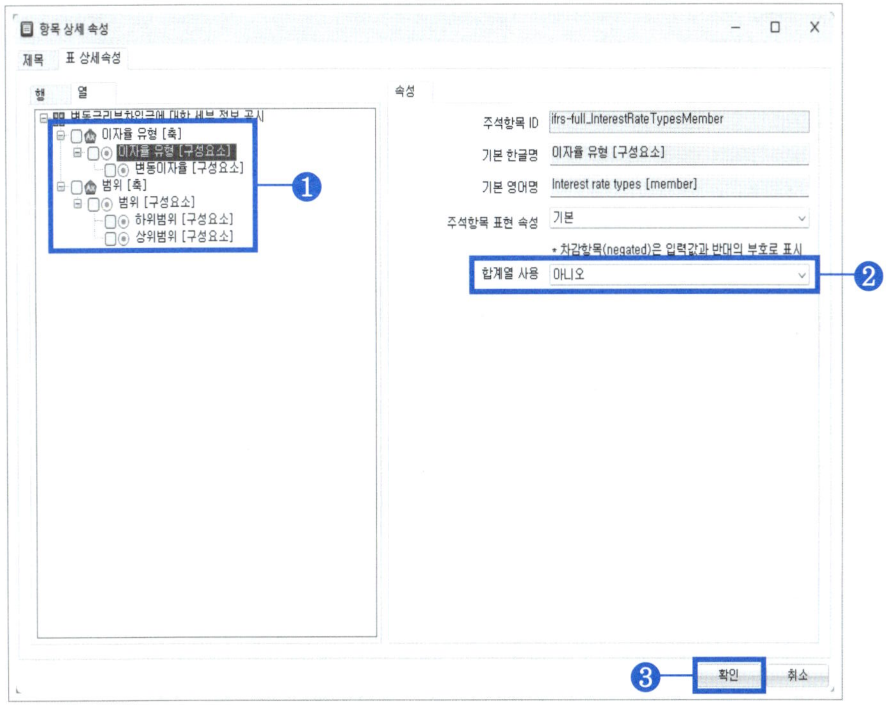

11 주석 작성 Tab에서 완성된 표를 확인하고, 금액을 입력합니다.

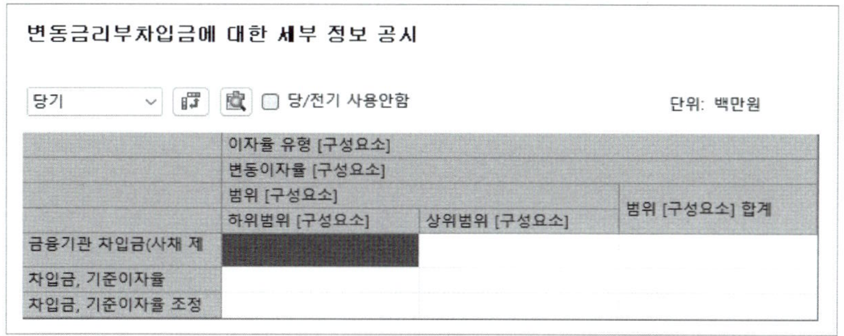

변동금리부차입금에 대한 세부 정보 공시

당기 / 당/전기 사용안함 / 단위: 백만원

	이자율 유형 [구성요소]		
	변동이자율 [구성요소]		
	범위 [구성요소]		범위 [구성요소] 합계
	하위범위 [구성요소]	상위범위 [구성요소]	
금융기관 차입금(사채 제			
차입금, 기준이자율			
차입금, 기준이자율 조정			

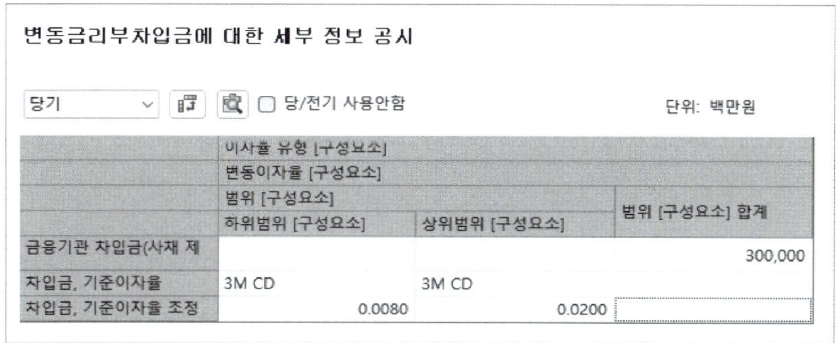

변동금리부차입금에 대한 세부 정보 공시

당기 / 당/전기 사용안함 / 단위: 백만원

	이자율 유형 [구성요소]		
	변동이자율 [구성요소]		
	범위 [구성요소]		범위 [구성요소] 합계
	하위범위 [구성요소]	상위범위 [구성요소]	
금융기관 차입금(사채 제			300,000
차입금, 기준이자율	3M CD	3M CD	
차입금, 기준이자율 조정	0.0080	0.0200	

12 미리보기(한글) Tab에서 공시될 표의 형태를 미리 확인합니다.

변동금리부차입금에 대한 세부 정보 공시

당기 (단위 : 백만원)

	이자율 유형		
	변동이자율		
	범위		범위 합계
	하위범위	상위범위	
금융기관 차입금(사채 제외)			300,000
차입금, 기준이자율	3M CD	3M CD	
차입금, 기준이자율 조정	0.0080	0.0200	

XBRL 비금융업 주석 작성 한 권으로 끝내기

저 자 김현웅, 여준우, 권형준
발 행 인 서원진
편집 · 교정 류현수, 김영림
편집디자인 이은희, 이미영, 황자애
발 행 처 ㈜조세통람
펴 낸 날 2025년 5월 29일 제2판 발행

저자와의 협의하에 인지생략

주 소 서울특별시 중구 동호로 14길 5-6(신당동)
등 록 1976. 11. 5. 제9-81호
대표전화 02) 2231-7027
F A X 02) 2234-1754
구입문의 02) 2231-7027
I S B N 979-11-6064-352-7 13320
정 가 **30,000원**

(주)조세통람은 좋은 책을 만들기 위해 독자 여러분의 의견을 기다립니다.
독자 의견 및 도서 문의 메일 : josetop@inaus.co.kr